余姚年鉴

YUYAONIANJIAN

（2016）

余姚市人民政府　主办

余姚市地方志编纂委员会　编

方志出版社
Publishing House of Local Records

图书在版编目（C I P）数据

余姚年鉴．2016 / 余姚市地方志编纂委员会编．—
北京：方志出版社，2017.3
ISBN 978-7-5144-2378-5

Ⅰ．①余… Ⅱ．①余… Ⅲ．①余姚－2016－年鉴
Ⅳ．①Z525.53

中国版本图书馆CIP数据核字（2017）第051300号

余姚年鉴（2016）

编　　者：余姚市地方志编纂委员会
责任编辑：宁　芳

出 版 人：冀祥德
出 版 者：方志出版社
地址　北京市朝阳区潘家园东里9号（国家方志馆4层）
邮编　100021
网址　http://www.fzph.org
发　　行：方志出版社发行中心
电话（010）67110500
经　　销：各地新华书店
印　　刷：浙江省良渚印刷厂

开　　本：889×1192　1/16
印　　张：22
字　　数：578千字
版　　次：2017年3月第1版　2017年3月第1次印刷
印　　数：001～800册

ISBN 978-7-5144-2378-5　**定价**：180元

余姚市地方志编纂委员会

《余姚年鉴（2016）》编辑部

内部用图

余姚市政区图
海盐县
海宁市
平湖市
宁波杭州湾新区
余姚经济开发区
滨海新城
浙江杭州湾上虞工业园区
慈溪市
上虞市
江北区
鄞州区
奉化市
嵊州市
小曹娥镇
泗门镇
临山镇
黄家埠镇
马渚镇
牟山镇
朗霞街道
低塘街道
阳明街道
凤山街道
兰江街道
梨洲街道
丈亭镇
三七市镇
陆埠镇
河姆渡镇
大隐镇
鹿亭乡
大岚镇
四明山镇
图例
城镇街区
县(市)政府驻地
乡(镇)政府 街道办事处 驻地
行政村
自然村
旅游风景区(点)
山峰
桥、闸
设区市界
县(市、区)界
乡(镇)、街道界
铁路、高速铁路
高速公路及立交
国道及编号
省道及编号
主要公路
一般公路
城区道路
河流、湖泊
水库
堤坝
余姚市政区图
比例尺 1:75000
余姚市地名委员会
浙江省工程勘察院
编制
余姚市测绘与地理信息局 监制
审图号：浙S（2012）144号 2012年09月

2015 年余姚市国民经济主要指标

项目	单位	指标值	增长率（%）
一、地区生产总值	亿元	839.70	7.6
其中：第一产业	亿元	42.46	2.7
第二产业	亿元	466.05	6.0
第三产业	亿元	331.19	10.9
人均生产总值	元	100367	1.0
二、农业总产值	亿元	65.26	2.6
其中：农业	亿元	44.34	4.4
林业	亿元	3.52	4.8
牧业	亿元	10.94	-6.4
渔业	亿元	5.76	9.8
农林渔牧服务业	亿元	0.69	17.6
三、规模以上工业			
总产值	亿元	1365.9	2.8
销售收入	亿元	1296.59	1.4
新产品产值	亿元	506.73	15.7
利税总额	亿元	104.16	8.0
其中：利润总额	亿元	64.05	5.9
四、全社会固定资产投资额	亿元	563.72	9.3
其中：第一产业	亿元	6.30	0.1
第二产业	亿元	255.27	21.0
第三产业	亿元	302.14	1.3
五、社会消费品零售总额	亿元	351.61	10.0
其中：城镇消费品零售额	亿元	230.81	10.3
农村消费品零售额	亿元	120.81	9.5
旅游总收入	亿元	92.6	13.0
六、对外经济			
自营进出口总额	亿美元	88.88	-3.1
其中：自营出口总额	亿美元	67.98	-4.0
实际利用外资	亿美元	4.6	17.5
七、财政			
财政总收入	亿元	133.8	8.2
其中：公共财政预算收入	亿元	75.1	8.8
公共财政预算支出	亿元	92.5	8.6
八、金融			
金融机构年末存款余额（本外币）	亿元	1269.55	5.7
金融机构年末贷款余额（本外币）	亿元	1248.41	0.2
九、城乡居民收入			
农村居民人均纯收入	元	26500	9.0
城镇居民人均可支配收入	元	45359	8.2

2 月 25 日，宁波市委常委、组织部部长杨立平（中）到余姚基层开展走访调研

2 月 27 日，省委组织部副部长姚志文（左三）到余姚调研人才工作，考察宁波创润新材料有限公司

4月16日，省委副书记王辉忠（右二）到余姚调研统战工作

5月5日，宁波市副市长林静国（右二）率有关部门负责人到余姚调研四明山区域生态发展工作

5月13日，省水利厅党组书记、厅长陈龙（左二）到余姚检查防洪排涝工作

6 月 24 日上午，省委常委、省公安厅厅长刘力伟（左二）考察公安基层基础工作，参观浙东抗日根据地旧址

7 月 10 日，省委常委、宁波市委书记刘奇（中）到余姚市防汛防旱指挥部，现场了解余姚应对台风“灿鸿”的各项准备措施

7 月 28 日上午，省委书记、省人大常委会主任夏宝龙（中）到余姚专题调研姚江流域防洪排涝工作

8月11日，省委常委、组织部部长廖国勋（左四）到余姚调研经济社会发展情况

10月18日上午，人力资源和社会保障部副部长汤涛（右二）到余姚考察人才工作

11月3日，宁波市政协主席唐一军（右三）带领宁波市政协主席会议成员视察姚江余姚段水环境综合整治工作

1月27日上午，市政协十二届四次会议在余姚影城开幕

1月28日上午，市十六届人大四次会议在余姚影城开幕

2月5日晚，由团市委、市教育局、市文广局、《余姚日报》联合主办的“名邦文化影视杯”2015年余姚市青少年迎春文艺晚会在龙山剧院举行

2月11日晚，第六届“感动余姚”新闻人物颁奖典礼在龙山剧院举行

2月27日上午，为期三天的“富佳杯”2015年浙江省春季少儿围棋段位赛在余姚宾馆开赛

3月6日，余姚市举行纪念“三八”国际妇女节105周年表彰大会暨“百佳最美”揭晓仪式

3月27日，2015年中国慧聪（余姚）家电交易会暨第七届中国小家电博览会开幕式在中塑国际会展中心举行

4月29日，余姚市海外高层次人才联谊会成立

6月26日，市委举办“寻找身边的感动、感受信仰的力量”大型主题党日活动

8 月 27 日晚，余姚市纪念中国人民抗日战争暨世界反法西斯战争胜利 70 周年群众歌会在龙山剧院举行

9 月 30 日上午，宁波市暨余姚市烈士公祭仪式在梁弄四明山革命烈士陵园举行

10 月 11 日，国际佛光会世界总会荣誉会长星云大师在太平洋大酒店举办讲座

10 月 21 日，第十七届中国塑料博览会在中塑国际会展中心开幕

12 月 1 日，市委组织部举办“示范型·潜力型”村党组织书记师徒结对活动

编辑说明

一、《余姚年鉴（2016）》是创刊至今的第七部地方综合年鉴，是全面系统记述全市自然、政治、经济、文化、社会等方面情况的年度资料性文献。由市级机关各部门、各乡镇（街道）及有关企事业单位负责供稿，市史志办公室负责全书的编辑、校对、出版。

二、《余姚年鉴（2016）》以马克思列宁主义、毛泽东思想、邓小平理论、“三个代表”重要思想、科学发展观为指导，贯彻落实习近平总书记系列重要讲话精神和治国理政新理念新思想新战略，使年鉴既为当今的改革开放和经济建设服务，又为后人提供资料和借鉴。

三、《余姚年鉴（2016）》采用分类编辑法。卷首设特载、余姚概貌、大事记、专记，正文部分设类目、分目、条目三个层次，其中条目为主要的信息载体。卷末设有附录。

四、《余姚年鉴（2016）》的栏目设计和编排次序是根据年鉴的基本体例和行业归类的特点而设置的，与每一个具体部门的行政级别高低无关。

五、《余姚年鉴（2016）》断限为2015年1月—2016年12月，收录的资料和记载的事件未予特别说明的，均限于2015年度。各单位领导干部名单也以2015年度在职者为准。文中所述领导职务以事件发生时的相关主要职务为准。

六、《余姚年鉴（2016）》所采用的统计数据一般以市统计局口径为准；市统计局未作统计的，由各业务部门和单位提供。

七、为方便读者检索，本鉴在末尾附有主题索引，按主题词首字汉语拼音字母顺序排列。

《余姚年鉴》编辑部

2016年12月

部分组织机构全称、简称对照表

全　称	简　称
中共浙江省委员会	省委
浙江省人民政府	省政府
中共宁波市委员会	宁波市委
宁波市人民政府	宁波市政府
中共余姚市委员会	市委
余姚市人民代表大会常务委员会	市人大常委会
余姚市人民政府	市政府
中国人民政治协商会议余姚市委员会	市政协
中共余姚市纪律检查委员会	市纪委
余姚市人民法院	市人民法院
余姚市人民检察院	市人民检察院
中国人民解放军余姚市人民武装部	市人武部
中共余姚市委政法委员会	市政法委
中共余姚市委办公室	市委办
余姚市人民政府办公室	市府办
中共余姚市委组织部	市委组织部
中共余姚市委宣传部	市委宣传部
中共余姚市委统一战线工作部	市委统战部

续表

全　称	简　称
余姚市机构编制委员会办公室	市编委办
中共余姚市委政策研究室	市委政研室
中共余姚市直属机关工作委员会	市直机关党工委
中共余姚市委老干部局	市委老干部局
中共余姚市委党校	市委党校
余姚市流动人口服务与管理办公室	市流管办
余姚市行政审批管理办公室	市审管办
中共余姚市委台湾工作办公室、余姚市人民政府台湾事务办公室	市台办
余姚市人民政府侨务办公室	市侨办
余姚市民族宗教事务局	市民宗局
中共余姚市委、市人民政府农村工作办公室	市农办
余姚市革命老区开发建设领导小组办公室	市老区办
中国共产主义青年团余姚市委员会	团市委
余姚市妇女联合会	市妇联
余姚市文学艺术界联合会	市文联
余姚市科学技术协会	市科协
余姚市残疾人联合会	市残联
余姚市社会科学联合会	市社科联
余姚市关心下一代工作委员会	市关工委
中国民主促进会余姚市基层委员会	民进余姚市基层委员会
中国农工民主党余姚市基层委员会	农工党余姚市基层委员会
中国国民党革命委员会余姚市支部委员会	民革余姚支部
余姚市工商业联合会	市工商联
余姚市发展和改革局	市发改局

续表

全　称	简　称
余姚市经济和信息化局	市经信局
余姚市科学技术局	市科技局
余姚市老龄工作委员会办公室	市老龄办
余姚市国家税务局	市国税局
余姚市地方税务局	市地税局
余姚市人力资源和社会保障局	市人社局
余姚市安全生产监督管理局	市安监局
余姚市住房和城乡建设局	市住建局
余姚市公共项目建设管理中心	市公建中心
余姚城投集团有限公司	余姚城投集团
余姚市环境保护局	市环保局
余姚市交通运输局	市交通局
余姚市城市管理行政执法局	市城管局
余姚市房屋动迁管理办公室	市动迁办
余姚市国土资源局	市国土局
余姚市农业机械管理局	市农机局
余姚市工业国有资产经营公司	市工业国资公司
余姚市供销合作社联合社	市供销联社
余姚市文化广电新闻出版局	市文广局
余姚市卫生和计划生育局	市卫生计生局
余姚市招投标管理办公室	市招管办
余姚市市场监督管理局	市市场监管局
余姚出入境检验检疫局	余姚检验检疫局
宁波海关驻余姚办事处	海关余姚办事处

续表

全　称	简　称
宁波镇海海事处余姚办事处	海事余姚办事处
余姚市盐务管理局	市盐务局
余姚市烟草专卖局	市烟草局
中国移动通信有限公司余姚分公司	中国移动余姚分公司
中国人民银行余姚市支行	人行余姚支行
宁波银监局余姚办事处	银监余姚办事处
中国工商银行股份有限公司余姚支行	工行余姚支行
中国银行股份有限公司余姚分行	中行余姚分行
中国建设银行股份有限公司余姚支行	建行余姚支行
中国农业银行余姚市支行	农行余姚支行
宁波余姚农村商业银行股份有限公司	余姚农村商业银行
交通银行股份有限公司宁波余姚支行	交行余姚支行
上海浦东发展银行余姚支行	浦发银行余姚支行
中国农业发展银行余姚市支行	农发行余姚支行
中国人民财产保险股份有限公司余姚中心支公司	人保余姚中心支公司
中国人寿保险股份有限公司余姚市支公司	中国人寿余姚支公司
中国太平洋财产保险股份有限公司余姚支公司	太保余姚支公司

目 录

专 记

中共余姚市委员会

余姚市人民代表大会

余姚市人民政府

政协余姚市委员会

中共余姚市纪律检查委员会

民主党派·工商联

人民团体

法治·武装

农业·农村

工业·工业园区

商 贸

财政·税务

金融・保险

经济综合管理

交通・信息

城建·环保

文化·旅游·传媒

教育·科技·卫生·体育

社会生活

街道·镇乡

文件选编

荣誉（部分）

名 录

索 引

CONTENT

特 载

创新图强 实干争先 全力推动经济社会平稳健康发展

——在市委十四届九次全体（扩大）会议上的报告

中共余姚市委书记 毛宏芳

（2015 年 12 月 24 日）

同志们：

这次市委全体（扩大）会议，是在我市从“十二五”迈向“十三五”的关键节点召开的一次重要会议。会议的主要任务是：全面贯彻落实党的十八大，十八届三中、四中、五中全会，中央经济工作会议和省委十三届八次全会、省委经济工作会议精神，回顾总结 2015 年工作，研究部署 2016 年任务，审议通过《中共余姚市委关于制定余姚市国民经济和社会发展第十三个五年规划的建议》，动员全市各级党组织和广大干部群众，振奋精神、凝聚力量，开拓创新、奋发有为，全力以赴做好各项工作，不断开创改革发展新局面。

下面，我代表市委常委会向全会作报告。

一、迎难而上，拼搏实干，经济社会发展取得新成效

即将过去的 2015 年，是承上启下、克难求进的一年。市委常委会深入学习贯彻习近平总书记系列重要讲话精神，认真落实省委、宁波市委决策部署，牢牢把握稳中求进工作总基调，团结带领全市人民主动适应经济发展新常态，沉着应对各种风险挑战，经济社会发展取得新成效。

一年来，我们精准发力强服务，经济运行总体平稳。面对经济下行压力，把稳定经济增长作为首要任务，及时加强分析研判，组织开展“两万”“践行三严三实、精准服务企业”等活动，着力以精准施策、精准帮扶推动经济平稳发展。预计全年实现地区生产总值833亿元，增长7%；财政总收入133.72亿元，其中一般公共预算收入74.86亿元，分别增长8.2%和8.5%；城镇和农村居民人均可支配收入分别达到45484元、26622元，增长8.5%和9.5%。扎实开展工业强市转型提效创新发展突破年行动，工业经济逐步回升，实现规模以上工业增加值240亿元，增长5%。深入开展“五重二大”推进年活动，新开工重大项目38个，完成固定资产投资560亿元，增长8.6%。坚持把招商引资作为“一号工程”“一把手工程”来抓，实到外资4.5亿美元、内资71.68亿元、浙商创业创新到位资金57.61亿元，分别增长15.09%、7.45%、11.95%。积极落实稳定外贸增长的各项政策，实现自营进出口总额87.24亿美元，其中出口67.24亿美元。大力发展服务业，成功举办第十七届塑博会和世界塑料理事会年会；优化消费环境，实现社会消费品零售总额348亿元，增长9%；加快景区提升，实现旅游总收入92.5亿元，增长13%。农业生产稳中有升，两个省级现代农业综合区通过验收，5个宁波市级现代农业园区项目批复实施，新增宁波市级以上农业龙头企业4家、国家级示范性农民专业合作社3家。强化拆迁“清零”，完成拆迁面积30.2万平方米。盘活存量土地，消化“批而未供”土地5382亩，完成城镇低效用地再开发1476亩。

一年来，我们狠抓创新增动力，转型升级步伐加快。强化企业创新主体地位，完成研究和试验发展经费投入22.67亿元，增长6.3%，占地区生产总值的2.6%；申报上级科技项目140项，其中国家级项目6项；获得发明专利授权450件，增长74%。加快高新产业发展，实现高新技术产业增加值105亿元，增长6.3%；战略性新兴产业增加值72亿元，增长8%；新产品产值505亿元，增长16%。加快“四换”步伐，完成“机器换人”重点项目151个，减员8600人，规模以上工业全员劳动生产率提高5%左右；规模以上（限额以上）企业电子商务应用率达到54%，中国塑料城入选全国“网上网下融合市场二十强”。强化“三名”培育，大丰实业等4家企业进入省、宁波“三名”试点培育企业名单，其中舜宇集团年销售额突破百亿大关，全市名牌产品销售产值占规模以上工业销售产值比重达42.6%。积极推进企业上市，新增“新三板”挂牌企业5家、朗迪集团首发申请过会。强化平台支撑作用，中意宁波生态园招商势头良好，总投资34亿元的6个项目落地开工；“千人计划”产业园产业化基地启动区标准厂房竣工，宁波市智能制造产业研究院正式落户，宁波市级“机器人小镇”正式授牌，累计引进“国千”“省千”专家48人，注册项目52个，其中23个实现投产。国际模具城、慧聪家电产业新城开工建设，模客小镇入围第二批省级特色小镇。

一年来，我们深化改革激活力，重点举措落地见效。深化“四张清单一张网”建设，权责清单动态调整机制不断完善，权责清单制度向乡镇（街道）覆盖延伸。加快行政审批制度改革，推出“3+1”行政审批服务组合机制，工业类社会投资项目实现提速51%。不动产登记职责整合完成，机构挂牌成立。设立互联网经济促进中心，增强对“互联网+”的统筹协调、规划引导和服务推动。创新投融资体制，引进上海爵耀等产业投资基金，众筹成立“才富”合作基金，出台推广运用政府和社会资本合作项目管理办法及相关实施意见，推出首批总投资195.39亿元的PPP项目18个。深化工商登记制度改革，新增各类市场主体12404户，注册资本金145亿元，增长83.5%。扎实推进涉农改革，村经济合作社股份制改革完成99%，省及宁波农村承包土地确权登记试点全面完成。

一年来，我们建管并举优环境，美丽家园成

效初显。扎实推进全民共建“美丽家园”活动，深入开展“两项整治”和“六项创建”，农村环境卫生集中整治取得阶段性成效，顺利通过省文明城市复评。同步推进“美丽乡村”建设，11个精品村建设项目全面完成，成功创建为省“美丽乡村建设先进县（市）”。深化网格化城市管理工作，智慧城管（二期）项目通过验收，城市管理服务水平进一步提升。强化重点行业整治，深入推进结构减排、项目减排和管理减排，关停一批淘铜企业（点）和不锈钢冷镦企业，坚决淘汰黄标车，新增固体废物管理“双达标”企业72家，通过省级重金属重点防控区污染整治现场验收，万元工业增加值能耗下降5.5%。深入推进“五水共治”，40个项目完成投资19.67亿元，陶家路江整治二期、姚江城区段堤防加固等工程进展顺利，完成黑臭河综合治理34.2千米、水环境综合整治20千米，成功经受住“灿鸿”台风的考验。抓好“三改一拆”，超额完成宁波下达的目标任务，4个乡镇完成“无违建”初验，正在等待验收，96个村达到“无违建”村创建标准。推进“四边三化”“两路两侧”整治，79个省定、918个宁波市定问题点整治任务基本完成。加快四明山区域生态发展，落实加强生态保护与修复等七方面工作措施，46个生态发展项目进展顺利。

一年来，我们惠民安民促和谐，社会大局保持稳定。始终把以民生为重点的社会建设摆在重要位置，市财政用于民生支出71.5亿元，占全部一般公共预算支出的比重达80%，十方面民生实事工程全面完成。完善创业就业扶持政策，新增创业实体1.2万家、城镇就业人员2.3万人，创业带动就业7.3万人，城镇登记失业率1.08%。加强社会保障体系建设，社会救助更加公平高效，养老、医疗等保障待遇稳步提高，本市户籍人口参加养老保险（障）率达92.6%。注重提升公共服务能力，一批教育、医疗基础设施工程稳步推进，公办学校基本实现标准化，县乡村卫生一体化综合管理试点改革全面铺开，城区公共自行车系统一期工程顺利完成，居家养老服务取得新进展。加强文化强市建设，历史文化名城保护规划以及府前路、武胜门历史文化街区保护规划编制完成，城乡文体活动丰富多彩，文艺精品创作硕果累累。创新社会治理，扎实推进社会治安防控体系建设、网格管理服务深化，完善公共安全保障体系和应急管理机制，切实加强宗教事务管理，强化网络舆论引导和意识形态管控，深入推进信访工作法治化，“平安余姚”建设有望实现“九连冠”。

一年来，我们从严从实抓主业，党建保障坚强有力。抓好“三严三实”专题教育，以“信仰•忠诚”“清正・律己”“责任・担当”为主题，市委理论学习中心组开展三次专题学习研讨，深入查摆不严不实问题并带头抓好整改。组织开展“三学三问三比”活动，进一步提振了党员干部精气神。加强党章党规党纪教育培训，集中辅导学习新修订的《中国共产党廉洁自律准则》和《中国共产党纪律处分条例》。办好姚江讲坛、阳明讲堂，邀请一批名家授课。认真接受省委巡视组巡视，针对巡视组反馈的4个方面15个具体问题，组织开展“八大整改行动”。深化干部人事制度改革，树立实绩为先用人导向，推行竞优比选、亮绩竞标，组织年轻干部到基层一线挂职，促进优秀干部脱颖而出和年轻干部快速成长。从严监督管理干部，对16名领导干部实施经济责任审计，开展领导干部个人有关事项随机抽查和重点核查，对出现问题者依规严肃处理。出台《关于加强基层党员理论学习教育工作的意见》，健全完善“8736”党建工作责任清单，推行“党员组织生活日”制度，评选表彰第三批“三十佳”村（社区）干部，我市被评为全省推进“五好”服务型乡镇（街道）建设先进县（市、区）。严格落实党风廉政建设“两个责任”，出台领导干部廉情谈话实施办法、行政不作为问责暂行办法、巡查工作实施办法，推进纪检监察队伍专职化，实现派驻纪检组织全覆盖。全市各级纪检监察组织累计开展正风肃纪检查482次，对17名违规人员进行处理。加大违纪违法案件查办力度，共立案192件、结案189件，移送司法机关处理9人。

一年来，我们和衷共济聚合力，干事氛围更加浓厚。坚持总揽全局、协调各方，支持市人大及其常委会围绕全市发展大局依法履行职能，支持市政府创新务实开展工作，支持市政协履行三大职能,支持司法机关依法独立行使职权。注重发挥“两代表一委员”的重要作用。切实加强同各民主党派、工商联和无党派人士的合作共事。引导支持群团工作融入改革发展大局，工、青、妇、科协等在“五水共治”“四换三名”“美丽家园”建设中发挥积极作用。高度重视党管武装和国防后备力量建设。民宗、外事、侨台、老干部、红十字、关心下一代等工作也都取得较好的成绩。全市上下同心同德、同频共振，保持了群策群力、共谋发展的良好氛围。

成绩来之不易，收获饱含艰辛。在此，我代表市委，向所有为我市发展做出贡献的广大干部群众和社会各界人士，表示衷心的感谢和崇高的敬意！

在看到成绩的同时，我们也清醒地认识到工作和发展中还存在不少问题和不足。一是经济下行压力依然较大，部分经济指标没有完成年度目标任务，一些企业生产经营困难，房地产市场持续低迷，不良贷款率居高不下，有效投入增长后劲不足。二是经济结构性矛盾比较突出，产业层次不高问题依然存在，部分行业产能过剩，新兴产业支撑不足，企业自主创新能力有待提升。三是资源环境要素制约明显，生态环保、节能减排压力持续增强，财政收支平衡、建设资金筹措难度加大。四是各类社会矛盾易发多发，民生服务、社会治理领域还有短板，新老社会问题相互交织。五是干部队伍建设任重道远，部分干部思想认识、能力水平与新的形势和要求还有一定脱节，实干作风、担当意识、进取精神等方面需要进一步提升。对此，我们将采取有效措施，切实加以解决。

二、坚定信心，开拓奋进，努力实现“十三五”发展良好开局

2016年是“十三五”发展的开局之年，是中央推进结构性改革的攻坚之年，也是本届党委政府任期的最后一年。做好明年工作，具有十分重大而深远的意义。实践启示我们，机遇总是与挑战相生相伴，压力和动力往往可以相互转化。面对艰巨繁重的任务，只要我们科学把握发展大势，认清自身发展态势，始终做到清醒、坚定、有为，就一定能够在经济新常态下创造新的业绩。

——我们要看到经济增速放缓的压力，更要看到加速转型的窗口已经开启。当前，在全球经济深度调整的大背景下，我国经济进入新常态，“新”已经非常明朗，但“常”还没有完全实现，经济下行压力依然较大。但是，增速放缓的同时，加速转型的大门已经徐徐拉开。新一轮科技革命和产业革命的孕育兴起,“中国制造2025”、“互联网+”行动、大数据战略等一系列顶层设计的推出，为我们强化创新驱动、转换发展动力带来新的利好；全面深化改革、全面依法治国的强势推进，为我们创新体制机制、创优发展环境提供有利条件；“一带一路”、长江经济带等国家重大战略的启动实施，宁波港口经济圈建设的推进，为我们扩大对外开放、融入区域发展提供更大空间。站在加速转型的“风口浪尖”，只要我们抓抢机遇、主动对接、有效作为，就一定能发掘新的经济增长点，开拓新的发展空间，迎来新一轮的跨越提升。

——我们要看到区域激烈竞争的压力，更要看到增创优势的跑道已经找到。近年来，区域间的比拼较量越来越白热化。余姚一直是在与同等城市的激烈竞争中进步发展起来的，我们深知“前有标兵，后有追兵”的紧迫，也一直在为弯道超车、争先进位蓄势聚力。当前，引领余姚未来发展的平台已经成形，中意宁波生态园管委会正式挂牌，大招商带来大项目，大舞台孕育大梦想；“千人计划”产业园建设初具形象，人才工作的品牌已经打响，越来越多的高层次人才和创新团队汇聚余姚。文化旅游业“井喷”的时代正在来临，“绿水青山就是金山银山”的实践不断深化，“五山二水三分田”的良好生态、“东南最名邑”的文化底蕴，成为余姚最具潜力的资源和优势。只要我们坚定不移地沿着正确的跑道跑下去，一棒接一棒，必能

化优势为胜势、积小胜为大胜。

——我们要看到矛盾困难叠加的压力，更要看到创新破难的局面已经打开。当前，余姚正处在经济调整、社会转型、改革攻坚的关键阶段，新老问题相互交织，矛盾困难重重叠加。问题是时代的声音，也是我们打开工作局面、推动事业发展的突破口。为了“让余姚不再受淹”，省委夏宝龙书记亲自协调确定姚江流域防洪排涝工程规划布局，宁波决定启动“6+1”百亿元工程，解决姚江流域水患可期可盼。为适应和引领经济发展新常态，中央提出要着力加强供给侧结构性改革，积极的财政政策要加大力度，实行减税政策；稳健的货币政策要灵活适度，为结构性改革营造适宜的货币金融环境。创新破难，贵在持之以恒，成在久久为功。只要我们敬终如始、善做善成，就一定能够冲破一个又一个阻碍，攻克一道又一道难关。

2016年工作的总体要求是：全面贯彻党的十八大和十八届三中、四中、五中全会精神，以邓小平理论、“三个代表”重要思想、科学发展观为指导，按照“五位一体”总体布局和“四个全面”战略布局，牢固树立和贯彻落实“五大发展理念”，坚持稳中求进工作总基调，全力做好稳增长、调结构、惠民生、防风险各项工作，推动经济社会平稳健康发展，努力实现“十三五”发展良好开局。

综合考虑各种因素，建议2016年全市经济社会发展的主要指标为：地区生产总值增长7%左右，一般公共预算收入增长4%左右，城镇和农村居民人均可支配收入分别增长8%和9%左右，城镇登记失业率控制在3%以内，节能减排完成上级下达任务。

围绕上述要求和目标，重点要抓好以下四方面工作：

1. 坚持稳中求进，加快产业转型升级。深刻认识“稳”和“进”的关系，把握好稳增长和调结构的平衡，坚持“工业强市”不动摇，加快改造提升传统比较优势，加快培育新的发展动能，加快形成现代产业体系，确保经济增长稳在中高速，推动发展质量迈向中高端。

一要提升存量。针对我市传统产业占比大、部分行业产能过剩、经济效益低的现状，落实供给侧结构性改革要求，逐一梳理研究传统产业和块状经济转型提升的路径举措，采取改造提升一批、产业转型一批、关停重组一批、载体升级一批等方式，推动产业提质、企业提效。力争规模以上工业增加值增长5.5%。抓好慧聪家电产业新城、国际模具城等重点产业升级平台建设。支持企业加快“两化融合”，加强研发投入、技术改造和设备更新，新建一批宁波市级以上企业工程技术中心，组建一批以企业为主体的产学研实体和产业技术创新联盟，组织攻克一批长期困扰产品质量提升的共性关键技术，加快推动产品结构由低端低价向优质优价转变。继续强化企业梯队培育，支持大企业跨越发展，实施小微企业成长三年行动计划。加快服务业提升，推动专业市场转型升级，引导城市综合体调整业态、错位竞争，促进商贸、会展、文创、中介等服务业加速发展。加快转变农业发展方式，稳步推进生产、供销、信用“三位一体”、土地承包经营权确权登记等农村综合改革，大力培育家庭农场、农民合作社、农业企业等新型农业经营主体，加快农业“两区”建设，把产业链、价值链等现代产业组织方式引入农业，大力发展设施农业、智慧农业、循环农业、都市农业，力促农业“接二连三”。推动对企服务精准化，全面落实减税轻费措施，进一步清理规范中介服务，继续深化“两万”走访服务企业专项活动，积极帮助企业协调解决融资等难题，全力防范金融风险。

二要抢抓增量。坚持向有效投入要增量，着眼“加快投速、保证投量、提高投效”，深入开展“五重二大”深化年活动，引导全市上下比项目建设、赛资金到位率，比投产达产、赛产出贡献率，力争带动完成固定资产投资560亿元。全面落实鼓励和支持民间投资的各项政策措施，推广运用PPP模式，提振企业投资信心，释放民间投资活力。坚持向新兴产业要增量，拉长新材料、智能装备等产业链条，组织实施一批新能源与节能、电子信息等重大项目，推动战略性新兴产业早日实现由“生力军”向“主力军”的转变。坚持先进制造业与生产性服务业联动发展，大力培育发展智慧物流、研发设计等新兴服务业。坚持以重大平台聚增量，举全市之力主攻中意宁波生态园开发建设，高水平修编总体规划和控详规划，加快基础设施建设和综合服务功能提升，抓好在建项目提速、注册项目开工和意向项目落地；充分发挥产业引导基金的作用，大力培育低碳技术产业园、欧美高端汽配产业园、新能源及新能源汽车等一批特色产业基地，确保园区建设出形象、见实效。坚持以招商引资聚增量，深入实施招商引资“一号工程”，着力提升产业招商、平台招商的精准度和实效性，探索实施中间人招商、园中园招商、转资产招商等有效模式，切实加大内、外资投资促进及浙商姚商回归工作力度，全力引进一批“投资有体量、技术有含量、带动有分量”的重大项目。

三要用好变量。深入实施创新驱动战略，最大限度释放科技与人才所蕴藏的巨大潜能。激发“互联网+”的催化作用，以全领域、全产业、全流程渗透融合为方向，编制互联网经济发展规划，完善互联网经济扶持政策，抓好八大电子商务园建设，全力推动抠抠智能骨干网、吉贝克大数据平台等项目落地，全面推进产业组织、商业模式、供应链、物流链创新。激发人才的引领作用，充分发挥“千人计划”产业园的品牌效应，不断放大以才引才的链式效应，着力激活企业引才育才的主体作用，大力实施“百团计划”和“姚江英才计划”，深入实施精英企业家、金蓝领人才培育工程，精心策划举办“海归四明山峰会”等一批人才招引活动，不断壮大人才队伍、优化人才结构。围绕打造人才发展生态最优市，完善人才创业创新扶持政策，提升人才创业创新服务联盟服务功能，大力推行助创专员等服务机制，积极争取与宁波市委市政府共建“千人计划”长三角创业服务中心，争创国家级海外高层次人才创业创新基地。激发金融的杠杆作用，在积极发展普惠金融和运作好转贷基金、科技金融担保风险池基金的同时，加快推动产业引导基金、产业发展基金、“才·富”合作基金实质性运作，大力引进天使投资基金、产业投资基金和创业投资资金，搭建民营资本和高层次人才对接的平台，多管齐下打通资本连接创业创新的管道。借力资本市场推动企业做大做强，鼓励企业利用自身优势寻找战略合作伙伴，引导企业开展境外并购和参股，加大企业股改、挂牌及上市培育力度。

四要扩大销量。坚持线上与线下联动、内销和外贸并举，积极抢占国际国内市场，不断激发消费活力，力争社会消费品零售总额增长9%，自营出口额增长5%。深入实施“电商换市”，大力发展农村电子商务，加快跨境电商发展步伐，力争规上（限上）企业电子商务应用率达到60%。深入实施外贸“双优”工程，巩固传统市场，拓展新兴市场，积极争取中国塑料（电器）城列入商务部市场采购贸易方式试点，鼓励企业建设国际营销网络、布局海外生产基地，加快形成以技术、标准、品牌、质量、服务为核心的出口竞争新优势。完善促进消费政策，优化提升城乡商贸体系，培育引进更多高端品牌和新型业态，挖掘消费潜力，力促消费升级。探索推广提高户籍人口城镇化率、房票安置、打通保障房商品房通道等扩大有效需求的举措，化解房地产库存，稳定房地产市场。

2. 坚持全域提升，加快美丽家园建设。贯彻落实省委把全省作为一个大景区来打造的决策部署，以强功能、优环境、显特色、塑亮点为主攻方向，系统推进、多维联动、重点突破，加快建设宜居、宜业、宜游的美丽余姚。

一要“城、镇、村”统筹建设。深刻认识新时期新阶段城镇化面临的新形势，深化对城市发展方向、城乡空间布局的研究，抓好市域总体规划修编，加快建成区控规全覆盖，提高村镇规划编制水平，着力形成以城市总体规划、土地利用总体规划、环境功能区划为重点的“多规融合”规划体系。对照建设长三角南翼中高端智造基地、人文休闲旅游胜地、人才创业创新高地的要求，认真梳理城市功能、基础设施、商务配套、公共服务、特色塑造等方面存在的短板和不足，加强城市有机更新，高水平推进高铁新城、城东新区、西南组团、府前路历史文化街区等重点区块建设，植入更多的国际元素、时尚元素，留住更多的地域特色、文化基因，延续山水城市历史文脉，彰显现代开放城市品质。针对“村村像城镇、镇镇像农村”的半城市化问题，加强卫星城和中心镇建设，实施特色小镇培育计划，加快打造一批产业型、旅游型、生态型特色小镇，实现优势互补、错位发展。按照“望得见山、看得见水、记得住乡愁”的要求，更加重视农村传统风貌保护、乡村历史记忆传承、新增建筑规划设计，打造更多的特色村、精品村。以互联互通、共建共享为导向，加快推进杭州湾跨海大桥杭甬高速公路连接线、余梁公路北延等重大交通项目建设，打通一批断头路、卡脖子路，统筹抓好供水、供气、供电、通信、信息网络等基础设施建设。

二要“洁、序、美”同步提升。坚持把清洁作为品质提升的首要任务，从有地方存放倾倒、有专人清扫清运、有末端环保处置、有常态巡查管理入手，健全完善垃圾治理和环卫保洁长效机制，探索推行垃圾源头分类减量、房前屋后卫生包干等举措，深入开展环境卫生集中整治，力求路面无垃圾、河面无漂浮物、田间无废弃物、庭院无乱堆放。坚持把有序作为品质提升的基本要求，深化“智慧城管”建设，加强网格化精细化管理，健全城市管理综合执法机制，着力破解违规占道经营、车辆乱停乱放、出行不守交规等突出问题。坚持把美丽作为品质提升的重要指标，加快主要道路和交通干线两侧建筑设计、景观整治和业态优化，抓好废弃矿山复绿、门户节点提升、河网水系贯通、色彩农业发展、架空线路整治、夜景照明升级，打造更多的美丽庭院、美丽公路、美丽河道、美丽小区、美丽村庄、美丽集镇。坚持把“三改一拆”“四边三化”等省市重点工作作为推进“洁序美”的有效抓手，务求取得更大实效。

三要“水、陆、空”立体治理。坚定不移抓好“五水共治”，优化西分、北排和余姚城区堤防工程规划设计，加快推进侯青江排涝泵闸、食禄桥江整治、陶家路江河道整治等重大项目，积极探索地下综合管网和“海绵城市”建设，强化非工程措施，进一步提升防洪排涝能力；强化治污水，深入抓好三级“河长制”落实，持续发力推进“清三河”工作，继续推进畜禽养殖场整治提升，完成城区污水收集系统四期、农村生活污水治理等工程。以重金属污染监管防控为重点，加强对电镀等重点防控行业、重点防控区域、重点企业的整治。严格危险废弃物安全处置管理，完善废旧物资回收体系，抓好固废处置设施建设项目，控制持久性有毒有害污染物扩散。加强农业面源污染整治，推广应用生态型、节约型、循环型技术和新型种养殖模式，努力降低农业生产对土壤环境的影响。实施大气污染防治专项行动，狠抓挥发性有机废气等治理，继续做好燃煤锅炉、黄标车等淘汰工作，深入开展城市扬尘、餐饮油烟污染、秸秆焚烧、垃圾焚烧等综合治理，不断改善空气质量。强化环境监管网格化管理，深化污染源在线监测、刷卡排污系统建设，以“零容忍”态度严处各类环境违法行为。

3. 坚持发扬优势，加快文化强市建设。坚持经济硬实力、文化软实力两手抓，充分发挥山水和文化两大资源优势，大力发展文化产业和旅游产业，深入推进文明创建和文化惠民，努力让文化更生动、旅游更精彩，精神更富有、城市更文明。

一要力促文化与旅游融合。文化与旅游融合发展是加快文化和旅游两大产业升级的必然要求。注重重点项目带动，依托闻名于世的“三大文化”，以主题公园、养生养老、休闲度假、精品民宿、文化创意为主攻方向，加快四明山、牟山湖、河姆渡等重点区域招商步伐，尽快引进一批影响力大、带动性强的高档项目。加快景区品质提升，对各个景点的自然景观、文化元素、经营业态进行再挖掘、再包装、再丰富，开发更多的互动型、体验型、休闲型旅游项目，提升农家乐休闲旅游业，推动更多的民间艺术、传统习俗、地方特产、乡土食品进入旅游市场，实现旅游产品由单一型向复合型发展，努力让游客慢下来、留下来。加强品牌形象建设，巧借影视、网络、动漫等传媒手段，积极策划创作更多展示余姚形象、讲述余姚故事、包含余姚元素的文艺作品，组织开展马拉松、登山、自行车等文体赛事，精心筹办各类文化旅游节庆活动，包装推介“跟着名人游余姚”“修学励志到梁弄”“休闲度假上四明”等旅游线路和品牌，形成多层次、高水平、全方位的宣传营销态势。

二要力促文化与文明联动。坚持以社会主义核心价值观为引领，大力弘扬新时期余姚精神，充分发挥好人文化、乡贤文化、优秀传统文化的示范熏陶作用，以“爱在余姚·德润四明”为主题，深化“做文明崇德余姚人”活动，深入开展“感动余姚新闻人物”“余姚好人”等评选，宣传选树好家风好家训，不断提升公民道德和未成年人思想道德建设水平。扎实推进全国文明城市创建工作，完善社会参与机制，深化“三争”文明村镇、“三好”文明社区、“三为”文明行业、“五好”文明家庭创建工作，启动新一轮“城乡结对、共建文明”活动，不断提升城乡文明创建的覆盖面和实效性。推动志愿服务进基层、进社区、进家庭，实现志愿服务与群众需求的有效对接。

三要力促文化与民生对接。结合申报国家历史文化名城，加强对物质和非物质文化遗产的保护与传承，健全完善名城名镇名村保护体系，加大对文物古迹、历史街区、古村落、传统手工艺的保护力度，加快文化典籍、档案文献的收集、整理与数字化，进一步激发广大市民的文化记忆和文化认同。深入实施文化惠民工程，着眼公共文化服务标准化、均等化，进一步完善市、镇、村三级公共文化服务网络，加快公共文化设施提升步伐，大力扶持文化艺术精品创作，精心组织开展丰富多彩的文化活动，加强科学知识宣传教育，不断满足群众的精神文化需求。

4. 坚持以人为本，加快治理体系完善。更加突出人人参与、人人尽力、人人享有的理念，更加注重发挥法治的引领、导向和规范作用，加快推进治理体系和治理能力现代化，不断增强人民群众的获得感、满足感和幸福感。

一要深入推进幸福城市建设。坚持尽力而为、量力而行，把不必要的公共开支节省下来，集中力量办好民生实事。坚持富民为先、精准发力，聚焦大学生、就业困难人员等重点人群，实施更加积极的就业政策，进一步健全有利于大众创业、万众创新蓬勃发展的制度机制和服务体系。以低收入困难农户为重点，加大精准帮扶力度，推动低收入群体增收致富。加强社会保障统筹，加快城乡居民养老、医疗制度并轨步伐，继续实施“全民参保登记计划”，不断提高社会保险覆盖面和参保率。加快推进教育现代化，优化完善教育网点布局，全力抓好城区实验高中等一批学校新（改、扩）建工程，大力发展学前教育、职业教育，积极谋划引进高等院校。推进“健康余姚”建设，深化医药卫生体制改革，加快市二院、市中医医院迁建工程，深化契约式家庭医生制，让城乡居民都能得到高水平的医疗服务。落实全面两孩政策，促进人口均衡发展和素质提升。完善社会救助、慈善事业发展机制，健全残疾人社会保障和服务体系。鼓励发展民办养老机构，全面推进以居家养老为重点的养老体系建设，探索智慧养老服务模式。

二要深入推进平安余姚建设。坚持一手拿“经济报表”、一手拿“平安报表”，不断提升平安建设和社会治理水平。健全群众利益诉求表达机制，深化重大决策社会稳定风险评估机制，落实涉法涉诉信访工作改革各项措施，发挥“大调解”机制作用，确保矛盾化解在基层、消除在萌芽。强化社会治安综合治理，加强城乡社区警务、群防群治等基层基础建设，抓好社会治安重点区域和突出问题排查整治，依法严厉打击各类违法犯罪行为。推广实施“多网合一、多员合一”社会治理模式，强化网格的信息收集上报、矛盾化解、安全防范、隐患排查等功能，全面提升基层社会管理能力。创新流动人口服务管理体系，增强流动人口的归属感和幸福感。牢牢掌握意识形态斗争的主动权，加强网上舆论引导管控。严格落实安全生产责任制，深化重点行业专项整治，坚决防止重特大安全事故发生。落实企业产品质量安全主体责任，保障群众饮食用药安全。健全突发事件预防预警和应急处置体系，提高应急处置能力。

三要深入推进民主法治建设。坚持党的领导、人民当家做主、依法治市有机统一，努力营造良好的政治和法治环境。严格执行民主集中制，健全党内民主制度体系，积极营造党内民主讨论、民主监督环境，以党内民主带动人民民主。健全党委领导人大工作制度，支持人大对重点热点领域开展监督。深入推进“法治政府”建设，加快以简政放权为核心的政府职能转变，深化“四张清单一张网”建设，完成乡镇（街道）权责清单编制，稳步推进综合行政执法，深化乡镇（街道）行政管理体制改革。全面落实加强人民政协民主监督的意见，充分发挥人民政协作为协商民主重要渠道作用，支持政协深入开展重大问题和重要课题议政建言工作。健全大统战工作机制，充分发挥各民主党派、工商联和无党派人士的作用，抓好民族宗教管理、分众统战、基层统战规范化建设等工作，推进协商治理向住宅小区、村民小组、社会组织和企业拓展。支持法院、检察院依法独立行使审判权、检察权，确保司法公正高效。加强群团和人民武装工作。制定出台“七五”普法规划，深化完善法律服务体系，强化法治文化建设，切实增强全民法治意识。

三、从严从实，加强党建，为新一轮改革发展提供坚强保证

步入改革发展新征程，余姚能否披荆斩棘、一路向前，党的建设是根本保证。要牢固树立“抓好党建是最大政绩”的理念，切实把全面从严治党贯穿于余姚改革发展的全过程，贯穿于党的建设和党内生活的各方面，不断增强党建工作的针对性、有效性。

1. 更加自觉地落实党建责任。全面落实从严治党主体责任和“一把手”第一责任人职责，做到党建工作和中心工作一起谋划、一起部署、一起考核，坚决防止“一手硬一手软”。认真落实市委《关于落实党风廉政建设党委（党组）主体责任、纪委监督责任的实施意见》，优化主体责任痕迹化管理，严格定期报告制度，抓好党风廉政建设量化考核，进一步夯实党风廉政建设责任。认真落实抓基层党建乡镇（街道）党（工）委八方面主体责任、党（工）委书记七方面第一责任，以及分管领导三方面直接责任和党委班子成员六方面“一岗双责”责任，深入实施党建责任清单、联述联评、主体责任报告等机制，探索实行基层党建创新项目点题交办制度，推动形成齐心协力抓党建的工作格局。完善党建工作考核评价机制，健全定期交流、亮绩赛马、重点难点问题专题研讨等制度，坚持基层党建月督查、季点评、半年约谈、年终述职等做法，在干部实绩考核和提拔任用中更好地体现“党建导向”。认真开展巡视反馈意见整改“回头看”，不折不扣抓好整改扫尾工作。

2. 更加有效地强化思想引领。坚持“思想建党”，以学习型党组织、学习型领导班子建设为抓手，以学习贯彻习近平总书记系列重要讲话精神为重点，充分利用中心组学习、阳明讲堂、姚江论坛、省委党校四明山分校、基层党校等平台和载体，切实强化党员干部理论武装、党性教育。积极探索宣传思想工作新思维新方法，深化“小载体”讲大道理、“新媒体”传播微理论、微型党课等宣教品牌建设，用更多群众听得懂、理解得了、接受得了的方式，提高工作覆盖面、渗透力和实效性，不断巩固壮大基层主流思想舆论阵地。

3. 更加严格地管好干部队伍。健全完善干部监督管理体系，系统梳理相关政策、文件，为从严管好干部提供有力制度保障。强化干部选拔任用管理，对考察对象干部档案“凡提必审”、个人有关事项报告“凡提必核”、相关信访举报“凡提必察”，对拟提拔对象实施“两轮体检”和“凡提必听”，更加严实地把好选人用人“关口”。深化“一报告两评议”工作，实施党政主要领导人经济责任年度报告，完善经济责任事项交接办法，认真落实提醒、函询和诫勉等组织措施，进一步加强对“一把手”的监督管理。完善干部立体监督举措，充分运用纪委、检察等部门成果，研究制定案件查处过程中加强组织处理的办法。注重发挥绩效考核的“指挥棒”作用，严格落实调整不适宜担任现职领导干部办法、激励干部干事创业治理为官不为的实施意见等文件，推动党员干部一心干事。精心制订干

部教育培训计划，突出领导干部主体，办好特训班、专训班、轮训班和实训班，不断提升党员干部素质能力、开阔党员干部思路胸襟。

4. **更加鲜明地树立用人导向**。更加注重根据党的事业和实际工作需要选人用人，以市镇村三级集中换届为契机，大力选拔敢担当有作为的“狮子型”干部，建设好班长、好班子、好梯队。深化推进干部人事制度改革，全面落实县以下机关公务员职务与职级并行制度，进一步调动基层党员干部工作积极性。修订干部选拔任用操作规程，规范动议、民主推荐、考察、讨论决定、任职等关键环节，全面推行干部任用工作全程纪实制度，不断匡正选人用人风气。坚持和完善“五考四谈三审”领导班子和领导干部经常性考察机制，加大重点工作专项考核力度，把更多好干部识别出来。坚持从严管理和关心激励相结合，大力推行谈心谈话“双向”预约，建立健全干事创业“容错免责”机制，及时了解干部思想动态，激发干部工作热情。探索开展中层干部跨地区、跨单位交流，分类推进强制型交流、需求型交流、重塑型交流和培养型交流，不断优化中层干部队伍结构，推动实现中层干部能岗相适。

5. **更加扎实地加强基层基础**。扎实做好村级组织换届工作，全面组织开展村级组织换届分析评估，认真落实应对举措，确保换届平稳有序顺利推进。深入抓好基层党组织“组织生活日”“寻找身边的感动”等活动，推进基层党组织“堡垒指数”星级考评，实施党建报表和党员评议党代表、党代表评议党委（纪委）“双向评议”等制度，确保基层党建工作正常规范有序开展。注重发挥基层终端作用，抓好以村级党组织下属党支部为重点的“末梢支部”建设，筑牢“前哨堡垒”。探索“社区党建联合体”建设，扩大社区党建工作网络“张力”。开展“党建＋公益”等活动，提升党建服务群众功能。实施“头雁领航”行动，充分发挥先进典型的引领带动作用，深化落实师徒帮带、封闭培训等举措，壮大基层党组织书记示范方阵。加强基层党员干部管理，推广负面言行提醒等做法，探索村（社区）干部退出机制，稳妥处置不合格党员。

6. **更加长效地推动正风肃纪**。认真贯彻落实新修订的《中国共产党廉洁自律准则》《中国共产党纪律处分条例》，刚性执行政治纪律、组织纪律、廉洁纪律、群众纪律、工作纪律、生活纪律等“六大纪律”，把握运用监督执纪“四种形态”，切实把纪律和规矩挺在前面。更加注重廉政文化建设，强化党章党规党纪教育轮训和警示教育，组织开展“立优秀家规家训，树良好家风”等系列活动，筑牢廉政防线。坚定不移落实作风建设各项规定，健全完善不定期、不打招呼、不固定形式的暗访工作机制，开展经常性检查抽查，促进作风建设常态化。全面推开巡查工作，把发现问题、形成震慑作为主要任务，进一步改进干部作风、规范权力运行。加大案件查处力度，坚持有信必办、有风必纠、有腐必惩、有贪必肃，推进实施“一案双查”，坚决打好遏制腐败攻坚战。

同志们，新的征程即将全面开启，新的使命呼唤责任担当。让我们紧密团结在以习近平同志为总书记的党中央周围，高举中国特色社会主义伟大旗帜，以翻篇归零的心态、更加昂扬的斗志、真抓实干的作风，团结一心、锐意进取，为谱写我市经济社会发展新篇章而努力奋斗！

政府工作报告

——在余姚市第十六届人民代表大会第五次会议上

余姚市人民政府市长 奚 明

（2016年1月19日）

各位代表：

现在我代表市人民政府向大会报告工作，请予审议，并请政协委员和其他列席人员提出意见。

一、2015年工作回顾和“十二五”时期发展情况

2015年是形势复杂、挑战严峻的一年。市政府认真落实党的十八大和十八届三中、四中、五中全会精神，深入贯彻习近平总书记系列重要讲话精神，主动适应经济发展新常态，牢牢把握稳中求进总基调，扎实开展经济社会转型发展攻坚活动，着力推进“六大攻坚突破”，经济和社会各项事业取得了新的发展。预计实现地区生产总值839.7亿元，增长7.6%；完成一般公共预算收入75.1亿元，增长8.8%；城镇和农村居民人均可支配收入分别增长8.2%和9%。一年来，我们主要抓了五方面工作：

（一）坚持精准施策，推动经济平稳增长。深入开展“五重二大”推进年活动，加快杭州湾跨海大桥杭甬高速公路连接线等重大基础设施建设，完成329国道（临山）至319省道（牟山）连接线等工程建设，新开工丰轩仓储物流等重大项目38个，完成固定资产投资563.7亿元，增长9.3%。出台推进工业经济平稳增长政策意见，实现规模以上工业增加值240.1亿元，增长4.6%；完成“机器换人”重点项目151个、减员8600人，规模以上工业全员劳动生产率提高5%；4家企业纳入省、宁波市“三名”试点培育，舜宇集团销售突破100亿元。精心策划购物节，成功举办第十七届塑博会，世界塑料理事会年会达成《余姚共识》，慧聪家电产业新城开工建设，实现商品市场成交额955亿元，增长12%；组建互联网经济促进中心，规模以上（限额以上）企业电子商务应用率达到54%，中国塑料城入选全国“网上网下融合市场二十强”。加快发展休闲旅游业，凤凰山庄“太阳城”养老养生项目签约，香泉湾二期民宿、姚江源乡村客栈等建成开业，实现旅游总收入92.5亿元。提升农业现

代化水平，2个省级现代农业综合区通过验收，5个宁波市级现代农业园区项目批复实施，新增宁波市级以上示范性家庭农场11家、农民专业合作社6家、无公害农产品基地15个，5个农产品被列入全国名特优新目录，完成农村土地承包经营权确权登记试点。拓展土地利用空间，消化“批而未供”土地5446亩，完成低效用地再开发1826亩，批复海域用地1184亩。转贷基金规模扩大到10.1亿元，转贷1316笔、165.6亿元。科学应对“灿鸿”台风，及时落实灾后恢复生产政策措施，经济损失和影响降到最低限度。

（二）强化创新驱动，激发转型发展动力。 推动产业向中高端发展，高新技术产业、战略性新兴产业、装备制造业实现增加值108.6亿元、73.8亿元和147.8亿元，分别增长6.5%、7.5%和5.2%；新增省知名商号4件、区域名牌1个，名牌产品占规模以上工业销售产值比重达到42.6%。切实增强创新驱动力，宁波智能制造产业研究院组建成立，科技金融风险池信贷额度达到2亿元，新增创新型初创企业206家，实施国家级科技项目4项，新增产学研合作项目47项，当年授权发明专利459件。坚持打造产业高地与人才洼地并举，中意宁波生态园管委会正式挂牌，在建及落地项目7个，“千人计划”产业园建设进展顺利，模客小镇通过省级特色小镇预审，宁波市级“机器人小镇”获批授牌，新入选“省千”专家6人、“国千”专家3人、省级领军型创业团队1个，新增宁波市级以上院士工作站3家、国家级学会服务站1家。创新投融资体制，引进赛伯乐、上海爵耀等产业投资基金，众筹成立“才·富”合作基金，探索应收账款债权流转业务融资模式，社会资本参与基础设施和公共服务项目建设走在宁波前列。深化工商登记制度改革，完成“五证合一、一照一码”登记制度改革。推进企业上市，朗迪集团首发申请过会。

（三）狠抓专项治理，提升城乡环境品质。 强化规划引领作用，“多规融合”正式启动，市域总体规划纲要通过评审，调整完善土地利用总体规划，编制完成环境功能区划。探索“模拟拆迁”，8个区块完成拆迁“清零”。推进“五水共治”，姚江城区段堤防加固、食禄桥江整治、临海大浦江整治等重点水利工程进展顺利，市域污水收集一期、城区污水收集系统四期工程主体完工，完成河道综合整治28.5千米，全市河道劣Ⅴ类水质断面减少49.2%；农村生活污水治理引入PPP合作模式，81个村已启动实施。持续抓好“三改一拆”“四边三化”专项整治，4个乡镇（街道）、96个村达到“无违建”创建标准，“两路两侧”整治任务全面完成，涉宗违建整治规范平稳有序。开展重点行业整治提升，关停淘铜加工企业252家、冷镦企业19家，淘汰黄标车7027辆，新增固体废物管理“双达标”企业72家，通过省级重金属重点防控区污染整治现场验收，万元工业增加值能耗下降5.5%。深化“森林余姚”建设，完成平原绿化3000亩、生态修复3300亩、道路绿化25千米，14家省级重点废弃矿山生态治理全面完成。强化城市网格化、精细化管理，深入开展交通秩序、超限超载、餐厨垃圾、物业管理等专项治理，基本完成智慧城管二期建设，城市管理水平得到进一步提高。开展“美丽乡村”“美丽家园”建设行动，11个精品村建设项目全部完成，培育宁波市级中心村4个、特色村3个、精品线1条，荣获省“美丽乡村创建先进县（市）”称号。

（四）突出以人为本，增进人民群众福祉。 始终保持民生投入力度不减，市财政用于民生支出占一般公共预算支出比重达81.5%。十方面民生实事全面完成，投放公共自行车3000辆，完成困难群众危旧房改造184户，建成区域性居家养老服务中心1个、居家养老服务站37个，新增养老床位533张。探索就业创业工作新机制，新增城镇就业人员2.3万人，城镇登记失业率控制在1.08%。完善社保体系，稳步提高居民养老和医疗保障待遇，本市户籍人口养老保险（障）参保率达92.6%。市实验高中主体工程竣工，无证幼儿园整治取得明显成效，公办学校基本实现标准化。历史文化名城保护规划及府前路、武胜门历史文化街区保护规划编制完成，成功举办“阳明文化日”活动，小说《百年血脉》入围茅盾文学奖。医药卫生体制改革持续推进，市第二人民医院迁建工程主体结构完工，市康复医院建成投用，市精神卫生中心迁建确定选址，民营骨科医院批准筹建，契约式家庭医生制服务逐步推行。出生人口性别比治理成效显著，人口结构进一步优化。社会秩序总体稳定，刑事案件下降19.5%，生产安全事故起数、死亡人数、受伤人数分别下降11.8%、5.4%和2.2%，信访总量与上年基本持平，集体上访下降3.9%。加强食品药品监督管理，建成“阳光厨房”64家，食品检测水平走在全国同类城市前列。推进城市社区治理创新“四年”活动，提升网格化管理服务水平，强化立体化社会治安防控体系建设，开展群租房突出问题排查整治，有望实现省平安创建“九连冠”。

（五）践行“三严三实”，加强政府自身建设。开展“三严三实”专题教育，认真做好巡视反馈意见整改工作，做到即知即改、立行立改。深入开展“助万企转型、促万众创新”走访服务企业专项活动，共收集企业发展难题2197个，95%以上的难题已破解或答复。推进行政管理体制改革，调整整合政府部门职能，权责清单编制向乡镇（街道）延伸，综合执法体制改革稳步推进。创新推出“3+1”行政审批服务组合机制，不动产登记改革完成职责整合。开展行政执法监督机制建设试点，全面落实重大行政决策程序规定，重大事项向人大报告，与政协民主协商，自觉接受人大、政协监督，共办理人大代表建议214件、政协委员提案154件。完成重大决策咨询课题8项。加大政府信息公开力度，主动公开各类政府信息17000余条。认真履行市政府党组党风廉政建设主体责任，全力支持纪检监察体制改革，出台《行政不作为问责暂行办法》，着力营造风清气正的政务环境。落实厉行节约各项措施，“三公”经费下降14.7%。

各位代表，2015年是“十二五”发展的收官之年。五年来，我们围绕建设美丽富裕幸福新余姚，克难攻坚稳增长、坚定不移促转型、全力以赴惠民生，较好地完成了“十二五”规划确定的目标任务，为高水平全面建成小康社会奠定了坚实基础。

——过去五年，是综合实力持续增强的五年。我们积极应对复杂宏观形势带来的挑战，努力克服特大洪涝灾害造成的影响，全力推动经济社会发展稳健前行。全市地区生产总值由567.9亿元增加到839.7亿元，年均增长8.5%，人均地区生产总值超过16000美元；固定资产投资五年累计达到2140.2亿元，年均增长23.3%；社会消费品零售总额达到351.6亿元，年均增长14.4%；进出口总额达到88.9亿美元，其中出口68亿美元，年均增长6%和6.7%；财政总收入达到133.8亿元，其中一般公共预算收入75.1亿元，年均增长9.4%和9.6%；城镇和农村居民人均可支配收入分别达到45359元和26500元，年均增长10.3%和11.7%，城乡居民收入比进一步缩小；存贷款余额双双突破1200亿元大关，是2010年的1.4倍和1.5倍。五年间，我市县域经济基本竞争力、福布斯“中国大陆最佳商业城市”排名保持前列，获评“全球绿色城市”，蝉联“中国最具幸福感城市”称号。

——过去五年，是发展质量明显提升的五年。实施现代农业“1312”工程，建成省级现代农业综合区3个，滨海现代农业先导区被列为宁波四大先导区之一，新增农业龙头企业31家、专业合作社41家，培育家庭农场473家，被授予《全国农业产业化示范基地》《全国农业机械化示范区》《全国农田水利基本建设先进单位》等称号。推进工业强市建设，规模以上工业产值占工业总产值比重由44.8%提高到46.7%，战略性新兴产业占规上工业增加值比重达到30%，研究与试验发展经费支出占地区生产总值比重由1.33%提高到2.6%，授权发明专利较前五年增加4.2倍，企业主持或参与制（修）订各类标准163项，地理标志证明商标数量全省第一，连续四年荣获宁波市工业转型升级综合考评一等奖。大力发展现代服务业，中国塑料城及网上交易市场、中国裘皮城跻身“中国商品市场百强”，万达广场、华润五彩城等重大商贸项目建成投用，新增AAA级旅游景区3家，我市成为浙江省十大市场强市和首批省电子商务示范市，第三产业增加值比重由34.2%提高到38%。

——过去五年，是城乡面貌显著变化的五年。规划体系和管理体制日益完善，城乡融合稳步推进，城市化率由55%提高到62%。推进城区有机更新，西南组团、南雷南路两侧形象显现，余姚北站综合交通枢纽投入运行，整治改造老小区近200万平方米，黄山儿童公园、玉皇山公园等建成开放，城市建成区绿化覆盖率达到43%。浒溪线和古乍线河姆渡段、城东水厂、220千伏武胜变等一批重大设施相继建成，城乡客运公交实现一体化，互联互通、同质共享的城乡基础设施网络加速形成。有序推进“治水强基”专项行动，姚江干流防洪整治等一批工程基本竣工。城镇建设三年行动计划深入实施，泗门镇连续三年获省小城市培育试点考核优秀，梁弄镇荣获“全国文明镇”称号，陆埠镇被列入全国发展改革试点小城镇。美丽乡村建设取得显著成效，累计建成全面小康村30个，完成农村生活污水治理村158个、山区村庄整治提升48个，整拆山区自然村17个。加强环境治理、重点行业整治和生态建设，关停落后产能企业1378家，禁养范围内畜禽养殖场639家，新增平原绿化面积3.2万平方米，节能减排圆满完成上级下达任务，成为全国节水型社会建设示范区、全国首批地质灾害防治高标准“十有县”和省森林城市。

——过去五年，是社会事业加快发展的五年。多层次、系统化推进民生事业发展，一般公共预算支出用于民生累计达到289.4亿元。社会保障水平持续提升，建成保障性住房35.2万平方米，职工和城镇居民医保纳入宁波统筹，基本实现同城同待遇，低保标准由每月400元提高至664元，残疾人小康实现度达到85%以上。积极促进就业创业，累计新增创业实体4.9万家、城镇就业人员10.6万人，“零就业家庭”保持动态消零。推进教育均衡优质发展，公办幼儿园实现乡镇（街道）全覆盖，普通高中课程改革不断深化，成功创建为全国义务教育发展基本均衡市。阳光文化行动计划深入实施，省体育强镇实现全覆盖，建成农村文化礼堂87家，文化活动日益丰富，文艺精品创作硕果累累，历史文化研究、保护和传承不断深化，《余姚市志（1988—2010）》出版发行，顺利通过全国文化先进县和省体育强市复评。精神文明建设切实加强，创新推出“道德银行”，持续开展“做文明崇德余姚人”活动，通过省文明市复评，成为“全国文明城市”提名城市。深化医药卫生体制改革，户籍人口每千人拥有医生数由2.14人增加到3.39人，医疗资源共享中心模式在全省推广，省卫生强市通过复评，荣获《国家慢性病综合防控示范区》等称号。社区治理创新深入推进，社区建设热点难点问题得到有效整治解决。着力维护社会和谐稳定，信访调处工作在创新中加强，流动人口服务管理机制不断完善，食品药品监管机制更加健全，安全生产形势持续稳定好转。

——过去五年，是改革开放全面推进的五年。推进行政管理体制改革，市政府机构精简到25个，事业单位分类改革顺利实施，“四张清单一张网”改革有序开展。完成新一轮行政审批制度改革，首创模拟审批、并联审批等模式并在全省推广，承接审批权限下放事项236项。统筹城乡综合配套改革稳步推进，成立农村产权交易中心，村经济合作社股份制改革基本完成，政策性农业保险全面推开，建立农信担保机制，被评为全国农村集体“三资”管理示范县。国有资产管理得到加强，国库集中支付、公务卡制度全面推行。强化经济体制机制创新，政府购买服务、PPP模式和产业基金等投融资领域改革取得突破，“新三板”挂牌企业达到5家，登记市场主体增加近1倍。对外开放全方位拓展，累计实到外资19.4亿美元、内资256.3亿元、浙商姚商创业创新资金163.3亿元，批准境外企业153家，认定外包企业47家。

与此同时，积极做好国防动员、民兵预备役、双拥、优抚、安置等工作，军政军民关系更加密切；民族、宗教、台务、侨务、统计、审计、档案、外事、气象等工作取得新成效，老龄、慈善、红十字、工商联、工青妇、关心下一代等事业实现新发展，对口帮扶、山海协作、移民安置等工作得到进一步深化。

各位代表，在宏观形势复杂多变、困难挑战

不断增多的形势下，“十二五”时期能取得上述成绩，实属来之不易。这是中央和上级党委、政府以及市委科学决策、正确领导的结果，是市人大、市政协有效监督、大力支持的结果，是全市上下负重奋进、团结拼搏的结果。在此，我代表市人民政府，向辛勤工作在各条战线的广大干部群众，向给予政府工作大力支持的全体人大代表、政协委员、民主党派、工商联和社会各界人士，向离退休老干部、老职工，向驻姚部队和武警官兵，致以崇高的敬意！向所有关心支持余姚发展的海内外朋友，表示衷心的感谢！

我们也深知，我市经济社会发展还面临不少问题和困难：一是经济稳定增长动力还不够足，部分企业生产经营还比较困难，地区生产总值、规模以上工业产值、进出口总额等指标未完成“十二五”及2015年预期目标；二是制约经济转型升级的因素还比较多，创新驱动力还不够强，产业结构调整亟须加快，新兴产业壮大和传统产业提升需要精准发力；三是城市化推进质量还不够高，城乡区域发展还不够均衡，基础设施网络有待完善，城乡功能品质有待提升；四是民生事业、社会治理、安全生产等工作还有短板和薄弱环节，环境承载压力较大，社会矛盾还比较突出。同时，少数政府工作人员改革意识、法治意识、担当意识还不够强，廉政建设和作风建设需要持续加强。对此，我们将牢固树立目标导向、问题导向，采取有效措施，切实加以解决。

二、“十三五”发展主要目标

根据市委关于制定“十三五”规划的建议，市政府认真研究并广泛征求意见，汇集各方智慧，编制了“十三五”规划纲要（草案），提请本次会议批准后，将颁布实施。

“十三五”发展的总体目标是：全面落实“四个全面”战略布局，自觉践行“五大发展理念”，坚持以改革创新统领全局，全面实施“六大升级”战略，更加注重推进经济转型，更加注重提升城乡品质，更加注重建设生态文明，更加注重扩大对外开放，更加注重增进民生福祉，更加注重建设文化强市，努力厚植发展新优势，积极引领发展新常态，高水平全面建成小康社会，力争在全国同等城市中实现争先进位，努力建设现代化创新型生态城市。

综合考虑未来五年发展趋势和条件，到2020年，现代化创新型生态城市建设取得重大进展。战略重点和主要目标是：

——经济发展更具实力，综合实力在全国同等城市中争先进位。在提高发展平衡性、包容性、可持续性的基础上，经济保持中高速增长，地区生产总值年均增长7.5%，一般公共预算收入年均增长7.5%，五年累计完成固定资产投资3000亿元，社会消费品零售总额年均增长10%，自营出口总额年均增长4%。提前实现地区生产总值、人均地区生产总值、城镇和农村居民人均可支配收入等4个指标比2010年翻一番，综合实力力争在全国百强县（市）中实现争先进位。

——转型升级更有成效，努力建设创新型城市。创新成为经济发展主要驱动力，工业化与信息化深度融合发展，电子商务交易额争取突破1000亿元，研究与试验发展经费支出占地区生产总值比重力争达到2.8%，人才资源总量达到34.8万人。产业发展迈向中高端，工业强市建设取得明显成效，现代产业体系基本形成，高新技术产业增加值占规上工业增加值比重达到47%，服务业增加值占地区生产总值比重达到40.5%，力争建设成为长三角南翼中高端智造基地、人文休闲旅游胜地、人才创业创新高地和新经济示范城市，率先进入省创新型城市行列。

——城乡发展更加协调，力争成为全省乃至全国城乡统筹发展样板。以人为本的新型城市化加速推进，中心城区辐射服务功能显著提升，卫星城、中心镇和特色镇建设取得新进展，城乡一体化基础设施和智慧城市建设水平走在全省全国前列，常住人口城市化率达到67%。美丽乡村和美丽家园建设成效明显，城乡公共服务均等化水平持续提升。四明山区域加快发展，山区农民收入比2010年增长两倍以上，提前两年实现全面小康。

——人民生活更加美好，建设更高品质的民生幸福城市。城乡居民收入年均分别增长9%和10%，努力让劳动者更有机会就业，让社会保障更公平普惠，让教育更加均衡优质，让全体市民更加健康，让城乡居民住有宜居，让每位老人安享晚年。文化强市建设成效明显，市民文明素质普遍提高，人民群众获得感、幸福感、自豪感普遍提升，力争成为国家历史文化名城、全国文明城市和国家卫生城市。

——生态环境更加优美，争创国家生态文明建设示范区。美丽余姚建设取得实质性进展，循环经济、低碳经济发展成效明显，生产绿色化、生活低碳化成为主流，基本形成资源节约、环境友好的产业结构、增长方式和消费模式。万元地区生产总值能耗、主要污染物排放量完成上级下达任务，地表水劣Ⅴ类水质全面消除，大气环境质量进一步提升，森林覆盖率和绿化覆盖率稳步提高。

——治理体系更加完善，力争成为全国重点领域专项改革试点市。治理体系和治理能力现代化水平明显提升，重点领域和关键环节改革取得重大进展。“法治余姚”“平安余姚”建设深入推进，社会治理更加精细化、科学化和法治化，人民群众的安全感、满意度持续上升。政府职能切实转变，市场在资源配置中的决定性作用充分发挥，发展活力持续增强。

各位代表，实现未来五年的奋斗目标，任重道远，使命光荣。我们相信，在市委的坚强领导下，经过全市人民的共同努力，“十三五”规划的宏伟蓝图一定能够实现！

三、2016年主要工作安排

各位代表，2016年是“十三五”规划实施的开局之年，也是本届政府任期的最后一年。做好2016年的政府工作，既要积极化解经济社会发展中的潜在风险和各类矛盾困难，保持经济平稳增长和社会大局稳定；也要落实中央供给侧结构性改革要求，切实提高发展的质量和效益，加快推动经济社会转型发展；更要提振精气神，调动一切积极因素，以坚定的信心、有力的举措，实现“十三五”发展良好开局，为建设现代化创新型生态城市奠定坚实基础。

为此，2016年政府工作的总体要求是：认真落实党的十八大和十八届三中、四中、五中全会精神，深入贯彻习近平总书记系列重要讲话精神，按照“五位一体”总体布局和“四个全面”战略布局要求，坚持以“五大发展理念”为引领，适应经济发展新常态，坚持稳中求进总基调，积极做好稳增长、调结构、惠民生、防风险等工作，创新转型优发展，统筹兼顾促协调，做强实体拓市场，守牢底线保平安，切实为“十三五”发展开好局、起好步，并力争取得更大突破。

综合分析发展环境和现实条件，建议2016年全市经济社会发展的主要预期目标为：地区生产总值增长7.5%左右，一般公共预算收入增长7.5%左右，城镇和农村居民人均可支配收入分别增长8%和9%左右，城镇登记失业率控制在3%以内，节能减排完成上级下达任务。

为实现上述目标任务，我们将重点抓好七方面工作：

（一）扩大有效需求，开创稳健增长新局面。坚持市场导向，释放新需求，创造新供给，千方百计促进经济持续稳定增长。

狠抓有效投资。开展“五重二大”深化年活动，带动固定资产投资增长10%。突出抓好一批功能性、提升性基础设施项目，开工建设杭甬高速余慈连接线余姚段拓宽改造、G228陆埠互通及S319丈亭互通等工程，继续推进梁周线拓宽改造一期、余梁公路北延等建设，深化宁波—余姚城际铁路等项目前期工作，着力构建外联内通的立体化交通体系；开工建设侯青江排涝泵闸、四明湖水库下游河道整治工程，完成姚江城区段堤防加固主体工程，加快陶家路江整治二期工程建设和“西分”工程前期工作，着力筑牢安全屏障；加强供水、供电、供气等设施建设，提升综合承载能力。更加注重重大产业项目的生成和推进，力促舜宇智能光电产业基地一期、意大利麦沃尔公司电控电机等项目开工，神通模塑汽车总动力配套等项目建成投产。

培育消费热点。完善促进消费政策体系，引导城市综合体业态提升，推进镇级商贸中心和邻里中心建设，加快发展休闲体验等新型消费，深入挖掘月光经济，力争社会消费品零售总额增长10%。稳定房地产市场，全面推行“房票”安置，创新保障性住房筹集供给机制，推进住房公积金“公转商”工作，加快房地产去库存化。强化“菜篮子、米袋子”安全，开工建设农批市场迁建工程。繁荣旅游市场，启动建设四明山省级旅游度假区，加快河姆渡遗址、天下玉苑等区域二次招商，培育发展运动、养生、民宿等新兴旅游业态，旅游总收入突破100亿元。

稳定出口增长。实施外贸“双优”工程，着力提高品牌产品、高新技术产品出口比重，大力拓展非洲等新兴市场，加快构建产品附加值高、市场渠道多元的外贸出口格局。坚持优化进口与扩大出口相结合，支持企业引进核心技术、先进装备。加快发展跨境电子商务，力争培育销售千万美元以上跨境电商企业3家。深化贸易便利化措施，提高外贸出口效率。力争自营出口增长2%。

精准服务企业。打好降低实体经济企业成本“组合拳”，实施积极稳健的财政政策，全面落实减税清费措施，健全企业减负机制，促进企业轻装前进，提振企业发展信心。继续开展“助万企转型、促万众创新”走访服务企业专项活动，强化困难企业分类指导帮扶，引导企业联合兼并重组，推动企业化解过剩产能，促进企业转型发展、优胜劣汰。加大金融支持实体经济力度，及时化解企业“两链”风险，积极发展小微金融、普惠金融，运作好产业基金和转贷基金，鼓励股权融资、债券融资。加强社会征信体系建设，严厉打击恶意逃废债、非法集资等行为，切实维护良好的金融生态环境。

（二）强化创新驱动，培育转型升级新动力。加大结构性改革力度，把改革创新融入到经济社会发展的各个方面，着力提高发展质量和效益。

大力推进科技创新。发挥科创中心等创新平台作用，加快宁波市智能制造产业研究院、科技企业孵化器（加速器）建设，着力完善创新创业孵化体系。依托“千人计划”产业园等平台，深入实施“百团计划”，精心策划举办“全球海归宁波创业峰会”等活动，加快人才“链式”集聚。强化企业科技创新的主体作用，鼓励以企业为主体组建产学研实体和产业技术创新联盟，强化企业与科技资源有机结合，推动科技成果向现实生产力转化。力争研究和试验发展经费占地区生产总值比重达到2.62%，高新技术产业增加值增长7.5%。注重创新型企业家培育，着力提升企业家的创新能力和管理水平。坚持质量引领内涵发展，着力建设“质优余姚”。

大力推进产业创新。落实供给侧结构性改革要求，主动对接“中国制造2025”，强化工业强市建设，力争规上工业增加值增长5.5%。深入推进“四换三名”工程，大力发展新装备、新材料、新能源等新兴产业，加快家用电器、塑料模具等传统产业改造提升，力争战略性新兴产业增加值、装备制造业增加值均增长6%。实施“2+3+5”特色小镇培育计划，加快模客小镇、机器人小镇等建设。积极构建现代农业产业体系，加快农业“两区”绿色提升，拓展农信担保、政策性农业保险覆盖面，加大土地流转和新型农业经营主体培育力度，促进农产品加工与观光农业发展。提质扩容现代服务业，壮大专业市场规模能级，加快总部经济、创意策划、智慧物流等新兴服务业发展。发展壮大文化产业，实施文创产业园区升级工程。

大力推进体制创新。坚持问题导向与目标导向相结合，深入实施县域经济体制综合改革，加大简政放权力度，推广PPP合作、政府购买服务等方式，加快实现重点领域、关键环节的改革突破，着力释放改革红利。积极发展多层次资本市场，加快“规改股、股上市”步伐。推动创客服务中心建设，运作好科技金融风险池，推广应用科技创新券，建立创业引导基金，引进发展创业投资、天使投资，全面优化众创、众包、众扶、众筹空间，促进“大众创业、万众创新”。推进“个转企、小升规”，实施小微企业三年成长计划。

大力推进“互联网+”。编制“互联网+”发展规划，完善互联网经济扶持政策和统计体系，全面推进产业组织、商业模式、供应链、物流链创新。深入实施“两化融合”工程，加快“物联网”“机联网”等创新应用，推进智能化制造。扩大“甬易支付”应用范围。建设淘宝余姚特色馆，大力发展农村电子商务，引导企业创新营销方式，力争规模以上（限额以上）企业电子商务应用率达到60%以上。加快抠抠智能骨干网建设，科学推进电商园区建设，促进互联网经济集聚发展。筹建吉贝克大数据平台，提升网络基础设施，重视网络安全，加快建设“智慧城市”。

（三）坚持统筹协调，构建平衡发展新格局。扎实推进“多规融合”，以规划为引领，以项目为支撑，全面提升城乡品质和一体化发展水平。

提升城区品质。完成市域总体规划修编和城市空间特色规划编制，实现建设区控规全覆盖，着力优化城市空间布局。推动城区有机更新，实施“一轴两环多点”提升行动，加快高铁新城等重点区块建设，建成金山路一期、北滨江路东延三期等工程，扎实推进“三江六岸”贯通提升和成片危旧住宅区改造，着力提升城市形象档次。全面推行“阳光征收”和“模拟拆迁”。启动国家卫生城市创建工作，抓好老小区综合整治和交通拥堵治理，深化“智慧城管”建设，打造一批管理精细、秩序井然、环境整洁的样板区域和示范道路。

培育特色城镇。强化中心城区建设与城镇改革发展协作协同，逐步形成横向错位发展、纵向分工协作的格局。支持泗门卫星城市发展，加快商贸新区、四海公园等项目建设。扎实推进姚北新城开发建设，着力打造城乡一体化改革示范区。做大梁弄红色文化旅游，培育马渚运河古镇品牌，推进陆埠小城镇发展改革试点，加快培育一批富有特色和活力的现代化城镇。统筹推进姚东片、环牟山湖、姚西北等片区建设，着力提升联动发展水平。

打造美丽乡村。以“四美三宜”为方向，开展美丽乡村风景线、示范村和示范镇创建工作。深化全民共建“美丽家园”，扎实推进“美丽庭院”等六项创建。强化古村落保护与开发，彰显农村特色魅力。稳步推进农业生产经营管理体制和农村集体产权制度改革，积极构建生产、供销、信用“三位一体”农民合作经济组织联合会，加快农村土地承包经营权和宅基地确权登记，促进村级集体经济发展壮大，充分激发农村发展活力。

建设幸福老区。围绕打造全国革命老区奔小康先行区和示范区，加快推进四明山区域生态发展。提升供水供电、医疗教育、文体休闲等基础设施，尤其是加快四明山区域大交通网络建设，加快实现基本公共服务均等化。实施特色产业提升计划，大力发展苗木替代产业和生态高效农业，规范提升农家乐等发展，积极引进生态型、主题型、带动型项目，着力提升经济发展水平。因地制宜推进山区村庄整治改造提升，稳步实施内聚外迁，不断改善老区群众居住环境和条件。深入推进“低收入农户奔小康”工程，强化精准帮扶，确保低收入农户持续增收。

（四）改善生态环境，展现美丽余姚新魅力。照着“绿水青山就是金山银山”的路子走下去，着力优化城乡环境。

加大环境治理力度。深入推进“五水共治”，巩固提升“清三河”成效，加快城区污水纳管二期等项目建设，完成农村生活污水治理43个村，促进水环境质量持续改善。开展工业废气、机动车尾气、秸秆焚烧、建筑道路扬尘等治理，不断改善空气质量。深化“三改一拆”工作，加快创建“无违建”县市。创新环境监管方式，落实最严格的生态保护和执法监管制度，完善减排考核指标体系，推进污染源在线监测系统、刷卡排污系统建设。

推进低碳循环经济发展。加强能源“双控”，大力发展循环经济和节能环保产业，推进分布式光伏电站等绿色能源建设，着力提升绿色发展水平。健全激励倒逼机制，稳步推进工业企业综合绩效评价，深化电镀等重点行业整治，加快燃煤锅炉等落后产能淘汰。强化土地资源集约利用，加快存量建设用地盘活处置，消化利用“批而未供”土地3000亩，闲置土地处置率达到90%以上。倡导绿色消费、低碳出行，积极培育生态文化。

加快绿色余姚建设。坚持生态效果与景观效果相统一，大力实施“森林美化彩化”工程，深入开展“森林城镇”“森林村庄”创建，加快建设“森林余姚”。深化“四边三化”，加大“见缝插绿、见土补绿”力度，切实建设一批“美丽公路”“美丽林带”。完善生态补偿机制，加强四明山区域生态修复，推进生态公益林、产业经济林和设施林业建设，完成平原绿化面积1000亩、生态修复面积3300亩。

（五）深化全面开放，构建开放经济新体系。丰富对外开放内涵，发展更高层次的开放型经济，努力形成深度融合的合作格局。

拓展开放重大平台。举全市之力推进中意宁波生态园开发建设，高水平修编总体规划和控详规划，抓好在建项目提速、签约项目开工和意向项目落地，加强基础设施配套，加快形成集聚效应。加快“千人计划”产业园建设，促成汉熵通信、甘为乐博机器人等一批项目建成投产，积极争创国家级海创园。开展中国塑料（电器）市场采购贸易方式试点申报，整合中国塑料城和慧聪家电产业新城优势资源，着力打造中国塑料电器产业转型升级示范基地。加快余姚经济开发区创建国家级开发区工作，提速发展余姚工业园区，稳步开发城西工业园、牟山湖休闲度假区等重点区块，深入推进工业功能区和小微企业集聚区建设，积极打造经济发展新增长极。

提高招商引资水平。深入实施招商引资“一号工程”，坚定不移地推进大招商、招好商，确保实到外资4.5亿美元、实到内资55亿元、浙商姚商创业创新资金29亿元。创新招商机制，实施联合招商、精准招商等方式，依托重大产业平台，推动资本、人才和企业有机联姻，着力引进一批高精尖项目。扎实推进以企引企、以外引外、以民引外等工作，努力形成全民招商氛围。

完善内外贸易体系。积极参与“一带一路”战略，引导企业立足产品优势和资源优势，全方位、多领域扩大国际竞争与合作，积极抢占高端市场。加快企业“走出去”，鼓励企业设立或并购境外研发机构、营销网络和生产基地，支持企业出口参展，促进形成以技术、品牌、标准、质量、服务为核心的竞争新优势。提升发展服务外包产业。精心举办中国塑博会、慧聪家电交易会等重大展会，引导企业完善营销网络，提高余姚制造的市场知名度和占有率。

扩大区域交流合作。主动融入长江经济带发展，全面对接大上海，积极承接产业转移，切实加强分工协作。深度融入宁波港口经济圈和宁波都市区建设，强化与宁波中心城区和周边县市在基础设施、产业发展等方面的对接合作和共建共享，不断拓展发展空间。完善山海协作和对口帮扶机制，促进合作共赢。

（六）致力共建共享，顺应人民群众新期盼。坚持普惠性、均等化、可持续发展，切实补强民生短板，让发展成果更多更好地惠及全市人民。

完善公共服务。着眼教育现代化，积极推进公办幼儿园建设和民办幼儿园规范发展，深化义务教育课程改革，建成投用市实验高中，促进普高办学多样化、特色化。大力发展职业教育，推动现代职业教育示范学校和重点专业建设，积极筹建市技师学院。着力建设“健康余姚”，深入实施名院名医工程，加快市第二人民医院、中医医院迁建工程建设，开工建设市人民医院肿瘤治疗中心项目，深化区域医疗联合体和契约式家庭医生制服务工作，不断提高城乡医疗服务水平。依法实施全面两孩政策，促进人口长期均衡发展。着力打造文化强市，积极申报国家历史文化名城，加快府前路历史文化街区改造一期建设，弘扬王阳明等先贤文化品牌，启动市公共文化中心建设和姚江文化长廊前期工作，加强文艺精品创作，广泛开展群众性文化活动和全民健身运动。积极争创全国文明城市，持续推进“做文明崇德余姚人”活动，深化农村文化礼堂建设，提高全民科学素养，提升精神文明建设常态化水平。

提高保障水平。全面落实更加积极的就业创业政策，做好大学生、就业困难人员等重点人群就业创业服务工作。深入实施“全民参保登记计划”，确保本市户籍符合参保条件人员应保尽保。推进城乡居民医疗保险制度整合，加快医保付费制度改革，实施医保按病种付费管理。高度重视老龄事业，大力推进居家养老服务，积极鼓励社会资本投资建设养老服务机构，不断完善养老服务体系。深化新型社会救助体系建设，健全低保标准动态调整机制，完善残疾人社会保障和服务体系，推动社会福利和慈善事业加快发展。

创新社会治理。深化基层治理创新，不断完善全市一张网的基层社会治理网络体系。健全社区（村）自治、法治、德治、共治机制，完成第十届居民委员会换届选举工作。深入推进“平安余姚”建设，完善预防预警和应急管理体系，有效应对突发性事件，依法打击各类违法犯罪活动。完善流动人口服务管理体系。依法加强网络空间管理，提升社会舆论引导能力。全面推进“法治信访”“阳光信访”，及时回应群众诉求。完善公共法律服务体系，强化普法教育，推进人民调解规范化建设和法律援助工作。强化安全生产责任体系、隐患排查治理体系、安全预防控制体系建设，努力减少事故总量，坚决杜绝重特大事故发生。加强地质灾害防治。深化食品药品安全管理，加强重大疾病和疫情防控，保障人民群众生命健康安全。

各位代表，2016年我们将继续办好教育惠民、创业就业等十方面民生实事，让广大人民群众共享发展成果。

（七）加强自身建设，树立法治政府新形象。认真贯彻《法治政府建设实施纲要（2015—2020年）》，着力建设职能科学、权责法定、执法严明、公开公正、廉洁高效、守法诚信的法治政府。

坚持依法行政。坚持依法配置权力，深化“四张清单一张网”建设，完成乡镇（街道）权责清单编制，完善动态调整机制，厘清政府权责边界。坚持依法行使权力，严格落实行政执法责任制，加快综合执法体制改革，严格遵循执法程序，规范自由裁量权。坚持依法监督权力，完善行政执法监督体系建设，自觉接受人大法律监督、工作监督和政协民主监督，主动接受司法监督、社会监督和舆论监督。广泛听取各方意见、建议，完善民情反馈机制，认真办理人大代表议案、建议和政协委员提案。加大政府信息公开力度，让权力在阳光下运行。坚持依法科学决策，全面落实重大行政决策程序规定，完善公职人员学法用法制度，推进政府法律顾问制度建设，加强行政规范性文件和行政合同备案审查，不断提高领导干部依法履职的能力和水平。

坚持高效施政。开展新一轮乡镇（街道）管理体制改革，统筹优化事权、财权和要素配置权设置，着力提高基层工作效率。强化中介机构规范化管理，健全公开公平竞争机制，着力提高中介服务质量。深化行政审批制度改革，有效承接上级下放审批事项，推进企业投资项目“三联动”审批改革，推行网上办理模式，最大限度地提高审批效率。全面实施不动产统一登记。进一步精简会议和文件，规范评比达标活动，推动工作重心更多地投入到一线和狠抓落实上。牢固树立群众观念，深化服务基本建设项目效能评议，完善行政服务中心、公共资源交易中心、市民中心运行机制，不断提高为民服务水平。完善政府性债务管控机制，优化债务结构。厉行节约，严格“三公经费”支出，不断提高政府资金使用绩效。

坚持从严治政。始终把纪律和规矩挺在前面，认真贯彻《中国共产党廉洁自律准则》和《中国共产党纪律处分条例》，持之以恒改“四风”，自觉践行“三严三实”，严格执行“一岗双责”“一案双查”，着力构建不敢腐、不能腐、不想腐的有效机制。支持纪委“三转”，加强基层权力监管，建立健全巡查工作制度，严厉查处腐败行为。加强公共资金、公共资源、国有资产监督管理。严格执纪问责，完善绩效考核评价体系，强化重点工作督查督办，坚决整治乱作为、慢作为、不作为，努力提升行政执行力和群众满意度。

各位代表，美好蓝图已经绘就，崭新征程已经开启。让我们在中共余姚市委的领导下，切实肩负起干在实处永无止境、走在前列要谋新篇的新使命，勇于担当、真抓实干，为高水平全面建成小康社会，在全国同等城市中争先进位，加快建设现代化创新型生态城市而努力奋斗！

附：2016年十方面民生实事

一、实施教育惠民。实验高中、老年大学一期建成投用，推进姚江中学、梨洲学校中学部扩建工程建设。扩大普惠性学前教育资源，适龄幼儿入读普惠性幼儿园达70%以上。加大支教力度，向山区、边远农村派遣骨干教师20人以上。提升外来务工子女学校办学水平，继续派遣教育总监14人。

二、促进就业创业。推进“大众创业　万众创新”，城镇新增就业人员22000人，城镇失业人员再就业4800人，开发公益性岗位1000个，城镇登记失业率控制在3%以内；新增创业实体12200家，自主创业人员小额担保贷款发放额达到1500万元。完成职校和成校技能培训10000人，电子商务人才培训1000人，新型实用农机化技术培训3000人。

三、完善社会保障。推进“全民参保登记计划”工作，实现本市户籍养老保险参保率达92.8%；向具有本市户籍年满60周岁及以上享受城乡居民基本养老保险基础养老金的人员，发放每人500元春节慰问金。加快居家养老服务照料中心建设，建成区域性照料中心1个，城乡居家养老服务建设覆盖率达到100%。本市户籍医疗保险参保率达95%以上；继续实施城乡居民大病保险制度，将15种特殊药品纳入大病保险报销范围，切实减轻重大疾病患者负担。

四、提升医疗服务。推进陆埠等5个乡镇（街道）中心卫生院（社区卫生服务中心）改造（扩建）工程。推行以基本医疗、基本公共卫生和个性化健康管理服务为主要内容的契约式家庭医生制服务，其中户籍家庭慢性病人、残疾人等重点人群签约服务率达到50%以上。免费开展医疗卫生机构计量器具强制检定，受检率达97%以上。

五、保障公共安全。启动社会治安动态视频一期再建、三期新建工程。完成气象防灾减灾工程二期主体工程。全市中小学校阳光厨房建设率达到45%。新创建放心农贸市场2家。创建100家流通领域星级食品安全示范店。

六、优化百姓安居。实施棚户区一期改造工程。完成288套，总建筑面积3.2万平方米的保障房建设。改造困难群众危旧房100户。完成35万平方米的老小区整治改造工程建设。完成农村电网改造升级300千米。完成6个小区老旧电表表箱改造。

七、美化生态环境。新增沿海防护基干林带200亩，平原绿化700亩。完成桐张岙垃圾场渗滤液处理改造工程。完成4个村级生态河道创建。完成60家企业挥发性有机污染物的治理。淘汰10蒸吨/时及以下高污染燃料锅炉92台。

八、通畅城乡交通。新建农村联网公路20千米以上。实施周太线、寺慈线、余马线、李俞线4条道路局部路段大（中）修工程。建设2个公交首末站；完成火车站公交首末站二期改造；完成102个公交站牌建设。完成新建北路（金型路—北环西路）道路改造工程，实施东环北路（子陵路—北环东路）、北环东路（城东路—东环北路）道路改造工程。新增城区公共停车位300个。

九、推进文化共享。新建农村文化礼堂20家。建设书香余姚数字阅读工程（网上图书馆）。免费为市民提供四明阁演出365场次，配送公共文化420场次。

十、深化“五水共治”。推进43个村的农村生活污水治理工程。完成姚江城区段堤防加固一期工程，推进二期工程。完成四明湖水库下游河道整治一期工程。完成8座山塘治理，3个小流域治理。推进姚西北供水干管联网工程。完成四明山片区8个乡镇（街道）13个村供水保障能力提升工程。

名词解释：

1. 姚江干流防洪整治工程：指中舜江闸至蜀山大闸段，工程于2010年开工建设，按50年一遇防洪标准、20年一遇排涝标准设计，目前工程已基本竣工。该工程整治两岸堤防26.8千米，新建、改建泵闸15座，新建桥梁2座等，同时通过河道两边绿化美化、道路配套等项目建设，成为一道亮丽的城市风景线。

2.“五重二大”：五重指以重大产业升级、重大基础强化、重大民生改善、重大城乡发展、重大后劲培育为主的重大项目建设；二大指中意宁波生态园、“千人计划”产业园两大战略性平台建设。

3. PPP：民间资本参与公共基础设施建设和公共事务管理的模式统称为公私（民）伙伴关系（Public-Private Partnership——简称PPP)。

4. 市互联网经济促进中心：为抢抓“互联网+”发展机遇，市委市政府研究，于2015年9月组建成立市互联网经济促进中心，主要职能是负责全市互联网经济的统筹、协调、指导、考核等工作，推动我市互联网经济提速发展。

5.模客小镇：位于余姚工业园区，规划面积3.3平方公里，以高端模具智造、模客创业创新、产业文化交流为特色，打造产、城、人、文交融的宜居宜业宜学的转型发展新平台。

6. 机器人小镇：位于三七市镇，规划面积3平方公里，依托“千人计划”产业园产业化基地等资源优势，通过金泽智慧广场、机器人展示交易中心、文体创意中心、机器人产业制造基地等项目建设，努力打造成为国内一流的集智能装备研发、设计、制造、应用为一体的机器人智慧小镇。

7. 应收账款债权流转业务：指债务人承诺到期付款或由债权人承诺到期回购，提供担保或保险公司承保，经债权人向应收账款债权管理公司申请应收账款债权凭证（合同），记载应收账款债权转让的相关信息，使应收账款债权持有人、受让人可以凭此全部转让、部分转让或质押债权，实现融资、融货、流转、抵付，或应收账款融资服务平台融资等功能。

8.“五证合一、一照一码”：由原来市场监管、质监、税务、人力社保、统计等部门分别办理并各自发证（照）的模式，改为由申请人一表申请，市场监管部门统一收件，与国税、地税、人力社保、统计等部门协同，核发加载统一社会信用代码的企业营业执照（正副本），实现“五证合一、一照一码”，提升效率、方便群众。

9.“两路两侧”整治：指主要公路干线和铁路（高铁）干线两侧1000米可视范围内环境问题的整治工作。

10. 固体废物管理“双达标”：危险废物产生企业和持证经营单位在达到国家规范化管理要求的基础上，进一步规范危险废物贮存、转移和利用处置行为，提升危险废物管理水平，分别达到国家危险废物“十二五”规范化管理要求。

11.“3+1”行政审批服务组合机制：“3”是指建立工业类企业投资项目联合测量与压缩中介服务用时机制，健全建设工程项目竣工联合验收机制，实施企业设立证照联动办理机制；“1”是指实施中介机构规范管理。通过“3+1”行政审批服务组合机制，进一步压缩项目审批时限，提高效率。

12. 住房公积金“公转商”：全称住房公积金个人住房贷款转商业性个人住房贴息贷款，是指住房公积金中心在资金流动性相对不足时，由商业银行按照住房公积金中心审批的贷款额度和住房公积金贷款利率，向借款人发放商业性个人住房按揭贷款，并由住房公积金中心按月给予商业银行利息差额补贴。

13. 外贸“双优”工程：优化外贸出口产品结构，提高品牌产品、高新技术产品的出口比重；优化出口市场结构，巩固提升欧美等传统市场，加快开拓非洲等新兴市场。

14. 百团计划：围绕新装备、新材料、新能源与节能、电子信息、医疗器械与生物医药五大战略性新兴产业，着眼于服务创业，激活创新，在浙江“千人计划”余姚产业园构建特别机制，采取特殊政策，实行特事特办，加大对海内外高层次人才及团队的引进培养力度，计划用5年左右时间，引进100个以上由“千人计划”专家或同等水平高层次人才领衔的高端创业创新团队落户园区，将“千人计划”产业园打造成科技创新核心区和高端产业集聚区。

15. 科技创新券：是以政府购买服务的方式支持科技型中小微企业和创客（创客团队）开展创新活动的一种手段，是推动科技服务需求方和供给方有效对接的一种途径。

16. “一轴、两环、多点”：“一轴”即强化南雷路—新建北路城市中轴线“脊梁”作用；“两环”即加快城市水环和绕城绿环建设；“多点”即实施“多点提升”工程，具体是加快推进城市门户区建设、挖掘历史文化名城特色、加快三江口滨水空间建设等。

17. “2+3+5”特色小镇培育计划：在“十三五”期间，争创2个省级、3个宁波市级、5个余姚市级特色小镇。

18. “四美三宜”：“四美”指科学规划布局美、村容整洁环境美、创业增收生活美、乡风文明身心美；“三宜”指宜居、宜业、宜游。

19. 六项创建：美丽庭院、美丽村庄、美丽小区、美丽集镇、美丽单位、美丽公路创建。

20. 建设项目“三联动”审批：建立企业投资项目联合测量制度，健全建设项目竣工联合验收制度，规范工业类社会投资项目的中介机构服务用时。

21. “三转”：即转职能、转方式、转作风。系十八届中央纪委三次全会对纪检监察机关提出的重要任务，转职能要求进一步明确职责定位，聚焦党风廉政建设和反腐败斗争中心任务；转方式要求改进方式方法，更加科学高效地履职；转作风要求落实“打铁还需自身硬”的要求，打造一支忠诚可靠、服务人民、刚正不阿、秉公执纪的纪检监察队伍。

余姚概貌

建置沿革

余姚历史悠久，境内河姆渡文化遗址出土文物表明，早在七千年前的新石器时代，即有人类在此繁衍生息。

夏、商、西周，余姚现境为扬州之域。春秋时，始属越国，后从吴国，复为越国。战国中期后属楚国。

秦始皇三十七年（前210），始置余姚县（一说置于汉），属会稽郡。历两汉及魏晋、南北朝，均隶会稽郡。隋开皇九年（589），撤余姚县，并入句章县，县治设城山（今大隐一带）。唐武德四年（621），复置余姚县，并置姚州。武德七年废姚州，余姚县属越州。唐长庆元年(821)，废上虞县，并入余姚县。次年复置上虞县。五代时，余姚仍属越州，隶吴越国。

北宋时属越州，庆历年间（1041—1048）升为望级县。南宋建炎五年（1131），升越州为绍兴府，余姚属绍兴府。元代元贞元年（1295），升余姚县为余姚州，属绍兴路。明洪武二年（1369），废余姚州复余姚县，仍属绍兴府。清康熙四十八年（1709），特设“绍兴同知分府”于梁弄。

民国元年（1912）废府，余姚县为浙江省直辖。民国2年（1913），浙江省于鄞县置会稽道，余姚县归属之。民国16年（1927）废道，余姚县复为省直辖。民国21年（1932），省置县政督察区，余姚县属第五特区。民国23年（1934）改属第三区。民国30年（1941）4月23日，日军侵占余姚县城，县政府向南撤离，后至天台。民国34年(1945)9月，抗日战争胜利后，县政府还治。民国36年（1947），浙江省第三行政区督察专员公署由绍兴迁至余姚，次年第三区改称第二区，余姚县仍归其属。民国38年（1949）1月，划余姚县境南部四明山区及附近上虞、鄞县、奉化等共15个乡置“四明县”，县治设梁弄，旋因解放大军南下而废止。

1949年5月23日，余姚解放，设余姚市军事管制委员会。次月建立余姚县人民政府，隶属宁波专区（1970年改称宁波地区）。1983年7月，宁波地区与宁波市合并称宁波市，余姚县属宁波市。1985年7月，余姚撤县建市，仍属宁波市。

2015年，全市设凤山、阳明、兰江、梨洲、低塘、朗霞6个街道，黄家埠、临山、小曹娥、泗门、马渚、牟山、丈亭、三七市、河姆渡、梁弄、陆埠、大隐、大岚、四明山14个镇，鹿亭1个乡，共有265个村委会、19个居委会和37个社区。年末，全市常住人口135.62万人，其中户籍人口836530人。

（市史志办）

自然地貌

余姚市属北亚热带季风气候区，阳光充沛，雨量丰富，四季分明。境域素有“五山二水三分田”之说，地理特征明显。

南部为四明山区，包括四明山镇、大岚镇、梁弄镇、鹿亭乡、大隐镇、陆埠镇（不含郭姆、沿江片）、河姆渡镇车厩片、梨洲街道（不含明伟片）。区域面积822.55平方米，占市域总面积的46.4%。市境内四明山脉自西南向东北方向延伸，低山丘陵起伏，地势由南向北逐步倾斜。其中海拔500～1000米之间的中低山占21.2%，海拔250～500米的山丘占22%，海拔250米以下的丘陵占56.8%。最高峰为四明山镇青虎湾岗，海拔979米。

中部为姚江平原，包括牟山镇、马渚镇、阳明街道、兰江街道、梨洲街道明伟片、凤山街道、丈亭镇、三七市镇、河姆渡镇（不含车厩片）、陆埠镇(不含兰山、洪山片)。区域面积460.14平方米，占市域总面积的34.8%。其中，平原占66%，丘陵占27%，水面占7%。区域内土地深厚而肥沃，适宜稻作生长。但因地势平坦，水网密布，雨季时受山区暴雨山洪补给影响，易形成洪涝灾害。

北部为滨海冲积平原，包括临山镇、黄家埠镇、泗门镇、朗霞街道、低塘街道。位于钱塘江南岸，大古塘前后，50%的土地由海涂围垦而成。区域内地势平坦，田野开阔，面积253.10平方米，占市域总面积的18.9%。其中，平原占86.4%，丘陵占29.7%，河流水库占5.9%。

全市有河流1500条，总长度2322千米，流域面积1358平方千米。作为余姚母亲河的姚江，全长102.4千米，流域面积1934平方千米，其中市境内长70千米，流域面积1091.23平方千米。市境内有大中型水库4座，分别为四明湖水库、陆埠水库、梁辉水客和双溪口水库。其中四明湖水库最大，总库容1.23亿立方米。还有1万立方米以上水库、山塘301座，湖泊20座。牟山湖为全市最大的天然湖泊，湖容885立方米。

（市史志办）

2015年气候

【年度气候特点】

受“极强”厄尔尼诺现象的持续影响，2015年余姚市气候年景总体偏差，气象灾害损失较重。主要灾害性天气有低温、雨雪冰冻、雾霾、雷电、暴雨、台风、高温、强对流、连阴雨、强冷空气（寒潮）等，其中暴雨、台风、强对流、雷电、连阴雨致灾较重。

【主要气象要素概述】

气温 年平均气温17.6℃，比常年偏高0.6℃，7—9月气温比常年偏低，其他月份均比常年偏高，其中1月比常年偏高2.0℃。全市平均气温2.6℃（四明山镇森林公园站）～7.1℃（泗门镇四职校站、凤山街道文山站）。国家站年极端最高气温40.4℃，出现在8月4日（历年极端最高气温42.4℃，出现在2013年8月8日）；年极端最低气温-3.9℃，出现在2月10日（历年极端最低气温-9.8℃，出现在1977年1月30日）。

降水 年总降水量2076.6毫米，比常年偏多644.6毫米，创历年以来最多。偏多的月份是2—3月、5月、7月、9月和11—12月，其余月份均偏少，其中7月降水量462.6毫米，为历史同期第一。全市年降水量山区多于平原地区，降水中心出现在山区南部，最大降水量四明山镇棠溪站，为3320.5毫米。年降水日数173天，比常年偏多

18.4天，其中1—2月、4月和10月比常年偏少，其余月份比常年偏多。

日照　年总日照时数1567.3小时，比常年偏少300.1小时。其中3月和5—12月均比常年偏少，其余月份比常年偏多。

其他　2013—2014年度结冰终日、终霜日均为3月11日，降雪终日为3月5日。2015年度初霜日为12月2日，结冰初日是12月5日。

【主要气候事件】

1月气温明显偏高。1月平均气温6.9℃，比常年明显偏高2.0℃，为历史同期第三高值（仅次于2002年和2014年），数九天宛如暖春。其中1月4日、5日，日最高气温分别为20.8℃、23.8℃，先后突破历年同日最高纪录。

冬季雾霾频发。1月有雾日2天、霾日21天，2月有霾日11天，12月有雾日4天、霾日2天，其中相对严重的是1月5—6日、10—11日、23日和25—26日、2月3—4日、12月26日。持续的雾霾天气对市民生产生活、身体健康和交通安全等方面产生较大影响。

4月初“倒春寒”灾情明显。4月2日，日最高气温达35.7℃，为余姚国家气象站建站以来最早出现的高温日；4月5日起，受冷空气影响，气温骤降；7—9日，日平均气温连续三天≤11℃，达到“倒春寒”标准。8日、9日早晨，最低气温6.1℃，山区0℃～2℃，导致全市早稻秧苗受损较严重，早稻秧苗出现紧缺，梁弄等地樱桃减产严重，生育期推迟。

入梅偏早，出梅偏晚，梅雨量偏多。年度梅雨期为6月7日至7月12日，入梅偏早（常年入梅日为6月14日），出梅偏迟（常年出梅日为7月9日）。梅期历时36天，比常年偏多（常年为26天），梅期末遭受第09号台风“灿鸿”影响。梅期内出现5次降水集中时段，分别是6月7—11日、14—18日、21—24日及7月4—7日、10—12日。全市面雨量592.9毫米，最大四明山棠溪站1093毫米，国家站558.9毫米，较常年平均梅雨量（常年为240毫米）偏多约130%。

夏季台风影响早，秋季台风凶猛。全年共有4个台风影响市境，分别是第09号台风“灿鸿”、第13号台风“苏迪罗”、第15号台风“天鹅”和第21号台风“杜鹃”。其中“苏迪罗”和“天鹅”未出现明显灾情。受“灿鸿”影响，7月10日至12日08时，全市过程面雨量222.5毫米，其中姚北106.3毫米、姚江流域207.3毫米、南部山区424.2毫米，最大四明山镇棠溪站541.0毫米，国家站227.8毫米。过程风力普遍达8～10级，局部11级，最大风力出现在三七市镇相岙水库站29.9米/秒（11级）。截至7月12日，“灿鸿”造成全市17个乡镇（街道）受灾，受灾人口42750人，未发生因灾人员伤亡事件。全市67个村受淹、十余个低洼地段小区积水，房屋倒塌121间；农作物受灾面积1.6万公顷，其中粮食作物0.88万公顷；损坏堤防30处、护岸20处、灌溉设施43处；公路因塌方、积水等原因受阻或中断230条次；供电中断174条次。据不完全统计，全市直接经济损失3.5787亿元，其中农林牧渔损失2.1425亿元，工业企业、交通运输及通信等基础设施损失1.103亿元，水利设施损失0.3332亿元。受“杜鹃”外围云系和强对流共同影响，9月28日早晨至30日14时，全市过程面雨量182毫米，其中15个站超200毫米，6个站超250毫米，最大雨量出现在陆埠水库站315毫米，城区197.6毫米；过程风力普遍5～6级，最大风力出现在三七市镇幸福站和大池墩水库站，均为7级（15.8米/秒）。截至9月30日14时，“杜鹃”造成全市11个乡镇（街道）受灾，受灾人口4082人，未发生因灾人员伤亡事件。全市直接经济损失5866.6万元，其中农林牧渔损失2397.6万元，工业企业、交通运输及通信等基础设施损失2066万元，水利设施损失1403万元。农作物受灾面积0.13万公顷，其中粮食作物0.11万公顷；损坏堤防5处、护岸20处、灌溉设施15处；公路因塌方、积水等原因受阻或中断11条次；供电中断35条次。

凉夏雨水偏多，高温日继上年后又偏少。7—8月平均气温27.3℃，较常年偏低1.2℃，比上年低0.4℃，是2000年以来最低年份，凉夏天气明显；降水量614.8毫米，比常年偏多约八成，为历年同期第二高值（仅次于1989年），其间有高温日15天（与上年持平，是2003年以来同期最少），比常年偏少8.1天，最高气温40.4℃，出现在8月4日。

秋冬季长连阴雨，严重影响秋收冬种。10月下旬至11月底，全市出现长时间阴雨寡照天气，其间降水日数26天（其中中雨11天，大雨4天），降水量达295.4毫米，日照时数严重不足，对市民生产生活、设施作物生长发育、蔬菜病虫害防治等影响较大，特别是对秋收冬种进程带来严重影响，主要影响晚稻收晒进程和品质，以及榨菜移栽、大小麦播种时间和种植面积等。

11月寒潮席卷市境，气温骤降。11月24—27日，受寒潮影响，全市出现大幅度降温，日平均气温降温幅度达11℃左右，27日最低气温降至-0.2℃，山区-5℃～-7℃，25日起，平原平均气温降至10℃以下，市境正式入冬。

（注：本文采用的常年气象资料，年代平均值取自1981—2010年，极值取自1961—2014年）

（高益波）

附：

2015年余姚市主要气象要素表

要素 / 时段	气温（℃）		降水量（毫米）		雨日（天）		日照时数（小时）	
	实况	距平	实况	距平	实况	距平	实况	距平
1月	6.9	2.0	76.4	-6.0	9	-3.8	112.8	6.0
2月	7.5	1.0	106.4	25.3	12	-0.7	110.8	5.4
3月	11.5	1.3	151.8	20.4	16	0.1	120.6	-4.4
4月	17.3	1.4	105.6	-7.0	12	-2.9	181.4	27.5
5月	21.6	0.6	123.8	10.1	15	0.9	150.4	-25.3
6月	25.4	0.8	144.4	-46.0	20	4.8	111.7	-47.0
7月	26.8	-2.0	462.6	312.0	16	3.3	166.9	-70.4
8月	27.7	-0.5	152.2	-32.8	15	1.2	179.6	-41.1
9月	23.8	-0.3	301.6	140.8	15	1.7	126.0	-34.8
10月	19.7	0.8	58.8	-22.1	8	-2.1	145.8	-12.3
11月	14.4	1.2	271.4	188.4	22	12.5	64.5	-66.5
12月	8.2	1.1	121.6	61.5	13	3.4	96.8	-37.2
全年	17.6	0.6	2076.6	644.6	173	18.4	1567.3	-300.1

说明：常年资料年代1981—2010年

大事记

1月

5日，《余姚市志（1988—2010）》终审稿通过终审验收。

12日，市委召开十四届七次全体（扩大）会议。

27—29日，市政协召开十二届四次会议。

28—30日，市人大召开十六届四次会议。

是月，浙江“千人计划”余姚产业园一期工程完成土建项目。该项目位于三七市镇云山村，占地面积1.8万平方米，总投资8232万元，于2013年9月开工建设。

是月，港台著名武侠小说家东方玉作品陈列室在黄家埠镇杏山村落成。东方玉（1924—2012），本名陈瑜，字汉山，祖籍黄家埠镇杏山村，曾担任蒋经国机要秘书等职。一生创作武侠作品50部，约8500万字，有武侠“常青树”之称。

2月

4日，梁弄镇与浙江大学马克思主义学院举行思政实践教学基地建设启动仪式，双方签订《共建思政实践教育基地协议书》。

11日，第六届“感动余姚”新闻人物评选结果揭晓。分别是：坚守大山不言悔的苍生大医——大岚镇卫生院院长姚亚强；零距离服务山村群众的光明使者——梁弄供电所；耕耘沃野30年的“农资当家人”——临山供销社主任胡国森；把心与群众贴在一起的“小巷总理”——凤山街道季卫桥社区书记邵锦琦；贫困生求学路上的圆梦人——市教育局离休干部莞华；用行动诠释责任与担当的90后——大隐镇学士桥村孝子金森兴；用坚韧谱写奉献之歌的独臂志愿者——谢向杰；救人于患难的花甲英雄——丈亭镇三江社区居民胡水林。

15日，余姚市启动新一轮政府职能转变和机构改革，市政府工作部门从28个缩减至25个。新整合组建三个部门：市卫生和计划生育局、市市场监督管理局、市文化广电新闻出版局（旅游局）。市文化广电新闻出版局（旅游局）增挂市文物局牌子，市科学技术局增挂市知识产权局牌子。

27—28日，省委组织部副部长姚志文到余姚调研人才工作。

28日，市委书记毛宏芳，副市级领导、梁弄镇党委书记严忠苗，在北京出席全国精神文明建设工作表彰暨学雷锋志愿服务大会。会上，梁弄镇获“全国文明镇”称号，严忠苗作为全国文明村镇的唯一代表作典型发言。

是月，《中国共产党余姚历史》第二卷（1949—1978 年）由中共党史出版社正式出版。

3 月

1 日，市城市规划委员会举行第 22 次会议，就余姚历史文化名城保护、府前路历史文化街区保护、余姚中国·慧聪家电产业新城、德发天地等规划设计方案进行讨论审议。

3 日，2014 年余姚十大新闻评选结果揭晓。分别是《余姚市扎实开展党的群众路线教育实践活动》《余姚市打响治水攻坚战》《“机器换人”掀热潮》《余姚市成为世界文化遗产拥有城市》《国内首创的电子级低氧超高纯钛第一炉下线》《余姚市举办首届百姓文化节》《余姚诞生首个世界田径冠军》《中意（宁波）生态园落户》《余姚市首份权力清单公布，行政权力精简逾五成》《谢家路村“小板凳”工作法成为新时期群众工作法先进典型》。

10 日，省委第二巡视组巡视余姚工作动员会召开。宁波市委常委、组织部部长杨立平就配合做好巡视工作提出要求。余姚市委书记毛宏芳主持会议并作表态发言。

14 日，来自全国近 60 所著名中学的校长聚集余姚中学，共同研讨余姚中学的“本真教育思想”。

是日，由县委书记、县人大常委会主任程大志率领的山东省微山县党政代表团到余姚，考察余姚市工业经济发展和城市建设。

18 日，市委组织部在全市推行“党员组织生活日”制度。要求从当月起，全市基层党组织以党支部（党小组）为单位，在每月 23 日的“党员组织生活日”开展组织生活。

22 日，首届“十大杰出新香港青年”评选结果公布，余姚中学校友徐祖力获“十大杰出新香港青年”称号。

25 日，余姚市召开党风廉政建设主体责任专题报告会。18 个乡镇（街道）、市直部门就党委（党工委、党组）履行党风廉政建设主体责任以及主要负责人履行“第一责任人”职责进行报告。市委常委、纪委书记杜瑾出席会议并讲话。

27—29 日，由中国机电进出口商会、中国电子商务协会、余姚市人民政府、慧聪网、宁波市家电行业协会联合主办的“’2015 中国（余姚）慧聪家电交易会暨第七届中国小家电博览会”，在中塑国际会展中心举行。展会共设 8 个展馆、1200 个标准展位，展览面积达 4 万平方米，参展企业 600 余家。展会期间，有 3 万名买家和 7000 名专业家电采购商进场参观洽谈，同时还组织 16 场专业家电采购会、8 场知名品牌企业产品宣讲会。

4 月

1 日，全国人大常委会原副委员长、中国科学院原院长路甬祥到余姚，调研宁波江丰电子材料股份有限公司、舜宇集团有限公司等高新技术企业。

13 日，经省政府常务会议通过，省发改委公布 2015 年浙江省重点建设项目名单，余姚市有 13 个项目入选。其中，陶家路江二期整治工程、姚江北排陶家路江泗门强排泵站工程、长庆桥江整治工程、姚江干流（中舜江闸至蜀山大闸段）防洪整治工程、姚江城区段堤防加固工程（一期）入选农水项目；宁波陆丈线建设工程（陆埠至丈亭）入选交通项目；浙江大丰实业有限公司舞台机械项目、余姚高端模具园一期建设项目、宁波大叶园林工业有限公司现代农业高效节水（喷灌、滴灌）产品生产项目、余姚市“千人计划”产业园入选工业项目；宁波市黄湖监狱迁建项目入选社会发展项目；中国塑料城建设项目、余姚市慧聪网小家电城项目入选服务业项目。项目总投资近 100 亿元。同时，中国（宁波）意大利产业园项目入选 2015 年省重点建设预安排项目。

15 日，省人大常委会原副主任、省新四军历史研究会名誉会长杨彬率北京新四军暨华中抗日根据地研究会浙东分会、省新四军历史研究会浙东分会部分成员，到梁弄镇开展寻访活动。

16日，省委副书记王辉忠到余姚调研统战工作。

23日，由区委书记张玉华率领的山东省济宁市兖州区党政代表团到余姚，考察余姚市工业经济发展情况。

5月

9日，北京协和医院院长、中国科学院院士赵玉沛考察市人民医院。

21日，中科院老科学家科普演讲团再次到余姚宣讲。

30日，全市首家口腔专科医院成立。

6月

2日，由市委副书记、市长赵绪春率领的山东省寿光市党政代表团到余姚，交流考察余姚市经济社会发展情况。

5日，市政府与浙江工商大学合作成立浙江工商大学余姚电子商务研究院。

18日，由多元集团承办的第八届东方模具产业论坛在余姚举行，有1000余名来自全国各地的模协、商会、模具企业代表参会。

30日，省文物考古研究所与中国农业科学院茶叶研究所联合在杭州召开“田螺山遗址山茶属植物遗存研究成果发布会”。会上宣布田螺山出土的疑似山茶属植物遗存，经专家综合分析和多家专业机构检测鉴定，被认定为距今六千年左右的山茶属茶种植物遗存，是迄今为止中国境内发现的最早人工种植茶树的遗存。这项考古发现，把中国开始种植茶树的历史，由过去认为的距今约三千年，上推至距今六千年左右。

7月

8日，《财富》（中文版）发布年度中国500强排行榜。舜宇光学科技（集团）有限公司以年营业收入84.265亿元、利润5.661亿元的经营业绩首次入围该榜单，位列第498位，成为全市首家入围该榜单的企业。

12日，省委秘书长赵一德到余姚视察“灿鸿”台风灾后情况，实地走访兰江街道名仕花园小区。

15日，市政府召开撤县设市三十周年纪念大会。

16日，余姚市出台《全民共建“美丽家园”实施意见》。明确以乡镇（街道）为建设主体，以庭院、村庄、小区、单位、集镇为点，以辖区国道、省道、县道为线，实施环境清洁行动、管理有序行动、生活和美行动三大行动。

28日，省委书记、省人大常委会主任夏宝龙到余姚专题调研姚江流域防洪排涝工作。

是日，浙江政务服务网余姚平台正式上线运行。

8月

6日，市委召开常委（扩大）会议，贯彻落实省委书记夏宝龙到余姚调研时的讲话精神，研究推进姚江流域防洪排涝工作。市委书记毛宏芳主持会议并讲话。

9日，市行政服务中心入驻“百度政务之窗”，成为271家全国行政服务大厅典型案例中第一家进驻“百度政务之窗”的单位。

11日，省委常委、组织部部长廖国勋到余姚考察。

13—15日，“’2015中国慧聪（余姚）家用电器交易会暨第八届中国小家电博览会”在中塑国际会展中心举行。此届交易会以“一切为交易而来”

为主题，由中国机电进出口商会、中国电子商务协会、余姚市人民政府、慧聪网、宁波市家电行业协会主办。设置展览面积3万平方米，共划分综合馆、品牌形象馆、小家电馆、厨卫电器馆、环境电器馆、大家电馆六大类展区，有标准展位1000个，317家企业参展。展会期间，来自全国各地的3万名买家共达成意向销售订单近13亿元。

27日，省人大常委会副主任程渭山一行到阳明街道梁堰村人大代表联络站，就浙江省转型升级十大组合拳在余姚市的落实情况进行调研。

31日，在位于三七市镇的浙江“千人计划”余姚产业园产业化基地，宁波绿菱新材料科技有限公司的环保型高性能人造草坪首批产品正式下线，标志产业化基地内首家企业正式投产。

是月，牟山镇逐渡江通过省水利厅专家验收，成为全市首条省级生态河道。

9月

2日，市委召开老干部纪念抗日战争胜利七十周年大会。市委副书记诸晓蓓和市委常委、组织部部长叶枝利，为抗日战争时期入伍的离休干部代表颁发中国人民抗日战争胜利七十周年纪念章。全市共有68名健在的抗战老兵获得这一由中共中央、国务院、中央军委颁发的纪念章。

18日，浙东（四明山）抗日根据地旧址群举行国家国防教育示范基地揭牌仪式。省国教委副主任、省军分区副政委兼政治部主任单秀华，宁波市委副书记余红艺，宁波军分区司令员秦景号、政委朱宝定、副政委徐政道、政治部主任何军毅和余姚市领导奚明、诸晓蓓、傅沧海出席揭牌仪式。

20日，由宁波市经信委、宁波市家电行业协会主办的’2015中国“互联网+家电”产业论坛在余姚举行。奥克斯、方太等十余家内贸知名家电品牌代表与余姚中国慧聪家电城签约，达成联盟。

24日，余姚籍运动员伍佳惠在“’2015国际帆联世界杯帆船赛”青岛站比赛中获一枚金牌。

27日，余姚市PPP（政府和社会资本合作）项目库建立。首批18个项目有3个完成签约。

29日，总投资近30亿元的3个重大项目集中开工。分别为总投资8亿元的丰轩仓储（余姚）有限公司仓储物流项目、总投资18.37亿元的姚江城区堤防加固工程、投资3.5亿元的宁波神通模塑有限公司非金属制品模具及汽车零部件项目。

30日，宁波市暨余姚市烈士公祭仪式在梁弄四明山革命烈士陵园举行。

是日，国家“千人计划”专家联谊会副秘书长、宁波江丰电子材料股份有限公司董事长姚力军，受国务院侨办邀请，作为优秀海外归国高层次人才代表出席在人民大会堂举办的国庆宴会。

10月

7日，市政府出台《余姚市人民政府关于进一步完善城乡居民基本养老保险制度的实施意见》，从8个方面对城乡居民基本养老保险制度进行调整和完善，自2015年1月1日实施。

10日，中国农工民主党余姚市基层委员会成立。缪正刚当选为主委。

11日，中国兵工学会材料专委会余姚服务站揭牌成立，为全市首个国家级学会服务站。

15日，中国科协“海智计划”宁波基地浙江“千人计划”余姚产业园工作站成立，是全市首家海智基地工作站，为引进海外高层次人才和海外科技项目的重要平台。

是日，新建两家院士工作站并签约授牌。分别为由孙优贤院士领衔的创新团队与宁波瑞成包装材料有限公司共建的院士工作站，由张泽院士领衔的创新团队与浙江佳贝思绿色能源有限公司共建的院士工作站。至此，全市已有院士工作站9家。

16日，作为2015年中国浙江·宁波人才科技周的一项重要活动，“海智宁波之旅”余姚行专家团到余姚考察交流，了解浙江“千人计划”余姚产业园建设情况、人才政策和创业创新环境，并参观考察相关企业。

17日，北京海外高层次人才协会专家宁波（余姚）行活动开幕。60余位来自北京及宁波两地的海外高层次人才协会专家到余姚，聚焦合作共赢、创新发展的新理念、新思路、新途径。

18日，人力资源和社会保障部副部长汤涛到余姚考察人才工作。先后考察宁波江丰电子材料股份有限公司、宁波江丰生物有限公司、浙江“千人计划”余姚产业园展示厅。

21—24日，以“产业创新与绿色发展”为主题的第十七届中国塑料博览会在中塑国际会展中心举行。设展览面积4.2万平方米，展位2000个，展区4个，423家企业参展。共吸引有效客商2.4万人，实现交易总额35亿元，13个合作项目签约，总投资33.98亿元。展会期间，世界塑料理事会2015年年会及其执委会会议、第二十六届全球塑料行业可持续发展年会等高端国际会议首次在中国举办，有来自美国、德国、日本、南非等15个国家和地区的400余名企业高管及知名专家参会，并形成《全球塑料协会国际会议暨中国塑料产业发展国际论坛余姚共识》。

是月，经人力资源和社会保障部、全国博士后管委会批准，浙江大丰实业股份有限公司博士后工作站获批国家级博士后科研工作站。

11月

9日，九三学社余姚市基层委员会成立。赵银海当选为主委。

6—8日，浙江恒达农业发展有限公司总经理沈文良作为唯一特邀的养殖一线代表，出席全国第四届禽病分子生物学术研讨会，并就如何依靠科技创新、自主培育高品质SPF鸡胚的内容在会上作重点发言。

15日，世界银行前副行长、著名经济学家林毅夫应邀到余姚，为出席“’2015健峰国际CEO论坛”的企业界人士作“新常态下的经济大势与应对之道”专题讲座。

21日，省委宣讲团到余姚宣讲十八届五中全会精神。省委宣讲团成员、省发改委副主任、省发展规划院院长黄勇作“用五大理念规划未来、引领发展”专题报告。

24日，中国人民解放军陆军第二十集团军军长宋鸿晓少将一行，到余姚考察浙东抗日根据地发展情况。第二十集团军前身即成立于抗日战争时期的新四军浙东游击纵队。

29日，第五届全国毛皮产业联席会议在余姚召开。

30日，市公共自行车系统投入试运行。首批投运80个站点，约1500辆自行车，当天共有646名市民办理租车卡。

12月

5日，中国文联副主席、全国政协常委冯骥才到余姚考察河姆渡遗址博物馆。

17日，市委召开首次统一战线工作会议。市委书记毛宏芳在会上讲话。

18日，市纪委、市文广局联合命名市首批廉政文化教育基地。分别为阳明街道王阳明故居纪念馆、低塘街道严氏宗祠、黄家埠镇蒋梦麟故居、大岚镇四明山第一党支部旧址、马渚镇侵华日军火烧长泠江史迹馆。

22日，市文联确定陆埠镇兰山村、裘岙村、四明山镇北溪村、大岚镇柿林村、鹿亭乡中村村、梁弄镇横坎头村和泗门镇谢家路村为市首批文艺创作基地，并举行授牌仪式。

24日，市委举行十四届九次全体（扩大）会议。

专记

2015年余姚市国民经济和社会发展统计公报

2015年，面对错综复杂的国内外形势，全市人民在市委、市政府的正确领导下，主动适应经济发展新常态，牢牢把握稳中求进总基调，扎实开展经济社会转型发展攻坚活动，统筹抓好稳增长、促改革、调结构、惠民生、防风险等各项工作，全市经济运行总体平稳，综合实力再上新台阶，结构调整取得新进展，改善民生取得新成效，社会事业取得新发展。

【综合】

地区生产总值。全市实现地区生产总值839.7亿元，按可比价格计算，比上年增长7.6%。其中，第一产业实现增加值42.46亿元，增长2.7%；第二产业实现增加值466.05亿元，增长6.0%；第三产业实现增加值331.19亿元，增长10.9%。三次产业之比为5.1∶55.5∶39.4，第三产业增加值占地区生产总值比重比上年提高2.7个百分点。按户籍人口计算，全市人均地区生产总值为100367元（按年平均汇率折合16115美元）。

财政收支。全市完成财政总收入133.8亿元，增长8.2%，其中一般公共预算收入75.1亿元，增长8.8%。在税收收入中，增值税和营业税分别增长16.2%和6.9%，企业所得税和个人所得税分别下降11.3%和4.8%。全市完成一般公共预算支出92.5亿元，增长8.6%，其中教育、社会保障和就业、医疗卫生与计划生育支出分别增长4.5%、61.3%和0.3%。

就业和再就业。全市城镇新增就业岗位23100个，5500名失业人员实现再就业，其中困难人员2100人。全年共举办人力资源交流洽谈会142场，有4894家企业进入人力资源市场招聘，发布就业信息7.41万条，2.2万人达成就业意向。通过公共职介网络平台共发布用工岗位信息9.27万条，求职人员登记3.82万人，推荐就业3.37万人。稳步推进“大众创业、万众创新”，全年新增创业实体12250家，创业带动就业73510人，新增大学生创业235人，开发公益性岗位1375个，新增高校毕业生实践基地8家。年末城镇登记失业率为1.08%。

市场价格。居民消费价格上涨1.0%，涨幅比全国、全省平均水平低0.4个百分点。八大类商品和服务项目价格涨跌呈“六升两降”格局：食品类上涨3.2%，烟酒类上涨3.9%，衣着类上涨0.1%，家庭设备用品及维修服务类上涨0.4%，医疗保健和个人用品类上涨6.2%，娱乐教育文化用品及服务类上涨0.6%；交通和通信类下降4.6%，居住类下降1.7%。

【农业、农村、气象】

农业生产。全市实现农林牧渔业总产值为65.26亿元，按可比价格计算，比上年增长2.6%。其中，完成农业产值44.34亿元，增长4.4%；林业产值3.52亿元，增长4.8%；牧业产值10.94亿元，下降6.4%；渔业产值5.76亿元，增长9.8%；农林牧渔服务业产值0.69亿元，增长17.6%。据粮食生产统计监测数据显示，全年粮食作物播种面积2.998万公顷，增长3.4%，粮食总产量19.32万吨，增长7.8%。生猪和家禽生产形势依然严峻，生猪存栏、出栏分别下降19.8%和8.8%；家禽存栏、出栏分别下降28.5%和36.8%。全年新增市级农业龙头企业2家，累计111家，其中产值上亿元的达15家。现代农业生产建设进一步推进，新建宁波市级标准化粮食功能区标准化区1600公顷，建成泗门加工型蔬菜产业示范区、临山甬丰生态蔬菜精品园等5个宁波市级现代农业园区，完成滨海现代农业园区农业综合开发中低产田改造二期工程。

新农村建设。全年共培育宁波市级中心村4个、特色村3个、精品线1条，新增宁波市全面小康村4个、幸福美丽新家园建设先进乡镇1个。11个精品村的54个建设项目顺利完成。全年共完成农民公寓主体工程12个，总建筑面积36.3万平方米。农村生活垃圾分类收集处理开始试点，农村生活污水治理加快推进，全年新增农村生活污水治理村98个，受益5.1万户。余姚市获评省美丽乡村创建先进县（市）。

气象。全年总日照1567.3小时，总降水量2076.6毫米，全年平均气温17.6℃，全年降水天数173天，最长降水天数10天（2月20日至3月1日、7月4日至13日），最长连续降水量为387.3毫米，日最大降雨量197.2毫米（7月11日），年极端最高气温40.4℃（8月4日），年极端最低气温-3.9℃（2月10日），无霜期总天数260天。

【工业、建筑业】

工业经济。全市规模以上工业企业实现增加值240.10亿元，增长4.6%。分行业看，在30个行业大类中，18个行业的增加值呈上升态势。占比前十位的行业共完成工业增加值186.10亿元，占全部规模以上工业增加值的比重达77.5%，比上年提高0.8个百分点。其中，电气机械和器材制造业完成增加值51.12亿元，居各行业之首；计算机、通信和其他电子设备制造业增长23.1%，增速居前十行业之首。全年规模以上轻工业完成增加值82.29亿元，下降0.8%；重工业完成增加值157.81亿元，增长7.7%，轻重工业之比由上年的1∶1.80变化为1∶1.92。全年规模以上工业企业实现销售产值1296.59亿元，增长1.4%。其中，内销943.94亿元，增长4.4%；出口352.65亿元，下降5.7%，内销增速高于出口10.1个百分点。全年规模以上工业企业实现利税总额104.16亿元，增长8.0%，其中利润总额64.05亿元，增长5.9%。规模以上工业亏损企业105家，占企业总数的8.9%；亏损额2.9亿元，下降9.5%。

工业创新转型。全市规模以上工业企业实现新产品产值506.73亿元，增长15.7%，新产品产值率达37.1%，比上年提高4.1个百分点。实现规模以上战略性新兴产业增加值73.84亿元，规模以上高新技术产业增加值108.64亿元，分别增长7.5%和6.5%，占规模以上工业增加值的比重达30.8%和45.2%。规模以上工业企业科技活动经费支出23.86亿元，增长6.0%，占主营业务收入的比重达1.9%，较上年提高0.1个百分点。“机器换人”自动化技改不断推进，全年规模以上工业企业资产增长1.2%，而从业人员平均人数下降1.9%，劳动生产率达12.19万元/人，增长3.7%，人均创利税5.29万元，增长10.2%。

建筑业。全市完成建筑业产值162.07亿元，增长7.2%。房屋建筑施工面积1172.14万平方米，增长3.5%。全年建筑业从业人员平均人数5.78万人，增加 0.47 万人。

【固定资产投资、城市建设】

固定资产投资。全市完成固定资产投资 563.72 亿元，增长 9.3%，其中民间投资 384.78 亿元，增长 16.1%，占固定资产投资的比重为 68.3%。分产业看，第一产业完成投资 6.30 亿元，增长 0.1%；第二产业完成投资 255.27 亿元，增长 21.0%；第三产业完成投资 302.14 亿元，增长 1.3%。三次产业投资额之比为 1.1 ∶ 45.3 ∶ 53.6。全年完成工业技改投资 239.70 亿元，增长 35.9%。完成房地产开发投资 121.66 亿元，下降 13.3%，商品房销售面积 82.91 万平方米，增长 8.2%。

城市建设。年末中心建成区面积 49.24 平方千米，与上年持平。全年共对四个小区进行整治改造，改造总面积 16.63 万平方米，投资额度 2800 万元，已基本完工。努力推进五项道路工程建设，年底南排江路、黄山东路一期、四明西路西延工程完工，剩余路段仍在建设中。公共自行车建设全面推进，城区 145 个站点、3000 辆自行车已投入运行。公园绿地改造持续进行，全年完成谭家岭路、新西门路绿地、姚江两岸、玉皇山公园、北滨江公园、舜北公园等绿地改造面积 10.7 万平方米。排涝治污工程方面：基本完成市域污水收集一期、城区污水收集系统四期工程；城区污水纳管工程一期、中心城区排涝工程正在抓紧施工中。

【贸易、旅游】

贸易业。全市商品销售总额 1255.56 亿元，增长 16.2%，其中批发业销售额 923.32 亿元，增长 18.6%，零售业销售额 332.24 亿元，增长 10.1%。全年完成社会消费品零售总额 351.61 亿元，增长 10.0%。分城乡看，城镇消费品市场实现零售额 230.81 亿元，增长 10.3%；农村消费品市场实现零售额 120.81 亿元，增长 9.5%。限额以上批发和零售业零售额按商品类别分，汽车类增长 6.5%，服装、鞋帽、针纺织品类增长 39.5%，食品粮油类增长 10.3%，石油及制品类下降 16.4%。年末全市限额以上批发和零售企业达 198 家，全年实现营业收入 478.04 亿元，实现利润总额 856.7 万元。

旅游业。全年共接待国内外游客 1011 万人次，实现旅游收入 92.6 亿元，分别增长 12% 和 13%。全市农家乐休闲旅游共接待游客 438 万人，增长 22.7%；直接营业收入 4.37 亿元，增长 20.1%。全年策划举办“羊年寻福到余姚”，中国余姚杨梅节，四明山旅游节之“春之律”、“夏之恋”和“秋之韵”五大系列 40 余项节庆主题活动。开展“寻找浙江乐活乡村”专题宣传和“国庆去哪儿玩”专项推介活动，旅游商品创意设计作品“杨梅瓷盘”获’2015 省旅游商品大赛铜奖，四明山森林公园、四明山地质公园、浙东小九寨和浙东抗日根据地旧址群等景区首批签署“全国旅游价格信得过景区”承诺书。

【对外经济】

对外贸易。全市外贸自营进出口总额 88.88 亿美元，下降 3.1%，其中出口 67.98 亿美元，下降 4.0%，进口 20.9 亿美元，增长 0.1%。三资企业、贸易流通企业出口额分别为 22.43 亿美元和 11.97 亿美元，均下降 8.4%，自营生产企业出口额 33.58 亿美元，增长 0.9%。机电产品出口 48.84 亿美元，下降 2.9%，占全部出口比重为 71.9%；高新技术产品出口 5.03 亿美元，下降 5.5%。欧美市场仍然是出口的主要地区，其出口额占出口总额的 46.5%，其中对美国增长 4.8%，对俄罗斯下降 22.5%；对大洋洲增长 3.4%，对非洲、亚洲分别下降 3.3% 和 7.5%。全年新增对外贸易经营备案登记企业 408 家，截至年末，自营出口实绩企业 2060 家，比上年净增 76 家，其中超五百万美元企业 313 家，超千万美元企业 148 家。

招商引资。全年新批外商投资项目 53 个，合同外资 9.53 亿美元，增长 2.4%。实到外资 4.6 亿美元，增长 17.5%；新批现代服务业项目 23 个，与上年持平；新批国家鼓励类项目 22 个，下降 8.3%。余姚市外实到内资 71.68 亿元，增长 7.5%；宁波市外实到内资 62.66 亿元，增长 22.4%；新引进注册资本 2000 万元以上内资项目（含增资）4 个，下降 63.6%；新引进总投资 3000 万元以上内资项目 9 个，下降 47.1%；浙商创业创新实到资金 57.61 亿元，增长 12.0%。

【交通、邮电】

交通运输。全年完成公路客运量184万人次，公路旅客周转量28928万人千米；公路货运量1112万吨，公路货物周转量171703万吨千米。年末全市各类等级公路里程1941.22千米，其中一级及以上公路196.88千米，高速公路41.99千米。年末出租汽车拥有量458辆；城区公交线路21条，投放运营车辆314辆；城乡公交线路79条，投放运营车辆349辆。全年共新增公交线路3条，调整10条，推出军人卡、烈属卡，开通银联卡公交刷卡功能，并推出城际通卡，与宁波实现消费互通。年末小型汽车保有量222104辆，其中私人小汽车187262辆。

邮电业。年末全市共有固定电话用户数29.4万户，移动电话用户数144.1万户，互联网宽带接入用户数36.5万户；完成电信业务收入14.4亿元，下降1.6%。完成邮政业务收入1.24亿元，下降4.5%。

【银行、保险】

银行业。年末全市金融机构本外币存款余额1269.55亿元，比上年增长5.7%；年末金融机构本外币贷款余额1248.41亿元，增长0.2%。全年银行业金融机构实现税前利润12.53亿元，下降13.3%。年末全市银行业金融机构达31家，其中政策性银行1家，大型银行5家，股份制商业银行10家，城市商业银行12家，邮储银行1家，农村合作金融机构2家；非银行金融机构44家。

保险业。全市实现保费收入21.66亿元，比上年增长11.8%。其中，财产险保费收入11.36亿元，增长11.8%；人身险保费收入10.30亿元，增长11.8%。赔款和给付9.83亿元，增长2.9%。其中，财产险赔付支出7.25亿元，下降8.4%；人身险赔付支出2.58亿元，增长57.6%。

【科技、教育、人才】

科技创新。全年共组织申报各级项目140项，已立项48项，其中国家级4项、省级5项、宁波级39项。企业研发机构不断壮大，新增省级高新技术企业研发中心3家、宁波市级8家、宁波企业研究院1家，累计拥有市级以上企业工程（技术）中心291家，其中省级38家，宁波89家；省级重点企业研究院3家，省级企业研究院2家，宁波企业研究院8家。新增宁波市创新型初创企业206家。全年专利申请量6820件，授权量4924件；发明专利申请量2035件，发明专利授权量535件，占专利总量的比例分别为29.8%和10.9%。产学研合作继续深化，全年组织各类合作活动5次，征集企业技术难题30余项，牵线20余家企业与高校院所洽谈，签约合作项目47项，技术合同金额5082.3万元，并挂牌成立宁波市农业科学研究院余姚工作站。4家企业技术创新团队入选宁波市级企业技术创新团队，全市共有宁波市级企业技术创新团队12家，其中省级企业技术创新团队1家。

教育事业。年末全市共有各级各类学校327所，在校学生总数15.02万人。其中，普通高中9所，在校学生1.12万人；中职学校9所，在校学生0.94万人；初中30所，在校学生2.71万人；小学85所，在校学生6.81万人；幼儿园193所，在园学生3.43万人。小学、初中适龄人口入学率均达到100%，小学升初中比例为100%，初升高比例达99.16%。全市通过浙江省标准化学校评定学校108所，占全市现有义务段学校总数的93.9%。数字化校园达标学校100所，其中优秀级学校18所，达标率88%。全年共实施教育基建项目40个，投入资金5.3亿元。四明幼儿园南园、丈亭镇、凤山街道、梨洲街道中心幼儿园（通过改造小学空余校舍）9月投入使用，实现乡镇（街道）公办园全覆盖。

人才开发。年末全市人才总量达25.9万人，其中高层次人才突破5500人。海外引才成绩突出，全年新申报入选国家“千人计划”3人、省“千人计划”6人，累计培养和引进国家“千人计划”专家达38人（其中自主申报入选14人）、省“千人计划”19人。国内高端人才引育有力，引进国家“万人计划”1人，入选国家“百千万人才工程”和省“151人才工程”各1人，入选“甬城英才”11人，入选宁波领军拔尖人才工程22人，新增高技能人才1152人，累计达2.55万人。创新平台加速建立，由“国千”专家甘中学博士领衔的团队和宁波市政府合作在余姚市共建宁波智能制造产业研究院，为全市智能装备产业提供有力的智力支撑。全年新成立国家级学会服务站1家，新建省级院士工作站1家、宁波市级院士工作站2家，获批国家级博士后科研工作站1家、省级博士后工作站2家，新认定余姚市级工程技术中心25家，新建技能大师工作室1家。

【文化、卫生、体育】

文化建设。公共文化中心启动面对面静态文化服务配送工作，完成各类演出420场次。四明阁“天天演”演出368场，受惠群众近7万人次。组织开展周末课堂85期，免费展览20期。市图书馆共计接待读者近19万人次，个人外借图书近52万册次。河姆渡遗址博物馆、余姚博物馆、王阳明故居等文物开放点共计接待游客95万人次。全市15个村（社区）提升改造村落（社区）文化宫，7个企业成功创建企业文化中心。王阳明故居获“宁波市中小学生社会实践大课堂资源基地”称号。课程“七千工坊”和“文博小课堂”入选宁波市中小学生社会实践大课堂首批优秀课程。市文保所在“薪火相传——宁波市青年文物保护技能大赛”中获团体银奖。

卫生事业。城乡居民医疗卫生条件进一步改善，年末全市实有病床2927张，拥有卫生人员7014人，卫生技术人员5837人，其中执业医师（含助理）2231人，注册护士2317人。按户籍人口统计，每千人床位数、卫技人员数、执业医师（含助理）数和注册护士数分别达3.5张、6.78人、2.67人和2.77人。全市适龄儿童“七苗”覆盖率93.57%，免疫预防服务质量保持全省先进水平。加强妇幼保健服务与管理，实现孕产妇零死亡，全年常住人口婴儿死亡率1.6‰，5岁以下儿童死亡率2.7‰，均稳定在较低水平。全年无偿献血7828人次，献血总量234.2万毫升，用血3656人次，用血总量220.7万毫升，无输血安全事故发生。市级医院全面推行结构化电子病历、移动医护、“医达通”等信息化系统，检验报告、婚检结果网上查询、网上预约挂号等自助功能相继向公众开放；5家卫生院被国家卫生计生委评为“2014—2015年度群众满意的乡镇卫生院”，有20家站（室）创建为宁波市甲级村卫生室（五星级社区卫生服务站）。

体育事业。完成创建省级体育先进单位53家，新建或改建篮球场42片，人均体育场地面积达1.76平方米，基本建成10分钟城乡体育健身圈。全市新建多个户外项目，鹿亭东岗山健身步道、鹿亭香泉湾基地门球场建设工程、自行车赛道路面工程已投入使用，大岚镇大俞村半岭户外项目已基本完工。全民健身中心接待健身市民107.8万人次。组织开展全民健身活动、各类杯赛300余次，其中承办国家级赛事4次、省级赛事4次、宁波级赛事7次。开展企业工间操培训23站，培训企业骨干1500余人，组织教练为40余家企业开展比赛。新增3个市级协会、73个社体指导员，向上输送优秀体育苗子16人，李玲在第二十一届亚洲田径锦标赛中夺冠并打破亚洲纪录，伍佳惠在世界杯帆船赛中斩获1金，闻人云涛获全国跆拳道冠军赛和锦标赛第一、三名，美国跆拳道公开赛获1金。在世界轮椅和肢残人运动会中，王益楠获1金、1银、2铜。在全国第九届残疾人运动会中，王益楠获5金，黄柯峰获1金。全年体育彩票销售额1.77亿元。

【人口、居民收支、社会保障、慈善事业、行政区划】

人口。年末全市户籍总户数306827户，户籍人口836530人，其中乡村人口195174人，户籍人口男女性别比为1∶1.02，18周岁以下人口103044人，60周岁以上人口203451人。全年出生6212人，其中男性3282人、女性2930人。人口出生率、死亡率分别为7.4‰和7.6‰，自然下降率为0.2‰。年末全市流动人口登记在册人数为51.97万人，其中男性28.35万人，未成年流动人口23.60万人，60周岁以上流动人口0.79万人。

居民收支。年度全市全体居民人均可支配收入39400元，比上年增长8.5%。其中，城镇居民人均可支配收入45359元，增长8.2%；农村居民人均可支配收入26500元，增长9.0%。按一体化城乡住户调查新口径统计，城乡居民可支配收入比由上年的1.72∶1缩小为1.71∶1。全体居民人均消费支出26207元，增长8.3%，其中，城镇常住居民人均消费支出29459元，增长8.7%，农村常住居民人均消费支出19090元，增长6.2%。

社会保障。社保覆盖面不断扩大，年末企业基本养老保险、职工基本医疗保险、失业保险、工伤保险、生育保险参保人数分别达32.5万人、36.3万人、21.9万人、30.9万人和22.5万人，比上年末分别净增1.05万人、1.4万人、1.3万人、-0.1万人和0.6万人。全市城乡居民社会养老保险、被征地人员养老保障参保人数分别为56316人和235436人，本市户籍人口养老保险参保率达92.6%。全市拥有各类社会福利机构31处，床位6388个。社区服务设施3086处。全市共有低保对象4890户7611人，其中农村低保4420户7008人，城镇低保470户603人。每月支出低保资金371.45万元。

慈善事业。全年慈善总会募集善款6650万元，比上年增长6.1%；全年救助支出6486万元，增长12.7%。年末全市慈善总会累计募集已达61627万元，累计救助支出50573万元，受助39万人次。年末全市共有网站注册志愿者5.38万人，全年共开展各种市级志愿服务活动10场。

行政区划。年末全市共有6个街道办事处、14个镇、1个乡，265个村委会、19个居委会和37个社区。

【生态建设、社会安全】

生态建设。全市共有国家级生态乡镇8个、省级生态镇（街道）8个、宁波市级生态村186个。完成3个国家级和1个省级的生态乡镇（街道）创建资料申报。全面落实“河长制”，狠抓治污水工作，累计封堵排污口23个，共查处涉水企业49家，罚款金额296.4万元，完成河道综合整治28.5千米，黑臭河综合整治累计完成项目数量35.33千米。加强饮用水源保护，已完成陆埠和梁辉两大水库的评估工作；加强高温天气水库预警监测，保证人民群众的饮水安全；淘汰黄标车及老旧车7021辆，全市环境空气质量优良天数266天。

“平安余姚”建设。全年共发生各类事故395起，死亡106人，受伤133人，分别下降11.8%、5.4%和2.2%。其中，道路交通事故212起，死亡103人，受伤132人，分别下降1.4%、1.9%和持平；工矿商贸事故2起，死亡3人，受伤1人，分别下降60%、57.1%和50%；生产经营性火灾事故181起，无人员伤亡。此外，未发生水上交通、渔船运输及捕捞作业等事故，也未发生一次死亡3人以上的较大生产安全事故。加大食品药品检验力度，食品安全评价抽检合格率98.0%，药品监督抽检合格率99.2%。全年共立案查处食品安全各类违法案件358件，其中大要案125件，罚没款438.76万元，移送公安机关涉嫌犯罪案件3件。全年共办理交通肇事案件96起，移送起诉80起；查处交通违法561955起，其中现场查处107353起；重点违法中，共查处饮酒后驾驶929起、醉酒驾驶441起。全年共受理刑事案件1985件，审结1871件，分别上升1.8%和下降4.4%，判处罪犯2488人；受理各类民商事案件13791件，审结12444件，分别上升26.6%和10.8%；受理行政诉讼案件126件，审结125件，分别上升147.1%和212.5%。加大对社会高度关注的犯罪活动的打击力度，审结危害食品药品安全、醉驾、涉黄赌毒等犯罪案件共940件。坚决惩治腐败、不作为、滥作为，审结受贿、玩忽职守、滥用职权等犯罪案件14件。

注：（1）全市地区生产总值、各产业增加值绝对数按当年价格计算，增长速度按可比价格计算。

（2）规模以上工业企业指年主营业务收入2000万元及以上工业企业。

（3）限额以上批发、零售、住宿、餐饮企业所指：批发业，年主营业务收入2000万元及以上；零售业，年主营业务收入500万元及以上；住宿业，年主营业务收入200万元及以上；餐饮业，年主营业务收入200万元及以上。

（4）根据新修改的《中华人民共和国预算法》，对财政收入的指标表述进行规范，原“公共财政预算收入”改名为“一般公共预算收入”，原“公共财政预算支出”改名为“一般公共预算支出”，具体统计口径保持不变。

（5）城镇和农村居民收入均指常住居民收入。

（市统计局）

“五水共治”工作

【概况】

2015年，余姚市贯彻落实省、宁波“五水共治”决策部署，以治水巩固年、关键年、深化年和冲刺年为指针，按照《余姚市“五水共治”三年行动计划实施方案》任务要求，制定《余姚市2015年五水共治实施方案》，出台《关于印发〈2015年全市河道治理工作目标任务〉的通知》，分解落实乡镇（街道）和部门责任。余姚市节水型社会建设做法获省长李强批示，牟山镇逐渡江水环境整治工程获2015年省河道生态建设示范工程。

【围绕“不受淹”目标固本强基】

加速推进项目工程。按照三年行动计划，年度全市“五水共治”计划实施项目共40个，计划总投资19.67亿元。截至年末，累计完成17.89亿元，完成投资率90.95%。其中，防洪水工程计划投资金额9.89亿元，累计完成投资8.74亿元，完成投资率88.37%；排涝水工程累计完成0.20亿元，完成投资率82.26%；治污水工程计划投资金额7.52亿元，累计完成投资6.94亿元，完成投资率92.29%；保供水工程计划投资金额1.07亿元，累计完成投资1亿元，完成投资率93.46%；抓节水工程计划投资金额0.93亿元，累计完成投资0.99亿元，投资完成率106.45%；省重点工程姚江干流（中舜江至蜀山大闸）防洪整治工程、城区姚江堤防等加固工程、食禄桥江整治工程完成或超计划完成投资。

防洪排涝取得阶段性成果。贯彻省委书记夏宝龙到余姚调研时的讲话精神，把防洪排涝作为头等大事，围绕不再受淹的目标，工程性与非工程性措施统筹兼顾。调整充实流域防洪工程建设指挥部，推进防洪排涝等工程建设，北排陶家路江口子已打开，并经受“灿鸿”“苏迪罗”“杜鹃”等台风考验。

打造供水节水亮点。按照空间、总量、项目“三位一体”环境准入制度，细化环境准入要求，严守生态红线，对饮用水源地保护区、自然保护区等重要生态敏感区依法实施强制性保护。加大农业节水力度，已完成喷滴灌建设380公顷，完成节水改造1200公顷。

【围绕“不反弹”目标治标治本】

完善“河长制”建设。出台《关于进一步深化“河长制”，推进“清三河”工作的若干意见》，更新《2015年余姚市“河长制”基础信息花名册》和《河长工作志》，完善河长巡查和例会机制，创新“给河长的一封信”、交界河道“跨界抱团”断面水质检测模式。落实一月一提醒、一月一排名、一票否决等机制，抓实“河长”考核。

提高截污纳管率。按照“零容忍”原则，对已完成整治提升的企业进行回头看，推进刷卡排污总量浓度双控系统、重点污染源自动监测系统建设，开展工业园区排污设施大排查行动，解决污水渗漏、雨污合流、管网铺设滞后等问题，加大企事业截污纳管和乡镇污水管网建设，提高截污纳管率。污水管网建设33千米项目，已完成38.255千米，完成率115.92%，累计封堵排污口23个，完成河道综合整治28.5千米，完成率142.5%，黑臭河综合整治累计完成项目数量35.328千米。榨菜污水纳管也已全部完成。

探索农村生活污水治理新模式。与北京首创合作采用“PPP”建管并举模式，获住建部认可。年度省、宁波下达余姚市治理任务97个村，受益农户50719户，截至年末，99个村完成建设，实现接户51067户，投入建设资金4.5亿元，均超额完成目标任务。全市城市污水处理率为81.8%，半山区污水处理率为81%，高于全省平均3个百分点，城市污水处理厂前三季度监测达标率均达到100%。

【围绕“补短板”建设统筹兼顾】

多措并举解“源头”结症。加强重点区域以及冷墩、淘铜、榨菜等行业整治力度，开展重点行业整治提升，关停淘铜加工企业252家、不锈钢冷镦企业11家，榨菜废水日处理量稳定在2000吨左右。结合排污权有偿使用和排污许可证制度，控制排污总量。全市已发放排水许可证682本。加强农业面源污染控制，推广测土配方施肥43400公顷次；推广商品有机肥1.4万吨；新增生态消纳地4000公顷；新增沼液利用量2万吨；化肥减量620吨；推广病虫害统防统治6000公顷次；推广绿色防控融合面积2400公顷次；农药减量100.5吨；完成市级河道50米范围内和镇级河道25米范围内畜禽养殖场关停搬迁500家，并全部完成验收。

强势推进解“断头河”等难题。按照“引得进、流得动、排得出”要求，增强水体流动性，致力“断头河”河道畅通工程项目，朗霞街道新新村高甸村内江工程已全部完成。同时加强淤积河道清淤工作，建立河道淤积情况监测和清淤长效机制。清淤3.6万立方米，拆除违章建筑2156平方米。

多方聚力解资金困境。在地方财力紧张情况下，市财政安排5000万元资金用于“黑臭”河、“断头”河工程治理。利用中央支持水利建设的优惠政策，以及省、宁波推进“五水共治”的时机，争取上级补助资金2.7亿元。余姚城投集团通过中国工商银行余姚支行申报贷款资金额度3亿元。已有6家银行向水投公司放贷11.65亿元（不包括质押贷款）。同时通过PPP模式社会融资以及企业出资垫付等方式减轻财政压力。

【围绕“满意度”目标巩固拓展】

完善体系建设。参照宁波市采用由市委书记、市长担任组长的双组长模式，全市各乡镇（街道）也基本实现双组长模式。同时加大治水奖励力度，推出“以奖代补”形式，对治水综合先进集体、宁波级治污水典型示范河道，以及副市级以上领导担任“河长”的河道进行资金补助，奖励资金由市财政列支，市、镇两级奖励总金额超2400万元。

加强督查力度。实行以“市委督查考核办、市政府督查室督查，督导组督导、平安暗访”等方式开展立体督查。共组织明察暗访386人次，提出整改河道51条，下发督办通知单34张。由市人大、市政协主要领导任组长的巡视督查组，对“三河”组织回头看，共组织委员开展各类视察与专题调研6次，形成调研报告3个，实地查看行政村70余个，督查河道60余条（次），召开相关座谈会25次，各级委员参与活动169人次。畅通群众举报渠道，累计通过电话、网络、媒体等方式收到市民举报、意见等97条。

加强执法力度。严格执行新的环保法，累计开展专项执法行动9项，出动执法人员2450余人次，检查企业2050余家次。全年共处理行政处罚案件270件，增长17.4%，罚款1232.4万元，增长42.2%。下发停止排污决定书16份并停业整顿。同时与公安联动，远赴嘉兴、萧山等地开展调查，申请强制执行26件，移交公安机关14件。对省级媒体曝光事件处理快速有力，对丈亭镇龙丰村方家河河水发黄问题、陆埠镇南雷村白鹤桥河道垃圾问题、黄家埠镇高桥村河长牌倾倒问题，均第一时间采取措施，并布置整改落实。

探索提升新机制。通过请“治水专家高手”，引进国家“千人计划”专家钟路华博士领衔的团队，在低塘街道大古塘江试点；攀“科技院校高亲”，组织人员到浙江农林大学学习考察；求“浙江样板·治水美镇高方”，学习泗门、牟山两镇经验先进，借鉴卫星镇、中心镇建设方法，形成各乡镇之间“比、学、赶、超”竞赛氛围。通过“每周一镇大检查”“每河一治大检阅”“每镇一河大评比”等举措，确保全方位立体展示河道治理成效。

加强宣传力度。发挥群团组织力量，组织开展“巾帼河认领”“青春建功”“保水护水节水”等活动，和市文广局联合举办“五水共治美丽余姚征文比赛”，编制“五水共治”宣传手册1万册。联合市委宣传部等4个部门举办群众身边“最美河道”评选。引导企业治水，通过企业认河42条。

（市“五水共治”工作领导小组办公室）

“三改一拆”工作

【概况】

2015年，余姚市实施“三改”166.81万平方米（其中，旧住宅区改造33.2万平方米，旧厂区改造72.88万平方米，城中村改造60.72万平方米），完成全年任务的144.42%；实施违法建筑处置218.94万平方米，完成全年任务的121.63%。

【拆违专项行动】

在先前两轮存量违建排摸的基础上，年度重点开展城乡接合部违建处置、消危处置、历史遗留违建处置和乡镇（街道）驻地违建处置四大专项攻坚行动，累计拆违101处，涉及违法建筑面积20.54万平方米。同时，通过重点违建处置专项行动，全市共拆除五批次200起重点违法建筑，涉及违法建筑面积48.6万平方米；结合畜禽养殖污染综合治理，拆除违法畜禽养殖场所197处，涉及违法建筑面积17.64万平方。7月全省公路和铁路两侧“四边三化”专项整治推进会后，全市处置铁路（高铁）、高速公路和国省道沿线乱搭乱建问题230处、乱堆乱放问题112处。

【严控新建违建】

经市委重大事项酝酿会和市政府常务会议讨论决定，年度在宁波市内率先出台《关于加强新建违法建筑管控工作的实施意见》，明确新建违法建筑管控责任主体，建立新建违法建筑分级管控长效管理办法，要求各地巡查人员一经发现有违建苗头或新建违法建筑行为的，必须第一时间予以制止，当事人不停止违建行为的，巡查人员不得撤离建设现场，并通知执法人员在2小时内到达现场进行立案查处，一周内予以拆除。同时实施新建违建管控通报问责制度，共梳理七大类新建违建管控不力的情况进行约谈问责，将约谈问责情况作为干部评先评优、提拔任用和党政领导班子考核的依据之一，对违反工作纪律的，追究相应责任。梨洲街道人大工委副主任叶某因参与非法占地新建住宅，被市纪委给予党内严重警告处分。

【“无违建”创建】

年度继续以“无违建”创建活动为载体，开展存量违建的调查摸底，依法清理整治“一户多宅”。对大岚镇、四明山镇和鹿亭乡等创建条件较好的山区乡镇，率先开展“无违建村（社区）”验收，确保完成宁波下达的20%乡镇创建成为“无违建乡镇”的目标任务。同时结合余姚实际，明确梁弄镇作为宁波市重点联系创建乡镇，在存量违建分类处置和新建违建防控力量上给予帮助支持，为全市“无违建乡镇”树立样板，要求各乡镇、街道必须完成20%以上的“无违建村（社区）”的创建工作。年度还结合“五水共治”、“四边三化”、交通拥堵治理等工作，开展“无违建河道”“无违建道路”“无违建社区”“无违建厂区”等细胞创建。截至11月中旬，已完成梁弄镇、大岚镇、四明山镇和鹿亭乡4个乡镇的“无违建乡镇”申报和初验，等待宁波验收。

【完善长效管控机制】

自“三改一拆”启动后，成立以市政府主要领导为组长的“三改一拆”工作领导小组，并相应成立专项办公室，相继出台《余姚市违法建筑分类处置意见》《查处违法建筑部门联动制度》《加强新建违建管控工作的实施意见》《关于实行违法建筑分级处理的意见》《清理整治农村“一户多宅”指导意见》《拆违工作考核评比暂行办法》《“三改一拆”行动社会稳定风险评估方案》等规章制度，制定党员干部“零违建”制度和“三带头三不准”“五个严禁”等纪律要求，保证“三改一拆”工作有据可依、有章可循、稳步推进。

（市“三改一拆”行动领导小组办公室）

姚江流域防洪排涝

【概况】

2015年9月16日，市委副书记、市长奚明主持召开调整后的余姚市流域防洪工程建设指挥部第一次会议，宣布市流域防洪工程建设指挥部成立。根据市委任命，由副市级领导杨文祥任总指挥，市水利局局长姚俊杰任常务副总指挥。指挥部下设办公室及工程一科、工程二科、工程三科、政策科、财务科等。年度主要负责三大工程。

【姚江城区段堤防加固（一期）工程】

该工程计划总投资4.93亿元，加固堤防13.29千米。具体分二块进行建设：一块于2014年10月由市发改局初设批复，建设堤防长度0.857千米，投资总额1.76亿元。工程于2014年12月开工，2015年7月15日前，堤防高程已达到设计要求，在第9号台风“灿鸿”中已发挥作用，整个工程计划于2015年12月完成。另一块于2015年8月6日由宁波市发改委初设批复，总投资3.17亿元，建设堤防长度11.533千米。2015年9月底，开工建设，计划于2016年主汛期前达到防洪要求，2016年底前完工。2015年完成投资24067万元，基本完成侯青江（三官堂路—中山路）堤防加固及道路景观工程。

【陶家路江二期整治工程】

该工程为市“十二五”规划工程，并列入省、宁波市重点工程，同时也是市“五水共治”“治水强基”行动的重要实施项目。该工程主要是对泗门泵站以北5.2千米长的陶家路江进行拓宽整治，配套建设跨河桥梁及绿化等，估算总投资8.86亿元。Ⅰ标段于2015年6月15日开工，年底前基本完工。Ⅱ标段、Ⅲ标段计划于2015年底开工，主体工程计划于2017年底前基本完工。2015年，该工程完成投资25350万元，Ⅰ标段完成进度约60%；Ⅱ、Ⅲ标段已于11月20日完成工程招标工作，施工单位于11月底进场，河道农田段开工建设，截至年末，完成工程形象进度约12%。

【食禄桥江整治工程】

该工程是《甬江流域综合规划》和《甬江流域防洪治涝规划》的骨干项目，是宁波市“十二五”水利建设规划确定的一项重要排涝工程，也是余姚市“五水共治”三年行动计划中城区防洪排涝工程项目的重要组成部分。已列入省中小河流治理项目，是省、宁波市重点建设项目。该工程总投资4.15亿元，整治河道全长4.59千米，计划在2017年主汛期前完工。其中，Ⅰ标段工程于2014年11月28日开工，2015年已完成投资1.75亿元。Ⅱ标段须在央企国华余姚电厂供水供电管线迁移完成后进行，全线开工难度较大。2015年，该工程完成投资21177万元，基本完成Ⅰ标段堤防。

（市流域防洪工程建设指挥部）

2015年余姚市十方面民生实事完成情况

【就业创业】

新增城镇就业人员2.3万人，其中城镇失业人员再就业5500人，开发公益性岗位1375个，分别完成目标任务的100.4%、114.6%和137.5%，城镇登记失业率控制在1.08%。创业带动就业比例为1∶6，新增创业实体1.2万家，增长率达13.6%，自主创业人员小额担保贷款发放额达1870万元，完成目标任务的136.7%。职校和成校技能培训1.1万人，电子商务人才培训3200人，分别完成目标任务的110.9%和106.7%；新型农机化技术培训5480人，农民实用技术培训2150人，分别完成目标任务的109.6%和107.5%。

【教育均衡】

姚江中学完成设计、招投标等前期准备工作，已开工建设。市实验高中全部校舍已经结顶，室内外装修已全面开始，室外附属工程也已进场施工。完成10所学校（幼儿园）的食堂改造工程，A、B级食堂已达272家，达标率85.3%。向农村山区学校派遣骨干教师22人、名特优教师31人，向流动人口子女学校派遣教育总监14人。

【医疗提升】

调整新型农村合作医疗政策，新农合医疗小病受惠补偿比例由40%提高到45%。积极开展老年人健康管理工作，进一步完善电子健康档案，并为

11万名老年人开展体检工作，完成年度目标任务的102%。为10.5万名64周岁以下已婚妇女进行妇科常规检查，宫颈癌TCT筛查8.5万例，乳腺癌超声筛查8万例，分别完成年度目标任务的105%、107%和100%。

【饮食安全】

完成食品定量检测4812批次、药品监督抽检251批次、农产品样本检测4300个，分别完成目标任务的108.8%、109.1%和102.3%。完成100家星级示范店创建，其中一星级84家、二星级16家。完成11家保健食品化妆品经营示范店、2条餐饮服务食品安全示范街验收。四明山片区7个村供水保障能力提升工程均已完工。

【百姓安居】

月梅公寓二期486套5.5万平方米的公租房竣工验收。重建、改造农村困难群众危旧房184户，完成目标任务的184%。完成100户地质灾害户搬迁安置。完成东园新村、长安新村北小区、三江口新村、南河新村、阳明公寓、胡公岩小区、黄山桥新村、新城市花园、安居乐小区9个老小区电网改造工程。完成全市所有农村农用电力线路（共计632千米）的改造工作。

【交通优化】

公共自行车租赁一期建设基本完成。投入资金1390.28万元，完成28辆公交车的更新；新建（改造）的梁弄和大隐2个公交站基本完成，优化调整10条公交线路。完成新建（改造）农村联网公路65.8千米，完成目标任务的109.7%。

【社会保障】

全面实施城乡居民大病医疗保险制度，到年末，新增城镇职工医疗保险1.4万人，完成年度目标任务的175%，职工医保、居民医保与新农合参保率在95%以上。完成向13.4万名具有本市户籍年满60周岁及以上享受城乡居民社会养老保险基础养老金的城乡居民发放每人500元的春节慰问金，共计6676.5万元。阳明区域性居家养老服务中心、37个居家养老服务站均已全部完工。“E邮站”（智能快递柜）已安装9台。“iyuyao”无线WIFI工程建设进展顺利，完成325个热点、1800个AP的建设，基本覆盖主城区公园广场、交通枢纽、医院宾馆、主要商圈等公共区域。

【文体惠民】

免费为市民提供四明阁演出365场次、电影3000余场次，配送公共文化420场次。维修改造健身路径250条，新建（改造）各类球场50个。建成农村文化礼堂30家。新增第二实验小学体育设施向社会开放，全市85%以上的学校体育设施已免费向社会开放。

【环境治理】

淘汰黄标车7027辆，完成目标任务的101.3%。城区污水收集四期工程、模具城一期雨污水纳管工程基本完成。完成环四明湖截污四期工程建设。完成4个村级生态河道整治工程。新增沿海防护基干林带54.7公顷，完成目标任务的228%。

【治水强基】

完成姚江干流（中舜江至蜀山大闸）防洪整治工程；开展姚江城区段堤防加固（一期）工程建设，Ⅰ标段进行泵站装机施工，其他标段正有序推进。完成4座水库除险加固和16座山塘治理。小型农田水利建设工程小曹娥镇曹娥村、建民村、滨海村，低塘街道低塘村、姆湖村、郑巷村、西郑巷村，牟山镇狮山村、魏家村、新东吴村10个村均已完工。

（市府办）

中共余姚市委员会

综　述

【概况】

2015年，市委班子学习贯彻习近平总书记系列重要讲话精神，落实上级决策部署，把握稳中求进总基调，团结带领全市人民适应经济新常态，应对各种风险挑战，经济社会发展取得新成效。全年实现地区生产总值839.7亿元，增长7.6%；财政总收入133.8亿元，其中一般公共预算收入75.1亿元，分别增长8.2%和8.8%；完成固定资产投资563.72亿元，增长9.3%；城镇和农村居民人均可支配收入分别达45359元、26500元，增长8.2%和9%。

【经济运行总体平稳】

把稳定经济增长作为年度首要任务，组织开展“助万企转型、促万众创新”走访服务企业等活动，以精准施策、精准帮扶推动经济平稳发展。开展工业强市转型提效创新发展突破年行动，实现规模以上工业增加值240.1亿元。实施招商引资“一号工程”，实到外资、内资、浙商创业创新到位资金分别为4.6亿美元、71.68亿元、57.61亿元。落实稳定外贸增长的各项政策，外贸进出口保持平稳。发展服务业，社会消费品零售总额增长10%。农业生产稳中有升，两个省级现代农业综合区通过验收。

【转型升级步伐加快】

春节上班后第一天即召开经济社会转型发展暨招商引资攻坚突破动员大会，围绕“靠什么转型”作全面部署。强化企业创新主体地位，研究和试验发展经费投入增长6.3%，发明专利授权增长75.9%。加快高新产业发展，高新技术产业、战略性新兴产业、装备制造业增加值分别增长6.5%、7.5%和5.2%。推进“四换三名”，完成“机器换人”重点项目151个；规模以上（限额以上）企业电子商务应用率达54%；舜宇集团年销售额突破百亿元；名牌产品销售产值占规模以上工业销售产值比重达42.6%。强化平台支撑作用，中意（宁波）生态园管委会挂牌，在建及落地项目7个；“千人计划”产业园建设进展顺利，宁波市级“机器人小镇”获批授牌，新入选“国千”专家3人、“省千”专家6人，累计注册项目52个，其中23个实现投产；国际模具城、慧聪家电产业新城开工建设，模客小镇入围省级特色小镇第二批创建名单。

【深化改革落地见效】

加强“四张清单一张网”建设，完善权责清单动态调整机制，权责清单制度向乡镇（街道）同步延伸。改革行政审批制度，推出“3+1”行政审批服务组合机制，工业类社会投资项目提速51%。创新投融资体制，引进爵耀等产业投资基金，众筹成立“才·富”合作基金，推出首批总投资195.39亿元的PPP项目18个。改革工商登记制度，新增市场主体12404户。深化涉农改革，村经济合作社股份制改革完成99%，省及宁波农村承包土地确权登记试点全面完成。

【美丽家园成效初显】

推进全民共建“美丽家园”活动，农村环境卫生集中整治取得阶段性成效，创建为省“美丽乡村建设先进县（市）”，蝉联全国文明城市提名城市，通过省文明市复评。强化重点行业整治，关停淘铜加工、冷镦企业271家，淘汰黄标车7027辆，万元工业增加值能耗下降5.5%。推进“五水共治”，40个项目完成投资19.67亿元，经受住“灿鸿”台风考验。深化“三改一拆”“四边三化”专项整治，4个乡镇（街道）、96个村达到“无违建”创建标准，“两路两侧”整治任务全面完成。

【社会大局保持稳定】

把以民生为重点的社会建设摆在重要位置，市财政用于民生支出占全部一般公共预算支出的比重达81.5%。推动群众乐业增收，新增城镇就业人员2.3万人，城镇登记失业率1.08%。提升公共服务能力，社会保障扩面提标，教育、文化、卫生、养老等社会事业取得新进展。推进社会治理创新，加强社会治安防控体系、公共安全保障体系和应急管理机制建设，开展信访工作、宗教事务管理、网络舆论引导和意识形态管控，有望实现省平安创建“九连冠”。

【党建保障坚强有力】

落实习近平总书记从严治党“八项要求”，加强党章党规党纪教育培训，分8期对2000余名机关中层以下在职党员干部进行轮训，集中辅导学习新修订的《中国共产党廉洁自律准则》和《中国共产党纪律处分条例》。接受省委巡视组巡视，针对巡视组反馈的4个方面、15个具体问题，组织开展“八大整改行动”，交出一份满意的答卷。从严监督管理干部，组织开展“三学三问三比”活动，提振干部精气神；对16名领导干部实施经济责任审计，开展领导干部个人有关事项随机抽查和重点核查。加强基层基础建设，健全完善“8736”党建工作责任清单，推行“党员组织生活日”制度，被评为全省推进“五好”服务型乡镇（街道）建设先进县（市、区）。落实党风廉政建设“两个责任”，出台领导干部廉情谈话实施办法、行政不作为问责暂行办法、巡查工作实施办法，推进纪检监察队伍专职化，实现派驻纪检组织全覆盖。全市共开展正风肃纪检查482次，处理违规人员17人。加大案件查办力度，共立案192件、结案189件，移送司法机关处理9人。

【班子建设不断加强】

制订理论中心组学习计划，把中共十八届三中、四中、五中全会精神和习近平总书记系列重要讲话精神，以及省、宁波市的重要会议精神纳入学习内容，全年市委中心组开展学习21次。开展“三严三实”专题教育，先后召开以“信仰·忠诚”“清正·律己”“责任·担当”为主题的专题研讨会，市委班子和每位班子成员分别建立“不严不实”问题清单，并带头开展整改；学习党章党规党纪，班子成员人均2次撰写学习心得。坚守责任担当，按照“四个在前”要求，制订党政领导班子成员领衔重点工作清单，市委班子带头认领19项。坚持依法办事，支持市人大及其常委会、市政协、司法机关依法行使职权，加强同各民主党派、工商联和无党派人士的合作共事。廉洁自律，带头执行中央八项规定、省委28条办法、宁波市委20条措施，注重以党章党规党纪约束自己，加强对配偶、子女、亲戚的教育管理，把好身边工作人员提拔交流关，班子成员未发生违纪违规问题。

（市委办）

市委办公室工作

【概况】

2015年，市委办围绕市委整体工作部署，落实各项工作措施，贯彻执行各项规章制度，以邓小平理论和“三个代表”重要思想为指导，贯彻落实科学发展观和中共十八大，十八届四中、五中全会精神，发挥承上启下、协调左右、联系内外的作用，履行参与政务、管理事务、综合服务等职能，推动市委决策的贯彻落实。

【决策服务参谋有方】

调查研究抓重点见成果。围绕市委中心工作，找准制约发展的热点、焦点和难点问题，先后就互联网经济发展、破解梁弄镇东溪村主要民生问题、优化企业发展环境、优化完善余姚经济开发区管理体制、创新治村理事模式、推动舜宇集团千亿投资项目建设等十余个重大课题展开调研，提出相关意见、建议，为市委科学决策提供依据。已有不少调研成果被采纳并体现到市委、市政府相关文件中，并据此起草完成市委“十三五”规划建议及说明、关于加强和改进党的群团工作的实施意见、“助万企转型、促万众创新”走访服务企业专项活动实施方案等20余个重要文稿的起草工作。同时，围绕助推全市产业转型发展，按照精准发力、精准施策的要求，深入企业、部门开展调查研究，加强政策制定的统筹协调，牵头制定出台新一轮产业扶持政策、舜宇集团千亿元投资项目扶持政策，并负责开展关于促进工业经济平稳增长、实施“百团计划”、开展企业亩产效益综合评价等政策文件的审核把关工作。此外，围绕全面深化改革，注重发挥深改办协调督促作用，加强上下工作对接和联系，开展重点改革项目排查和梳理，研究谋划全市全面深化改革工作要点，制定出台市委《关于全面深化改革、再创发展新优势的若干意见》，确保全面深化改革有力有序推进。

文稿起草出思想出精品。先后完成全市经济社会转型发展暨招商引资攻坚突破动员大会、《市委落实省委巡视组反馈意见整改方案》《关于市委落实省委巡视组反馈意见整改落实情况的报告》、防洪排涝情况汇报、市委务虚会、市委全委会报告等重要材料300余篇，内容涉及经济转型升级、新型城市化建设、教育文化卫生、人才科技服务、生态文明建设、社会管理创新、党风廉政建设等各个方面。同时，开展市委主要领导重要活动报道稿件和规范性文件的审核把关工作，全年审核新闻稿件90余篇、规范性文件27份。

信息服务报实情见实效。全年共编发《信息通报》36期、《信息通报（增刊）》11期、《信息专报》26期、《每日汇报》195期，录用各地各部门信息1700余条。同时，通过手机短信等形式及时预警和汇报突发事件，确保紧急信息不漏报迟报。在信息上报方面，共完成上级信息考核分1521分（全年目标考核分为800分）。在上级党委录用150余篇短信息的基础上，另有13篇大型经验类材料被上级党委录用，内容涉及“千人计划产业园”“中意生态产业园”、生态建设等方面，做到每月至少一篇大型经验材料送达上级领导案头，多篇信息得到上级领导批示。其中《浙江省余姚市认真贯彻习近平同志指示精神努力将四明山区域打造成中国较为富裕的革命老区》《浙江余姚积极探索基层协商民主实现路径推进社会治理创新》2篇稿子被省委办公厅以“上报中办专件”的形式报送中共中央办公厅。此外，适应上级党委办公厅重视问题信息报送的新形势，推进信息工作转型，加大问题信息报送力度，《须警惕境外彩票借互联网抢滩境内市场》的信息被中办《每日汇报》采用。

【协调落实“督考”有效】

日常工作重协调。发挥办公室综合协调职能，围绕市委中心工作，正确处理“内与外”“上与下”“大与小”“急与缓”等各方面关系，加强同省、宁波市的联系，及时了解上级工作动态和要求；坚持和完善“四大办”工作的沟通衔接，增强工作的计划性和四套班子工作的整体协调性；加强对乡镇、部门之间的工作协调，把重点放在促进市委工作部署和意见转化为各职能部门的实际操作上，对一些涉及部门较多、容易出现推诿扯皮现象的问题，按市委领导要求主动进行协调，明确和细化部门的责任，从而充分发挥基层和部门的作用。

督查跟踪抓落实。全年分2次对全市重点项目和部分主要经济指标完成情况进行专项督查，同时对乡镇街道值班工作、落实“四夜制度”等情况进行明察暗访，会同市人社局对各地各部门的“双对系统”运行情况进行检查，对“夏巷一号”互通拆迁安置工程跨年度跟踪督查，对市委领导和群众普遍关注的“马渚蓝色多瑙河”“地浦湾泄污”“四明湖库区垃圾成堆”等公众舆情事件，第一时间牵头相关部门赴实地调查。此外，开展决策督查7次；开展督查调研8次，编写督查调研报告8篇，均被宁波市委办公厅《督查调研》录用，其中介绍余姚市“创新农信担保机制”和“马渚镇推出村（社区）干部负面言行提醒本倒逼干部转作风”先进做法的材料被宁波市委书记刘奇、副书记余红艺批示肯定，并向全大市推广实行。上报宁波市委专项督查自查报告16篇，上报《今日聚焦》和《浙江日报》曝光问题整改报告4篇、《第一聚焦》曝光问题整改报告5篇；办理宁波市委领导批示33件；办理本级市委领导批示113件，其中来信60件、来文53件；编印《督查专报》21期、《督查通报》12期。

考核评比促提升。根据上级工作要求和市委、市政府整体工作安排，对《2015年度乡镇、街道重点专项工作考核激励办法》考核指标设置进行较大幅度调整，并会同市农办谋划起草《2015年度乡镇、街道经济社会发展实绩考核实施办法》，会同市人社局调整《2015年度市直部门考核实施办法》。年度还采用与部门联合下发具体考评细则的方式，杜绝以往部门擅自下发考核文件的现象，确保部门与市级指导思想的一致性，全年共计与有关部门联合发文53个。

【规范高效运转有序】

重大活动和办文办会运作规范。全年共下发市委文件162份、市委办文件95份、会议通知55份，所发公文均格式规范、用词准确、逻辑严谨。按照高标准、高质量、高效率的要求，开展市委重要会议、上级领导视察等重大活动的组织、安排和协调工作，全年共办理大小会议181次，组织承办上级领导到余姚检查指导和兄弟县市到余姚学习考察共50余批次，确保市委全会、市委务虚会、塑料博览会等大型会议和王阳明礼贤仪典、中意（宁波）生态园授牌等重要活动的顺利举行。此外，班子成员第一时间到市政府大院门口参与处置群众上访，维护市政府办公秩序，开展党委政府和群众的沟通工作，全年共受理群众来信来访100余件（次）。

机要保密安全畅通。执行电报办理制度，规范办报流程，并根据工作需要灵活办理电报，确保电报办理不压误、不拖延、无差错。全年共办理各类电报3300余份，其中密码电报229份，密传电报358份。开展上级主要领导到余姚跟随保障工作，全年保障省委书记夏宝龙到余姚1次、宁波市委主要领导到余姚2次。开展各类设备的维护、演练工作，特别是应急通讯车，与宁波以及兄弟县市区拉练2次，内部操练12次，促进机要干部的实战能力和机要保障能力。在涉密视频会议方面，全年共保障涉密视频会议54场。此外，完成红机扩容23门、白机安装353门，投资90余万元的党委信息化机房于9月投入试运行，12月底通过国家保密测评中心的测评，成为宁波市第一家通过测评单位，为下步全市党委信息化发展打下基础。市政府大楼涉密内网光纤线路铺设基本完成，市委办率先实现市党政内网到桌面；155兆的备份器基本建成，有效加强市党政内网线路的稳定性。借助普法宣传栏等开展保密宣传教育，对全市保密工作人员和分管领导进行重新登记，建立保密余姚微信公众平台，并定期发送保密宣传短信和案例。对35家单位进行保密检查，相继投入使用互联网出口监管平台、网络版保密检查工具和政府网站保密监管平台等工具，丰富检查手段，提高检查效率。

史志工作成果丰硕。《中国共产党余姚历史》第二卷（1949—1978）于2月正式出版，余姚成为宁波市第二家完成二卷编写任务的县（市、区）。

第三卷有序启动，列为省级试点单位，并召开全市编写动员大会。全面完成新四军老战士史料抢救工作。出台《关于加强全市部门志、专业志及乡镇（街道）志、行政村志编纂工作的意见》，正式出版《余姚年鉴（2013）》《余姚年鉴（2014）》。全市新增各类革命胜迹4处，重新挖掘各类革命胜迹7处。投资近千万元的浙东抗日根据地旧址群、陆埠钟山红色主题公园改造提升项目完成并开放。举办抗日战争胜利七十周年、余姚撤县设市三十周年主题活动，开展党史、地方文化教育“六进”活动，全年共开展各类授课30次，受众超2000人次。在宁波史志系统率先推出“岁月余姚”微信公众账号，关注用户已超5000人。

【队伍建设干部有为】

抓干部选拔任用。贯彻落实干部人事制度，坚持“集体领导、民主集中、个别酝酿、会议决定”的议事原则，强化对选拔任用干部的监督管理，在市委办内科级干部的选拔和任用过程中，坚持民主推荐、民主测评、公开公示、组织考察、集体研究、任前谈话等程序，把好选人用人关，为干部梯队建设打下基础。全年先后选调1人，7人进行岗位交流，2人提拔为中层副职，2人提拔为中层正职，提拔和调整副局级干部2人，1名班子成员明确正局级，1名班子成员赴街道挂职。

抓干部思想作风。强化干部政治意识，增强干部党性观念和纪律观念，使每名干部始终自觉与市委保持一致，严格遵守政治纪律、国家法律和各项工作纪律。强化干部奉献意识，培养干部吃苦耐劳、敬业奉献的精神，引导干部不比职务、不比待遇、不比资历，多比责任、多比能力、多比业绩，脚踏实地，埋头苦干，敢打硬仗。强化干部自律意识，要求干部慎权慎微，时刻自重、自省、自警、自励，始终保持高尚的人生追求。同时开展“三严三实”专题教育，通过赴廉政教育基地参观学习、观看故事片《兰辉》等活动，加强党性修养，磨砺坚强意志，增强全办党员干部干事创业的政治自觉、思想自觉和行动自觉。

抓干部能力素质。创新学习制度和方法，利用每月23日党员活动日等平台，组织全办干部学习习近平总书记系列重要讲话精神和《中国共产党廉洁自律准则》《中国共产党纪律处分条例》等法规准则。同时，继续组织中层干部利用每月23日的市领导信访接待日进行旁听学习。此外，倡导多业务锻炼，要求在完成本职工作的基础上，参与非本职工作的办文、办会、办事，熟悉办公室的各项工作，成为胜任各项工作的“多面手”。

（市委办）

组织工作

【概况】

2015年，全市有基层党组织3452个。其中，党委81个，党工委31个，党总支330个，党支部3010个；党组41个；党员65194人，其中女性18558人，少数民族50人；45岁及以下26734人，大专及以上学历21250人。全年发展党员916人，其中女性370人。

年度市委人才办公室以创业创新平台为抓手，吸引高层次人才落户，全年新申报入选国家“千人计划”3人，省“千人计划”6人（累计培养和引进国家“千人计划”专家38人，其中自主申报入选14人）。浙江“千人计划”余姚产业园新注册项目21个，新投产项目10个。国家“千人计划”专家甘中学博士领衔成立宁波智能制造产业研究院，加速推进“机器人小镇”建设。继续实施“3个500万”政策，全年发放政策资金5880万元，已累计发放政策资金1.68亿元。建立“才·富”合作基金，启动科技金融风险池建设，解决高层次人次和科技型企业融资难题。成立市海外高层次人才联谊会，组织开展专家联谊活动。组织开展第二轮第二批市优秀中青年人才选拔培训工作。

【机关年轻干部到基层一线历练】

1月，市委组织部明确要求35周岁以下，无乡镇（街道）、村（社区）或基层站所1年以上工作经历的市级机关公务员和参照公务员管理的事业人员，以及无村（社区）1年以上工作经历的乡镇（街道）机关公务员和下属事业单位工作人员，到基层一线开展为期1年的脱产任职历练。全年市级层面共安排103名市直机关年轻干部到基层一线历练，乡镇（街道）安排一批机关年轻干部到下属村（社区）任职历练。

【健全“8736”党建工作责任体系】

2月，制定出台《关于建立健全乡镇（街道）党（工）委抓基层党建工作责任制的实施意见》。区分主体责任、第一责任、直接责任和一岗双责，分别明确乡镇（街道）党（工）委八方面责任，乡镇（街道）党（工）委书记七方面责任，乡镇（街道）分管党群、组织工作的党（工）委副书记、党（工）委委员三方面责任，以及乡镇（街道）其他党员班子成员六方面责任。建立“月度督查、季度点评、半年约谈、年终述职”基层党建工作督导体系，全年对3家单位开展季度互查分析点评活动，组织21个乡镇（街道）党（工）委书记抓基层党建工作进行述职评议。

【“寻找身边的感动”活动】

2月，出台《关于在全市基层党组织和党员中开展“寻找身边的感动”活动的通知》，围绕“百人百事百悟”主题，寻找、发现平凡党员身上的“闪光点”和感人故事。市级层面累计评选产生群众身边默默奉献、感动人心的党员好故事50个，宣传党员好故事230余个，“七一”期间举办“寻找身边的感动、感受信仰的力量”主题党日活动，采用身边人讲身边事方式对8个党员好故事进行现场展示，取得传递感动、传播正能量的良好效果。

【省委巡视组对余姚巡视工作】

3月，省委第二巡视组进驻余姚，开展为期1个月的巡视工作。根据工作职责，市委组织部在配合开展省委第二巡视组巡视工作的基础上，针对巡视反馈的有关问题抓整改落实。系统梳理各项干部政策，对动议、民主推荐、考察、讨论决定、任职五个关键环节进行规范。出台《关于严格落实组织工作重要事项请示报告制度的通知》，强化干部日常监督管理。开展领导干部兼职取酬、退休干部在社团兼职领取补贴专项整治。推进领导干部个人有关事项漏报、瞒报问题整治，随机抽查核实120名市管领导干部年度个人有关事项报告。开展超职数、超机构规格配备干部问题整改，计划在2016年9月前完成消化任务。

【推行“党员组织生活日”制度】

从3月起，在全市基层党组织中推行“党员组织生活日”制度。“党员组织生活日”每月开展一次，活动时间一般为每月23日，以党支部（党小组）为单位进行，重点开展学习教育活动、民主议事活动、服务风险活动和党性锤炼活动。编印下发《“党员组织生活日”指导应用手册》，命名示范性开放式组织生活基地30个，推选创意组织生活案例10个。基层党组织指定专人对每次活动情况进行记录，活动开展情况作为基层党组织和党员评先评优以及不合格党员处置的重要依据。

【“三严三实”专题教育】

5月，市委启动“三严三实”专题教育，主要对象为市级领导干部。组织党委（党组）书记带头讲“三严三实”专题党课。以“一校一组一日”为载体，围绕“信仰•忠诚”“清正•律己”“责任•担当”3个专题，组织市级领导干部开展学习交流研讨。组织召开专题民主生活会和组织生活会，领导干部深入查摆“不严不实”问题，开展批评和自我批评。

【竞优比选优秀年轻市管领导干部预备人选】

5月，通过组织推荐（市委委员比推）、经历业绩比较、理论知识比试、能力素质比武、全面考察比优等环节，确定6名市管正职领导干部预备人选考察对象和15名市管副职领导干部预备人选考察对象。根据考察情况，提交市委研究，最终确定4名市管正职领导干部预备人选和10名市管副职领导干部预备人选。

【第三批“三十佳”村（社区）干部评选表彰】

7月，启动实施第三批“三十佳”村（社区）干部评选工作。由乡镇（街道）党（工）委上报“十佳村（社区）党组织书记”“十佳进取型村党组织书记”“十佳村党组织书记、村委会主任搭档”等推荐名单，通过资格审查、民主测评、实地检查、部门轮审、组织联评后，经市委组织部部务会议讨论，提交市委常委会讨论确定“三十佳”村（社区）干部名单。

（市委组织部）

宣传工作

【概况】

2015年，全市宣传文化系统组织开展习近平总书记系列重要讲话，中共十八届四中、五中全会精神等市委中心组理论学习21次。完善领导干部讲学考学述学评学制度，发放《三读丛书》等学习资料2万余册，基层中心组调研报告评选活动共收到文章160余篇。举办“生态文明、美丽余姚”全市微型党课大赛，参加宁波市比赛获优秀组织奖。组织市委理论讲师团等开展“传播党的好声音·宣讲余姚好故事”巡讲500余场，在全省宣讲工作会上作经验介绍。开展“五中全会精神微信竞答”活动，8.5万人次参与。新增省级示范基层党校1所、宁波市级示范基层党校4所。推荐河姆渡镇农民理论说唱团获全省宣讲先进集体。利用网上网下平台开展思想政治工作，市思想政治工作研究会获省政研会工作奖，3篇调研成果分获宁波市政研会、宣传部调研成果评选一、二等奖。组织纪念抗日战争胜利七十周年知识竞赛，获中宣部党建杂志社优秀组织奖。编纂《中国梦在县域的践行》等社科书籍3本，举办余姚人文大讲堂5期，开展社科普及活动120余场次。

组织市级媒体联动推出“适应新常态、谋求新作为”“行进余姚•精彩故事”“全民共建美丽家园”等专栏，以及纪念抗日战争胜利七十周年、撤县设市三十周年、“回眸‘十二五’、展望‘十三五’”等专题，尤其在抗击台风“灿鸿”期间形成宣传强势。全年推出相关报道2500余篇，挖掘典型人物和事例120余个，成功举办第六届“感动余姚”新闻人物颁奖晚会。实施市新闻培优工程，指导余姚日报社、余姚电视台推进媒体融合发展，举办新闻发言人媒介素养培训。加强与高端主流媒体的日常对接，《人民日报》、央视等媒体先后报道中意产业园、“千人计划”产业园等余姚市经济社会发展情况。在《浙江日报》刊发稿件53篇（头版7篇），在《宁波日报》刊发稿件166篇（头版28篇），数量名列宁波市前列。围绕田螺山遗址研究成果、塑博会、杨梅节等，全年召开新闻发布会10场。制定《余姚市互联网信息管理办法》，对属地违规网站和微博微信实行约谈、关停等措施。出台《网络舜军激励办法》，开展实战演练18期，筹建网评工作室，有效处置三职校女生打架事件、三七市镇违章建筑、幼儿园女童猥亵等舆情事件十余起。“余姚发布”发布微博5000余条，政务微信、政务微博的传播力、影响力在宁波市政务“双微”中均处前列。

推进全国文明城市创建工作，迎接中央文明委城市文明程度指数测评，蝉联全国文明城市提名城市，通过省文明市复评。开展“三争”文明村镇、“三好”文明社区、“三为”文明行业主题创建活动。梁弄镇创建成为全国文明镇并在全国精神文明建设工作表彰大会上作典型发言，8个行政村、8家单位创建成为宁波市文明村（单位）。余姚文明网在中国文明网联盟网站考评中居全国县级城市第二位，网络文明传播工作在全国县级城市考评中名列第三。健全完善“余姚好人”推荐评议宣传机制，入选中国好人榜1人、浙江好人5人、宁波好人13人、宁波市道德模范1人，入选人数位居宁波各县（市、区）前列。推进志愿服务制度化，推广农村志愿服务建设，打造“文明单位志愿服务直通车”品牌。开展好家风行动，推进“讲文明树新风”公益广告宣传，深化“文明旅游”“文明出行”“文明餐桌”行动。建成“春泥计划”实施村203个、阳光少年成长乐园27个，新增中央彩票公益金支持建设的乡村学校少年宫2个。市阳光少年成长志愿服务队被评为省最美“春泥”团队。

开展全民共建“美丽家园”活动，推进农村环境卫生集中整治工作，在宁波市“最洁美村庄”评选中，有4个行政村入围20强，入选数量位居宁波各县（市、区）第一。全民共建“美丽家园”工作获省、宁波市领导肯定。

全年向基层配送文化活动420场，发放“阳光文化爱心卡”5200余张，公益“文化物流”服务模式获中宣部肯定。新建农村“欢乐大舞台”设施19个。实施农村文化礼堂建管用一体化和星级化建设，新建农村文化礼堂36个，“礼堂文化节”被评为宁波市农村文化礼堂十佳创新案例。组织开展纪念抗日战争胜利七十周年及余姚撤县设市三十周年主题文化活动，举办第二届市百姓文化节，共安排70余项群众文化活动。成功举办首个“阳明文化日”活动，集中一天时间举办12项活动，新华网、《浙江日报》等20余家媒体报道。组队参加宁波市纪念抗日战争胜利七十周年主题文艺会演和合唱大赛，分别获优秀组织奖和金奖。编制《余姚市文艺精品创作三年行动计划（2015—2017）》，电视连续剧《王阳明传奇》等5部作品列入宁波市文艺精品创作重点项目，姚剧《五月杨梅红》等4部作品获宁波市优秀文艺作品创作奖，动漫《少年王阳明》在浙江电视台教育科技频道播出。推进“文学舜军”建设，长篇小说《库车王》列入中国作协重点作品扶持项目，长篇小说《百年血脉》入围第九届茅盾文学奖，并入选“第三届向全国推荐百种民族图书”，《隐秘的故乡》《梯子的眼睛》获省优秀文学作品奖，在宁波文学周上举办余姚青年作家群研讨会。完成市文联换届。编制完成《余姚市“十三五”文化产业发展规划》及三年行动计划，阳明电子商务产业园等6个项目列入宁波市文化产业发展三年行动计划重点项目。文山创意广场及大丰实业项目获国家、宁波文化产业发展扶持资金335万元。组织文化企业参加第十一届中国（深圳）文博会、上海宁波周、武汉宁波周等推介洽谈活动。市促进文化产业发展经验被省《文化产业》杂志专题报道。

【公益“文化物流”模式获中宣部肯定】

近年来，余姚市以满足群众文化需求为导向，建立“文化物流”资源库，依托市公共文化服务中心和237个基层“文化物流”配送点，通过群众“点单选菜”定点定时开展文化服务，以送戏、送培训、送服务为主要内容，实现公共文化服务“人人享受”的均等化目标，先后被《人民日报》《中国文化报》等30余家主流媒体报道。年度市级财政共投入资金600万元，完成文化配送420场，面向低保户发放“阳光文化爱心卡”5248张，被中宣部《宣传工作》刊发，并推荐参加全省宣传思想文化工作“三贴近”创新实例评选。

【全民共建“美丽家园”活动】

年度以群众性精神文明创建和美丽乡村建设为载体，以环境整治和民风建设为重点，以“洁·序·美”为标准，按照以点为基、串点成线、连线成片的思路，开展全民共建“美丽家园”活动。重点实施“五洁四序三美”行动，即清洁庭院、清洁道路、清洁水源、清洁田园、清洁单位，街容路貌管理有序、交通环境管理有序、市场经营管理有序、窗口行业管理有序，环境美、人文美、风尚美；推进“两整治六创建”活动，即城乡主要出入口环境、主要道路及两侧环境集中整治和“美丽庭院”“美丽村庄”“美丽单位”“美丽集镇”“美丽公路”“美丽小区”六项创建。全年开展各类专项整治130余次，整治卫生死角800余个，清理陈年垃圾500余吨，有效改善城乡环境卫生状况。

【首届“阳明文化日”活动】

为弘扬地域文化，展现余姚精神，按照习近平总书记提出的“王阳明的心学正是中国传统文化中的精华”要求，宁波市委宣传部、余姚市委、余姚市政府于10月31日王阳明诞辰日举办首届“阳明文化日”活动。系列活动包括阳明文化日礼贤仪典、“阳明号”阳明文化传承接力长跑、王阳明遗墨特展、王阳明家训学研会、动画片《少年王阳明》展播等12项。新华网和《浙江日报》《宁波日报》均作专题报道，中华网、中国文明网、光明网、腾讯等20余家网络媒体进行转载。

【推行“微型党课+”理论传播模式】

探索实施“微型党课+余姚故事”，以身边好人、民俗民风、改革发展等故事为内容，开展“传播党的好声音·宣讲余姚好故事”巡讲“十进”活动100余场次；探索实施“微型党课+理论说唱”，在微型党课巡讲中加入理论说唱节目，草根宣讲员以莲花落、走书、三句半等说唱形式传播理论知识，宣讲200余场次；探索实施“微型党课+知识竞答”，在开展中共十八届五中全会精神微型党课宣讲的同时，开展“全会精神”微信竞答，吸引8.5万人次参加；探索实施“微型党课+微信评选”，在微型党课大赛期间，依托“余姚微理论”微信公众平台开展“喜欢Ta，就为Ta投票”“我心中的好声音”评选活动，有4万余人参与、6万余人分享，新媒体传播微理论的做法入选年度浙江省宣传思想文化工作“三贴近”案例100例。

【网络舜军规范化建设】

在三级建“军”的基础上，在网军规范化治理上下功夫，出台以《余姚市“网络舜军”大队建设管理运行的实施意见》为主体的“1+X”系列制度，从工作内容、工作保障、保密纪律、激励奖惩等方面提出工作要求，并将工作情况与中队组成单位的年度目标考核相挂钩，促进“舜军”工作统筹有序、管理有章可循。

（市委宣传部）

统战工作

【概况】

2015年7月，经市委重大事项酝酿会决定，市委统战部增设社会工作科，核增行政编制2人。社会工作科主要有六方面职责任务，即发挥党建政治引领作用、强化社会组织培育发展、推进代表人士队伍建设、加强核心价值理念引导、拓宽有序政治参与渠道、开展党政社群双向服务。

11月，按照“基层组织网络化、基础管理信息化、运行机制规范化、阵地建设一体化、统战队伍专业化”的思路，出台《基层统战工作“五五”规范化工作导则》，即“五基本、五必到、五落实、五必报、五清楚”，并逐一建立基础数据电子台账，作为乡镇、街道年度统战工作考核的重要内容，与年度先进评选挂钩。

年度市委统战部协助指导全市各民主党派、工商联和有关统战性党派社团开展换届班子考察、后备人才推荐、换届组织实施和制度建设规范，确定新班子新一届新年度工作思路和目标任务。先后完成农工党余姚支部、民进余姚支部、九三学社余姚支社3个民主党派的换届和组织升格相关工作；完成市工商联、市侨联、市知联会换届工作。市侨联“侨助美丽乡村”工作获全省侨联系统最具创新性工作，阳明街道长安社区侨联被评为全省侨联系统最美“侨之家”。

全年采取以企引企、商会引商、专业招商、产业链招商等举措，吸引浙商姚商回归。共组织招引42批次浙商姚商、25个港澳台及海外工商社团及其60余家企业或团组到余姚考察投资，吸引70余名高层次人才或团队到余姚创业创新，浙商姚商回归实际到位资金57.61亿元，完成全年目标的213%。

【徐祖力获首届“十大杰出新香港青年”称号】

3月22日，首届“十大杰出新香港青年”评选结果公布，余姚籍港胞徐祖力获“十大杰出新香港青年”称号。该评选活动由香港最大的内地来港人士社交平台——港漂圈发起，面向所有1997年之后由内地到香港、年龄21～40岁、具有香港身份证、对香港社会或所在行业有巨大影响力或对社会作出突出贡献的青年，活动评审委员会由国际青年商会香港总会2014年总会会长关俊华、香港青年事务委员会主席陈振彬等组成。

【“同心”漂流书吧正式上线运行】

7月15日，余姚“同心”漂流书吧项目实现线上线下同步运行，首期全市10个漂流书吧借阅点正式对外开放。该项目是由市网络界人士联谊会响应市委、市政府“倡导全民阅读、打造书香姚城”号召，以“一本书换一家在线图书馆”的理念，在广大市民尤其是青少年中发起的一项长期公益项目，旨在崇尚传统文化、培养阅读习惯、收获阅读乐趣。采用当下最流行的O2O模式，即线上即时查询、线下免费借阅，并特别制作“漂流书吧”软件，支持手机扫描二维码，线上查询各漂流点及其藏书信息。

【第二轮鹿亭同心实践基地建设启动】

9月9日，宁波余姚两级统一战线“鹿亭同心实践基地”36个援建项目进行签约，标志新一轮“鹿亭同心实践基地”建设正式启动。据统计，第一轮建设共启动美丽乡村建设、基础设施建设、民生帮扶工程和合作招商工程4个方面的61个项目，其中产业投资金额7100余万元，实体类项目建设资金820余万元，扶贫帮困超220万元，受惠群众6000余人次。同时，还达成生态农业、休闲养生和精品旅游项目近10项，意向性投资金额超2亿元。在新一轮同心实践基地建设中，已有一批实体项目于前期签约，引进项目总投资近2亿元，近期投资9000万元，具体包括茅岗山生态农庄项目、云河漂流景区改造提升项目、鹿文化产业园二期项目、东岗山追风部落农庄项目、晓云村居家养老项目等。

第二轮宁波市统一战线“鹿亭同心实践基地”建设启动仪式

【星云大师到余姚开展文化交流】

10月11日，国际佛光会世界总会荣誉会长星云大师到余姚，作题为《幸福生活与中华传统文化的复兴》的讲座。星云大师表示，余姚是圣贤之地、王阳明故里，来到圣贤出生的地方，亲身沐浴古老的中华文化，感受前人圣贤的余荫，感到很荣耀、很幸福。他愿为推动两岸关系和平发展取得更多成果继续作出努力，祝愿余姚不断弘扬发展中华文化，多出像王阳明一样让人怀念感恩的人。

（陈狄君）

机构编制工作

【概况】

2015年，市编委办重新修订《余姚市机构编制委员会办公室工作规则》和《余姚市机构编制委员会办公室信息工作管理办法》，制定并出台《余姚市机构编制委员会办公室关于组织申报2016年度用编计划的通知》《关于全面推行机构编制实名制管理网上运行工作的通知》。截至年末，全市行政实有人员3447人（包括工勤人员55人），事业实有人员15239人；事业单位机构总数493家，与上年持平。

开展2014年度事业单位法定代表人年度报告公示工作，全市应报送事业单位367家，实际报送356家，报送率97%。全年共完成事业单位法人登记6家，变更登记126家，注销登记11家，调整宗旨及业务范围、单位住所与实际不符的单位6家，冻结财务不独立的单位9家。会同市审计局对河姆渡镇、大岚镇、农林局、原卫生局等单位开展“双责联审”（领导干部经济责任与机构编制执行情况联合审查）工作；会同组织、人力社保、财政等部门，选取部分单位对2014年机构编制实有人员及职数核查整改落实情况和中层干部集中调整聘任情况进行实地核查。

【权责清单编制】

组织相关部门对照省、市、县三级权力事项基本目录，开展行政权力信息梳理及纳网工作，梳理入库事项4449项，上报目录外事项184项；对原列入非行政许可审批类别的60项事项进行取消、调整或转为内部管理事项。根据卫生、计生、工商、食药监、质监、文广和旅游等部门机构改革和职能调整的实际，开展权力清单和责任清单相关部门名称变更、事项划转调整、清单表述更正等动态调整工作。组织开展全市乡镇（街道）权力清单、责任清单的编制工作，并纳入浙江政府服务网乡镇（街道）事项库。

【机构编制实名制管理】

8月，发布《关于全面推行机构编制实名制管理网上运行工作的通知》，明确先网上申报审批，后书面办理，最后网上确认的工作模式，并建立机构编制与组织、人社等部门的网上协同管理工作机制，明确管理人员，按时开展网上申报事项的审核办理工作，实现实时动态管理要求，遏制超编进人等违规现象的发生。开发实名制系统统计功能，设置机关机构数、行政编制数和实有人数、党政群编制数和实有人数、机关领导职数和实配数、事业单位分类统计5张统计表格，为机构编制管理和督查工作提供信息依据。

【政府机构改革】

继续开展新一轮政府机构改革，6月底前，完成市场监管、卫生计生、文广（旅游）3个新组建部门“三定”（定部门职责、定内设机构、定人员编制）规定的印发。在此次机构改革中，市政府工作部门及下属事业单位共精简编制191人（含市级事业单位编制精简5%，计179人），精简部门内设机构5个，精简部门领导职数11人，精简部门内设机构领导职数9人，整合下属事业单位5家、执法机构1家。8月，开展政府职能转变和机构改革总结评估工作，并形成评估报告。

【《余姚市政府职能转变任务分工方案》出台】

10月，以市府办名义印发《余姚市政府职能转变任务分工方案》，明确2015年至2017年要求完成的44项市政府职能转变任务，内容涉及事业单位分类改革、行政审批制度改革、财政管理制度改革、要素资源市场化配置、公立医院综合改革、公共事业管理体制改革等方面，并逐年明确工作目标和职责分工，力争在推进简政放权、改进政府执法监管方式、政府购买服务、社会组织培育发展以及中介机构规范等方面取得实质性进展。

（沈　洁）

政策研究工作

【概况】

2015年，市委政研室围绕市委主要领导的关注点，先后完成《关于加快发展互联网经济的对策研究》《梁弄镇东溪村主要民生问题对策建议》等重大课题的调研。组织开展年度市领导重点调研课题申报汇总和收集，会同宣传部门开展上年度全市调研课题的指导评比，推动形成全市“大调研”格局。围绕推动经济社会转型发展，开展经济扶持政策调整、舜宇集团千亿投资项目推动、滨海现代农业园区管理体制调整、社会治理案例、治村理事创新等方面的调查研究。围绕优化企业发展环境，推动经济平稳健康发展，调研企业发展中的有效需求和困难问题，制定出台《“助万企转型、促万众创新”走访服务企业专项活动实施方案》。

围绕加快产业转型升级，提高经济发展的稳定性、协调性和可持续性，制定出台《关于加快产业转型升级促进经济平稳健康发展的若干政策意见》《关于实施“百团计划”加快推进浙江“千人计划”余姚产业园建设的意见》《关于推进文化产业发展有关政策的实施办法》《关于促进工业经济平稳增长的若干意见》《关于开展企业亩产效益综合评价推动工业提质增效的实施办法》等政策文件。围绕满足人民群众的多样化需求，引导民间资本进入社会事业领域，促进教育、医疗、文化体育、养老等社会事业加快发展，制定出台《关于鼓励民间资本投资社会事业的若干意见（试行）》。

围绕全市经济社会转型发展的重大问题，起草完成《余姚市国民经济和社会发展第十三个五年规划的建议》《关于加强和改进党的群团工作的实施意见》《关于在市级领导干部中深入开展“深化五联五促、服务转型发展”专项活动的通知》《关于调整市级领导干部联镇带村、结对帮扶对象的通知》《市党政领导班子成员突破性工作清单》《经济生态民生平安廉政报表》等文稿。参与完成《市委落实省委巡视组反馈意见整改方案》《关于市委落实省委巡视组反馈意见整改落实情况的报告》等综合材料。

调查排模拟争取和正在实施的各类改革试点、自主推进或谋划的重要改革项目，起草《2015 年余姚市全面深化改革工作要点》，并对各项改革工作进行责任分解和细化，督促检查各项改革工作，确保全面深化改革有力有序推进。及时了解各责任单位改革工作开展情况，积极与宁波市委改革办沟通联系，开展重点改革项目确定、改革试点情况调查等相关配合工作，起草《余姚市关于 2015 年全面深化改革工作的自查报告和明年工作思路》等相关文稿，完成年度上级对改革推进情况的督查考核工作。

围绕全市经济社会发展、改革过程中的特色和亮点，累计向省、宁波两级政研信息部门报送信息 21 篇。其中《余姚市做好“四字”文章创新推出“3+1”行政审批服务组合机制》等信息被《政策瞭望》录用。

【《“十三五”规划建议》起草完成】

市委政研室《“十三五”规划建议》起草组在市委常委会领导下，深刻领会中共十八届五中全会和省委十三届八次全会精神，结合余姚实际，深入调研，广泛听取各方面意见、建议，数易其稿，历时 3 个多月，起草完成《“十三五”规划建议》稿。12 月 24 日，市委十四届九次全体（扩大）会议审议通过《中共余姚市委关于制定余姚市国民经济和社会发展第十三个五年规划的建议》(简称《建议》。《建议》以“四个全面”战略布局为统领，以五大发展理念为主线，围绕建设现代化创新型生态城市这一总体目标，明确今后五年余姚发展的指导思想、任务举措，是指导全市今后五年发展的纲领性文件。

（陈铭科）

市直机关党建工作

【概况】

2015 年，市直机关党工委下辖部门机关党组织 76 个，其中机关党委 1 个，机关党总支部 24 个，机关党支部 227 个，共有党员 4078 人。另有机关工会 73 个、妇委会小组 8 个、机关团支部 13 个。年度工作把握“服务中心、建设队伍”两大任务，突出“全面从严治党”这一主线，推进市直机关党的各项建设。

【机关党员干部教育培训】

贯彻落实《2014—2018 年全国党员教育培训工作规划》，分别于 10 月 30 日、11 月 25 日举办两期中层以下机关党员培训（轮训）班暨党章党规党纪专题培训班和十八届五中全会精神专题培训班，参训党员 660 余人。8 月，组织由市直机关党组织推荐的 52 名 35 周岁以下干部，举办年轻干部综合素质提升培训班，为期 5 天，通过邀请专家学者授课、模拟媒体访谈、“重走革命路，感受信仰的力量”等方式，分版块进行综合素质教育与培训。

【“党员组织生活日”活动】

每月 23 日在机关党组织中开展“月月有主题，人人争先锋”的“党员组织生活日”活动。对活动开展情况进行督促、指导和抽查，并列入机关党建考核的重要内容。6 月，组织开展“最具创意组织生活案例”评选，共收到组织生活案例 40 篇，市委办机关党总支的《“青春党日、我们在行动”主题活动》等 10 例被评为市直机关“最具创意组织生活案例”。

【“寻找身边的感动”党员微故事评选】

发动全市机关党组织挖掘寻找“感动”典型和事例，以身边的好人好事来启迪党员干部。共有 39 个机关党组织上报“寻找身边的感动”党员“微故事”81 例，并将初评入选的 28 例“微故事”，通过“余姚机关风采”微信平台进行发布宣传，组织投票评选，最终确定 8 例“寻找身边的感动”

倡导文明交通绿色出行

获奖“微故事”，在庆祝建党九十四周年活动中进行表彰。

【第三届市直机关文化艺术节】

联合市总工会、市文广局举行第三届市直机关文化艺术节，活动从4月初开始至10月底结束，共设置六大版块活动内容。先后组织举办“绿色出行·低碳生活”自行车骑行活动、党章党纪党史和相关法律知识竞赛、迎“七一”歌咏比赛、“美丽家园、幸福生活”书法摄影比赛、太极拳比赛等。

【机关党建课题研究】

下发《关于2015年调研工作安排的通知》，开展机关党建工作调查研究。共有50个机关党组织上报调查研究成果64篇，上报宁波工委党建论文5篇，获一、二、三等奖和优秀奖各1篇，市直机关党工委获组织奖。

（干建寅）

老干部工作

【概况】

2015年，市委老干部局在坚持“三会一课”、就近考察、先进评比、党费收缴等基础上，推行“党员组织生活日”制度，把每月23日定为支部学习活动日。通过举办全市离退休干部党支部书记培训班、召开离休干部党支部书记（联络员）例会、开展“走基层、看变化、促发展”活动、建立老干部学习活动点等方式，加强老干部党员学习交流。加强社区“老干部之家”规范化建设，要求各社区老干部工作达到“五个好”目标。市老年大学（一期）工程于年初破土动工，主体楼房已结顶。

对全市8000余名离退休干部基本情况进行调查登记，按照老干部居住社区和原单位制成两份总名单，实行信息化管理。根据社会所需和老干部所能，分类组建银色人才志愿团队。全市105个离退休干部党支部与350余名贫困学生结对，每年结对助学金额达60余万元。全年市委、市政府召开老领导座谈会3次，向老领导们征求全市经济社会发展的意见、建议。

组织全市离退休干部开展“共忆峥嵘岁月，感恩抗战功臣”纪念抗日战争胜利七十周年系列活动，先后两次对全市抗战离休干部进行上门慰问，并颁发抗日战争胜利七十周年纪念章。组织局机关党员干部开展党员志愿服务活动，配合省市有关媒体上门采访抗战离休干部，宣传老干部的革命事迹和光辉功绩。开展“我看为党和人民事业增添正能量”征文活动，共收到征文57篇，择优参加宁波评选，获一、二、三等奖各若干篇。还组织举办书画摄影作品展、纪念抗日战争胜利七十周年纪念大会暨主题辅导报告等活动。

【老干部“走基层、看变化、促发展”行动】

围绕“展示阳光心态、体验美好生活、畅谈发展变化”的活动主题，组织市级老领导、离休干部党支部书记（联络员）就近考察7次，就“五水共治”、旅游商贸、美丽家园建设、社会民生问题、干部队伍建设等提出意见、建议，不少建议已被市委、市政府采纳。市委副书记、市长奚明对老领导们在座谈会上提出的三方面29条意见专门作出批示，要求有关部门根据意见的可行性落实到具体工作中。

【《红色记忆》《寻找身边的感动》编印】

《红色记忆——余姚市老干部革命回忆录选编》收录由全市39名离休干部撰写或口述整理的革命回忆故事53篇。《寻找身边的感动——余姚市离退休干部发挥正能量微故事》选取全市23个集体和67名个人的先进事例，用微故事形式展现全市离退休干部余热生辉的奕奕风采。

（市委老干部局）

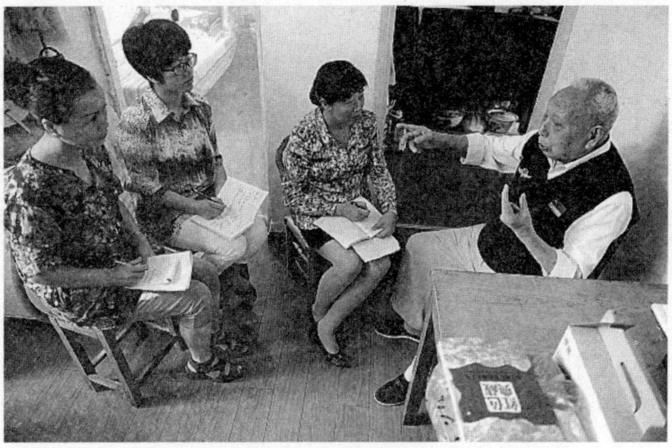

听老战士赵宇震讲述抗战经历

党校工作

【概况】

2015年，市委党校按计划开展全市干部教学培训主体班次16个，参训干部5650人次；开展政治理论宣讲130场次，受众人数11000余人次。先后完成一把手理想信念教育专题培训班3期、姚江讲坛8期、乡镇街道实务轮训班3期，以及现代经济知识专题培训班、党务工作培训班、领导干部媒介素养培训班、政法综治信访培训班、中层干部行政能力提高班、优秀村书记培训班等。全年推出专题课15个，其中近几年新入职教师提交的占1/3。同时，以市委理论讲师团为载体，党校骨干讲师推出各类政策理论性宣讲，还为各乡镇街道和部门无偿提供培训筹划及咨询服务，包括方案筹划、师资邀请、专项咨询等，既给相关单位提供便利，也扩大党校干部教育培训的对外影响力。

全年开展计划外培训班次214个，培训学员10608人。其中，市内班级48个，培训学员2673人；市外班级166个，培训学员7935人。还接待省委党校进修班等主体班次11个、宁波市委党校主体班次10个，另有上海、嘉兴、湖州等地主体班次21个。新开发撞钟山红色主题公园、鹿亭后方医院、羊额古道革命路、红色十六户——生命通道等红色现场教学资源，“千人计划”产业园、

“横路村生态农业发展”等“两创”教学资源及黄宗羲龙虎草堂、蒋梦麟故居等历史人文教学资源，并完成配套专题课程5堂。结合参训单位的具体需求，设置“基层党建调研”“三严三实”“四明山革命精神”“余姚先贤和传统文化”等课程模块。加强与省委党校在干部培训特色课程、培训团队素质提升等方面的合作交流，并与上海市委党校达成干部培训合作意向，还与杭州湾新区、上虞、奉化等周边兄弟县、市合作，探索多元化办学模式。全年安排年轻教师分批次到省委党校及井冈山、绍兴等地跟班学习，并专门组织教职工到安吉、上虞等兄弟党校学习现场教学办班经验。

全年组织教师撰写各类理论文章26篇，有近10篇论文先后在省、宁波、余姚各级研讨会上获奖。共申报课题23项，完成宁波结题3项，省规划课题和重大调研课题立项4项，宁波重大调研课题立项1项，其中“余姚‘菲特’水灾对城市危机管理的启示”“社会组织协同参与社会突发事件处置的机制研究”2个宁波市哲学社会科学规划课题完成结题审报。筹备“意大利与浙江开展经贸合作的空间、途径和方式”研讨会，接待省委党校副校长徐明华一行赴中国（宁波）意大利产业园（余姚经济开发区管委会）开展专题调研。联合市委统战部开展3项课题的联合调研，并形成调研报告，其中2项为省社会主义学院立项课题，1项为省委党校系统“全面从严治党提升执政能力的浙江实践与浙江思考”重点调研课题。

【新校迁建工程按计划推进】

8月中旬，通过新校东西区土建工程中间结构验收，以及余姚市、宁波市标准化工地验收和工程交接验收。室内装修、室外附属等施工单位于8月下旬、9月中旬先后进场施工。年末前，对新校开办所需物品进行估算汇总，并明确招投标方式。

（胡建电）

档案工作

【概况】

2015年，全市有11家单位申报组建综合档案室，2家单位申报省规范化数字档案室，1家单位申报省示范数字档案室，5个重点工程、技改项目完成档案专项验收；档案馆查档窗口接待利用人数共5616人次，有效利用档案5554卷（件），打印3815页，复印6717页，摘抄531卷，出证明244次，借阅883卷，查阅档案内容主要涉及婚姻档案、文书档案、养老保险、人事调动、精简档案、建房档案、知青档案、修史编志等；全年累计鉴定开放档案全宗123个，开放档案3839卷；抢救前期入馆的破损家谱，共裱糊398页；完成档案数字化扫描1167940页，目录检录312756条；馆藏档案管理系统和虚拟档案室系统分别以91.47和92.79的高分，通过等保检测；重点档案编研项目“余姚市档案馆馆藏系列”之三《抗战亲历》，入选“浙江省百项档案编研精品”。

【档案依法行政】

制定市直机关、乡镇、街道年度考核标准，明确各项档案工作要求；下发《关于确定2015年度全市开展档案目标管理活动单位的通知》，确定各项创建任务；下发关于《加强和改进新形势下档案工作的实施意见》贯彻落实情况调查的文函，了解各地各部门贯彻新形势下档案实施意见的工作开展情况；与市农林局联合发文《关于做好村经济合作社股份制改革档案管理工作的通知》，指导村级股改工作档案管理；与市卫计局联合发文《关于印发余姚市〈出生医学证明〉信息电子化管理项目实施方案的通知》，明确全市出生医学证明档案管理工作的具体要求和做法；发函对全市各乡镇（街道）的档案数字化加工情况进行调查摸底。开展权力清单梳理，把原行政许可事项“重点建设项目档案验收”，按全省权力清单清理工作的要求，定为行政确认事项。先后完成市姚北水厂原水管铺设工程、泗门镇原水管网铺设工程、昌茂畜禽养种场生猪排泄物资源循环综合利用农业示范项目、2012年中央追加小农水专项资金河塘清淤整治工程、宁波中塑现货电子商务服务试点项目5个重点工程、技改项目的档案专项验收。

【档案监督指导】

对市姚北水厂原水管网铺设工程、姚江干流整治工程、泗门陶家路应急泵站项目、中塑现货电商试点项目等10个重点建设项目的档案工作进行业务指导。确定目标管理认定单位和认证单位16家，其中目标管理认定单位4家、目标管理认证单位12家。对河姆渡镇政府申报省示范数字档案室，市经济开发区管委会、市公路管理段申报省规范化数字档案室，以及市公交公司、双溪口水库、阳明街道畈周村、长安社区、胜山村股份经济合作社等11家单位申报组建综合档案室工作，开展综合业务指导。

【档案接收征集】

接收进馆市委党的群众路线教育实践活动领导小组办公室档案790件（张）、25盒，其中文书档案776件，光盘14张；永久保存344件（含光盘14张、印章3枚），30年保存446件。征集《赤水丹心》《宁波记忆》《老医秘验》等图书39册；家谱、肩（臂）章等地方汇集档案24件；陈宜张名人档案2件。

【档案数字扫描】

2015年档案数字化扫描工作继续由上海中信公司提供服务，6月底，已全部完成数字化加工二期工程，累计完成扫描1410168页，目录检录403545条。年度数字化加工对象主要为市财政局档案、人武部档案、原劳动局档案、原农林局档案、原二轻总公司档案及册籍档案专题数据库和二轮土地承包档案专题数据库，所有数据已全部脱机备份，全文数据已挂接到馆藏档案管理系统中，直接提供查询使用。同时，将已扫描的原人事局、市委、市政府的全文数据进行重新整理挂接，并投入使用。

【档案登记备份】

上半年，将馆藏历年数字化成果和部分基层综合档案室数据移交至异地登记备份基地江苏省宜兴市档案馆进行异地备份，并将年度新增部分数据向宁波市档案馆进行备份，同时开展基层单位的档案登记备份工作。

【档案安全管理】

根据宁波鑫诺检测技术有限公司对市档案局的馆藏系统、虚拟档案室系统及网站系统的检测结果和整改要求，已完成全部硬件设备的添置，分离内外网，增添机房监控设备，补充完善相关台账资料，修改相应的软件系统，并取得备案证书。

【档案教育培训】

4月，组织开展档案管理岗位培训，共有93人参加；10月，组织开展档案从业人员继续教育培训，参训150余人。培训内容涉及档案管理、档案信息化建设、依法治档、档案保密与安全等课程。

【《抗战亲历》出版】

8月，完成重点档案编研项目“余姚市档案馆馆藏系列”之三《抗战亲历》编辑，由中国文化出版社正式出版。该书节选《谭启龙回忆录》中“坚持三北，挺进四明”作为代序，共包含五部分内容，分别是柳夷书信、姜枝先日记、回忆录、烈士传略及地方报纸，每部分内容均附馆藏档案，每件档案均注明原件尺寸、档案编号和收藏路径，并由编著者对各部分内容作释文和解读。该书已入选“浙江省百项档案编研精品”。

（李建军）

党史地方志工作

【概况】

2015年，市史志办先后出版《浙东抗日纪事》《红色屏风》《四明红色印务》《余姚纪念抗战胜利70周年文集》等多部党史专题书籍。尤其《中国共产党余姚历史》第二卷（1949—1978）于2月出版，余姚成为宁波市第二家完成党史二卷编写任务的县（市、区）。年度还启动党史三卷编撰工作，并列为省级试点单位。同时，全面完成在余姚新四军老战士史料抢救工作。

出台《关于加强全市部门志、专业志及乡镇（街道）志、行政村志编纂工作的意见》，《梁弄镇志》《大隐镇志》《兰墅桥村志》《余姚广电志》等乡镇志、行政村志和部门志书启动编修。《余姚年鉴（2013）》《余姚年鉴（2014）》先后出版，《余姚年鉴（2015）》完成初稿征集。

新增革命胜迹4处，重新挖掘革命胜迹7处，全市革命胜迹累计113处。完成投资近千万元的浙东抗日根据地旧址群、陆埠钟山红色主题公园改造提升项目并开放，同时完成余姚党史馆、余姚方志馆的选址规划任务。开展纪念抗日战争胜利七十周年、余姚撤县设市三十周年主题活动，在《余姚日报》设立《四明英烈》《浙东抗战记忆》等专栏。组建史志理论宣讲团、“岁月余姚”微讲坛等平台，开展党史、地方文化教育“六进”活动授课30次，受众超2000人次。

【《余姚市志（1988—2010）》终审稿通过终审验收】

1月5日下午，市政府召开《余姚市志（1988—2010）》终审稿评审验收会，《余姚市志（1988—2010）》终审稿通过终审验收，意味历时五年的二轮余姚市志编修工作进入最后的收官阶段。市委副书记、市长、《余姚市志（1988—2010）》编纂委员会主任奚明出席会议并讲话，市政协主席、《余姚市志（1988—2010）》主编陈建泰主持会议。宁波市委党史研究室负责人出席会议。

【《中国共产党余姚历史》第二卷（1949—1978）出版】

2月，《中国共产党余姚历史》第二卷（1949—1978）出版，余姚成为宁波市第二家完成党史二卷出版工作的县（市、区）。全书共分四编十九章，约40万字，集中反映1949年至1978年间，余姚各级党组织的执政历程和党的建设情况，全面记载这一时期余姚政治、经济、文化、社会和人民群众生活的方方面面，客观总结余姚在社会主义建设初期积累的经验和教训，是一部了解余姚党的历史的重要著作。

【“岁月余姚”微信公众号开通】

3月，市史志办推出“岁月余姚”微信公众号，内设“红色印记”“史说余姚”“姚江览胜”“今日聚焦”等微栏目，为宁波各县（市、区）第一个开通的史志微信公众号。截至年末，关注用户已超5000人。

【余上地区革命史迹馆开馆】

9月1日上午，余姚市纪念抗日战争胜利七十周年主题活动启动暨浙东余上地区革命史迹馆开馆仪式在黄家埠镇十六户村举行。宁波市委党史研究室主任姚晓东、余姚市委副书记诸晓蓓等领导出席并讲话。1942年7月28日，中共浙东区委成立，随即对浙东地区重新划分地区和县界。余姚以姚江为界，划为余上、姚虞两县。余上地区是浙东抗日根据地的重要组成部分，下辖虞北（崧厦）、临山、中和（周巷）、马渚4个区。余上地区革命史迹馆建筑面积约1300平方米，以图文结合历史文物的方式，系统展示抗日战争时期原余上地区这一段革命史实。

（罗　捷）

余姚市人民代表大会

综 述

【概况】

2015年，市人大常委会在市委领导下，行使宪法和法律赋予的各项职权，共召开常委会会议7次、主任会议5次，听取和审议“一府两院”专项工作报告34个，组织视察和执法检查7次，作出决议、决定14个，依法任免地方国家机关工作人员68人次，较好地履行地方国家权力机关的职能，为推动全市经济社会平稳健康发展作出贡献。

关注经济运行调节，先后听取和审议半年度国民经济和社会发展计划执行情况报告，客观评估“十二五”规划完成情况，了解“十三五”规划纲要编制情况。听取和审议工业扶持政策绩效情况报告，视察“千人计划”产业园和中意（宁波）生态园两个经济发展平台开发建设情况。听取和审议财政预决算、审计和投融资工作报告，批准2014年度市级财政决算，调整2015年度市级财政预算。保障重点项目建设，对新开工建设项目由常委会会议进行逐项表决。对历史文化名城保护规划修编情况报告进行初审，听取和审议历史文化名城保护规划及府前路、武胜门历史文化街区保护规划报告，审议房地产行业发展情况和以危旧住宅区为重点的棚户区改造工作。

关注民生，在跟踪复查“已治理河流”、视察检查防洪排涝工程、巩固上年“五水共治”成果的基础上，听取和审议农村生活污水治理情况报告，听取饮用水源保护工作汇报。听取和审议社会养老服务体系建设情况报告，听取和审议医疗卫生服务体系建设情况的报告。对交通运输、城乡建设、城管执法、国土资源、教育等与民生息息相关的工作开展专项评议。

推进法治进程，对防洪法、环境保护法等法律法规的贯彻实施情况进行检查、视察和跟踪督查，对食品安全、饮用水源保护相关法律法规开展执法检查。开展司（执）法人员依法履职、公正司（执）法情况专题询问，专题听取各司法机关关于依法履职、公正司（执）法整改落实情况报告，并进行满意度测评。开展法官、检察官履职评议，听取和审议推进依法行政工作报告，执行司法机关重大工作情况报告制度。依法开展人事任免和信访工作。

发挥人大代表主体作用，拓宽代表联系选民途径。丰富载体，提升代表履职实效。实行重点建议“三督办”工作，推行建议办理代表小组合议制，开展建议办理情况“回头看”和满意度测评等活动，建章立制，开展代表建议办理工作绩效评估，督促建议办理工作落实。强化服务，指导基层人大工作。

【市十六届人民代表大会第四次会议】

1月28日在余姚影城召开。听取和审查市长奚明所作的政府工作报告；审查和批准2014年全市国民经济和社会发展计划执行情况的报告及2015年国民经济和社会发展计划；审查和批准2014年市财政预算执行情况的报告与2015年财政预算；听取和审查市人大常委会主任孙钜昌所作的市人大常委会工作报告；听取和审查市人民法院院长应启明所作的市人民法院工作报告；听取和审查市人民检察院检察长毛纪华所作的市人民检察院工作报告。补选市十六届人大常委会委员5人。会议期间，收到代表议案0件，建议、批评和意见202件。市委书记毛宏芳在会议闭幕时讲话。

【市十六届人大常委会会议】

全年共举行市人大常委会会议7次。会议具体情况如下：

1月9日，召开市十六届人大常委会第二十二次会议。听取和初审市发改局局长郑利刚受市政府委托所作的关于2014年全市国民经济和社会发展计划执行情况及2015年国民经济和社会发展计划（草案）；听取和初审市财政局局长施建苗受市政府委托所作的关于2014年市财政预算执行情况和2015年财政预算（草案）；听取和审议市发改局局长郑利刚受市政府委托所作的关于2015年全市2000万元及以上政府投资项目、重点工程计划安排情况的报告，表决通过2015年市2000万元及以上政府投资项目、重点工程计划安排情况中的8项新建项目；审议市政府关于2015年市级部门预算资金安排情况的报告；听取和审议市人大常委会主任会议关于提请审议市十六届人大四次会议议程、各项名单草案的议案，表决提出市十六届人大四次会议议程（草案）、主席团和秘书长名单（草案），表决通过市十六届人大四次会议各代表团召集人名单、市十六届人大四次会议列席人员名单等；审议通过市人大常委会工作报告稿和2015年工作要点；听取和审议市人大常委会代表资格审查委员会关于代表变动情况和补选代表的代表资格审查报告；审议并表决通过市法院提请的相关人事任免事项。会议认为，2015年市2000万元及以上政府投资项目和重点工程计划安排情况充分考虑当前市财政承受能力，大幅削减一般性项目，做到科学谋划、合理安排，比较符合全市实际情况。会议要求市政府，要对包括续建项目在内的所有项目再做一次分析梳理，分清轻重缓急，做到有保有压；在续建项目的建设进度上，更要做到统筹兼顾、合理调节，确保项目建成的实效性和建设资金绩效提升。

3月20日，召开市十六届人大常委会第二十三次会议。听取和审议市卫生和计划生育局局长陈永润受市政府委托所作的关于医疗卫生服务体系建设情况的报告；听取和审议市政府法制办主任阮伯均受市政府委托所作的关于推进依法行政工作情况的报告；审议并表决通过市政府、市法院提请的相关人事任免事项，接受蒋璟璟辞去市人民政府副市长职务的请求；书面审议市动迁办、市老区办、市招商局、市行政审批管理办、市招投标管理办、宁波住房公积金管理中心余姚分中心、市工业国资公司、市农机局、市供销联社、市广播电视台10个政府有关部门对人大评议意见整改落实情况的报告。会议认为，近年来全市在改善医疗服务条件、提升医疗服务水平、保障公共卫生服务等方面成绩显著，特别是“名医名院”工程和优质医疗资源共享中心的建设，为提升市级医院的诊疗水平、缩小城乡医疗差距发挥重要作用。会议要求市政府，要加大医技人才的引进和培养；不断提高医疗服务能力；鼓励民营医疗机构差异化发展；规范完善相关制度；构建良好的医患关系。会议认为，市政府认真贯彻落实中共十八届三中、四中全会关于法治政府建设的重要精神，切实加快法治型、服务型、效能型政府建设，全市的依法行政工作得到有力推进。会议要求市政府，要强化依法行政意识，着力打造“责任政府”；深化行政体制改革，着力打造“高效政府”；推进政府信息公开，着力打造“透明政府”；健全权力监督机制，着力打造“廉洁政府”；大力弘扬法治精神，着力打造“法治政府”。

5月28日，召开市十六届人大常委会第二十四次会议。听取和审议市经济和信息化局局长胡建立受市政府委托所作的关于工业扶持政策使用绩效情况的报告；听取和审议市规划局局长黄晓帆受市政府委托所作的关于历史文化名城保护规划修编情况的报告；审议并表决通过市政府、市人民法院提请的相关人事任免事项，任命于雪为市人民政府副市长；书面审议关于医疗卫生服务体系建设情况和关于推进依法行政工作的审议意见研究处理情况的报告。会议认为，相继出台的一系列加快工业经济发展的政策措施，为企业加快转变发展方式、提高工业经济综合实力和可持续发展能力提供强有力的政策支撑。会议要求市政府及相关部门，要进一步加强奖励扶持政策整合清理力度；进一步创新财政资金管理和绩效考核机制；进一步细化部门之间的沟通协调机制；进一步厘清政府与市场的关系；进一步优化政府服务企业的方式方法。会议认为，伴随历史文化名城保护相关法律法规的不断完善和城市化及旧城改造的持续推进，对原有《余姚市历史文化名城保护规划》进行修编完善，很有必要。会议要求市政府及有关部门，统筹历史文化保护和旧城有机更新及危旧房改造，兼顾政府财力承受能力和资金平衡，进一步提高规划的科学性、合理性和可操作性，确保规划批准后得到依法、有效实施。要郑重确定保护区范围及建筑限高控制，创新改进保护利用的方法和机制，强化规划实施的可行性和配套性研究，加强规划宣传和公众参与。

7月25日，召开市十六届人大常委会第二十五次会议。听取和审议市财政局局长施建苗受市政府委托所作的关于2014年余姚市财政决算（草案）的报告，批准2014年市财政决算；听取和审议市审计局局长何吉忠受市政府委托所作的关于2014年市财政预算执行和其他财政收支的审计工作报告，并进行满意度测评；听取和审议市发改局局长郑利刚受市政府委托所作的关于余姚市2015年上半年全市国民经济和社会发展计划执行情况的报告；听取和审议市财政局局长施建苗受市政府委托所作的关于2015年上半年市财政预算执行情况的报告；听取和审议并表决通过《余姚市人民代表大会常务委员会代表建议、批评和意见办理工作绩效评估办法（试行）》；审议并表决通过市政府提请的相关人事任免事项，接受赵妩、赵丽群辞去市人民政府副市长职务的请求，任命张丽娜、林海为市人民政府副市长等；书面审议关于工业扶持政策使用绩效情况和关于历史文化名城保护规划修编情况审议意见研究处理情况的报告。

9月23日，召开市十六届人大常委会第二十六次会议。听取和审议市民政局局长顾天祥受市政府委托所作的关于社会养老服务体系建设情况的报告；听取和审议市农办主任陈江龙受市政府委托所作的关于农村生活污水治理工作情况的报告；听取和审议住建局局长缪正刚受市政府委托所作的关于以成片危旧住宅区为重点的棚户区改造工作情况的报告；听取和审议市国土资源局局长项立秋受市政府委托所作的关于土地利用总体规划调整完善方案的报告；听取和审议市规划局局长黄晓帆受市政府委托所作的关于历史文化名城保护规划和府前路、武胜门历史文化街区保护规划的报告；接受张丽红、杨荷锋辞去市十六届人大常委会委员职务的请求，并作出相关决定，审议并表决通过市政府提请的相关人事任命事项。会议认为，市政府高度重视社会养老服务体系建设，采取一系列有效措施，取得阶段性成效。会议要求市政府，要进一步完善社会养老服务体系；进一步加强居家养老服务工作；进一步加强公办养老机构建设；进一步扶持民办养老机构发展；进一步提高社会养老服务管理水平。会议认为，自开展全市农村生活污水治理三年行动计划以来，农村水环境有一定的改善。会议要求市政府，要整合力量、统筹推进，形成合力治污氛围；因地制宜、科学规划，提高工程建设绩效；落实责任、强化监管，确保工程建设质量；建管并举、完善机制，保障工程长效运行。会议认为，自棚改工作启动以来，市政府及相关部门已做大量前期工作，为下步实质性实施打下基础。会议要求市政府，从战略的高度推进棚改工作，加强棚改工作组织领导；科学谋划棚改实施方案；做好资金统筹平衡文章；多方合力推进棚改工作。会议认为，自5月28日市人大常委会第二十四次会议初审历史文化名城保护规划以来，市政府及相关部门认真研究处理初审意见，对规划进行修改完善，同时对府前路、武胜门历史文化街区保护规划进行修编，同意将历史文化名城保护规划及府前路、武胜门历史文化街区保护规划报省政府审批。会议要求，规划要体现科学性与可行性的有机统一，在划定保护区范围和确定周边建筑控制高度时，统筹历史文化保护和旧城有机更新及危旧房改造，兼顾政府财力承受能力和资金平衡。在编制保护规划的同时，同步配套编制历史文化名城紫线保护控制区内旧城有机更新及危旧房改造规划，深化规划实施的可行性研究，特别要对历史文化街区及历史建筑保护所需资金、保护控制区内旧城及危旧房改造所需资金的平衡和落实，作出统筹安排。

11月27日，召开市十六届人大常委会第二十七次会议。听取和审议市公安局局长赖根法、市人民法院院长应启明、市人民检察院副检察长王金夫、市司法局局长顾天祥分别所作的公检法司机关工作人员依法履职、公正司（执）法整改落实情况的报告，并进行满意度测评；听取和审议市发改局局长郑利刚受市政府委托所作的关于市国民经济和社会发展第十三个五年规划编制情况的报告；听取和审议市财政局局长施建苗受市政府委托所作的关于调整2015年财政预算的报告，作出关于批准调整财政预算的决议；听取和审议市政府关于市十六届人大四次会议代表建议办理情况的报告；书面审议市政府关于社会养老服务体系建设、农村生活污水治理工作和以成片危旧住宅区为重点的棚户区改造工作审议意见研究处理情况的报告，以及关于法官、检察官履职评议意见落实情况的报告；审议宁波市人大代表张可和余姚市人大代表俞剑清的辞职请求，并作出相关决议决定；审议并表决通过市人大常委会主任会议、市政府、市人民检察院提请的相关人事任免事项，接受韩柏顺辞去市人民政府副市长职务的请求，任命毛丕显、谢雅贞为市人民政府副市长，接受毛纪华辞去市人民检察院检察长的请求，任命和决定吴超为市人民检察院副检察长、代理检察长。会议认为，市政府重视代表建议办理工作，办理质量和实效有明显提高。会议要求市政府及有关部门，强化思想认识，切实加强组织领导，进一步增强责任担当意识；强化责任落实，健全完善工作机制；强化办理实效，抓好建议推进落实；继续实施代表建议办理工作绩效评估，提升建议解决率和代表满意率。

12月28日，召开市十六届人大常委会第二十八次会议。听取和初审市发改局局长郑利刚受市政府委托所作的关于2015年全市国民经济和社会发展计划执行情况及2016年国民经济和社会发展计划（草案）的报告；听取和初审市财政局局长施建苗受市政府委托所作的关于2015年市财政预算执行情况和2016年财政预算（草案）的报告；听取和审议市发改局局长郑利刚受市政府委托所作的关于2014年全市2000万元及以上政府投资项目、重点工程计划安排情况的报告，表决通过2016年市2000万元及以上政府投资项目、重点工程计划安排情况中的22项新建项目；听取和初审市发改局局长郑利刚受市政府委托所作的关于市国民经济和社会发展第十三个五年规划纲要（草案）的报告；听取和审议市财政局局长施建苗受市政府委托所作的关于2015年政府债务限额情况的报告，并作出确认2015年政府债务限额的决议；初审市政府关于2016年市级部门预算安排、各街道、经济开发区2015年预算执行情况和2016年预算草案的报告；听取和审议市人大常委会副主任王祥林所作的关于召开市十六届人大五次会议的说明，并作出关于召开市第十六届人大五次会议的决定；听取和审议市人大常委会主任会议关于提请审议市十六届人大五次会议议程和各项名单草案的议案，表决提出市十六届人大五次会议主席团和秘书长名单（草案），表决通过市十六届人大五次会议各代表团召集人名单、市十六届人大五次会议列席人员名单等；审议通过市人大常委会工作报告稿和2016年工作要点；听取和审议市人大常委会代表资格审查委员会关于代表变动情况和补选代表的代表资格审查报告；审议并表决通过市人大常委会主任会议、市政府、市检察院提请的相关人事任免事项；审议宁波市人大代表高勇的辞职请求，并作出相关决议，补选娄国闻为宁波市人大代表；审议市十六届人大常委会副主任王祥林的辞职请求，并作出相关决定。市委书记毛宏芳在会上讲话。会议认为，2016年项目安排较为合理，体现全市经济社会发展的需求，比较符合全市实际情况。会议表决通过22项2016年2000万元及以上政府投资新建项目。会议要求市政府，要对花园小区、三江口小区改造等个别项目存在的不确定因素作进一步分析，确保项目能有效地实施；对全市安置房和保障房情况进行一次全面的排查摸底，结合下山移民、农房两改、棚户区改造等项目进行统筹安排，并与推动全市房地产市场发展的措施进行有效对接，从而促进全市房地产市场的健康稳定。会议认为，市政府编制的2016年部门预算，结合全市工作重点和市本级财力实际，是比较合理、切实可行的，原则同意把该方案提交市十六届五次人代会审议。会议要求市政府，进一步细化预算编制，提高编制的科学性和规范化，确保预算编制的严肃性；进一步强化支出管理，重点关注医疗保险、工伤保险等支出增长较快的领域，加强检查；进一步强化税源培育。

【市十六届人大四次会议代表建议批评和意见办理情况】

会议收到代表议案0件，建议、批评和意见202件。其中，涉及交通、通信、能源类47件，财政、金融类13件，农业、农村、水利、国土类25件，社会保障、人事类12件，教科文卫类34件，社会治安、道路管理类19件，城建、环保、规划类37件，商贸、旅游类5件，其他10件。根据有关法律法规的规定，交由市政府及有关机关、组织研究办理，并负责答复代表。

有52个单位承办市十六届人大四次会议以来214件代表建议，其中大会期间代表提出的建议202件，闭会期间建议12件。从答复代表反馈意见看，对办理工作满意的184件，占85.98%；基本满意的27件，占12.62%；不满意的3件，占1.40%；对办理结果满意的180件，占84.11%；基本满意的29件，占13.55%；不满意的5件，占2.37%；对办理工作或办理结果不满意的建议，经重新办理后，均得到代表的理解和支持。从办理结果看，所提建议得到解决或基本解决的（A类）123件，占58.02%；部分解决或纳入计划解决的（B类）59件，占27.84%；因政策或客观条件限制暂不能解决的（C类）25件，占11.79%；所提建议留作参考的（D类）5件，占2.36%；建议采纳和部分采纳率85.85%。

11月，市人大常委会组织对市十六届人大四次会议已经办理完毕并完成反馈的214件代表建议进行满意度测评，代表工委通过电话回访、实地走访等方式，了解代表对建议办理工作的真实想法和满意度。经统计，对办理工作满意的165件，占77.1%；基本满意的44件，占20.6%；不满意的5件，占2.3%。

同时，还对办理的代表建议进行解决率测评，对建议答复后是否解决或部分解决代表提出的问题进行统计。经数据统计，代表建议解决或部分解决的140件，占65.4%，与上年的56.5%相比提高8.9个百分点；未解决的74件，占34.6%。

【市十六届人大四次会议重点建议目录】

《关于提升余姚城区防洪能力建设的建议》。案号79，领衔人邵金耀，承办单位市水利局，市政府领办领导奚明，市人大常委会督办领导孙钜昌。

《关于切实推进城区老小区整治改造工作的建议》。案号151，领衔人毛丕显，承办单位市住建局，市政府领办领导范焕平，市人大常委会督办领导王祥林。

《关于要求建立居家养老配餐服务中心的建议》。案号93，领衔人史建英，承办单位市民政局，市政府领办领导郑桂春，市人大常委会督办领导魏利民。

《关于要求尽快启动余梁线北延工程姚江大桥建造的建议》。案号2，领衔人沈永标，承办单位市交通局，市政府领办领导范焕平，市人大常委会督办领导宋建勋。

《关于要求加强对菜农监管的建议》。案号73，领衔人陈德明，承办单位市农林局，市政府领办领导郑桂春，市人大常委会督办领导沈相国。

《关于要求对农村生活污水治理项目后续管理更多财政支持的建议》。案号20，领衔人唐明岳，承办单位市农办，市政府领办领导潘银浩，市人大常委会督办领导胡青。

《关于加紧迁建精神卫生中心及设立精神病人托管中心的建议》。案号126，领衔人黄峥嵘，承办单位市卫生局，市政府领办领导陈为能，市人大常委会督办领导姚桂珍。

【检查与视察活动】

3月至9月，市人大常委会为落实人大代表对"一府两院"工作的知情权，帮助代表有效行使监督权，同时提供"一府两院"与人大代表沟通交流的机会，使人大代表对"一府两院"工作有更多的理解和支持，组织全市人大代表，分区域分别走进市检察院、市规划局、市市场监管局、市农机局、市教育局进行视察活动。

4月2日至15日，市人大常委会组织四级人大代表对各自辖区内的"已治理河流"进行"回头看"检查活动，共视察已验收达标的黑臭河、垃圾河68条。随后举行专题交流会，听取各地检查活动情况的汇报。为防止污染反弹，巩固"五水共治"工作的成效，市人大常委会还开展专项检查活动。

6月10日上午，宁波余姚两级人大代表先后到位于三七市镇的浙江"千人计划"余姚产业园、经济开发区城东新区科创中心现场视察，了解建设情况。随后，代表们听取市政府关于全市重大产业园（浙江"千人计划"余姚产业园、科创中心、中意宁波生态园）建设情况汇报，并就完善配套设施建设、强化要素资源配置、坚持选择性招商，改造、优化传统产业等内容提出意见和建议。

10月20日上午，市人大常委会组织部分常委会组成人员、市人大代表对部分在建重点工程开展视察。先后实地视察高速公路连接线工程和食禄桥江整治工程建设进展情况，随后组织召开座谈会，听取市政府关于全市重点工程和防洪排涝工程进展情况的汇报。视察组对重点工程建设、防洪排涝工程进展情况在面临当前诸多困难的情况下，仍能坚持标准不降、速度不减、确保工程质量和进度，给予充分肯定，并就进一步科学研判调度方案、加快工程进度等提出意见和建议。

【人事任免】

1月9日，市第十六届人大常委会第二十二次会议根据市人民法院院长应启明的提请，任命李志业为市人民法院审判委员会委员；任命谢桂荣为市人民法院审判委员会委员，免去其市人民法院梁弄人民法庭副庭长职务；任命夏新波为市人民法院审判委员会委员；任命杜健为市人民法院审判委员会委员、民事审判第一庭庭长，免去其市人民法院民事审判第三庭副庭长职务；任命顾宏斐为市人民法院审判委员会委员、民事审判第三庭庭长，免去其市人民法院民事审判第四庭副庭长职务；任命黄宁幸为市人民法院审判委员会委员、未成年人综合庭庭长，免去其市人民法院刑事审判庭副庭长职务；任命金玉萍为市人民法院审判监督庭庭长；任命刘湛为市人民法院泗门人民法庭副庭长；任命裴丹为市人民法院泗门人民法庭副庭长，免去其市人民法院民事审判第一庭副庭长职务；任命邵银银为市人民法院立案庭副庭长；任命丁金琴为市人民法院民事审判第一庭副庭长；任命杜珊珊为市人民法院民事审判第二庭副庭长；任命史慧为市人民法院民事审判第三庭副庭长；任命邝亚辉为市人民法院审判员、民事审判第三庭副庭长；任命姚建林为市人民法院审判监督庭副庭长；任命胡兴汇为市人民法院审判员；任命王澈为市人民法院审判员；免去叶锋的市人民法院立案庭副庭长职务；免去严联江的市人民法院民事审判第一庭庭长职务。

3月20日，市第十六届人大常委会第二十三次会议根据市长奚明的提请，任命李岳定为市文化广电新闻出版局（旅游局）局长；任命陈永润为市卫生和计划生育局局长。根据市人民法院院长应启明的提请，免去杨兴明的市人民法院副院长、审判委员会委员、审判员职务。

5月28日，市第十六届人大常委会第二十四次会议根据市长奚明的提请，任命于雪为市人民政府副市长。根据市人民法院院长应启明的提请，任命胡亿钧、倪金波、袁晓武、杨培菁、徐建棠、孙珍荣、郑剑波、俞颖、鲁迎春、罗绍军、陶勇、胡军表、李杰、王妍霏、胡建明、任勤国、罗启炎、鲍福全、洪贵芝、沈春儿、唐文龙、何树明、包杰明、童水波、陈志先、陈浓南、陈成、付晓陆、卢贤锋、王徽、徐佳文、俞燕珍、周芳芳、魏忠坤、杨益芳、谢霞波、李建灿、茅建银、蔡伏钱、闻人建波、韩文法、徐展、沈一枫、毛梦丹、王建林、丁若兰、赵粮儿、毛桂平、梅赞、马康、郑钦、杨志宇、董雯雯、金婧、黄永明、叶厥翔、翁巧琴、董朝晖、钟孟君、胡建成、陈国平、王国军、黄军军、罗美芳、成金连、施天军、谢丽庆、谢伟钢、徐熠闻、陈爱清、曹迪良、沈传根、曹文彬、胡勇杰、毛定国、柳海波、管金代、陈尧根、方建锋、蒋寅龙、郑俊杰、陆佳颖、吴宝根、叶国明、胡佰忠、邵建虎、陈军方、符宏华、吴春芬、郑华乔、舒舟、沈书军、郑浙江、赵建东、陈苗龙、叶旭彬、徐健斌、陈雪岗、赵雪芳、柳通明、黄德荣、黄建军、顾剑辉、陆津辉、戎丹丹、李伯南、赵谨、鲁鑫波、许奕淳、陈洲、陈晓燕、陈永利、周荣江为市人民陪审员。免去叶珊珊、傅佳维、叶荣、周孜雄、沈乐尔的市人民陪审员职务。

7月16日，市第十六届人大常委会第二十五次会议根据市长奚明的提请，任命张丽娜、林海为市人民政府副市长。任命陈为梁为市人力资源和社会保障局局长；免去周坚的市人力资源和社会保障局局长职务。

9月23日，市第十六届人大常委会第二十六次会议根据市长奚明的提请，任命杨荷锋为市民族宗教事务局局长；任命沈纾丹为市科学技术局局长；任命顾天祥为市司法局局长，免去其市民政局局长职务；任命王文辉为市民政局局长，免去其市科学技术局局长职务；任命张志红为市安全生产监督管理局局长，免去其市司法局局长职务；免去柳万兴的市民族宗教事务局局长职务；免去高权的市安全生产监督管理局局长职务。

11月27日，市第十六届人大常委会第二十七次会议根据市长奚明的提请，任命毛丕显、谢雅贞为市人民政府副市长。任命吴超为市人民检察院检察员、检察委员会委员、副检察长。同时，根据市人大常委会主任会议提请，任命吴超为市人民检察院代理检察长，并报宁波市人民检察院和宁波市人大常委会备案。

12月28日，市第十六届人大常委会第二十八次会议根据市长奚明的提请，任命黄红珍为市经济和信息化局局长；免去胡建立的市经济和信息化局局长职务。根据市人大常委会主任会议的提请，任命余张新为市人大常委会兰江街道工作委员会主任；任命吴宁为市人大常委会办公室副主任；任命李明为市人大常委会财政经济工作委员会副主任；任命赵佳铭为市人大常委会梨洲街道工作委员会副主任；免去诸春富的市人大常委会兰江街道工作委员会主任职务；免去叶永宁的市人大常委会梨洲街道工作委员会副主任职务。根据市人民检察院代检察长吴超的提请，免去童海康、刘新锋的市人民检察院检察委员会委员、检察员职务；免去张勇、单铭君、杜贤良、沈根苗、俞佳、罗姚庆的市人民检察院检察员职务。

（市人大办）

余姚市人民政府

综　述

【概况】

2015年，余姚市人民政府在中共余姚市委的领导下，在市人大、市政协的监督支持下，落实中央、省委、省政府和宁波市委、市政府的决策部署，各项工作取得新成绩。全年实现地区生产总值839.7亿元，增长7.6%；完成固定资产投资563.7亿元，增长9.3%；实现财政总收入133.8亿元，其中一般公共预算收入75.1亿元，分别增长8.2%和8.8%；社会消费品零售总额351.6亿元，增长10%；实现自营出口67.98亿美元，实际利用外资4.6亿美元；城镇和农村居民人均可支配收入达45359元、26500元，分别增长8.2%和9%，城镇登记失业率控制在1.08%。

制订细化省委、省政府、宁波市委、市政府重点工作年度推进计划、具体举措，建立重点工作市政府领导班子成员领衔督办制度，强化实地督查、随机抽查等督查推进，确保上级决策部署落地见效。姚江城区段堤防加固加高、食禄桥江整治、临海大浦江整治等重点水利工程进展顺利；4个乡镇（街道）、96个村达到“无违建”创建标准，“两路两侧”整治任务全面完成，工作走在宁波前列。开展巡视问题整改，落实市政府党组牵头的5个方面、13项具体整改任务，改进政府工作存在的不足和短板。

依法规范行政行为，落实重大行政决策程序规定，建立政府法律顾问制度，加强行政规范性文件和行政合同备案审查，调整整合政府部门职能，深化“四张清单一张网”改革，权责清单编制向乡镇（街道）延伸，行政执法监督机制建设试点开展实施，不动产登记改革完成职责整合，综合执法体制改革稳步推进。开展法律进社区（村）、进学校、进单位等宣传教育活动，全市已建有3个国家级、19个省级、51个宁波市级民主法治村（社区）。坚持重大事项向人大报告、与政协民主协商，建立与人大、政协重点工作对接制度，自觉接受社会各界监督，共办理人大代表建议214件、政协委员提案154件，主动公开各类政府信息1.7万条。

创新投融资体制，引进赛伯乐、上海爵耀等产业投资基金，众筹成立“才·富”合作基金，探索应收账款债权流转业务融资模式，推出首批总投资195.39亿元的PPP项目18个，社会资本参与基础设施和公共服务项目建设走在宁波前列。完成“五证合一、一照一码”工商登记制度改革，新增各类市场主体12404户，注册资本金145亿元，增长83.5%。村经济合作社股份制改革基本完成，农村土地承包经营权确权登记试点全面完成。

创新推出“3+1”行政审批服务组合机制，压缩行政审批时限。开展“助万企转型、促万众创新”走访服务企业专项活动，加大困难企业分类指导帮扶力度，收集的难题已有95%以上得到破解或答复。科学应对“灿鸿”台风，及时落实灾后恢复生产政策措施，经济损失和影响降到最低限度。开展干部执行力建设深化年活动，出台《行政不作为问责暂行办法》，提升行政执行力和群众满意度。加强预算执行管理，出台《余姚市政府投资项目管理办法（修订）》《进一步加强土地出让工作若干意见》等制度，消除廉政风险点和腐败源头，全市“三公经费”下降14.7%。

实现规模以上工业增加值240.1亿元，增长4.6%；完成“机器换人”重点项目151个、减员8600人，规模以上工业全员劳动生产率提高5%；4家企业纳入省、宁波市“三名”试点培育，舜宇集团销售突破100亿元。高新技术产业、战略性新兴产业、装备制造业实现增加值108.6亿元、73.8亿元和147.8亿元，分别增长6.5%、7.5%和5.2%。中意（宁波）生态园管委会正式挂牌，在建及落地项目7个，“千人计划”产业园建设进展顺利，模客小镇列入第二批省级特色小镇创建名单，宁波市级“机器人小镇”获批授牌。成功举办第十七届中国塑料博览会，世界塑料理事会年会达成《余姚共识》，丰轩仓储物流、慧聪家电产业新城等项目开工建设，实现商品市场成交额955亿元，增长12%，规模以上（限额以上）企业电子商务应用率达54%，实现旅游总收入92.5亿元。两个省级现代农业综合区通过验收，5个宁波市级现代农业园区项目批复实施，新增宁波市级以上示范性家庭农场11家、农民专业合作社6家、无公害农产品基地15个。

加快城区有机更新，加速城乡融合发展，城市化率达62%，11个精品村建设项目全部完成，被授予“省美丽乡村建设先进县市”称号。加强生态环境治理，完成河道综合整治28.5千米，完成农村生活污水治理村97个，关停淘铜加工企业252家、冷镦企业19家，淘汰黄标车7027辆，14家省级重点废弃矿山生态治理全面完成，省级重金属重点防控区污染整治通过现场验收，万元工业增加值能耗下降5.5%。

保持民生投入力度不减，市财政用于民生支出占一般公共预算支出比重达81.5%，十方面民生实事全面完成。市实验高中主体工程竣工，市第二人民医院迁建工程主体结构完工，完成困难群众危旧房改造184户，新增城镇就业人员2.3万人，新增养老床位533张，公办学校基本实现标准化，契约式家庭医生制服务逐步推行，本市户籍人口养老保险(障)参保率达92.6%。社会秩序总体稳定，实现省平安创建“九连冠”。

【余姚市首份“责任清单”向社会公布】

继2014年10月晒出市级政府部门“权力清单”后，2015年1月4日，余姚市第二张清单——政府部门“责任清单”，经市政府常务会议审定通过后，正式在浙江政务服务网余姚站（nbyy.zjzwfw.gov.cn）公布，并接受社会监督。这份责任清单明确政府部门的“分内事”，划清“职责边界”，规定“法定职责必须为”，共涉及市级33个部门，包含主要职责事项417项，具体工作事项1956项，与相关部门的职责边界事项59项，事中事后监管举措312项，公共服务事项227项。

（市府办）

市政府重要会议

【市政府全体（扩大）会议暨廉政工作会议】

2月12日召开。市政府市长、副市长，市政府工作部门主要负责人，各乡镇长、街道办事处主任，市直有关部门主要负责人，市府办副主任出席会议，邀请有关部门负责人列席会议。市委常委、常务副市长潘银浩主持会议。会上，潘银浩通报2014年度政府工作创新奖获奖情况、市政府职能转变和机构改革方案，市府办主任黄和庆对2015年《政府工作报告》任务分解作有关说明，市监察局局长朱卫东就廉政建设工作发言，市委副书记、市长奚明作重要讲话。

【市政府常务（扩大）会议】

10月23日召开。市政府市长、副市长，各乡镇、街道主要负责人及市政府组成部门、市直有关部门主要负责人参加会议。副市长郑桂春主持会议。会议专题研究三季度经济形势及下步工作措施，市委副书记、市长奚明作重要讲话。

【市政府常务会议】

2015年，市政府召开常务会议9次。会议具体情况如下：

1月4日，召开市政府第二十七次常务会议。审议通过《鼓励民间资本投资社会事业若干意见》《进一步鼓励和引导社会资本举办医疗机构的若干意见》《加快推进以成片危旧住宅为重点的城市棚户区改造实施意见（试行）》《余姚市公共租赁住房管理办法》《余姚市人民政府重大行政决策程序规定》《余姚市行政不作为、乱作为问责暂行办法》，研究关于部门责任清单编制有关工作。

1月20日，召开市政府第二十八次常务会议。审议通过《政府工作报告》《余姚市文化遗产保护管理办法》《进一步加强古籍保护工作的实施意见》，研究关于2015年全市经济社会发展主要指标安排情况和十方面民生实事工程、全市安全生产及2015年春运等工作。

4月28日，召开市政府第二十九次常务会议。审议通过《余姚市国有土地上房屋征收补偿、补助、奖励规定》《城乡规划管理技术规定》《余姚市创建省美丽乡村先进县（市）实施方案》《加强民间信仰事务管理意见》《2015年全市房屋拆迁（征收）“清零”专项行动方案》《泗门镇商贸新城区块核心区控制性详细规划》，研究关于土地例行督察问题反馈及下步整改措施等工作。

6月29日，召开市政府第三十次常务会议。审议通过《加快产业转型升级促进经济平稳健康发展的若干政策意见》《余姚市推广运用政府和社会资本合作模式的实施意见（试行）》《余姚市客运出租汽车运价调整及油运价格联动机制完善方案》《余姚市水土保持规划》《市卫计局等三部门“三定”规定》《余姚市城镇低效用地再开发专项规划（2014～2017）》。

8月26日，召开市政府第三十一次常务会议。审议通过《余姚市历史文化名城保护规划》《武胜门历史街区保护规划》《府前路历史街区保护规划》《余姚市综合行政执法工作实施方案》《推进全市高污染燃料锅炉淘汰改造工作的实施意见》《国有林场改革方案》《余姚市“美丽乡村·幸福家园”建设专项规划》，研究关于危旧房改造、灾后旱稻收购储备等工作。

9月28日，召开市政府第三十二次常务会议。审议通过《余姚市土地利用总体规划调整完善方案》《余姚市贯彻落实社会救助暂行办法的实施意见》。

10月23日，召开市政府第三十三次常务会议。审议通过《推进工业经济平稳增长若干意见》。

11月9日，召开市政府第三十四次常务会议。审议通过《余姚市政府投资项目管理办法（修订）》《余姚市政府投资项目工程变更管理办法（试行）》《余姚市不动产登记改革工作方案》《在集体所有土地上房屋拆迁安置中继续实行房票安置的实施意见》。

12月17日，召开市政府第三十五次常务会议。审议通过《余姚市国民经济和社会发展第十三个五年规划大纲》《余姚市农药废弃物包装回收和集中处置实施细则》《余姚市湿地保护规划（2014—2020）》《余姚市公共墓地布局规划（2015—2030）》《余姚市困难群众临时救助实施办法》，研究关于全市2015年度国民经济和社会发展计划执行情况及2016年度国民经济和社会发展计划（草案）、2016年全市十方面民生实事、2015年财政预算执行和2016年预算安排及部门预算安排等工作。

【市长办公会议】

2015年，市政府召开市长办公会议15次。会议具体情况如下：

1月4日，研究关于黄家埠镇开展电镀企业整体搬迁提升行动及三年生态环境全面提升行动、修改《雨雪冰冻灾害天气应急预案》及当前准备工作情况、营造良好安居环境促进高校毕业生来甬就业创业实施细则、东方国际物流有限公司要求恢复设立海关监管堆场方案、市农村宅基地管理办法等工作。

1月20日，研究关于太阳城养老项目、四明湖环境安全隐患整治8家企业关停、防洪排涝工程建设、推广运用政府和社会资本合作项目管理办法等工作。

2月10日，研究关于2015年度全市房屋拆迁征收与安置房建设计划、“五重二大”推进活动实施方案、加快实施工业企业绩效综合评价若干意见、余姚经济开发区管委会与上海爵耀资产管理有限公司进行基金合作、加快推进四明山区域生态发展实施意见、新增民营医疗机构规划布局、规范税收等优惠政策、村级组织基本运行经费保障方案、组建国有资产经营管理公司和国有资产担保公司、2015年《政府工作报告》任务分解等工作。

4月8日，研究关于城区河道堤防应急度汛工程及五江桥节制闸调控工程、做好榨菜废水管理和预处理系统运行、市淘铜加工行业整治方案、2015年面向民间资本招商推介、支持鼓励社会资本参与建设运营项目、渔业“一打三整治”及围涂工程小型渔船临时停泊区移交、四明山区域生态发展工作、2015年流动人口子女入学、第二轮学前教育提升行动计划、组建赛伯乐余姚新兴产业基金（有限合伙）、法治政府建设和2014年度行政复议应诉等工作。

5月14日，研究关于329国道余姚段专项提升工程实施方案、市城区公共自行车租赁系统项目实施方案、市农副产品批发市场迁建项目、消防专职队建设推进方案、市人民政府和浙江工商大学合作建立电子商务研究院等工作。

6月1日，研究关于全市电镀行业深化整治提升方案、全市发蓝发黑酸洗加工行业整治方案、联合共建宁波市智能制造产业研究院、进一步加强基层环保组织建设实施方案、推进“多规融合”工作实施方案、中意（宁波）生态园基础设施PPP投资项目、余姚市纪念撤县设市三十周年活动方案、2015年全市流动人口服务管理等工作。

6月18日，研究关于“五水共治”年度考核办法、河长制意见，建立非居民用天然气最高销售价格制度及上下游联动机制，建工服务中心（南雷大厦）和金融中心两个项目投资调整，开展应收账款债券融资，提高机关事业单位住房公积金缴存基数，开展全民共建“美丽家园”活动等工作。

7月15日，研究关于全市电镀行业深化整治提升方案、2015年市购物节方案、市第二中心粮库工程追加概算、“灿鸿”台风灾后恢复工作建议意见、2015年上半年国民经济和社会发展计划执行情况、2015年上半年财政预算执行情况等工作。

8月7日，研究关于市“两路两侧”“四边三化”专项整治活动实施方案、四明山区域生态发展、进一步规范全市机关事业单位在职人员收入、明确城镇低效用地再开发地块历史遗留用地处理的土地出让金分成、半年度信访情况、“灿鸿”台风防御工作评估报告等工作。

8月31日，研究关于梁辉陆埠双溪口水库放水预警方案、舜宇集团产业园项目、消除电网设备安全隐患切实提升台涝期间安全供电能力、市土地利用总体规划调整完善指标建议分解方案、市耕地保护责任目标考核办法、市高铁站场建设投资有限公司申报发行企业债券、市房屋拆迁征收工作考核操作办法等工作。

9月28日，研究关于农信担保运作方案、畜禽养殖污染治理工作实施方案、群租房突出问题排查整治行动方案、建造第三中心粮库、姚江中学（暂名）新建工程项目局部设计变更和投资调整、推行契约式家庭医生制服务实施意见、进一步促进全市外贸平稳持续增长若干意见等工作。

11月9日，研究关于G228陆埠互通及S319

丈亭互通建设工程（胜山至陆埠公路余姚段）建设方案、进一步加强土地出让工作若干意见、农村生活污水治理设施运行维护管理办法、市技师学院筹建情况、河姆渡国际广场土地容积率调整问题、第七届中国余姚•河姆渡农业博览会方案、实施“百团计划”加快推进浙江“千人计划”余姚产业园建设意见等工作。

11月24日，研究关于市党政主要领导干部和国有企业领导人员任期经济责任年度报告办法、加快公共交通站场建设实施意见、开展调整2015年财政预算、调整乡镇财政体制等工作。

12月10日，研究关于进一步做好新形势下就业创业工作意见、2016年市政府投资项目重点工程计划安排情况、2016年全市经济社会发展主要指标安排情况、成立“才·富”合作基金、市困难群众临时救助实施办法、调整建设占用土地规费收缴标准、市防洪排涝工程“十三五”规划建设项目及投资情况等工作。

12月17日，研究关于政府工作报告（初稿）审核工作。

市政府办公室工作

【概况】

2015年，市府办在市委、市政府领导下，围绕全市中心工作，发挥参谋助手、督促检查、组织协调等职能，深化服务意识，改进服务方式，提升服务效率，在参与政务、办理事务、开展服务等方面取得新成绩，促进政府工作的高效有序运转。

全体机关干部坚持自学与集体学习相结合方式，加强政治理论和业务学习。先后参加市长学法和姚江讲坛等各类学习教育活动，举行“三严三实”专题教育党课，学习贯彻中共十八届三中、四中、五中全会和习近平总书记系列重要讲话精神以及党的方针政策。同时，班子成员还结合工作实际，学习公文基础知识、政府信息公开、经济管理、产业政策、土地法规等专业知识，并将所学知识应用于指导实践，提高业务能力和服务水平。

【政务服务】

综合办文。围绕市政府中心工作，通过调研和收集各方面工作情况，全年起草政府工作报告、政府全体会上的讲话等各类文稿150余篇。根据市政府重点工作，主动谋划，广泛调研，先后形成调研报告8篇，其中《关于加快发展我市城市经济的对策研究》一文获宁波市政府系统优秀调研文章，刊发课题成果26项，组织实施政府工作创新奖项目18项。同时，紧贴中心，围绕大局，挖掘全市发展社会经济的新做法、新亮点，开展信息整理上报工作，全年采写政务信息2134篇，被国务院、省、宁波市政府办公厅录用各类政务信息303条，其中被省、宁波市领导批示肯定21条。

协调督查。发挥“联系左右、沟通上下”的桥梁和纽带作用，先后就“五水共治”、“三改一拆”、灾后恢复重建、“四张清单一张网”改革、涉宗违法事件等一系列事关全局的大事及一些历史遗留问题和热点、难点问题，较好完成各项协调任务，促进政府工作的顺利推进。紧扣市委、市政府重大决策和民生实事工程，开展多形式、全方位的督查，及时向市政府反馈工作落实情况并通报全市，推动各项工作的落实。先后参与或组织各类督查活动54次，编发《督查专报》等26期。同时，加强与市人大、市政协的沟通联系，加大建议提案办理力度，全年共办理建议提案366件，均按时办结。

事务服务。规范市政府常务会议、市长办公会议等会议的办理流程，加强会议会务组织筹备，尽可能少开会、开短会，各类会议大幅减少。坚持热情接待、从俭招待的原则，推行特色接待、文化接待、节俭接待，服务于经济建设和招商引资工作，先后完成大型节庆、会议安排和上级机关及兄弟县市考察接待任务。加强出国（境）和涉外安全管理与服务，开展境内外涉外事件的预防和处置，加强友好城市交流活动，促进对外交流与协作。投入180万元完成全市电子政务协同办公系统升级改造，并完成公文网上流转无纸化办公的准备工作；推进政府网站集约化建设，开展建设浙江政务服务网的技术保障工作，完善电子政务系统和资源的安全保障体系建设，“中国·余姚”网获第十四届（2015年）中国政府网站绩效评估县市级网站第二名，并连续七年蝉联宁波市政府系统示范网站。

各项管理。制定出台行政执法专项监督、特邀行政执法监督员、行政执法监督协作等工作制度，实施规范性文件“三统一”制度，规范行政机关合同管理，依法履行行政复议职责，强化行政执法监督，推进法治政府建设。完善各类应急预案18个，健全应急联动体系和防汛防台预警信息发布网络，加强应急宣传、演练和培训，有效防范强台风“灿鸿”和各类突发性事件。建立健全出租房屋分类管理机制，落实重点敏感流动人口管控措施，继续实施“互融共建”主题活动，扶持培育示范性社会融合组织，健全流动人口公共服务与管理体系。制定出台防范和化解企业金融风险的政策意见，开展非法集资问题专项整治活动，推动互联网金融创新工作，协调化解企业融资难问题；推进多层次资本市场发展，朗迪集团首发申请过会，展通电信、五谷铜业、舜宇模具、付世光电、中塑在线5家企业已在“新三板”成功挂牌。

【自身建设】

队伍建设。组织全体干部分两批赴浙江工商大学，参加为期5天的行政管理素质提升研修班；修订完善《市政府办公室工作手册》，规范服务管理制度，实施工作绩效对账制度；同时，加强对干部的培养，按照《党政领导干部选拔任用工作条例》等规定，推荐交流任用市管干部2人，提拔办公室中层干部1人，选调优秀干部5人进办公室工作。

作风建设。落实中央“八项规定”、省委“28条办法”和“六项禁令”、宁波市委“20条措施”和正风肃纪“十项规定”，组织开展加强作风建设、“三严三实”等主题的党课和民主生活会，促进办公室工作作风的转变；开展“五联五促”“双带双走”“万名干部联万户”等活动，60余名党员干部多次到所联村、企业和困难户，协调处理美丽乡村、土地整理、畜禽养殖污染专项治理，以及“两新”工程等建设项目的问题。

廉政建设。组织学习《中国共产党廉洁自律准则》和《中国共产党纪律处分条例》，落实党风廉政建设党组主体责任，完善和坚持办公室工作制度及党风廉政建设制度，履行“一岗双责”；坚持落实民主集中制，坚持周一例会制度，定期不定期召开主任办公会议和办公室党组会议，研究解决重大事项和重大决策问题；执行政府采购制度，控制办公室设备配置、会议和接待经费标准，确保财务开支严格按财经纪律和财务制度执行，保证资金的规范合理使用。全年未发生违法违纪事件。

党的建设。建设“五好”机关党组织，建立健全学习、组织生活、党内监管等党建工作制度，调整配齐党总支及各支部组织成员；强化党员干部教育和管理，坚持“三会一课”制度，继续实施党员先锋指数考评管理工作；推行“党员组织生活日”制度，各党支部先后开展“忆红色、续传承”“认领微心愿”“党员志愿者服务”“我与党旗合个影”等活动，第一支部党员组织生活日获“市最佳创意组织生活案例”。组织党员干部开展参观革命根据地、观看专题教育片、健身登山等活动，活跃党员干部业余文化生活，并定期组织老干部集中学习和健康体检。在年度全市民主评议机关中，市府办获第一名。

（市府办）

法治工作

【概况】

2015年，市政府法制办在市委、市政府领导下，围绕全市中心工作，履行政府法治参谋顾问职责，开展合法性审查、行政复议、行政执法监督，牵头协调市政府相关涉法工作，推进法治政府建设，取得一定工作成效。

【履行政府法治参谋职责】

发挥法制参谋顾问作用。组织法律顾问队伍，参与市政府召开的各种涉法事项的协调会、讨论会，包括引进大型民生项目、土地征用、房屋拆迁、产权纠纷和集中整治等事项，内容涉及公共利益、人民群众切身利益、历史遗留问题、群众关心的难点热点问题，提出法治意见建议，为市政府决定决策提供法律保障。同时，继续指派专人参加“三改一拆”重点工作，用法治思维推进工作开展，依法拆迁改造、依法整治、依法推进改革。年度还参与审核各类文件及意见征求回复205（件）次。

完善领导干部学法制度。在市政府常务会议上安排时间给“市长学法”授课，编辑《法律法规摘录》供领导参阅，全年安排《中华人民共和国预算法》《中华人民共和国人民调解法》《中华人民共和国环保法》《浙江省土地整治条例》等法律法规培训8场次，书面学习《中华人民共和国刑法修正案（九）》《最高人民法院发布环境侵权司法解释》《最高人民法院关于审理民间借贷案件适用法律若干问题的规定》等法律法规摘要8期。

行政机关合同管理。贯彻执行《余姚市行政机关合同管理办法》，对全市行政机关合同落实合法性审查、专家咨询、绩效评估、监督检查等措施，加强源头管理、过程管理，预防和避免法律风险，规范行政机关合同管理工作。

参与行政事项改革创新。履行法治审查职责，先后参与行政审批制度改革、“四张清单一张网”建设、构建大调解工作机制、综合执法体制改革、深化政府信息公开等重大行政事项的改革创新工作，为推进改革创新理顺法律关系，把好法制关。

法治部门队伍建设。在上年实现全市乡镇(街道)、经济开发区法治机构全覆盖的基础上，加强市法制办自身建设，在解决正式编制人员进入的同时，采用政府购买服务的办法，与相关律师事务所签订合同，由律师事务所派遣2名正式律师到市法制办上班。

【提高规范性文件质量】

行政规范性文件审核。贯彻落实《浙江省行政规范性文件管理办法》和《余姚市人民政府关于推行行政规范性文件“三统一”制度的实施意见》。凡市政府规范性文件在提交审议前，均须公开征求意见，再经合法性审查、集体审议，最后公开发布。

行政规范性文件备案。全年向市人大常委会和宁波市人民政府报送的27件行政规范性文件予以备案，收到由各地各部门向市政府报送备案的行政规范性文件14件。

【预防和化解行政争议】

发挥行政复议主渠道作用。通过行政复议工作，督促行政机关规范行政行为，维护申请人等相关方的合法权益，化解行政争议。全年市政府本级共收到行政复议申请50件，其中受理39件，不予受理10件，按撤回申请处理1件。市政府为被告的一审行政诉讼案件23件，其中法院驳回原告的诉讼请求7件，驳回起诉1件，原告撤诉6件，法院改判原具体行政行为5件，其余4件尚未审结。

扩大行政复议受理渠道。畅通行政复议案件受理渠道，在全市各乡镇、街道设立行政复议申请受理点，各地群众可就近提交行政复议申请书。同时，建成行政复议网上办理系统，实现行政复议网上受理、答复功能。

探索多层次、多渠道纠纷化解机制。推行诉访分离，年度市信访接待取消以往在市党政领导接待日增设的涉法涉诉信访接待组，改由司法机关在市信访局进行常态化接待，维护法律在化解社会矛盾中的权威地位。以“依法信访”主题宣传月和“六五”普法活动为抓手，编织平面媒体、户外媒体、电子媒体三合一的“依法信访”宣传工作网络，利用报纸、电视、大型户外LED显示屏、微博、微信等媒体，开展信访工作法规政策和制度规定的宣传，助推信访部门与群众形成良性互动；对反复缠访闹访、扰乱社会秩序、妨害公共安全和社会管理的非正常上访人员，坚决依法处置。

【规范政府法治监督】

落实执法培训考试制度。依托省行政执法证件申报工作，定期对全市行政执法人员开展综合法律知识培训，将执法培训考试和提高执法队伍素质有效结合。全年共组织76人参加申领省行政执法证件的法律知识培训及考试，考试合格率73.91%。同时，完成上年度全市行政执法证件审核工作，确

保全市行政执法证件的合法有效性。

行政执法情况专项检查。对全市24家行政执法部门进行案卷质量评查，对抽查到的176件行政许可和行政处罚案卷进行专项检查，通过调取行政执法案卷、听取相关行政相对人意见等办法进行评查，评选全市行政许可“十佳”案卷和行政处罚“十佳”案卷。

行政执法监督工作机制建设试点。根据省政府法制办《关于印发行政执法监督工作机制建设试点工作方案的通知》，余姚市列入全省试点。为加强行政执法监督，促进依法规范公正文明执法，市法制办结合实际，初步建立行政执法监督工作的试行机制。相继制定出台关于行政执法专项监督、特邀行政执法监督员、行政执法监督协作等三项工作制度，针对关系人民群众切身利益的重点执法领域或者事项，以及违法行政而造成社会反响大、执法效果偏差等突出问题，进行专项或个案监督。下半年，牵头对群众反映较多的网吧接纳未成年人进入营业场所等问题，启动行政执法监督机制，开展专项监督。

网上公开行政处罚信息。年度将行政处罚结果公开平台平移至浙江政务服务网内，已有18家处罚主体在该网行政处罚结果公开专栏中向社会公开行政处罚信息10170件。

行政权力公开透明运行。全年通过政府信息公开专栏主动公开各类政府信息18121件，较上年增长15.19%。同时通过《余姚政务》《余姚日报》和余姚广播电视台、余姚e政厅、新闻发布会、政务微博、政务微信等形式向社会公众发布各类政府信息。加强对公开信息及时性、规范性的检查力度，不定期对公开的信息进行抽查，每季度对发现的问题进行全市通报。

（市法制办）

决策咨询

【概况】

2015年，市决策咨询委员会、市政府发展研究中心先后完成推进省“千人计划”余姚产业园开发建设、推进重大基础设施建设促进余慈统筹发展、创新余姚四明山区域管理体制、推进全市文化旅游发展、当前和今后一段时间推进全市经济社会发展、推进全市特色小镇建设工作、余姚市培育与引进高等教育院校对策研究、推进中意（宁波）生态园发展等重大课题8项，评选政府工作创新奖项目18项。刊发《咨询研究》5期、《咨询建议》14期、《决策参考》8期、《余姚决策咨询》1期，开展调研活动32次，有245人次参加课题调研活动。

【建言献策】

组织召开政府工作报告决策咨询座谈会，14名参会委员就2015年度市政府工作报告提出建议44条，许多建议被吸纳入政府工作报告中。开展2014年度政府工作创新奖评选工作，15名咨询委员采用综合评分法，从18个候选项目中评选出6个政府工作创新奖获奖项目。14名特约咨询员从各自专业角度出发，结合余姚实际情况，通过《咨询建议》提出有参考价值的意见和建议。

【合作交流】

通过成果寄送、课题委托、成果转化等方式，加强同上级智库的交流。通过专题培训、课题论证、成果寄送等形式，加强与市咨询委市外委员的交流。通过课题开展、学习考察等形式，促进特约咨询员参与咨询委工作。通过专题调研、成果发布、课题研讨等形式，加强与部门、乡镇（街道）的交流沟通。根据课题研究需要，组织有关部门和委员、特约咨询员到全国先进地区进行学习考察和工作交流。

【课题转化】

年初，根据市委、市政府对全局工作部署和

当前思考的重要问题，经市咨询委主任办公会议研究讨论，确定年度课题8项。课题完成后，市委、市政府领导听取专题汇报，作出专题批示，肯定课题成果，多项课题成果直接转化在市委、市政府决策中。

（潘　赞）

应急管理

【概况】

2015年，市应急办围绕市委、市政府关于防汛防台工作要求，按照“抓源头、强基础、治根本、重制度”的原则，在总结上几年防汛防台工作经验的基础上，推进防汛防台方案制定、信息发布网络完善、应急救援物质储备、防汛防台培训演练、应急工作宣传教育、防汛防台信息公开、重点部门专项检查七方面工作，提升全市防汛防台能力，确保安全度汛度夏。

【完善防汛防台及专项应急预案】

全市21个乡镇（街道）和余姚经济开发区以及22个市直相关部门，在上年防汛防台工作的基础上，结合本地、本部门实际，全部完成防汛防台应急预案的修订。同时，全市有249个行政村、38个社区制定村（社区）防汛防台行动方案，实现应急预案“纵到底、横到边、多层次、全覆盖”。按照国办《突发事件应急预案管理办法》和《市突发事件应急预案管理暂行规定》的要求，结合机构改革后的职能调整，继续开展市级专项预案的编制修订工作，全年共修编订市级专项预案28个。

【健全预警信息发布网络】

通过电视、网络、报纸等途径，加大防汛防台信息的公开力度。及时将更新后的防汛防台应急预案、部门应急专项预案、乡镇（街道）应急子预案、水库海塘安全管理、农村水电站防汛安全、水库泄洪预警、地质灾害点监测预防等，通过政务平台、微博等在网络上发布。在市气象局建立预警信息发送专网，可实时向全市约80万户移动网络用户发送气象灾害信息，以及可能发生的次生灾害预警信息和紧急避险措施。在全市村（社区）干部、网格长、楼道长及应急队员等队伍中建立预警信息发布网络，将应急信息延伸到各基层点。同时，全市各乡镇、街道还分类建立预警信息发布网络，完善汛情预警标准和发布机制，利用信息平台网络、手机、短信平台和新闻媒体等，及时准确发布正确信息。全市已建成应急广播点970个，应急广播覆盖到每个行政村。

【应急平台建设】

年度完成应急平台系统验收并投入试行。结合宁波市应急指挥中心要求，各乡镇、街道已按照要求录入更新本单位应急预案、应急队伍、应急物资、避难场所、危险源等相关数据。同时，继续维护好三职校应急指挥备用中心。

【应急物质储备】

市级层面专门成立应急物资协调小组，对各类物资进行全盘统筹，实施全市应急物质统一调配机制，并扩大社会化储备范围。已储备水泵63台、移动电源泵车9辆、移动电源94台、橡皮艇40条、冲锋舟7艘、救生衣600余件、麻袋（编织袋）9.56万只、沙4329立方米，社会化储备挖掘机4台。同时，各乡镇、街道也按要求将各类物资分类、分点存放到既定仓库，确保一有急需即可启用。共储备水泵441台、移动电源209台、橡皮艇453条、冲锋舟30艘、救生衣1751件、各类应急灯具2592只、麻袋（编织袋）19.8万只，社会化储备挖掘机49台、自卸车120辆、推土机23辆。

【防汛防台培训演练】

结合汛期气象、环境等条件及可能引发的衍生灾害类型、特点，围绕组织指挥、协同配合和应急准备重点，制订应急演练计划，并反复组织开展各类针对性的应急演练，提高应急反应能力、处置能力和救援能力。全年市级部门开展防汛防台应急演练6次，参与人数200余人；21个乡镇（街道）和经济开发区开展防汛防台应急演练23次，参与人数810余人。开展对防汛防台应急预案和村（社区）行动方案中有关工作人员、主要负责人的应急知识培训，提高应急反应和处置能力。结合市委组织部开展的村书记培训班，邀请应急工作专家授课，内容涉及应急准备、应急动员、应急疏散、应急救援等。

【应急队伍建设】

在加强专业队伍建设的基础上，发挥工会、妇联、共青团等社会团体的桥梁纽带作用，制订机关单位与城区社区结对计划，发动党员、团员、青年等社会力量参与防汛防台工作。同时，加强市、乡镇（街道）两级志愿服务网络建设，发展消防、自然灾害援助、应急宣教等门类的志愿队伍，逐步构建“纵向联动、横向协调”的志愿服务工作组织体系。全市拥有市、镇、村三级抢险应急小分队 352 支，计 6116 人，志愿服务团队 164 支，注册志愿者 3.5 万人。其中市直接管理的机动抢险小分队 2 支，计 40 人。

【应急联动体系建设】

以公安 110 指挥中心为中枢，以情报信息为主导，以科技手段为依托，继续提升“双联中心”建设和管理。全市共有 97 家单位和部门参与应急联动，其中一级联动单位 75 家，二级联动单位 14 家，三级联动单位 8 家。通过典型案例引导、负面案例剖析等形式，提升各联动单位规范处置的能力和水平。从指令、受理、处置、反馈等一系列流程进行规范，在各个环节中实时督促，定时通报，发挥“双联中心”指挥权威。定期召开联席会议，及时通报、交流、研究防控和联动工作情况，协调解决运行中的困难和问题，保障联动工作高效运作。全年应急联动共受理联动警情 10997 起，比上年的 10456 起上升 5.17%。

（市应急办）

流动人口服务与管理

【概况】

截至 2015 年末，全市共有登记做证的流动人口 50.05 万人，比上年同期减少 2.32 万人。其中男性 27.33 万人，占 54.66%；女性 22.72 万人，占 45.34%。做证 43.06 万人，减少 0.64 万人；16 周岁以下登记 7 万人，减少 1.68 万人。流动人口来源集中在安徽、贵州、河南、湖南、四川等省份。其中安徽 11.85 万人，占 23.67%；贵州 10.0 万人，占 19.98%；河南 5.47 万人，占 10.93%。居住分散，仍以出租房屋为主，全市有出租房屋 8.45 万户、34.76 万间。全市流动人口仍以 16～60 周岁劳动年龄人口为主，计 42.46 万人，占总数的 84.82%。

【引导调控】

下发《关于开展居住房屋租赁管理工作的通知》，明确出租房屋基本条件和安全标准，建立健全出租房屋分类管理机制。出台《关于推行出租房屋二维码管理的通知》，投入经费 20 万元，开展全市出租房屋二维码建设。流动人口居住信息登记率达 98%，出租房屋信息登记率达 100%，登记信息准确率 85%。开展行业整治，加强社会治安管理，累计查处无照经营 1400 户，疏导登记 849 户，其中立案查处 133 起。抓获犯罪嫌疑人 2422 人，其中外来人员 1402 人，占 59.87%。全市完成“机器换人”重点项目 85 个，减员 7000 余人，规模以上工业全员劳动生产率提高 9% 左右，万元工业增加值用工下降 8%。

【优化服务】

全市有 1437 家企业进入市人力资源市场招聘，发布就业信息 37315 条，46219 名流动人口进场应聘，12094 人达成就业意向，外来务工人员劳动合同签订率达 98%。全年参加技能培训的外来务工人员 487 人，发放职业证书 247 人，初级以上文化程度人数在外来劳动力的占比增长 3.2%。全市接受义务教育的流动人口子女 4.86 万人，其中 3.9 万人（包括小学及初中向民办学校购买服务的）在公办学校就读，公办学校就读比例为80.6%，其余在16所民办民工子女学校就读。全市有流动育龄妇女20.13万人，其中已婚育龄妇女15.3万人。全年流动育龄妇女生育5949人，占新生儿总数的50.4%。流入已婚育龄妇女登记管理率、流出已婚育龄妇女信息掌握率分别达91.5%和91%，国家规定的免费计划生育技术服务覆盖率达95.6%，网络化协作信息提交、接收和协查反馈率均在99%以上。0～7岁流动儿童建卡6.12万人次，接受免费疫苗接种15.42万人次，流动儿童免费疫苗接种率达99.6%。全年受理流动人口劳动争议仲裁案件1051起，当期结案946起，为635名流动人口挽回各类劳动报酬、赔偿、补偿款1919万元，外来务工人员劳动仲裁案件结案率达92%，劳动监察案件结案率达100%。

【促进融合】

组织开展企业工间操活动、优秀外来务工人员评选、民族团结创建、心理疏导服务行动、志愿服务行动、“小候鸟”关爱行动、示范性社会融合组织创建等互融共建主题活动。深化劳动关系和谐企业创建活动，已建工会企业参与和谐企业创建率达到100%。流动人口工会会员入会率在97.32%以上。市级和谐企业工资集体协商提质增效覆盖面达95%。扶持培育示范性社会融合组织，共有和谐联谊会205个，其中宁波市级15个。全年通过和谐联谊会解决矛盾纠纷125起，成功率100%。引导和发动广大新余姚人参加“五水共治”活动，发放倡议书5万余份。

【夯实基础】

建立健全流动人口基础数据报送制度，定期监测流动人口的总量规模、空间分布、素质结构、就业创业等情况，并对相关数据进行对比和研判分析。挖掘各行各业的优秀外来从业人员，利用各种媒体进行宣传，在余姚电视台开辟姚江明月专栏，培育先进典型；在余姚电视台开设姚江百度，为流动人口提供法律咨询、维权、就业介绍等服务。宣传流动人口服务管理工作的先进经验和典型做法，凤山街道永丰村“三四五”工作法走出新老居民互融共建之路、低塘街道汤家闸村“小挎包大服务”列入市治村理事“五式21招”。采取月度通报、实地检查、上门指导、开会交流等形式，强化对乡镇（街道）流动人口工作的日常监督检查。

（周军贤）

接待工作

【概况】

2015年，市政府接待办共接待国家部委、省、市、县各级领导和宾客386批次4375人次。主要领导有省委书记夏宝龙、全国总工会副主席阎京华、省委副书记王辉忠、副省长熊建平等，重要嘉宾有国际佛光会世界总会荣誉会长星云大师等。随同市委、市政府领导带队赴丽水市、龙泉市、景宁县，上海市，杭州市，上虞区、富阳市、临安市学习考察5次，为市党政代表团在外地考察活动开展联络及后勤保障工作。先后完成全国农村基层党建工作现场会考察谢家路村、第十七届中国塑料博览会、中意（宁波）生态园管委会授牌等大型活动、大型会议的组织、协调和接待工作。

（市接待办）

机关事务管理

【概况】

2015年，市机关事务管理局建立完善配套制度标准，先后编印《余姚市机关事务管理局工作手册》《余姚市党政机关办公用房管理制度汇编》《余姚市公共机构节能工作资料汇编》《余姚市市级机关后勤服务中心工作手册》。推进办公用房统一管理，巩固办公用房清理整改工作成果，优化房地产资源配置。规范公务车辆管理，突出“保障、服务”

两大主题，提高财务管理制度化、规范化程度。规范机关后勤服务工作的服务标准和工作流程，围绕市委、市政府各类重大活动开展后勤保障服务。

落实党风廉政建设主体责任，深化机关作风效能建设，对重要岗位、重点工作、重要环节实施重点监督。加强机关文化建设，组织开展干部职工运动会、文明礼仪培训活动。以“党员组织生活日”活动为载体，组织党员干部参加红色革命教育、观看廉政影片、争做先锋服务员等活动。

（市机关事务管理局）

信访工作

【概况】

2015 年，市信访局受理群众来信、来访和市长电话、市长信箱共计 15400 批 18277 人次，比上年分别上升 1.51%、3.51%，信访形势继续保持平稳有序的态势。

【各级领导抓督查督办】

继续开展市级领导“1+4”公开大接访，全年共接访 645 批 1420 人次。2—3 月，由市信访工作联席会议召集人带队，分别到各乡镇、街道和市经济开发区，进行专项督查指导；8—9 月，结合“三严三实”专题教育活动，制订《在“三严三实”专题教育中联动开展信访督查“百千万”专项行动》方案，市四套班子主要领导从 8 月初开始，带队到所联系乡镇、街道开展信访督查，重点督查面上信访工作情况、疑难信访件化解和稳控工作以及年度来市初信初访件的办理情况，共计督查各类信访件 64 件。通过专题排摸，对 25 件信访突出问题和信访积案，市委、市政府分别落实 17 名市党政领导和法、检“两长”包案督办，对能够在法律框架内解决的信访问题，坚决推动化解；对于部分诉求过高、行为无理、已经信访终结、短期内难以化解的信访老户，进行教育和疏导。

【信访法治建设】

1 月起，实施诉访分离，取消上年在市党政领导信访接待日增设的涉法涉诉信访接待组，由司法机关进行常态化接待，以维护法律在化解社会矛盾中的权威地位。开展“依法信访”主题宣传月和“六五”普法活动，宣传《信访条例》等法规和制度，引导群众依法信访、理性维权。对反复缠访闹访、扰乱社会秩序、妨害公共安全和社会管理的非正常上访人员，坚决依法处置。全年刑事拘留 2 人，行政拘留 2 人，训诫谈话多人。

【信访信息系统操作应用】

1 月起，停用全国信访信息系统和宁波市信访信息系统，启用浙江省网上信访平台和余姚市网上信访受理平台。全市开通浙江省网上信访平台的单位共计 89 家，其中 21 个乡镇、街道全部开通，市直部门开通 68 家。贯彻执行国家信访局《信访事项办理群众满意度评价工作办法》，依托浙江省网上信访平台实行群众满意度评价，实现办理过程和结果可查询、可跟踪、可督办、可评价、可考核，对群众评价不满意信访事项开展 100% 督查，促进信访问题及时就地解决，保障群众的合法权益。

（张锡波）

行政审批工作

【概况】

2015 年，市行政服务中心共受理各类审批服务事项 115289 件，办结 117639 件（平均每个工作日 472.4 件），按期办结率 100%；收取各类税费 28.3 亿元，共为企业融资 725.14 亿元，“一事一评”满意率 100%，5190 件电话回访群众平均满意率 99.23%，收到办事企业和群众表扬信、感谢信 147 封，锦旗 160 面。市审管办“3+1 行政审批服务组合机制”受到常务副省长袁家军批示肯定，市行政服务中心获全国政务服务大厅“百优”称号。

【“四张清单一张网”建设】

市审管办会同各窗口单位界定各审批窗口、审批岗位的职责与权力边界，厘清各部门的进驻市行政服务中心事项与本级保留的事项与责任主体，规范审批权力的范围、边界与审批权力运行的程序、环节、过程与责任。开展浙江政务服务网的垂直业务系统对接、入库事项的核对、行政审批应用建设验收等工作，开展市审批服务事项纳入浙江政务服务网权力运行系统的业务培训等前期准备工作。自6月起，全市所有行政许可事项分批在浙江政务服务网权力运行系统上试运行；其他行政审批事项（包括行政确认、审核转报以及年检、备案和其他审批事项等）于9月起上线运行。

【镇村两级便民服务中心规范化建设】

根据省委部署，在调研基础上出台《关于进一步加强镇村两级便民服务中心规范化建设管理的实施意见》，明确全市镇村两级便民服务中心规范化建设的主要工作任务、工作机构、工作职责、软硬件建设、办事流程、工作制度、组织保障和工作要求。确定牟山镇、阳明街道北郊村、阳明街道新城市社区为全市镇村两级便民服务中心规范化建设试点单位。9月初，市政府召开全市乡镇（街道）、村（社区）两级便民服务中心规范化建设现场会和推进会。对乡镇（街道）近50名审批服务代理员进行业务培训。开展以阳明街道北郊村便民服务中心为样板的全市示范村级便民服务中心创建活动，到年末，共上报创建培育对象42家，每个乡镇（街道）2个。对镇级便民服务中心体制机制问题开展专题调研，经市编委会文件明确，镇（乡、街道）便民服务中心为乡镇政府（街道办事处）的下属事业单位，与镇级劳动和社会保障服务中心实行“两块牌子、一套班子”的运行体制，由市审管办进行统一指导和监督考核。

同时，根据省政府办公厅《关于加快推进浙江政务服务网乡镇（街道）村（社区）延伸实施工作的通知》精神，结合乡镇（街道）权力清单责任清单编制工作，对各职能部门乡镇（街道）权力事项目录进行梳理和完善。其中，行政权力事项167项（街道涉及93项），进驻乡镇（街道）便民服务中心办理的公共服务事项23项。到年末，全市乡镇（街道）权力事项已全部入库，并向浙江政务服务网推送和公布。

全市已建成乡镇（街道）一级行政服务中心或便民服务中心22个，社区便民服务中心37个，村便民服务中心265个，建成率达到100%；各乡镇（街道）共配备审批服务代办员52人、村（社区）代办员519人，累计办结各类便民服务事项50.76万件（次）。

【审批制度改革】

建立企业投资项目联合测量制度。协调国土、住建、规划部门，开展与企业投资项目相关的地籍测量、规划测量、房产测绘等第三方联合测量测绘的推进工作，建立指标数据统一、数据共享的制度，市审改办出台《关于推进全市工业企业投资项目联合测量的指导意见》予以明确。

健全建设项目竣工联合验收制度。对余姚首创的“统一受理、提前介入、分组检查、集中验收”的建设项目竣工联合验收工作机制进行完善，推进建设项目的竣工联合验收。截至年末，累计有8个安置房项目、17个工业项目、3个城市综合体项目进入竣工联合验收流程。

规范工业类社会投资项目的中介机构服务用时。编制总用时86个工作日的企业投资项目审批全流程图，对涉及工业类社会投资项目的中介机构服务用时进行规范。其中，审批总用时14个工作日，公示7个工作日，中介服务总用时65个工作日（比并联审批的平均用时135个工作日提速51%），降低中介收费标准约20%。

“五证合一”工作。从10月1日起，全面实施“五证合一、一照一码”的登记制度，将原先由多个部门分别办理、各自发证（照）的营业执照、组织机构代码证、税务登记证、社会保险登记证和统计登记证等企业“五证”，合并为由市场监管部门统一核发加载18位统一社会信用代码的营业执照。申请人只需填写一张申请表，3个工作日内即可领到“五证合一”营业执照。10月8日发出第一份“五证合一”营业执照，到年末，全市共签发3047份。

不动产统一登记有关准备工作。根据上级要求，对不动产（包括土地、房屋、草原、林地、海域）登记职责整合到市国土局，市审管办开展市行政服务中心不动产统一登记相关的房产、国土等相关窗口调整和制证部门进驻场地调剂等工作。

【“助万企转型、促万众创新”服务企业专项活动】

优质服务。帮助企业解决项目手续办理方面的困难，降低创业准入门槛，为企业和个体工商户拓展假日经济、月光经济、发展农家乐提供快捷审批服务；组织服务部门（窗口）走访企业特别是重点骨干企业，了解企业需求，开展行政指导。

项目服务。结合招商引资“一号工程”和“五重两大”推进年活动，协调解决投资项目推进过程中的实际困难，确保项目早落地、早投产、早见效；协助企业开展项目审批前期工作，强化跟踪对接服务，深化模拟审批、并联审批等创新模式，帮助企业开展联合竣工验收的衔接落实工作；组织乡镇（街道）经济发展服务中心，提供协办、代办等服务，确保企业投资项目的顺利推进。

融资服务。继续引导和支持各有关窗口，通过审批服务途径，帮助中小企业解决融资难题。市场监管、国土、房管等部门窗口，全年共为企业融资725.14亿元（比上年减少3.05%）；协调市行政服务中心及泗门分中心的有关窗口，落实对小型微型企业暂免征收行政事业性收费政策，全年共免收中小企业行政事业收费751.23万元，44582家次企业和个体工商户受益，分别增长111.47%和23.56%。

【行政审批全流程整合优化】

全市共简化前置审批148项，对于法律法规没有明确作为项目审核前置条件的审批手续，一律不再进行前置审批。推进并联审批制度，完善重点项目的模拟审批制度，探索开展非重点建设项目的模拟审批工作。先后有宁波宇华电器公司新建塑管项目、宁波舜宇车载光学技术有限公司新建厂房、余姚市第三中心粮库3个项目进入模拟审批程序。组织协调规划（人防）、国土、环保、气象、消防等部门，开展施工图的联合审查，限时出具审查、审批意见。

（方智强）

外事工作

【概况】

2015年，市外事办先后为第三届世界塑料理事会议、第十七届中国塑料博览会、’2015中国裘皮服装节等活动开展对外联络、外宾接待和提供翻译服务。余姚作为在意大利举办的海外“宁波周”活动的主要承办单位，市外事办派出2个团组配合主办方进行活动的筹备和落实。4月，主动与市经济开发区沟通衔接，保障市经济开发区招商小分队顺利出访德国、意大利、瑞典。全年审核APEC商务旅行卡48张，为企业出入境提供便利。全年共审批因公出国(境)84批173人次，比上年略有下降，因公出国人员中未出现违反外事纪律的事例；接待重要外宾20批次256人次。人均出访费用和人均外事接待经费均呈下降趋势。

【年度重要外事活动】

1月，宁波市友好城市——日本静冈市日中友好协议会理事长栗原绩一行访问余姚，参观河姆渡遗址。4月，余姚市友好城市——波兰凯尔采市代表团一行19人到余姚访问，市委书记毛宏芳与凯尔采市长举行余姚—凯尔采友好交流会议。6月，朝鲜驻中国大使馆经济商务专员金赫哲参观考察明凤渔业有限公司。是月，宁波市友好城市——爱沙尼亚塔尔图市市长率代表团访问余姚。8月，市委副书记诸晓蓓率团回访该市，洽谈今后交流和合作事宜。10月，宁波德昌电机制造有限公司外方技术总监尤安先生被授予“2015年宁波市茶花纪念奖”。

【第三届世界塑料理事会议】

10月20日，第三届世界塑料理事会议在余姚举行，也是其第一次在中国召开。为此，市外事办进行将近一年的筹划和准备，在全市范围内组织选调和培训50余名擅长英语的机关企事业单位工作人员，为大会提供翻译和联络服务。

（市外事办）

涉台工作

【概况】

2015年，市委台湾工作办公室、市政府台湾事务办公室以宁波台资企业转型升级示范区建设为契机，新增台资企业2家，增资台资企业2家，增资金额3343万美元。以“阳明文化”为主推品牌，策划举办“阳明故里”文化采风暨第二届姚台美食节活动，邀请台湾佛光山星云大师到余姚作“幸福生活和中华文化的复兴”讲座，还邀请台湾媒体开展“走进余姚”宣传拍摄活动。

完善台商联谊会建设，先后开展“羊”帆起航书画院新春送春联进台企、美食节“梅乡探秘之旅”、东岗村帮困助老公益基金、“姚台一家亲”乡情亲情联络联谊等活动。全年接待到余姚观光旅游、考察交流的台胞14512人次。同时组织4个团组33人到台湾参观考察，其中市长奚明在6月率市经贸交流考察团在台北举办“姚台经贸交流合作座谈会”。

【台湾媒体“走进余姚”系列活动】

5月28—30日，台湾中天电视台和《联合报》的记者一行到余姚开展为期三天的“走进余姚”专题拍摄，8月在中天电视台、联合报、凤凰网等台湾主流媒体上播出。此次台湾媒体“走进余姚”专项宣传交流活动，由市台办策划组织，同时作为台湾媒体“走进宁波”的重要内容之一，旨在进一步宣传推介余姚，扩大余姚在台湾地区的影响，助推姚台两地交流合作。

【姚台经贸交流座谈会在台北召开】

6月5日，由市长奚明率领的余姚市经贸考察交流团，在台北召开姚台经贸交流座谈会。会议邀请中华两岸交流协会、台北市宁波同乡会等协会，城光科技、顶尖奈米科技等台湾企业的代表，以及在余姚投资的车王电子、雷虎科技、威麦斯运动器材等台资企业负责人等40余人参加。现场促成宁波威麦斯运动器材有限公司增资项目等6个合作项目的现场签约。

【“阳明故里”文化采风暨第二届姚台美食节】

6月，市政府以省级对台交流基地——王阳明故居为平台，结合杨梅节，举办以“文化传情、美食共享、摄影采风”为主题“阳明故里”文化采风暨第二届姚台美食节活动。邀请姚台两地书画摄影爱好者、宁波台商、两岸媒体记者等80余名嘉宾，开展“从故居出发”启动仪式、“山美水美”大岚摄影采风、“梅乡探秘之旅”等交流活动。

（王　洁）

侨务工作

【概况】

2015年，市侨办（侨联）发挥联系广泛的优势，助推全市“引资引智”工作，通过举办海外高层次人才余姚行、侨商进园区、参与甬港经济合作论坛等活动，先后组织来自加拿大、新加坡、意大利等国家及中国香港地区的侨务考察团以及国际著名风投公司，到省“千人计划”余姚产业园、中意（宁波）生态园、慧聪家电城及有关企业，开展项目考察和对接洽谈，共挖掘项目线索和意向11个，2个高科技项目落户。

开展侨资企业、海创企业助创工作，根据全市统一安排，由一名市管领导担任海归谢弘辉博士创办的浙江英驰博达机电科技股份有限公司的助创专员。组织开展企业服务月活动，走访了解涉侨企业生产经营情况，协调帮助解决遇到的难题。依托两个海归创业基地，发挥海创会作用，组织实施海创企业专项帮扶活动，先后举办海创企业家赴香港研讨班、赴杭州阿里巴巴集团和余姚慧聪家电网的参观考察、“传承·创新·筑梦”主题系列对话会、海归之夜等活动，帮助海创企业发展壮大。

连续第十二年开展“冬日送温暖、夏日送清凉”的“暖侨惠民”活动，看望侨界代表人士、老年侨眷以及困难群众150余人，发放慰问金及慰问品5万余元。同时，乡镇（街道）围绕重要节庆，对辖区内侨界人士也开展走访慰问。完善涉侨信访工作接访和办理机制，全年接待侨界群众来访35人次，处理信访件7件，帮助解决侨界人士在就学、就业、出国留学、经济纠纷等方面的问题。

履行华侨捐赠工作职责，开展魏绍相奖学金、董伟助学金的管理和发放工作，全年共接受海外侨胞、港澳同胞以及侨资企业家、海创企业家面向教育、卫生等领域捐赠项目5个，捐赠总金额百余万元。依托侨艺俱乐部和留学人员联谊中心，先后组织开展侨界“晚晴重阳登高”活动、侨界“书墨飘香、老镇新颜”参访考察、侨界元宵“赏灯观景”、侨界文化下乡、侨界摄影家为抗战老战士留影、侨务干部为敬老院老人免费摄影、侨界红歌会、海归家庭“六一欢乐汇”等活动，丰富侨界文化生活。

年度召开市第四次留学人员和家属代表大会、市海创会召开换届会议、市第十一次归侨侨眷代表大会，先后有中国侨联经济科技部部长陈桦、省侨联副主席张维仁、宁波市侨办主任顾正为、宁波市侨联主席李承戌、宁波市侨联副主席王东海等上级侨务部门领导到余姚考察指导。市侨联获“全省侨联系统先进集体”称号，阳明街道长安社区侨联被评为全省侨联系统“最美侨之家”。余姚籍港胞徐祖力入选首届“十大杰出新香港青年”，国家“千人计划”专家、宁波江丰电子材料股份有限公司董事长姚力军被省侨联、外侨办授予全省侨界“十杰”，侨眷沈燕燕被评为全省归侨侨眷先进个人。

【海外侨胞接待】

全年共接待包括新加坡国立大学东亚研究所所长郑永年、香港余姚联谊会会长邵勇、美国维州社区学院委员会主席赵惠普等海外侨胞、港澳同胞、海外留学人员357人次，其中海外团组8个。4月5日，由宁波在香港各社团会员组成的“’2015

余姚市第十一次归侨侨眷代表大会

香港‘活力宁波·薪火相传’参访团”一行50余人到余姚参观考察；杨梅节期间，香港余姚联谊会30余名会员组团回乡参访；11月，余姚中学举行建校八十周年纪念活动，邀请海外校友组团返姚参加校庆大会。

【对外联谊活动】

春节前夕，共向美国、加拿大、日本、英国、新加坡等十余个国家和中国香港地区侨界人士寄送纸质贺卡及电子贺卡100余份。此外，借助微信、QQ、电子邮箱、电话等媒介，与海外侨界人士尤其是重点代表人士保持经常性联系。杨梅节期间，连续第12年在上海举办余姚籍在沪海外高层次人才联谊会。10月，由市长奚明率团在香港开展为期4天的访问活动，出席甬港联谊会三十周年庆典和’2015甬港经济合作论坛，并拜会香港余姚联谊会和一批著名香港同胞。此外，侨务部门多次赴深圳、香港，与香港宁波同乡会、香港甬港联谊会等社团进行联谊。

【侨务外宣工作】

3月开通“余姚侨务”微信公众平台，形成侨网、侨讯、微信三位一体的侨务宣传平台网络。全年编印《余姚侨讯》6期，在“余姚侨网”“余姚侨务”微信公众平台上发布侨务信息近200条，其中被中国侨网、浙江侨网、宁波侨网、《浙江侨声报》、宁波侨务杂志等转载、录用近100条次。邀请《浙江侨声报》记者赴鹿亭乡采写《浙江余姚聚侨爱惠民生，两年乡村面貌一新》新闻通讯。配合《余姚日报》《天下余姚人》专栏报道，物色联系一批具有代表性的侨界人士进行采访，全年共有11名侨界代表人士事迹被《天下余姚人》专栏专版刊登。编印的《才情飞扬——姚籍海外学子风采录》系列丛书和《美丽中村》画册，被评为市优秀外宣品。

【第二轮“侨助美丽乡村”启动】

继第一轮“侨助美丽乡村”工作结束后，年度开始第二轮为期三年的“侨助美丽乡村”工作。先后有流动医疗服务车、沿夹岙村老年活动中心等项目落户鹿亭乡，持续推进宁波侨界人士鹿亭爱心助学行动和宁波侨界医疗队“慈爱光明　鹿亭同心”下乡义诊等品牌活动。“侨助美丽乡村”工作获评2015年全省侨联系统最具创新性工作。

（市侨办）

电子政务

【概况】

2015年，市电子政务办贯彻全国政府网站普查要求，推进实施政府系统网站整合归并工作，共整合归并网站59家，关停网站42家，形成“服务器统一、技术平台统一、域名统一、风格统一、栏目统一、管理统一”的“六统一”网站格局，为全省首个完成统一开办模式的县级政府网站。“中国·余姚”门户网站全年发布信息11049条，日均访问量8400人次以上，制作专题专栏10个。获中国政务网站领先奖、中国政府网站绩效评估县级市政府网站第二名，连续六年蝉联宁波市政府系统示范网站。

按照全市下阶段信息化项目需求主要集中在部门内业务系统整合、跨部门信息共享、建设和完善部门统一的数据中心的要求，经一年的整合管理，电子政务数据中心机房已有托管服务器100台、交换机27台、存储3台、安全设备17台，共计设备147台。数据中心机房部署有电子政务外网、电子政务内网、规划局业务专网等网络。电子政务村村通项目验收完成，开通全市村、社区和居委计生平台，以及市在职党员进社区工作管理系统。

【新一代电子政务协同办公系统建成】

经一年多的开发测试和整改，新一代电子政务协同办公系统于6月基本实现无纸化办公应用需求，建成统一用户管理平台和短信收发管理平台，并集成电子签章，实现平板端的手写签批，完成手机端的开发应用。同时实现人大、政协建议提案系统，督查系统，双对考核系统，及网站群的单点登录和数据推送。在9月底对全市150余个单位进行培训推广后，系统于12月1日正式上线。

（宣圆圆）

扶贫开发与对口扶贫协作工作

【概况】

2015年，市老区开发建设办公室围绕四明山区域全面小康建设和新农村建设目标，坚持生态立区、产业优化、下山移民、重点突破的发展战略，以增强区域自我发展建设能力和增加农民收入为核心，实施四明山区域生态发展项目、村庄整治建设提升，发展壮大村级集体经济，推进移民下山和劳动力转移步伐，促进农民增收致富，推动四明山区域经济社会全面可持续发展。全年老区四乡镇二片（即四明山、大岚、鹿亭、梁弄4个乡镇和梨洲街道山区片、陆埠镇洪山片）完成地区生产总值100.45亿元，增长8.2%，其中工业73.44元，农业7.79亿元，第三产业19.22亿元。农民人均收入15033元，增加17.6%。全年落实女性低收入农户增收项目3个，分别为梨洲街道、陆埠镇和鹿亭乡，总投资420万元，落实宁波市农办补助资金80万元。

【四明山区域生态发展项目】

出台《关于加快推进四明山区域生态发展的实施意见》，下发四明山区域旅游发展、下山移民、森林生态发展、环境保护等四个实施细则。制定《余姚市四明山区域生态发展项目资金管理办法》和《四明山区域生态发展有关工作制度》，出台市直部门与四明山区域行政村结对帮扶工作意见，落实“1+1”结对帮扶制度，77个市直部门与四明山区域77个村结对。按照“一路、六村、十景”的思路，全年共确定项目46个，初步概算总投资3.39亿元，宁波、余姚两级配套专项补助7030万元。截至年末，实施的44个生态发展项目中，梨洲街道振兴公寓下山移民安置小区综合配套设施工程、东岗山林场珍贵树种植2个项目、13个行政村村庄整治提升全部完成，梁弄镇下山移民安置小区等6个项目已完成70%以上；陆埠镇兰山村休闲广场等10个项目已开工建设；其余项目均已进入招投标阶段，首批预拨项目资金2980万元、唐诗之路建设和重点村电子商务平台项目补助535万元、行政村生态保护和运营经费补偿770万元已下拨。

【村庄整治建设提升专项行动】

年度共有13个村列入村庄整治建设提升工程，即四明山镇芦田村、平莲村、溪山村，大岚镇黄家庄村、华山村，鹿亭乡李家塔村、高岩村，梁弄镇五桂村、梁冯村、东山村，梨洲街道章雅山村，陆埠镇翁岙村、裘岙村。项目总投资4126.1万元，其中宁波、余姚两级财政补助1950万元，镇、村自筹226.1万元。共完成拆除危旧房19080平方米，外立面改造36500平方米，村内道路硬化58450平方米，建设路灯837盏，排水设施建设4300米，村庄及庭园绿化22400平方米，新建公厕43座，村内小型河道整治13639平方米。全年完成山区人口内聚外迁419户1751人。全年修建资源型机耕路22条，总投资520万元，落实补助资金206万元。

【村级集体经济发展项目】

全年落实资金安排梁弄镇村集体经济项目4个，落实补助资金230万元。同时，落实补助资金83万元，对28个经济薄弱村的运行经费进行补差，以确保每村运行经费在10万元以上。

【对口帮扶贵州省望谟县】

全年与宁波市财政局、宁波港集团共同帮扶望谟县望谟党校食堂、新农村建设等项目6个，落实帮扶资金500万元。其中余姚市财政和宁波市财政局各200万元，宁波港集团100万元。同时，再由余姚市交通局和高铁指挥部各支持15万元，以改善该县交通条件。

【省内结对帮扶】

根据省委、省政府统一安排，市政府及泗门镇、马渚镇、低塘街道、朗霞街道、临山镇5个乡镇（街道）结对帮扶丽水地区松阳县44个低收入农户集中村。其中，市政府结对松阳县象溪镇的8个村，全年安排对口帮扶项目资金80万元，比上年增加30万元，完成自来水提升工程、村庄路面硬化、农田水利建设等帮扶项目9个。5个出帮乡镇、街道共落实项目帮扶资金275万元。

（市老区办）

政协余姚市委员会

综 述

【概况】

2015年，市政协常委会在中共余姚市委领导下，贯彻落实中央和省、宁波市、余姚市委一系列重大决策部署，团结动员各党派团体和各族各界人士，围绕大局，履行职能，服务改革发展，促进社会和谐，完成市政协十二届四次会议确定的各项任务，为推进全市经济社会平稳健康发展做出贡献。

【政治协商】

全体会议协商。十二届四次全体会议期间，全体政协委员对政府工作报告、政协常务委员会工作报告、政协提案工作报告进行协商，通过大会发言、小组讨论、撰写提案和反映社情民意等形式，就产业转型升级、深化开放合作、城乡品质提档、社会建设治理、体制机制创新等方面，提出建设性意见，得到市委、市政府领导的重视，纳入决策之中。

常委会议协商。市政协常委会围绕“法治余姚”建设，提出推进政府依法行政、健全法律服务体系、完善普法宣传教育、夯实司法保障等方面的意见、建议；就全市“十三五”规划纲要中的文本内容、指标体系、项目安排、创新发展、商贸业、现代农业、城乡品质、共享发展、社会治理等方面提出意见和建议。同时，市政协常委、政协委员还应邀参加市委“十三五”规划建议民主协商会，向市委主要领导提出意见、建议。

主席会议协商。市政协主席会议听取政府各部门重点提案办理情况；在“两会”召开前，主席会议成员分组带领部分委员，对市政府工作报告、

2015年市政协协商交流会

人民法院报告、人民检察院报告、发展计划报告、财政预决算报告等进行政治协商。年初，市政协主席会议成员参加市政府召开的市政府、市政协重点工作对接会，协商讨论全年重点工作。

双月恳谈协商。市政协首次开展委员双月恳谈协商活动，定期举行恳谈协商会，邀请有关部门负责人到场向委员通报情况并和委员沟通交流，组织委员分别就群防群治、城乡公交、特色小镇发展、分级诊疗有序就医、党风廉政建设、农村股份制改革等举行恳谈协商会。

【民主监督】

提案工作。市政协十二届四次会议以来，共收到以提案形式提出的意见、建议159件，经审查，立为提案的154件，其中民主党派、人民团体、政协专委会和联络委提出的团体提案20件，委员提案134件。由市政府交46个部门办理，并已按规定要求办结。据统计，意见、建议得到采纳和落实的89件，占57.8%；列入计划逐步落实的59件，占38.3%；因条件、能力所限，近期尚不能落实的6件，占3.9%；提案采纳或部分采纳率达96.1%。提案者对办理情况的反馈是：对承办单位办理工作满意率99.4%，基本满意0.6%；对承办单位办理结果满意率90.3%，基本满意9.7%，无不满意。大部分提案选题好、调研深、分析透，不仅真实反映人民群众对加快经济发展、提升生活质量的迫切愿望和要求，而且提出许多解决问题的真知灼见，为政府科学决策提供重要参考。

社情民意。全年以《议政通报》《社情民意》《余姚政协》方式，向市委、市政府整理报送信息43篇（条），多篇（条）次得到市委、市政府主要领导批示。“关于我市文保资金亟待增加的建议”“加强涉景区山区道路行车及停车管理的建议”等社情民意得到市委、市政府及相关部门重视采纳。

政情通报。年初，市政协邀请副市长郑桂春通报2015年民生实事工程。12月，就“关注食品药品安全，推进健康余姚建设”主题举行恳谈协商会，部分政协委员与市市场监管局、市教育局、市城管执法局、市卫生计生局、市商务局、市农林局主要负责人进行面对面沟通，副市长卢建国应邀出席会议。

专项督查。按照省政协专项集体民主监督要求和市委统一部署，制定“五水共治”长效机制建设民主监督方案，组建监督小组，围绕防洪重点工程推进、“三河”治理长效机制、农村生活污水治理等开展民主监督活动26次，参加的政协委员139人次，担任各级“河长”25人，明察暗访河流73条，发现并反馈各类问题29个，形成专项民主监督报告3篇、专题调研报告1篇，提出的17条“五水共治”长效机制建设意见、建议被党政部门采纳。年度还对2012年以来市政府承诺的十大民生实事工程进展情况进行民主评议，各评议组历时4个多月，对创业就业、医疗卫生、文化共享等六方面民生实事工程进行评议，提出整改建议。成立2个民主监督小组，对市水利局、市住建局相关工作开展监督，形成民主监督报告2篇，多条监督意见被采纳。

【参政议政】

调查研究。围绕优化城市基础设施、推进志愿服务制度化开展重点课题调研，就农村生活污水治理、电子商务发展、滨海新城建设、内外销渠道拓展、体育产业扶持、群防群治工作、宗教法制化建设、家长学校建设、基层医疗服务能力提升等问题开展专题调研，形成一批高质量调研文章，为市委、市政府提供决策参考。

委员考察。组织委员针对工业平台转型升级

市政协视察养老服务体系建设

进行专题视察，提出优化工业平台布局、推进园区整合提升、破解物流发展等建议。针对养老体系进行专题视察，提出完善居家养老服务、推动养老机构建设、培养养老服务人才、加强社会养老保险等建议。针对教育设施等建设情况开展专题视察，提出加快实验高中建设、提升教育网络硬件、完善职高教育设施、重视公立幼儿园建设等建议。

【团结联谊】

凸显委员主体作用。发挥政协委员专业优势，开展“送文化、送卫生、送体育、送科技、送法律、送温暖”活动8次。建成网上“委员之家”、委员工作室，完善委员服务管理系统，走访慰问委员67人次，培训新任委员35人次。健全委员管理考核机制，及时汇总反馈委员履职情况，并对履职得分较低的委员进行提醒。

发挥界别、委组作用。发出《关于进一步发挥界别作用的意见》文件，建立界别工作联系指导机制，鼓励界别在政协会议、提案工作、调研视察、民主评议、反映社情民意等方面发挥作用，引导各界别活动组根据自身特点，灵活多样开展活动。专委会组织委员开展各类调研、视察、对口协商等活动60余次，撰写调研报告21篇，委员活动参与率90%以上。各联络委结合各地实际，组织委员参与基层协商、民主监督、社会公益等活动40余次，助推地方经济社会发展。

联络联谊。举办以“共叙情谊颂成就，团结和谐谋发展”为主题的中秋茶话会，与社会各界代表人士开展协商讨论、谋求发展共识。加强两岸宗亲文化交流，密切与余姚籍港澳台同胞、海外侨胞的联系交往，组织相关委员参与“姚商回归”工作。协助省、宁波市政协到余姚开展相关课题调研，推进与各地政协的联系协作。

文史及宣传工作。支持联谊社、余姚书画院、姚江诗社开展文化联谊活动，先后组织开展“四明丰碑”——纪念抗日战争胜利七十周年书画展、山高水长——陆一飞山水画特展、纪念抗战胜利七十周年诗词创作比赛等活动。

【常委会和机关建设】

常委会建设。政协常委会坚持在第一时间组织学习传达中央和省、宁波市、余姚市委的重要会议精神和重大决策部署，研究提出贯彻落实意见并组织实施。全年举行各个层面政情通报会8次，召开市政协党组专题研讨会4次，组织委组学习28次，举办一年一度的常委读书会，开展政协理论研究，《履职能力现代化视角下的基层政协调查研究能力分析》一文获2015年宁波市政协理论和社会实践论文一等奖。

机关建设。年度政协机关开展“三严三实”专题教育活动，巩固和拓展群众路线教育实践活动成果。坚持每月一次举行政协机关党组理论学习中心组（扩大）会议，开展多种形式的党日活动，组织学习新修订的《中国共产党廉洁自律准则》和《中国共产党纪律处分条例》，贯彻落实中央八项规定和省、宁波市、余姚市委有关作风建设的各项规定。注重机关干部队伍的思想建设、作风建设、能力建设和制度建设，引导广大干部职工树立为统一战线服务、为政协履职服务、为政协委员服务的思想，做到“用心想事、用心谋事、用心干事”。

【重点提案简介及答复情况】

1. 关于打响人文旅游品牌，建设文化休闲旅游胜地的建议

提案者：民进余姚支部

提案内容：全市旅游业呈现出较好的态势，但还是存在一些问题，如现有资源深挖不够。河姆渡文化、姚江文化和红色文化挖掘不深、开发简单、包装薄弱、宣传不够。文化片区尚未形成。旅游产品较为单一。

建议：1. 立足时代特征，统一思路谋划发展。将旅游产业作为经济转型抓手和战略性支柱产业来发展，创新旅游管理体制，充分挖掘余姚文化山水特产资源；2. 汇聚文化资源，树立品牌拉伸旅游。3. 张扬文化内涵，推广品牌营销余姚。

市旅游局答复：1. 政府主导，改革创新，增强旅游发展动力。树立大旅游发展理念，出台旅游业相关政策，强化规划引导作用，组织四明山区域体制改革调研，加强招商引资；2. 深度挖掘，整合提升，梯度推进重点区域发展，推进河姆渡—天下玉苑 AAAAA 级景区建设，推进四明山生态度假旅游区建设，整合四明山区域节点，推出四明山“唐诗之路”品牌；3. 加快基础设施建设，提升发展质量效益。打造浒溪线美丽公路，完善旅游厕所、标识牌等公共服务设施，提升旅游智慧化水平，发展多种旅游业态；4. 加强文化等产业与旅游融合，促进新业态发展。挖掘文化内涵。推进农业与旅游业的融合。加强商贸服务业与旅游业的融合。

2. 关于整合优化扶企资金管理提高激励绩效的建议

提案者：九三学社余姚支社

提案内容：

提高扶持企业资金绩效角度看，还存在一些问题与不足：扶持政策体系比较繁杂，扶持政策导向不够明显，扶持项目监管不够规范，资金绩效评价尚不完善。建议：1. 调整扶持结构，突出资金扶持重点；2. 改进扶持方式，充分发挥导向作用；3. 加强跟踪问效，确保扶持资金阳光运作。

市府办答复：提案由市长奚明领办，市政府办公室主任黄和庆牵头，市政府发展研究中心主办。1. 梳理整合扶持政策。将原工业强市、现代服务业和开放型经济、招商引资这 3 个经济政策进行有效的梳理整合，同时将原建筑业、文化创意产业、电子商务以及“机器换人”、小升规、光伏发电、助企强企稳增促转等单项性经济扶持政策内容纳入到新的政策文件中，有效促进政策的系统性与完整性。2. 创新财政资金支持方式。2015 年调整后的政策资金盘子总安排 2.9 亿元，基本保持上年水平。但其中 5000 万元安排为产业投资基金，改为间接投资。3. 创新扶持政策兑现方法。确保当年政策资金当年结清。同时也明确，若有结余可按结余资金的 60% 结转下年度使用，体现政策资金切块包干使用上的公平性。4. 完善政策条文设计。取消对上级奖励政策的配套以及与企业税收收入特别是地方财政贡献挂钩的政策条文。在奖励补助内容的设计上，尽可能地设置企业销售（营业）收入增长的要求，有效提升财政资金使用绩效。5. 加强财政扶持资金跟踪评估。强化源头控制，成立财政局经济发展科，把全市一、二、三产业企业扶持资金申报职能集中到一个科室，专门设立市财政局财政资金绩效评价科，加强扶持资金的绩效评估，推进扶持资金的阳光运作。

3. 关于加快推进全市美丽乡村建设的建议

提案者：民革余姚支部

提案内容：

全市美丽乡村建设存在的主要问题：1. 重规划审定，轻建设指导；2. 重项目分配，轻资金落实；3. 重验收检查，轻实际效果；4. 重项目建设，轻项目推广；5. 重村落建设，轻古村保护。

建议及办法：1. 注重宣传推广，让“美丽乡村”声名远播；2. 注重挖掘特色，让“美丽乡村”亮点纷呈；3. 注重古村保护，让“美丽乡村”原汁原味；4. 完善工作机制，让美丽乡村建设高效合理。

市农办答复：1. 以美丽家园建设为抓手，提升农村环境卫生水平。2. 以统筹村级基本公共服务经费为抓手，加强美丽乡村建设的管理。对行政村，按户籍人口规模分四档，市财政每年给予村级组织运转经费 15 万元、17 万元、18 万元、20 万元；同时，市财政再安排 100 万元专项资金，用于补助办公和公共服务场所尚未达标村改善办公和公共服务用房条件。3. 以发展乡村旅游为抓手，不断增加村级经济实力。出台《关于加快推进四明山区域生态发展的实施意见》，进行重点村培育扶持，基本落实建设项目，将极大地带动全市乡村旅游的发展。

4. 关于推行工业企业绩效评价，提高投入产出效益的建议

提案者：市工商联

提案内容：建议在全市工业企业中推行以单位用地、用电、用能、排放等产出效益核算为主要内容的企业绩效综合评价体系，并运用评价结果实行要素的差别化管理，形成倒逼机制，激发内生动力，更好地适应经济新常态，提高企业投入产出效益。

市经济和信息化局答复：3 月，市政府印发《关于做好实施企业绩效综合评价推动工业提质增效工作的通知》（余政办发〔2015〕16号），从7月起，实施工业企业绩效评价，建立评价体系，落实奖惩机制：1. 建立工业企业绩效综合评价体系；2. 完善差别化要素保障机制；3. 建立“腾笼换鸟”激励倒逼机制。

已开展以下三方面工作：1. 抓好企业实际用地的调查核实工作；2. 做好基础数据采集工作；3. 起草《绩效综合评价实施办法》。下阶段要进行模拟演练，出台差别化政策，开展绩效宣传。

5. 关于加快农村生活污水治理的建议

提案者：杜忠良

提案内容：2014年以来，全市开展“五水共治”工作，农村河道治理成果显著，但河道污染的源头——污水排放还没有得到根本解决，存在以下几个问题：1. 纳管率极低；2. 处理难度大；3. 管理水平低；4. 接受程度低。

建议：加快推进农村截污纳管工程，探索多元化污水处理模式，加强后续管理维护，强化群众宣传引导。

市农办答复：围绕这块工作，由市政府主要领导挂帅成立农村生活污水治理工作领导小组，并多次召开专题会议，研究、部署和落实农村生活污水治理工作，制订出台《余姚市农村生活污水治理三年行动计划》，明确目标任务与各乡镇、街道签订责任状，将工作落到实处。余姚市向宁波争取五个批次36个村的世行项目，面上项目余姚市与北京首创股份有限公司达成合作，以“政府企业伙伴关系（PPP）模式”进行系统化外包。最新统计，2015年97个治理村图纸设计全部启动，其中有28个完成设计，2个已评审，23个已立项，5个已招标。提案提出的“探索多元化污水处理模式”建议，在《余姚市域农村生活污水治理规划》中已有体现，提出的“加强后续管理维护”建议，正是眼下市委、市政府讨论研究的重要内容。近日，余姚市着手建立《工程质量飞行检查实施办法》《工作督查制度》等办法，对运营、维护情况进行督查。提案提出的“强化群众宣传引导”建议，市农办重点做项目设计先动员、媒体平台多利用、培训考察相结合。

6. 关于在全市高层住宅全面推行“管网叠压二次供水”的建议

提案者：马彩浓

提案内容：伴随经济社会的快速发展，全市高层建筑迅猛发展，原来所采用水箱+泵联合供高层建筑的供水方法已大大落后，这类设施存在时间一久容易存在水质安全方面问题，由物业负责维护二次供水设备存在供水设备质量不佳、管理不善等问题。由物业代收代缴二次供水的费用（采用“总表制”）存在价格偏高、矛盾重重、个别住户欠费的纠纷，严重影响业主与物业公司的关系。新建小区由于入住率不高，水池容积大，总用水量小，使先入住业主水质长期不佳，影响正常生活。建议在全市高层住宅全面推行“管网叠压二次供水”，具有高效节能、环保无二次污染、易维修管理等优点，目前周边县、市、区都已推广启用，余姚市有一些物业小区内，有眼光的开发商已投入使用，如中央公馆，业主普遍反映水质较好。成立高层建筑“二次供水”改造领导小组，“二次供水”的设备产权全部归市城投公司（自来水公司）所有，市城投公司负责方案的具体实施，全面负责二次供水设施的监督、维护、运行、管理等。

市住建局答复：根据提案，邀请相关部门进行认真的研究和商量。二次供水改造是一项复杂的系统性工程，改造难度大，涉及面广，资金投入多，全面改造还需要过程。

在向有关市领导进行汇报后，对中高层住宅二次供水改造工作提出如下工作方案：1. 先对新建中高层住宅二次供水进行规范，从源头上进行控制；2. 对于已建中高层二次供水改造将进一步进行认真调研，同时选择业主需求强烈、意见一致、愿意承担部分改造费用的中高层住宅小区1～2个进行二次供水改造试；3. 将督促物业企业对中高层二次供水的水池加强管理，进行定期检测清理，以保障水质安全。

全体会议、常务委员会会议、主席会议

【市政协十二届四次会议】

1月26—29日召开。听取和审议市政协常务委员会工作报告、市政协常务委员会提案工作报告；列席市十六届人大四次会议，听取并讨论政府工作报告。增补王卫锋、杜红卫、赵科伟为市十二届政协常委，讨论并通过市政协十二届四次会议决议。市政协十二届四次会议专题发言有：《打响人文旅游品牌，建设文化休闲旅游胜地》，发言人黄春；《关于加快推进我市智慧城市建设的建议》，发言人游新茂；《关于防范和化解地方性金融风险的建议》，发言人孙奇；《关于加快我市法律服务业发展的建议》，发言人柳娜；《推行工业企业绩效评价，提高投入产出效益》，发言人丰岳；《关于加强我市法治建设的建议》，发言人沈叶钏；《关于加快我市现代物流业发展的建议》，发言人孙文；《贯彻国家健身战略，提升全民身体素质》，发言人吴春艳；《关于切实保障农村妇女土地权益的建议》，发言人奕建萍；《关于提升我市农产品质量安全的建议》，发言人陈卫丽。

【常务委员会会议】

2015年，共举行市政协委员会常务委员会会议5次。会议情况具体如下：

1月26日下午，举行市政协委员会十二届常务委员会第十五次会议。审议通过各次大会执行主席和会议主持人名单；讨论通过选举办法（草案）；协商提出总监票人、监票人名单（草案）；审议通过关于增补市十二届政协常委候选人建议名单。

1月28日下午，举行市政协委员会十二届常务委员会第十六次会议。听取关于增补市十二届政协常委候选人建议名单、选举办法（草案）和总监票人、监票人名单（草案）的讨论情况汇报；审议通过选举办法（草案）；审议通过总监票人、监票人名单（草案）；审议通过市十二届政协常委候选人名单（草案）；审议通过市政协十二届四次会议决议（草案）。

7月23日下午，举行市政协委员会十二届常务委员会第十七次会议。专题协商“法治余姚”建设工作，市委建设“法治余姚”领导小组办公室相关负责人介绍“法治余姚”工作推进情况，8名政协常委、委员作专题发言，围绕依法行政、公共法律服务体系、群防群治、普法宣传教育、司法基础保障、公益诉讼、小微权力监督、打击恶意逃废债等方面提出意见和建议。市政协主席陈建泰出席会议并讲话，市政协副主席孙蝶双、吴展、陈洪逵、叶文龙、周银燕、徐栋芳，秘书长张建乔出席会议。市委副书记诸晓蓓到会听取协商意见。

12月25日上午，举行市政协委员会十二届常务委员会第十八次会议。专题协商市“十三五”规划纲要，市“十三五”规划纲要编制工作领导小组办公室主任作《余姚市国民经济和社会发展第十三个五年规划纲要》（征求意见稿）起草说明；11名政协常委、委员作专题发言，围绕“十三五”规划纲要中的文本内容、指标体系、项目安排、创新发展、商贸业、现代农业、城乡品质、共享发展、社会治理等方面提出意见和建议。市政协主席陈建泰出席会议并讲话，市政协副主席孙蝶双、吴展、陈洪逵、叶文龙、周银燕、徐栋芳，秘书长张建乔出席会议。副市长范焕平到会听取意见。

12月25日下午，举行市政协委员会十二届常务委员会第十九次会议。市政协主席陈建泰主持会议，市政协副主席孙蝶双、吴展、陈洪逵、叶文龙、周银燕、徐栋芳出席会议。市委常委、组织部部长叶枝利作相关人事事项说明。审议通过关于召开市政协十二届五次会议的决定；审议通过市政协十二届五次会议议程（草案）；审议通过市政协十二届五次会议日程；审议通过市政协常委会工作报告和提案工作报告；审议通过关于推定市政协常委会工作报告和提案工作报告报告人名单；审议通过市政协十二届五次会议列席人员范围；审议通过市政协十二届五次会议委员分组及召集人列席人员名单；同意陈思红、周红霞辞去市十二届政协常委、委员职务，同意李真龙、柳娜、徐宜广辞去市十二

届政协委员职务，增补杨玉红、余卫兵、周松庆、俞剑清、魏晓萍为市十二届政协委员；审议通过关于免去陈思红的市政协副秘书长职务的决定；审议通过关于周松庆任市政协副秘书长的决定；撤销方万杰的市十二届政协委员资格；同意孙蝶双因年龄原因辞去市十二届政协副主席职务，同意吴展因年龄原因辞去市十二届政协副主席、委员职务。

【主席会议】

2015年，共举行市政协主席会议11次。会议情况具体如下：

1月8日上午，举行市政协十二届三十五次主席会议。任命孙亚君任市政协委员工作委员会副主任，鲁永飞兼任市政协经济科技和城建资源环境委员会副主任、提案委员会委员，沈学键兼任市政协社会法制和港澳台侨委员会副主任，朱月芬兼任市政协委员工作委员会副主任，胡晓霞兼任市政协委员工作委员会副主任，姚核军、赵科伟兼任市政协提案委员会委员。免去杨水昌的市政协经济科技和城建资源环境委员会副主任、提案委员会委员职务，史红科的市政协社会法制和港澳台侨委员会副主任职务，魏晓萍的市政协提案委员会委员职务。审议通过委员工作委员会工作职责；审议通过市政协领导班子成员分工调整方案；审议通过市政协机关领导班子成员分工调整方案。

3月6日上午，举行市政协十二届三十六次主席会议。听取各专委会2月份工作情况和3月份工作安排；审议通过市政协2015年重点提案建议目录；审议通过市直有关部门（单位）与市政协各专委会对口协商联系调整方案；审议通过市政协界别工作联系指导方案；审议通过市政协关于组织开展民主监督小组工作的实施方案；审议通过市政协视察教育设施建设情况方案。

4月8日上午，举行市政协十二届三十七次主席会议。听取各专委会3月份工作情况和4月份工作安排；审议通过市政协“五水共治”长效机制建设民主监督活动实施方案；审议通过市政协信息工作会议方案；审议通过市政协领导联系市政协常委调整方案；审议通过关于开展市政协领导走访委员活动方案；审议通过全市农村生活污水治理工作的对策建议等调研报告。

5月8日上午，举行市政协十二届三十八次主席会议。听取各专委会4月份工作情况和5月份工作安排；审议通过市政协十二届常务委员会第十七次会议方案（专题协商“法治余姚”建设）；审议通过“三河”治理长效机制建设民主监督活动方案；审议通过市政协视察市工业平台建设情况方案；审议通过“四明丰碑”——纪念中国人民抗日战争胜利七十周年书画展方案；审议通过关于加快滨海新城配套设施建设的对策建议等调研报告。

市政协视察三河治理情况

6月5日上午，举行市政协十二届三十九次主席会议。听取各专委会5月份工作情况和6月份工作安排；审议通过市政协民主评议民生实事工程推进工作方案；审议通过完善体育健身设施建设推动全民健身战略落实、关于推进全市宗教工作法治化建设的思考等调研报告。

7月3日上午，举行市政协十二届四十次主席会议。听取各专委会6月份工作情况和7月份工作安排；审议通过市政协十二届常务委员会第十七次会议议程、日程（草案）；审议通过市政协“三河”治理长效机制建设民主监督报告；审议通过互联网＋趋势下的全市电子商务发展对策、全市村卫生室人才队伍建设的调研与建议等调研报告。

8月7日上午，举行市政协十二届四十一次主席会议。听取有关部门重点提案办理情况；各专委会7月份工作情况和8月份工作安排；审议通过市政协读书会方案；审议换届以来新任政协委员培训方案；审议通过市政协十二届常务委员会第十七次会议建议案；审议通过大力推进企业电商促进工业经济稳步发展、关于在新形势下加快推进全市群防群治工作的建议、努力建设提示市民素质的新平台——全市家长学校建设情况等调研报告。

9月2日上午，举行市政协十二届四十二次主席会议。听取各专委会8月份工作情况和9月份工作安排；审议通过市政协中秋茶话会方案；审议通过完善城区公共服务设施提升余姚城市品质调研报告。

10月9日上午，举行市政协十二届四十三次主席会议。听取各专委会9月份工作情况和10月份工作安排；审议市政协十二届五次会议筹备工作方案；审议市政协十二届常务委员会第十八次会议议程、日程（草案）；审议市政协主席会议成员视察养老服务体系方案。

11月10日上午，举行市政协十二届四十四次主席会议。听取各专委会10月份工作情况和11月份工作安排以及明年工作打算、对市政协2016年履职课题建议；审议通过市政协十二届五次会议大会发言题目；审议通过市政协协商交流会方案；审议通过推进志愿服务制度化调研报告。

12月22日下午，举行市政协十二届四十五次主席会议。审议通过关于召开市政协十二届五次会议的决定（草案）；审议通过市政协十二届五次会议议程、日程（草案）；审议通过2015年度市政协先进集体、优秀委员建议名单；审议通过市政协十二届四次会议以来优秀提案和提案承办先进单位建议名单；免去洪吉良经科城资委副主任职务，任命徐泉华为经科城资委副主任；审议通过市政协十二届常务委员会第十九次会议议程、日程（草案）；审议通过市政协十二届五次会议列席人员范围（草案）；审议通过市政协十二届五次会议委员分组及召集人列席人员名单（草案）；审议通过市政协十二届五次会议各次会议大会执行主席和会议主持人名单（草案）；审议通过关于推定市政协常委会工作报告和提案工作报告报告人名单（草案）；审议通过关于“一府两院”报告、财政预决算报告、发展计划报告政治协商安排方案；审议通过市政协十二届五次会议提案参考目录；审议通过市十二届政协常委会工作报告（讨论稿）和提案工作报告（讨论稿）。

（娄　彦）

中共余姚市纪律检查委员会

综　述

【概况】

2015年，中共余姚市委推进全面从严治党，市委常委会、市政府党组落实主体责任，以上率下、严抓严管。全市各级党组织按照党风廉政建设责任制要求狠抓落实，全市各级纪检监察机关聚焦中心任务，深化“三转”，强化监督执纪问责，凝心聚力、齐抓共管党风廉政建设的工作局面进一步形成。贯彻落实市委《关于落实党风廉政建设党委（党组）主体责任、纪委监督责任的实施意见》，以及《余姚市领导干部廉情谈话实施办法》，强化督促指导。实施党委（党组）履行主体责任情况报告制度，所有乡镇（街道）、部门均通过当面或书面报告等形式，向市委、市纪委报告履职情况。市委出台《关于加强市纪委派驻机构统一管理的通知》，在宁波大市范围内率先完成派驻机构改革，实现对市直部门派驻监督的全覆盖。推进基层纪检监察干部专职化工作，全市乡镇（街道）纪（工）委书记均由党（工）委委员专任。

市纪委开展党员干部党章党规党纪专题培训，分层次对全市1000余名党员市管干部、2000余名市直机关中层以下党员干部进行集中轮训。组织广大党员干部学习贯彻习近平总书记、王岐山书记在浙江考察时的重要讲话精神，以及新修订的《中国共产党廉洁自律准则》和《中国共产党纪律处分条例》，通过宣讲辅导、中心组学习、集中研讨、知识测试、专项督查等方式，实现全市《中国共产党廉洁自律准则》和《中国共产党纪律处分条例》宣传学习的全覆盖。开展开放式党风廉政宣传教育，改版余姚纪检监察网，开设党章党规党纪学习专栏、纪检发布专栏等，宣传党章党规党纪，及时通报曝光典型案例。注重党员干部警示教育，组织开展全市警示教育月活动。注重挖掘提炼、借鉴吸收优秀传统文化，王阳明家规家训专题片在中纪委网站播出。注重廉政文化建设，推动廉洁教育纳入国民教育体系，举办“童蒙养正、廉洁润心”主题教育活动；打造提升廉政文化教育基地，完成浙东抗日根据地旧址群廉政教育基地改造，命名王阳明故居等5个市级廉政文化教育基地。

全市各级纪检监察机关关注作风建设重点领域，开展正风肃纪检查，不断释放越往后执纪越严的强烈信号。会同相关职能部门，开展对违规发放津补贴、设置小金库、配备使用公车等违反八项规定精神情况的监督检查。整治"为官不为""庸懒散"现象，出台《余姚市行政不作为问责暂行办法》，明确19类需要问责的情形；继续开展服务基本建设项目效能评议活动，改进机关作风，优化发展软环境。

发挥市委反腐败协调小组作用，完善反腐败协调小组工作规则，加大与检察、审计等单位协作配合，通过纪律审查线索共享、工作互动，最大限度发挥协同作战整体效应。提升基层纪检监察机关执纪监督能力，先后制定出台基层自办案件协办、派驻纪检组自办案件片组审理等一系列制度，相关工作在中纪委执纪审理工作座谈会上得到肯定。建立市级巡查机构，制定出台巡查工作实施办法，对1个部门、1个乡镇和3个行政村开展巡查。

加强对纪检监察干部的思想教育，按照"忠诚、干净、担当"要求，开展"三严三实"专题教育活动，通过纪检监察干部党章党规党纪教育培训、组织观看警示教育片等形式，引导全体纪检监察干部严明纪律、对党忠诚、干净干事。注重干部履职能力提升，开展纪检监察干部实务培训，组织参与宁波市纪委业务技能"大比武"活动，形成纪检监察干部争做"全科干部"的氛围。坚持"严管就是厚爱"，建立健全纪检监察干部请销假、外出报告等制度，用制度严格要求、严格管理、严格监督纪检监察干部。

【协助市委履行主体责任】

下发《2015年党风廉政建设和反腐败工作组织领导与责任分工》，细化明确市委、市政府领导班子成员党风廉政建设和反腐败工作责任事项。健全廉情谈话制度，出台《余姚市领导干部廉情谈话实施办法》，自上年9月实施以来，仅市级党政班子成员就对相关干部实施廉情谈话19人，其中市委书记谈话4人。健全履责报告制度，落实下级党委（党组）向市委、市纪委报告履行党风廉政建设主体责任制度。下发《关于进一步贯彻学习〈宁波市党风廉政建设责任追究暂行办法〉的通知》，要求各单位对照上述办法，履行"两个责任"。

【强化纪律审查力度】

全年实施信访监督10件（次），党纪轻处分和组织调整96人，党纪重处分93人，并为165名党员干部澄清问题。全市各级纪检监察机关共受理群众信访举报455件（次）；立案192件，结案189件，分别增长38.13%，37.96%；给予党政纪处分189人，其中市管干部4人，为国家和集体挽回直接经济损失437.68万元。查处梨洲街道金冠村原党总支书记朱大泉等4人贪污、职务侵占案件，并移送司法机关。制定出台自办案件协办、案件片组审理等一系列制度，营造基层纪检干部"想办案、会办案、办好案"的氛围。全市各乡镇、街道实现案件查办全覆盖，共立案148件，增加70.11%，自办案件6件，增加50%，结案144件，增加92%；全市有10个派驻纪检组办理案件13件，案件数增加116.67%。召开反腐败协调小组工作会议，制定《工作规则》，发挥全市纪检监察实务信息查询平台和全市乡镇街道纪检监察信访信息系统作用，注重信息共享、力量整合。

【全面开展正风肃纪】

通过会议教育、廉政短信提醒、在网上设置悬浮窗口提醒、组织参加廉政文化参观等形式，加强作风建设提醒教育，加强党员干部的纪律意识和廉政意识。全年办理"阳光热线"咨询投诉24件。在节假日等重要时间节点，开展正风肃纪检查324次，检查单位190家次，对24名违规人员分别作出政纪处分、实名通报批评和扣除奖金等处理。协助市委开展服务基本建设项目效能评议活动，对全市涉及服务基本建设项目的25个部门（单位）79个科室开展评议。出台《余姚市行政不作为问责暂行办法》，对19类需要问责的情形，采用书面告诫、通报批评，调离工作岗位、停职检查、免职、辞退（解聘）等6种方式，对"为官不为"现象进行问责，共计对职责履行不到位的11人作出党政纪处分。

【强化党员干部规矩意识】

在宁波市率先开展村级党风廉政建设巡查工作，对各行政村落实市镇两级重大决策部署情况等14项内容进行巡查。制定出台《余姚巡查工作实施办法》，组建巡查工作领导小组，对1个部门、1个乡镇和3个行政村开展巡查。在全市265个行政村实现“阳光村务”数字电视公开的基础上，推出电视屏、电脑屏、触摸屏、手机屏“四屏联动”的村务阳光监督新模式，公开党务、村务、“三资”、权力清单等内容，使群众了解村级事务及权力运作规定。全面排摸近年来农村基层干部违纪违法线索，查处发生在“三资”管理、土地使用、财政资金补助等领域的违纪行为，共立案查处村干部15人；组织开展全市“警示教育月”活动，开展“一把手”讲廉活动，45个乡镇、街道和部门的“一把手”结合单位工作实际对全体机关干部进行集中授课。推动廉洁教育纳入国民教育体系实施工作，举办“童蒙养正廉洁润心”主题教育活动。

【推进巡视整改工作】

把省委巡视组移交的177件信访件进行分类梳理，逐一登记建档，制订调处方案，进行集中交办。截至年末，177件信访件已全部办结。围绕津补贴发放这个巡视整改的重中之重，出台《进一步加强津补贴管理的规定》，组织全市机关事业单位自查自纠，并开展专项检查，全市共清理回收违规发放津补贴1464万，对违反规定的11人予以党政纪处分，1人诫勉谈话。协助市委起草完成《对关于省委巡视组反馈意见整改落实情况的报告》，并与宁波市巡视办沟通，在《余姚日报》、门户网站进行公示。

【基层纪检组织建设】

推进纪委双重领导体制建设，出台《乡镇、街道纪委、纪工委书记、副书记提名考察办法（试行）》和《市纪委派驻纪检组组长提名考察办法（试行）》等文件，实现上级纪委对下级纪委领导的具体化、程序化、制度化。落实省纪委《关于进一步加强乡镇（街道）纪检组织履职的指导意见》，乡镇街道纪（工）委书记由原来乡镇、街道党（工）委副书记兼任改为党（工）委委员专任，并明确专任纪（工）委书记不分管纪检工作以外的其他工作，全市21个乡镇、街道共配备专职纪检干部64人；对派驻纪检组织明确监察室单设、纪检组组长和监察室主任不得兼管其他业务工作、下属单位较多的部门监察室必须配足人员等工作内容，全市26个派驻纪检组织共配备专职纪检干部54人。制定出台全市纪检监察组织例会制度，每季度组织全市21个乡镇、街道召开工作例会，每4个月组织26个派驻纪检组召开工作例会，全市纪检监察系统形成“你追我赶”的工作氛围。制定出台《余姚市纪检系统干部外出报备制度》等一系列内部规范文件，开展监督责任清单的编制工作，编制包含16项监督责任内容的乡镇、街道纪（工）委职责清单，建立派驻纪检组监督责任清单，将派驻纪检组的监督责任细分为6个方面24项责任内容，为派驻纪检组规范履职提供标准化样本。推动纪检监察干部素质提升工程，通过专家讲座、以考代训等形式，提升纪检监察干部素质能力。

【市纪委十四届五次全体（扩大）会议】

2月11日召开，市委、市人大、市政府、市政协四套班子领导出席全会。市长奚明主持会议，市委书记毛宏芳作重要讲话。会议听取和审议市委常委、纪委书记杜瑾所作的2015年度纪委工作报告，参加会议的除从事纪检监察工作的干部、市勤政廉政督查员、部分党代表，还有各乡镇、街道和部门“一把手”。会上，6名党政“一把手”向市纪委全会报告主体责任履行情况。

【中纪委网站推送“王阳明·姚江王氏家规”】

自11月24日始，中央纪委监察部网站和客户端推出“中国传统中的家规”之“浙江余姚王阳明：家训，一盏永远不灭的心灯”专题，讲述王阳明及姚江王氏家族的家规家训。这部由中央纪委监察部网站、余姚市纪委监察局共同策划的“王阳明•姚江王氏家规”专题，历时半年完成，通过视频、文字等形式，展示王阳明传奇的一生，以及其“蒙以养正”“良知传家”的家规理念，体现中国传统优秀家规对子女教育及家风、民风、社风的深远影响。以王阳明廉政行为和思想为主题的专题片《驿路心灯》也同步播出。

（市纪委）

民主党派·工商联

中国民主促进会余姚市基层委员会

【概况】

2015 年，民进余姚市基层委员会连续第三年被评为民进全国先进基层组织。全年撰写团体提案 4 件，提出个人提案、议案 12 件，其中集体提案《关于打响人文旅游品牌，建设文化休闲旅游胜地的建议》，以及会员马彩浓提出的《关于在我市高层住宅全面推行“管网叠压二次供水”的建议》，被列为市政协重点提案。“余姚市职业教育培训”课题调研组撰写的调研报告《关于我市职业教育培训市场》被党委、政府决策时采纳。全年上报“同心献策”10 条，内容涉及教育事业、文化保护、生态环境、社会管理等多个方面。上报宁波民进各类信息 24 篇，录用 14 篇；被余姚政协录用各类信息 22 篇。会员谢玲玲、李珊珊、钱秧钧撰写的《用好责任追究紧箍咒，推进“四有”县委书记队伍建设》《建议错时春游，避免学生扎堆出行，降低安全事故风险》《亟待建立中小学生心理健康标准及预警系统开展心理危机干预》等信息被民进省委会、宁波政协和民进宁波市委会录用，集体提案《关于打响人文旅游品牌，建设文化休闲旅游胜地的建议》和会员王亦红撰写的提案《关于加快我市“阳光厨房”建设进程》，被市政协评为优秀提案。会员们还通过座谈会、讨论会等形式，加强与政府有关部门的对口联系，建言献策，履行参政议政和民主监督职能。

联合市政协教文卫体文史委员会，在三七市镇云山村举办“印象云山村落”大型文艺下乡活动。联合宁波开明画院等单位，在余姚博物馆举办中国指画名家陈文虎作品展。程载国等会员参与“同心送教入基地”活动，为梁弄镇中、姚北实验学校送优质课。支部社会服务工作在宁波民进 2015 年度社会服务工作经验交流座谈会上作典型发言。

【民进余姚市第八次会员大会暨基层委员会成立大会】

11 月 17 日召开，会议听取和审议陈洪逵代表民进余姚市第七届支部委员会所作的工作报告，选举产生民进余姚市第一届基层委员会委员和下属支部委员会委员，选举朱初雷为民进余姚市第一届基层委员会主委。同时，规范和完善民进市基层委员会议事规则和民进市基层委员会下属支部

民进余姚市第八次会员大会暨基层委员会成立大会

议事规则，对民进市第一届基层委员会班子成员进行分工。

【会员岗位成就】

2015年，金晶获省民进社会服务“公益之星”称号，撰写的文章《活档案新风采——以姚剧艺术档案保护开发为例》获省艺术档案理论征文一等奖；黄春被评为市第三届基础教育课程改革先进个人，撰写的调研课题《雾霾天气我市体育课开展情况现状调查及对策研究》获宁波市第四届中小学体育专项科研成果二等奖；翁潇潇获宁波市“青年岗位能手”称号；胡素音被评为市优秀教育工作者；张春霞被评为市教坛新秀；方其军获年度宁波文化信息工作优秀信息员，多篇文章在《中国文化报》《联谊报》等报纸上发表，还被宁波市文化艺术研究院聘为特约评论员。

（民进余姚市基层委员会）

农工民主党余姚市基层委员会

【概况】

2015年，农工党余姚市基层委员会把参政议政作为第一要务，在宁波、余姚召开的各级人大、政协会议上共提交议案、提案16件，其中集体提案《关于加快推进我市智慧城市建设的建议》在市政协十二届四次会议上获优秀提案奖。多名党员的参政议政意见、观点，先后被国办、全国政协、宁波市政府、农工党宁波市委会、余姚市政府、市政协的《议政通报》《社情民意》等录用并刊登。党员周慧娜的两个课题成为宁波市委会的中标课题。

年内继续与市公安局、市审计局、市统计局、市市场监管局、市卫生计生局建立对口联系制度，通过走访调研、联系沟通，使民主监督落到实处。

党员方锦鑫、朱延芳等还撰写各类信息20余篇，向政府建言献策。在市委统战部部署下，以陆埠卫生院为中心，建立“同心义诊服务”基地。同时，配合市政府及市台办、市侨办等部门，常年开展专家义诊、送医下乡活动。先后被评为农工党全国、省先进基层组织，农工党宁波市委会2012—2014年度先进基层组织、2014年度反映社情民意信息工作先进集体。

【农工党余姚市第八次党员大会暨基层委员会成立大会】

10月10日召开，大会选举产生农工党余姚市基层委员会新一届委员会委员，并新设人民医院支部、联合一支部和联合二支部。

（农工党余姚市基层委员会）

九三学社余姚市基层委员会

【概况】

2015年，九三学社余姚市基层委员会有社员70人，其中年度新发展社员3人。拥有宁波市人大代表1人、余姚市人大代表2人、余姚市政协委员17人。在余姚市“两会”期间，共提交政协大会发言材料1篇、常委会专题发言材料1篇、集体提案3件、委员个人提案18件。社员赵银海向宁波市人代会提交的《关于进一步加强金融支持创新驱动发展的建议》和《关于进一步加大对“千人计划”余姚产业园开发建设支持力度的建议》得到宁波市委、市政府的肯定和重视，多数建议意见已被采纳与落实。

九三学社余姚市第七次社员大会暨基层委员会成立大会

以梁弄百果园“同心”服务基地为中心，定期或不定期组织相关农技专家进行技术指导，服务内容涉及桑果种植、病虫害防治、果园水产等，为山区农业结构调整和农民增收提供技术服务。还配合九三学社宁波市委会开展宁波市统一战线鹿亭同心实践基地活动，取得较好效果。被评为九三学社2015年度浙江省社会服务工作先进集体。

【九三学社余姚市第七次社员大会暨基层委员会成立大会】

11月9日召开，赵银海当选为九三学社余姚市基层委员会主委，胡铁钧、梁红霞、陆哲学、陈杰任副主委。下设3个支社。会上明确基层委员会委员和下属各支社支委成员分工，同时修订完善《九三学社余姚市基层委员会支社参政议政奖励办法》和《九三学社余姚市基层委员会财务制度规范》。

（九三学社余姚市基层委员会）

中国国民党革命委员会余姚市支部委员会

【概况】

2015年，民革余姚支部有党员17人。设3个参政议政小组，全年向市政协、民革宁波市委会报送社情民意、建议、提案等18篇，其中由支部提交的《关于加快推进我市美丽乡村建设的建议》被市政协列入年度重点提案。加强与市司法局等政府部门的对口联系，在市政协十二届十七次常委会议上作题为《关于加快我市公共法律服务体系建设的建议》的大会发言。

组织党员赴南京开展以“铭记历史、珍爱和平、展望未来”为主题的纪念抗日战争胜利七十周年活动，加大信息宣传力度，全年在《绿叶》杂志刊登文章6篇。发挥支部同心志愿服务队作用，常年开展扶贫济困、送医义诊等社会服务，继续开展与陆埠镇卫生院和鹿亭乡卫生院、龙溪村的同心结对帮扶工作。

【民革余姚支部支委补选】

根据支部党员增多的实际情况，在民革宁波市委会和余姚市委统战部的指导下，2月完成支委补选工作。经全体党员投票，补选支委2人。经新一届支委会民主推荐，张翊任主委，劳士权任副主委。

（民革余姚支部）

余姚市工商业联合会（总商会）

【概况】

2015年，市工商联（总商会）围绕市委、市政府中心工作，适应经济社会“新常态”，在服务企业创新发展、助推浙商姚商回归、参与“五水共治”、探索商协会承接政府职能转移、强化商会示范化建设中，创新服务载体，完善工作机制，发挥非公经济代表人士参政议政作用，促进非公经济和非公经济人士“两个健康”发展。先后获全国“五好”县级工商联典型示范单位、省工商联系统先进单位、宁波市工商联系统创新一等奖等荣誉。

【“知企情、联企心、振信心”走访调研活动】

按市委“三进三送”活动部署，1月初至3月中旬，市工商联采取市镇两级联动的方式，分4组对市工商联（总商会）执委会、异地商会会长等部分企业、基层商会会员企业代表以及春节返乡的市外重点姚商开展实地走访，了解企业困难，听取企业建议，及时向市委、市政府反映当前非公企业的突出问题和企业经营者的思想动态，得到市委、市政府主要领导的肯定，为市委、市政府决策提供参考。

【市浙商姚商创业创新联谊座谈会】

2月15日下午，由市政府主办，市总商会和世界姚商联谊总会承办的浙商姚商创业创新联谊座谈会召开。宁波侨商会副会长、宁波加德轻纺织有限公司董事长朱海宏，美国美达尔开发有限公司董事长高雄，浙商一号工业园总经理张伟军，

浙商姚商回归推进会

世模投资有限公司执行董事张汀等侨商、港商、海创企业负责人，应市侨办邀请参会，围绕创业创新、经济转型升级发展的主题进行交流，并提出意见和建议。市领导毛宏芳、孙钜昌、陈建泰等出席会议。

【市工商联（总商会）八届十二次主席（会长）会议】

5月16—20日，市工商联（总商会）八届十二次主席（会长）会议在广西召开，20余名市工商联（总商会）名誉会长、主席（会长）、副主席（副会长）参加会议。会议研究部署2015年市工商联（总商会）重点工作，听取企业家对商会工作的意见、建议。在广西期间，还参观考察广西河姆渡投资有限公司等浙商姚商企业，以及防城港、巴马等地的姚商投资项目，并在南宁广西浙江商会召开交流座谈会。

（市工商联）

人民团体

余姚市总工会

【概况】

2015年，市总工会以服务发展、服务企业、服务职工、服务基层为目标，推进创业创新、维权维稳、关心关爱、文化文明、基层基础“五大主题”行动。出台《关于在全市各级工会中组织开展“助万企转型、促万众创新”主题实践活动的通知》，先后举办全市护理技能竞赛、红十字应急救护师教学技能竞赛、导游大赛、企业职工食堂厨艺大赛、叉车工操作技能竞赛、第十七届塑博会“五优”竞赛等赛事。各级工会共举办各类职工技能培训2000余场次，培训职工近9万人次。开展“劳模走进新农村”和“劳模访劳模”活动，组织劳模讲师团举办宣讲活动129场次，为8150人次讲述身边劳模事迹。组织宁波市级和谐企业创建先进单位开展社会责任评价，申报社会责任评价单位21家。全市有12607家企业参与和谐企业创建活动，已建工会企业参与创建面保持在90%以上，有6家单位被评为省创建和谐劳动关系先进企业。聘请姚城律师事务所专业律师作为市职工服务中心的专职律师，全年法律援助劳动争议案件12起，兼职仲裁员独立办案16件。各级工会劳动争议调解组织调处案件2103件，涉及2491人，涉及金额2439.02万元。推进工资集体协商精细化管理工作，重点培育工资集体协商示范企业58家，组织开展水暖器材行业工资集体协商。全市已签订集体合同和工资协议3152份，覆盖企业13105家，职工40万人。其中，区域性集体合同和工资集体协议233份，覆盖企业10020家，职工19.2万人；行业性集体合同和工资集体协议8份，覆盖企业335家，职工1.6万人，已签集体合同企业工资协议续签率保持100%。

年度市职工服务中心启用全省统一的新标识，全市21个乡镇（街道）和经济开发区全部建立职工服务站并开通网络服务平台。依托“职工之家”“职工书屋”“星级俱乐部”、活动室等场所，开展工会活动和职工服务。全市共有245个村、20个社区和规模较大的630余家企业筹建职工服务点，基本达到规范化建设标准。全年共组织就业专场洽谈会十余场次，帮扶困难职工3831人次，发放慰问金191.5万元；救助因病因灾致贫职工115

人，发放专项救助金46万元；出资50.77万元为全市3385名环卫工人赠送爱心棉衣，为134名贫困职工子女发放助学金41.3万元；筹资120万元，为200家高温作业重点企业的3万名一线职工送清凉用品。441家机关企事业单位的8万名职工参加职工医疗互助保障，报销519人次，报销金额128万余元。继续开展工会网络服务平台和“5·1”服务卡平台建设工作，与48家特约商户洽谈并签约。拓展工会服务职能，推出“蓝领通”小额贷款服务，为工会会员提供最高100万元的贷款，为职工创业创新解决资金困难问题。关心关爱女职工，投入5.2万元建立26个“5·1”母婴室。开展“六五”普法宣传月活动，发放各类法律法规宣传册2500余份。全年评选国家级“职工书屋”1个，五星级职工俱乐部8个。强化“互联网+”工作思维，利用余姚工会网站、官方微博、“甬工惠”微信公众号等互联网平台，开辟线上文化阵地。投入126.5万元，历时7个月，开展“送百场电影”“百场文艺进企”、职工趣味运动会、主题征文比赛、企业工间操大赛、优秀单身青年寻缘会等职工文化活动月系列活动，为近15万名职工送文化大餐。

在全市商业园区、影院和新经济业态企业开展建会百日集中行动，全年新增商圈工会14家，会员582人，在1373家新经济业态企业中单建工会27家，覆盖企业1346家，新增会员3800人。全市工会组织累计有3687家，会员423500人。开展党建带工建，推进“示范工会”创建，全市有172家企业获“示范工会”称号。同时开展领头雁企业工会创建，制定工作、经费、补贴等激励制度，通过“1+N”结对活动即“重点工作结对互创、文化活动结对组织实施、职工队伍结对共建、工会工作结对共同提高”的方式，以点带面提升周边区域（行业）企业工会工作水平。全市有领头雁企业工会102家，领头雁企业工会主席每年享受1500元的补贴。按照市委“三严三实”专题教育部署，分类实施各级工会主席、工会干部的专题培训、警示教育和学习取经，组织市镇两级工会干部开展进企业服务、为职工解忧等主题活动，全市参加培训的工会干部超1000人次。强化对社会化职业化工会工作者的考核工作，全市社会化职业化工会工作者已有28人。开展工会创新工作，评选品牌工作2项，特色工作8项，创新工作12项。集中财力为职工办好事、办实事，全市用于职工活动、工会业务和工运事业建设方面的支出占总支出的88.02%。组织乡镇、街道工会经审组织开展同级工会和机关工会财务同步审计活动，市总工会和梨洲、小曹娥、临山等6个乡镇（街道）上报的审计项目被评为宁波市优秀审计项目。

【工会惠企技术服务“进村入企”专项行动】

2月27日，市总工会下发《关于组织开展工会惠企技术服务“进村入企”专项行动的通知》，要求每名机关干部联系乡镇（街道）的中小微企业，以“点对点”的方式为基层中小微企业提供帮扶信息对接。3月27日，宁波、余姚两级工会组织20余名技师对朗霞街道十余家中小微企业开展惠企技术服务活动，为企业破解技术难题。台风“灿鸿”过后，惠企服务中心工作人员奔赴受灾较重的梨洲街道、三七市镇、河姆渡镇等地，向企业了解生产机械受损情况，并安排技师上门服务。全年出动技师80余批次，参加技师154人次，为近百家中小微企业解决技术难题113个。

【庆祝“五一”国际劳动节暨劳模（先进）表彰大会】

4月30日，市政府举行庆祝“五一”国际劳动节暨劳模（先进）表彰大会。表彰俞枢根、姚国祥等2013—2014年度市劳动模范10人，宁波王龙科技股份有限公司、宁波富诚汽车饰件有限公司等2013—2014年度市模范集体10家，车王电子（宁波）有限公司、宁波宝丰工量具有限公司等2013—2014年度市和谐企业创建先进单位10家。市领导毛宏芳、孙钜昌、陈建泰等出席会议。

【2015年全市企业工间操比赛】

比赛由市总工会、市体育总会、市体育局、市卫生计生局、市流动人口服务管理工作领导小组办公室主办，市健身运动协会协办。4月开始启动，分培训月、推广月、竞赛月三个阶段，通过纵向到底、横向到边式立体化培训、推广，将工间操覆盖至各乡镇（街道）的一线基层单位和企业。11月15日，来自全市不同行业、不同单位的18支代表队共410余名职工参加决赛，农村合作银行、阳明街道舜宇集团、朗霞街道更大集团分获前三名。

（滕剑明）

共青团余姚市委员会

【概况】

2015年，团市委联合市委组织部出台《关于认真做好乡镇团委换届工作的意见》，在乡镇、街道层面率先实行职务与职级分离制度，重点选优配强乡镇（街道）团干部，为基层团工作开展提供保障。推行团干部深入基层一线解难创优、团市委机关干部联系基层点等制度，举办各类青年团干大课堂10余次，累计培训团干部1500余人次。全市已建成市级青少年综合服务中心1家、市级青少年综合服务平台8个，乡镇（街道）青少年综合服务站覆盖率达90%。同时打造e窝蜂、王龙集团、四明社区三大精品网格，建立“梦想团支部”“青春团支部”“奋斗团支部”“创艺团支部”等特色团支部，成立“环保行动队”“青年突击队”“孝文化宣传队”等网格志愿服务队。

【推进青年“三创”工作】

响应市委、市政府“电商换市”战略部署，提升青年电商市场适应能力，每月固定时间开展5次以上青年电商创业技能培训。同时开设会计从业资格证、计算机应用基础、农产品加工与保鲜、农产品市场营销、SIYB、网店开设等各类培训班200余期，一般职业技能培训5000余人，创业培训1000余人，培训青年电商人才6000余人，其中60%实现创业就业。提供青年“三创”融资服务，通过举办青联、青企协双向联动，以及银企对话沙龙促进资金供需对接，还联合市农村合作银行等金融机构发放青年创业小额贷款，市级层面发放小额贷款1436笔，形成规模近150人的青年创业导师团，实现帮扶7500余人次。打造市阳明青创空间、慧聪网家电城、宁波王龙集团3个青年创业示范点，与义乌职业技术学院创业班合作，为青年创业提供场地、技术、政策等支持。

【实施青春治水行动】

运用“互联网+”思维，推动社会公益发展，先后设计并运作“助力美丽家园建设，小甲鱼公益治水”“争做治水护水责任岗哨兵”“大手牵小手，共植幸福林”等特色项目，累计放流小甲鱼3万余只，确定治水护水责任岗哨兵300余人，市级层面累计植树200余株。在全市中小学中开展“绿色校园”“绿色班级”“绿色中队”创建工作，利用中学生党校平台开设“节水课堂”。孵化“清纯鹿亭”“余姚排水”等环保社团20余个，引导“地球补丁”“绿色联盟”等组织开展环保相关活动十余次。

【青少年维权项目品牌创建】

组织开展“学堂情·爱心行”关爱外来务工人员子女活动、“大手拉小手”关爱山区留守儿童爱心接力活动、“圆梦大学”助学行动，“新中宇”青少年成长关爱基金为数百名青少年提供经济援助。年度成功挂牌宁波级青少年维权岗2个、余姚级青少年维权岗4个。落实“共青团与人大代表、政协委员面对面”工作制度，成立“花季护航”社会观护团，参与未成年人案件提审、开庭200余次。完善青少年校外教育阵地建设，统筹安排“流动青少年宫”进“春泥计划”实施村系列活动，在大岚、黄家埠、低塘等地的乡村青少年宫开设课程，全年培训学生800余人。

【核心价值培育工程实施】

围绕“抗战胜利七十周年”“党员组织生活日”及“五四”“七一”“3·5”等重要节点，先后组织开展“红领巾相约中国梦”少先队线上风采展示、“五四，我与团旗合个影”“传统国学精粹进校园”“寻访抗战老兵”等主题宣传教育活动。6月，承办由团中央主办的“飞young中国梦——微创客梦想之旅”活动，选送25名乡村青少年英才赴北京参加历时5天的素质拓展活动。

【市志愿服务指导中心建设】

借力“志愿余姚”微信公众号和官方网站等新媒体平台，开展微心愿认领、社区志愿服务、特教中心献爱心等志愿服务活动。以开展“温暖回家路，青春志愿行”活动为契机，与余姚电视台合作拍摄公益宣传广告《向真向上向善向美——传递青春正能量》，获全国校园影视金奖。以“万人圆梦行动”为契机，开展“情暖四明”爱心校服进山区活动，共向社会募集爱心款45000元，为四明山镇317名中小学生赠送校服。以“小课本大接力”的形式与贵州望谟县小学结对，共募集图书3万余册。台风“灿鸿”过后，开展“青春聚力，助农同行”爱心公益集市活动，连续4天线上线下累计金额超40万元，帮助受灾果农暂渡难关。围绕“月光经济”，在七夕节开展“月光公益，益起青春”爱心义卖活动，各市直团（工）委以“摊位+手推车”的形式，共筹得善款57765.43元，全部捐给两名青年尿毒症患者。

（团市委）

余姚市妇女联合会

【概况】

2015年，市妇联实施巾帼创业帮扶行动，启动万名妇女触网工程，共举办电子商务培训班80余期，7000余名妇女参加培训，有100余名妇女在掌握网购技能后尝试开设网店，出现如陆埠镇淘宝店主张小燕、泗门镇妇女主任邵国央等电商成功典型。继续通过开展女能手技能培训、实施小额贴息贷款、扶持来料加工业等措施，形成全社会支持女性创业就业、广大妇女热衷创业创新的互动格局，全年为33名双学双比女能手发放小额贴息贷款336万元，为35名双学双比女能手申请贴息资金29.79万元。突出岗位建功，新申报各级巾帼文明岗45家，其中余姚级22家、宁波级11家、省级12家。

实施家庭文明建设行动，常态化、深层次推进寻找“最美家庭”活动，在全市纪念“三八”国际妇女节一〇五周年表彰大会暨“百佳最美”揭晓仪式上，表彰“贴心娘家”28家、“最美家庭”30户、“最美女性”50人。开展“浓情五月，感恩母亲”活动，为“最美家庭”的母亲送上节日礼物。开展新一轮寻找“最美家庭”活动暨1000户市文明家庭评选活动，1户家庭获省第二季“最美家庭”，3户家庭被评为省绿色家庭。10月，联合市委宣传部、市文明办组织开展全民共建“美丽家园”点赞“美丽庭院”微信活动，发动农户参与我秀我家——“美丽庭院”最佳人气奖评选活动、我美我家——“美丽庭院”最佳进步奖评选活动。还组织开展以“家教20招、好家风家训20例、勤俭节约20例、最感人家庭故事20例”为内容的“好家风‘四个20例’”征集活动，编印《2014—2015余姚市家庭教育优秀论文集》，继续开播“教子有方”广播电台节目。联合社会力量开展“我与宝宝共成长”0～3周岁家庭亲子文化活动、公益“亲子大讲堂”讲座、“大手牵小手，你我共成长”快乐家庭日活动，全年有21所家长学校创建成为市示范家长学校。

实施民生实事推进行动，联合巾帼志愿者帮扶协会，开展“康乃馨救助工程”“困难母亲希望工程”“娘家人送温暖”等活动，设立“合作银行之心”帮扶基金。借助社区教育学院等政府公共资源、社会公益机构筹建妇女儿童活动中心。围绕“五水共治”，开展“巾帼护河日”志愿服务活动，将每月15日定为全市统一的“巾帼护河日”。

【深化家事审判合议庭机制】

2014年，市妇联联合市人民法院成立全省首个家事审判合议庭，在婚姻家庭纠纷的专业化审理和多元化调解之间探索新路径，得到省、宁波妇联及省高院院长齐奇的批示肯定。2015年1月26日，宁波市家事审判改革工作现场推进会在余姚召开，市妇联在会上作典型发言。为深化家事审判合议庭工作机制，年度市妇联和市法院联合在家事审判合议庭设立大陪审制度，选取2～4名人民陪审员参与案件审理，用人民陪审员的心理来分析案件，对事实进行认定，避免“陪而不审、审而不议”的尴尬，最大限度地实现公平正义。同时强化陪审员回访制度，尤其是涉及赡养纠纷、抚养纠纷等案件，通过回访了解双方当事人对判决履行情况以及存在问题，再由人民陪审员反馈给承办人员，提升案件审判质效。全年家事审判合议庭受理家事纠纷 1029 件，旧存 39 件，审结 966 件，结案率 90.45%，调解撤诉 575 件，调撤率 59.52%。

【村（社区）妇代会（妇联）换届】

根据相关规定，7 月全市村（社区）妇代会（妇联）本届任期届满，应按时换届。3 月，市妇联下发基层妇女组织换届调查表格，对重点乡镇（街道）的基层妇女组织现状进行调研走访，商讨基层妇女组织换届的重点、难点问题。5 月，在河姆渡镇进行换届选举试点。6 月 9 日，召开全市基层妇女组织换届选举工作动员会，研究部署全市基层妇女组织换届选举工作。7 月底，全市换届选举工作按时完成。

【“双学双比”女能手自产自销集市日】

为拓展农副产品销售渠道，打响“姚江农嫂”品牌，市“双学双比”女能手协会从 9 月开始，将每个月最后一个双休日设为女能手自产自销集市日，集中销售市级以上女能手的农副产品。9 月 26 日，首期市“双学双比”女能手协会自产自销集市日启动，有 60 余名女能手参与推销自家生产的板栗、猪肉、高山鸡、甲鱼、年糕片、番薯枣子等农产品。宁波市妇联副主席张月、余姚市副市长郑桂春等领导出席开幕式。开幕式后，还举行拍卖农副产品为白血病男孩捐款活动。

（市妇联）

余姚市科学技术协会

【概况】

2015 年，市科协重视建设科技创新服务平台，促进高端智力与产业对接。先后举行院士专家与企业对接座谈会，承办“海智宁波之旅”余姚行活动和省科协创新驱动助力工程推进会，举办企业科协“讲、比”活动，推动企业智库建设。组织学会（协会）开展科技帮扶，助推经济社会转型发展。年度新建院士工作站 2 家，分别为由孙优贤院士领衔的创新团队与宁波瑞成包装材料有限公司共建的院士工作站，由张泽院士领衔的创新团队与浙江佳贝思绿色能源有限公司共建的院士工作站。全市已有院士工作站 9 家。

发挥科普基地、科普讲堂、科普活动站作用，建设网络传播、微信公众平台和电台科普栏目，打造全国科普日活动、科普艺术节、市民创新大赛等品牌活动。为全面评估“十二五”全市《全民科学素质行动计划纲要》实施工作，了解全市公民科学素质发展状况，开展 2015 年全市公民科学素质抽样调查工作。调查范围及对象为全市 21 个乡镇（街道）的 83 个村（社区）内 1660 名居住时间在半年以上的 18 ～ 69 周岁成年公民，调查以入户面访的方式进行。抽样调查结果显示，全市公民具备基本科学素质的比例为 11.73%，高于宁波市 10.42% 的比例。

组织学会（协会）开展重点学术活动，通过专家报告和学术交流研讨，激发学会（协会）活力，开展自然科学论文征集，并选送参加宁波市自然科学优秀论文评选。鼓励建言献策，开展重点课题研，为市委、市政府提供决策咨询。实行科协干部联系科技工作者制度和“六必访”制度，走访慰问科技工作者加强联络联谊，开展科技工作者才艺比拼大赛，举荐、表彰、宣传优秀科技工作者。

全年发展学会和各类协会会员 422 人。新建丈亭镇浙江银河印染有限公司科协等企业科协 4 家，指导成立市疾控中心科协、市农业机械学会。指导梁弄镇樱桃专业合作社发起成立宁波市级首家农村专业技术协会——宁波市樱桃专业技术协会。与朗霞街道农函大辅导站合作办班，联合实施普网升级试点工程，聘请有多年淘宝从业和教学经验的老师授课，首期招收学员 57 人。

【全市首家海智基地工作站成立】

10月，在宁波召开的“海智宁波之旅”人才项目对接洽谈会上，“中国科协‘海智计划’宁波基地浙江‘千人计划’余姚产业园工作站”签约成立。这是全市首家海智基地工作站，将吸引更多的海外高层次人才到余姚创业创新，服务全市创新驱动发展。

【中国兵工学会材料专委会余姚服务站成立】

10月11日，余姚首个国家级学会服务站——中国兵工学会材料专委会余姚服务站成立。中国兵工学会党委书记王忠平、中共余姚市委副书记诸晓蓓为服务站揭牌。该服务站由中国兵工学会材料专委会与余姚市塑料新材料学会合作建设，将集聚中国兵工学会材料专委会的科技资源和创新要素，助力余姚塑料新材料科技与产业发展。

【首届市民创新大赛】

4月，举行由市全民科学素质工作领导小组主办，市科协、市科技局、市经信局、市教育局、市农林局、市总工会联合承办的“创新激发活力，创造实现价值”市首届市民创新大赛。共收到企事业单位、社会团体，市民、在校学生及外来务工人员的小制作、小发明实物、创意作品、科技论文、科幻画等作品及成果总计413件(篇)。经专家评选，共评出成人组专利类、实物及创意类和科技小论文一等奖7项、二等奖13项、三等奖20项；青少年组实物及创意类、科技小论文、科幻画一等奖11项、二等奖18项、三等奖25项。同时评选优秀奖和优秀组织奖，并举办市首届市民创新大赛作品展。

（市科协）

余姚市文学艺术家联合会

【概况】

2015年，市文联发挥联系服务协调职能，组织参与重大历史、现实题材项目的创作和优秀文艺作品的展演展示，开展第二届“花开四明映山红”主题文艺系列活动，先后实施“当代文学提升工程”“主题美术创作工程”“文艺舜军培养工程”，保护和传承地域文化，参与农村文化礼堂内涵建设。全年有14项文艺作品分别列入国家、省、宁波和余姚两级文艺精品扶持项目，其中中国作协1项，省委宣传部1项，涉及文学、音乐、舞蹈、民间文艺等门类。

【文艺精品创作】

市作协：第二辑《余姚作家文丛》即将出版。帕蒂古丽获2014年度人民文学奖，其长篇小说《百年血脉》入围茅盾文学奖参评作品目录及“第三届向全国推荐百种优秀民族图书”，另一部长篇小说《最后的库车王》被列入中国作协和省委宣传部的扶持项目。谢志强7年之后再获2013—2014年度小小说“金麻雀奖”。干亚群散文集《给燕子留门》和帕蒂古丽散文集《隐秘的故乡》同获省2013—2014年度优秀文学作品奖。《谢长虹诗选》及符利群作品《过台湾》先后出版。

市剧协：彭亚平恰咚咚《姚江奇案》获中国戏曲牡丹奖提名。肖东一小的小洪亮、黄嘉焱、王伊凡3名学生在第十九届中国少儿戏曲小梅花奖选拔赛上获二等奖。尹巧玲作品《吟哦情韵》在亚洲音乐协会主办的活动中获最富创意创作奖。

市美协：郑飞军作品《云蒙山印象》在中国山水画创作大赛上获铜奖。翁赟烨工笔画《我们的那一年》获省第四届群星视觉艺术大展美术作品展银奖。

市民协：《中国故事丛书——余姚卷》出版。李期慈微雕作品在省非遗博览会上获金奖，范江明作品《连年有余》在省工艺美术展中获金奖，范哲敏作品《秘境》在“’2015ADA世界水草造景大赛”中获金赏奖。

市舞协：少儿舞蹈《沙滩·小手》获省第八届“小荷风采”银奖。

市摄协：陈斌荣作品《携手妻儿走出洪水》获第二十五届全国摄影艺术展记录类铜奖。沈晓敏作品《多彩》获第三届“中国人看世界”全国摄影大赛A类收藏佳作奖，另有作品《晾新芽》《采茶季》获省“松鹤杯”宁海茶文化摄影大赛优秀奖。

市书协：举办“中塑在线杯”首届书法篆刻作品展，编印《中塑在线》书法篆刻作品集。

市音协：开展全市精品村美丽家园村歌创作活动，创作村歌24首。在省首届国际二胡独奏邀请赛中，谢赫敏获少年组优秀演奏奖，郑子涵、邵轶展、赵垚烨获儿童组优秀演奏奖。

市历史文化名城研究会：先后出版苏国久散文集《银杏树下》，王孙荣《慈溪进士录》，朱炯《朱兰文集》，计文渊与人合著《德川博物馆藏品录•水户藩内外关系文献释解》，华建新、施长海、张国源等合著《抗战亲历》，张川参与编著《舜文化》社区读本，诸焕灿主编《姚江传统家风家训选集》。

梁弄诗社：开展“浙东唐诗之路（余姚区域）非遗材料”课题调研。编辑出版《五桂流韵》。

公安文联：开展“平安余姚”征文大赛，共收到作品209件。谢长虹当选中华诗词学会理事，获“中国公安诗歌贡献奖”。沈洪龙获第五届全国公安系统“卫士之光”美术书法摄影作品展览书法类优秀奖。

【文艺惠民活动】

全年由市文联和各协会主办、承办、协办的活动达54场次，主要有：“意·采”——余姚油画写生作品三人展，沈守良《我的姚剧生涯》首发式，“烟雨江南”——陈全尧山水画展，中国摄影报“走进幸福余姚”影友联谊会，“金源杯”市第四届校园剪纸作品大赛，美国钢琴家卡洛琳·奥特曼斯钢琴独奏音乐会，“三人吟——王国瑞、俞祥忠、俞建立中国画作品展”，“筑梦三十年”余姚市撤县设市三十周年征文，“红星美凯龙杯”余姚才艺风采展演，“音乐大篷车”走进中国裘皮城，“最美音乐、最美舞蹈”展示邀请赛，“法润余姚•梦想起航”——百姓法治视觉作品展，“记住乡愁”——余姚市美丽家园村歌创作征集，文学名家叶延滨和汪政专题文学讲座，宁波、余姚两地文联“送欢乐到基层”，农村文化礼堂乡村排舞比赛，余姚—松江“舜水学”论坛，王阳明家训学研会，“姚江三月三”诗书笔会，“浙东小延安”革命历史题材美术创作，“梨园百姓炫”演唱会，“中国裘皮城杯”超级歌手、超级舞者、超级戏迷邀请赛等。在第二届“百姓文化节”期间，由市文联和各协会主办、承办的活动达14项，占总数的35%。

各乡镇（街道）文联开展的文艺活动主要有：泗门镇“汝湖春晓”元宵灯会系列活动和“汝湖金秋”文化艺术节，河姆渡镇“书香河姆渡”读书月系列活动和“古韵河姆渡”文化节，凤山街道“美丽凤山、美丽家园”系列活动，兰江街道“兰江家园情、流动大舞台”系列活动，黄家埠镇“兰风国庆十天乐”系列活动，阳明街道“品质阳明•西北风采”系列活动，三七市镇“姚东之音”系列活动，丈亭镇“三江之声”系列活动等。

【文艺人才培养扶持】

配合市委宣传部制订出台《文艺精品创作三年行动计划》，完善市优秀文艺作品“杜鹃花奖”评奖规则，开展第三届“杜鹃花奖”优秀文艺作品评审工作。借宁波市第三届“文学周”举办之际，与市委宣传部联合为青年作家干亚群、西维、应诗虔举行作品研讨会。余芳华入选省第三批“新荷计划青年作家人才库”。在姚江文艺之家建谢志强创作工作室。在全市普职高建文学社团20余个。在陆埠镇兰山村举行文艺基地签约授牌仪式，与四明山镇北溪村、大岚镇柿林村、鹿亭乡白鹿村、梁弄镇横坎头村、陆埠镇裘岙村、陆埠镇兰山村、泗门镇谢家路村等建立合作共建关系。

【市第九次文代会】

11月13日，余姚市文学艺术界联合会第九次代表大会在河姆渡宾馆召开。来自全市文艺战线的169名代表参加会议。宁波市文联党组书记、副主席邹大鸣和余姚市领导毛宏芳、孙钜昌、陈建泰等出席大会。选举产生市文联第九届委员会委员45人。在市文联第九届委员会第一次全体会议上，选举严文龙为市文联第九届委员会主席。会前编印五年工作成果集《人民的文艺——我们的梦》，会后编印《文代会资料汇编》。

【沈守良从艺生涯座谈会暨《我的姚剧生涯》首发式】

1月8日上午，市文广局、市文联联合举行沈守良从艺生涯座谈会暨《我的姚剧生涯》首发式。沈守良是国家级非物质文化遗产姚剧的代表性传承人，从事姚剧半个多世纪，为姚剧事业发展倾注大量心血，成功塑造许多光鲜照人的舞台形象，创作一大批脍炙人口的优秀作品。《我的姚剧生涯》是其历时5年创作而成，结合自身从艺经历，叙述一个剧种、一个剧团50余年的发展历程。座谈会上，主办方领导、嘉宾和姚剧艺人从各自的角度进行交流。

（沈亚云）

余姚市残疾人联合会

【概况】

2015年，市残联为1799名低保残疾人发放生活补助金108万元；为1142名无固定收入残疾人发放生活补贴137万元；发放残疾人临时救助资金80万元，受惠800余人。配合民政部门为7793名残疾人发放基本生活保障金4800余万元。为110名重残低收入人员发放生活补助金77.6万元；完成危（旧）房改造60户，发放助房补助金46万元。继续为全市持证残疾人免费实施综合医疗保险，参保资金157万元。为9227名残疾人减免基本医疗保险参保资金312万元。

全年免费安装假肢327例，免费配发辅助器具1800余件，开展无障碍设施进家庭245户，完成各类机构康复50余人。发放大病医疗救助金70余万元，受惠240人；为1516名贫困残疾人发放定额医疗救助金45万元，发放精神残疾人专项医疗救助卡2867张。发放托安养补助资金760余万元，其中集中托养285人，居家安养2066人。

组织残疾人职业技能培训20余期，培训900余人次，帮扶225名残疾人就业创业。征收残保金7392万元，清退残保金438.92万元。为34名残疾人大学生发放补助金27万余元。发放教育助学金25万元，受助252人。发动社会力量为43名相对贫困残疾家庭子女接受高等教育提供结对帮扶，全年帮扶资金26万元。

先后组织开展全国助残日系列活动、全国爱耳日下乡义诊活动、国际聋人节聋人钓鱼联谊赛、肢残人活动日趣味运动对抗赛、国际盲人节上门志愿服务等助残活动。组队参加宁波市聋人篮球赛，获男子第一、女子第二的成绩。1名运动员代表国家队参加世界青年残疾人游泳锦标赛，获4银；5名运动员代表省队参加全国第九届残运会，获6金2银。市特教中心成功创建为宁波市级残疾人体育健身示范基地。

全年创建省级村社区康复示范站1家，新建村级康复示范站点1家，全市累计创建康复站、室150家。新创建企业工疗站2家，新安置精神、智力残疾人72人。全市工疗站累计6家，安置245人。市康复医院和残联办公楼装修基本完工，即将投入运行。举办全市残疾人工作者业务培训，参训人数50余人次；组织20%的村（农村社区）专职委员开展网络系统性培训。

【全市残疾人基本服务状况和需求专项调查完成】

3月30日，全市残疾人基本服务状况和需求专项调查工作全面完成。实际调查残疾人19366人，其中入户调查19312人，入户率99.72%。通过调查，基本摸清全市各类残疾人家庭收入、住房、教育、就业扶贫、社会保障、文化体育、权益维护等47个方面现有服务状况和需求，为完善残疾人基本社会保障，改善残疾人基本公共服务和制定残疾人事业“十三五”发展规划提供相关决策依据。

（李铎浩）

余姚市社会科学界联合会

【概况】

2015年，市社科联下辖学会、协会、研究会103个，其中团体会员92个、特约研究员10人、乡镇级社科联1家，有市级社科普及示范基地11家。通过建设“社科之家”、推进社科“双服务”、承办市委“阳明讲堂”、对口支援新疆库车县社科联等工作，在咨政研究、成果转化、社科普及、平台建设和组织建设以及队伍培育方面取得较好成绩，获宁波市社科联系统综合先进集体。

【“坚定信念、与党同心”主题教育】

围绕“服务中心和大局、服务社会及公众”双服务工程，开展“坚定信念、与党同心”社科界主题教育实践活动。发动有关学会、协会撰稿20余篇，举办主题教育实践活动座谈会。组织开展“学讲话、谈感悟”“纪念余姚撤县设市三十周年理论文章”征文，举行纪念抗日战争胜利七十周年理论学术研讨会和邮票首发式。

【咨政服务】

年度完成“关于推进五水共治，加快转型发展对策研究”和“加快推进余姚岛域经济向城市经济转型对策研究”2个市重点课题研究。组织专家学者参加省第十届精神文明建设论坛，2篇科研学术论文获奖。完成宁波哲学社科规划办委托立项的“余姚‘菲特’水灾对城市危机管理的启示”课题2项，提交的“宁波水环境治理”课题列入宁波市人代会提案。结题上年度课题25项；发布2015年度立项课题25项，其中获宁波市哲学社科立项课题3项。《朱兰文集》《余姚老话词典》两本书籍列入宁波哲学社科规划领导小组办重点课题。与科研机构、高等院校合作，调研完成“社会主义核心价值观与中华优秀传统道德文化的弘扬”“竹桥黄氏（黄宗羲）家训与社会主义核心价值观的培养”等科研课题，开发完成《清朝余姚县衙捕快黄登泉的敬业与当下执政为民的启示》《地方政府治理能力现代化的推进》等社科宣讲课件14个。

【社科普及】

在社科普及月活动中，组织会员单位举办中小型社科学术讲座、讲坛、培训活动7期。调整充实第二轮社科讲师团，推出讲课专题24个、宣讲活动146次。整合全市社科类讲坛，举办余姚人文大讲堂5次。在市委、市政府支持下，继续开设“阳明讲堂”，7月邀请著名经济学家郎咸平举办“经营之道”讲座；10月邀请星云大师主讲《幸福生活与中华文化复兴》。

【“党领导下的浙东抗日统一战线”专题研讨会】

8月13日，与梁弄镇政府、市新四军研究会、市东海城市文化研究院、浙东（四明山）抗日根据地旧址群景区办公室联合举办“党领导下的浙东抗日统一战线专题研讨会”。强调要深化对浙东抗战历史的研究，正确把握研究的政治方向，坚持实事求是的基本原则，从理论和实践上归纳、总结党领导下的浙东抗日统一战线的历史经验。

【《变革时代中的流动人口》出版】

2月，由市社科联特约研究员王辉撰写的专著《变革时代中的流动人口》，由社会科学文献出版社出版。全书以研究宁波、余姚地区外来流动人口为视角切入点，共分三辑，由12篇有逻辑联系的论文组成，整体反映中国流动人口情况。部分文章曾获民政部等组织的学术研讨会一等奖，或为省、宁波市社科立项课题。

（杨鹏飞）

余姚市慈善总会

【概况】

2015年，市慈善总会募集善款6650万元，发放救助款6486万元，有3.48万人（户）困难群众得到慈善救助，130个公益项目得到帮扶。总会成立至2015年底已累计募集善款6.16亿元，发放救助资金5.06亿元，帮助困难群众39万人(次)。

【弘扬善举献爱心】

全年有1032家单位、2.52万人次参与“慈善一日捐”活动，共募集善款1217万元。新建、续建慈善冠名基金16个，基金协议规模555万元。已累计建立慈善冠名基金240个，协议规模2.4亿元，全年冠名基金到账1812万元。全市有265个行政村、36个社区建立慈善帮扶基金，基金规模达1.55亿元，全年到账资金900万元。

【“三助二扶”开展情况】

全年发放助学金500.4万元，2265名困难学生得到资助。对1260名精神病患者实施慈善施药，全年助医支出860.2万元。对313名急重病患者进行临时助困救助。向1528户困难家庭发放助困资金200万元，帮助104户低收入农户改造危旧房6433平方米，补助资金35万元。慈善扶贫产业基地由2个增加到5个，辐射带动110户困难群众创业脱贫，投入帮扶资金50万元。

（市慈善总会）

余姚市关心下一代工作委员会

【概况】

2015年，全市有思想道德教育宣讲团成员154人、关爱工作团成员1016人、校外辅导员284人、法制副校长78人、心理健康辅导员47人。经3年创建，拥有宁波市级“五好”关工委15家、余姚市级“五好”关工委45家、民营企业关工委达150家。

【青少年核心价值观培育】

全年组织举办“红色四明，助我成长”纪念抗战胜利七十周年系列活动、“三爱三送（爱学习、爱劳动、爱祖国，送讲座、送电影、送图书）”教

“讲红色故事、做红色传人”启动仪式

育活动、红色影评黑板报展、第七届“书香伴我行·胸怀中国梦”读书征文比赛、“知孝理、讲孝德、践孝行”和“日行一孝”孝德教育实践活动、《弟子规》夏令营、第十届“十佳小孝星”和第二届“十佳老慈星”评选表彰、“画在纸上、法在心中”法制漫画创作比赛、第五届“法在心中”法治宣传教育活动等；参加由省关工委主办的“铭记历史、圆梦中华”主题征文比赛，1人获省一等奖、2人获二等奖。各级关爱团先后对40名失足青少年开展教育、感化、挽救工作，未成年人观护团成员赴市看守所16次，保护未成年人在讯问、审判中的合法权益。

【校外教育阵地建设】

全年有12个乡镇、街道关工委建立校外教育辅导站。举办“假日学校”196所，惠及青少年13300余人，参与服务工作的“五老”、大学生、在职教师和其他社会志愿者共计2400余人，评选先进假日学校29所、先进工作者46人。

【参与社会治理服务工作】

96名“五老”网吧义务监督员常年对全市222家网吧开展巡查、监督，评选“放心网吧”58家。继续开展“托起明天的太阳”“夕阳余晖促和谐”等帮困助学活动，全年筹措爱心助学款23.13万元，结对学生247人。评选市第十八届青少年英才40人。编印出版青年农民经验选编第四辑《学科技、奔小康》。开展国家“千人计划”专家进校园宣讲活动。举办学生心理辅导讲座18次，受教育学生5000余人，面对面咨询辅导69次，时长达4000余分钟。

（余静琴）

余姚市红十字会

【概况】

2015年，市红十字会募集爱心款物389.88万元，完成救护师资培训20人、救护员培训3061人、普及培训15298人。新增造血干细胞捐献志愿者114人，累计1059人；新增器官捐献登记志愿者10人，累计37人；新增角膜捐献登记志愿者18人，累计45人；新增遗体捐献登记志愿者16人，累计55人。年度市委、市政府出台《关于加快发展红十字事业的意见》，就彩票公益金地方留成部分中统筹安排资金支持红十字会社会公益项目、按本地户籍人口数每年每人不少于0.5元的基数建立应急救护培训保障资金、建立关爱生命人道救助专项基金，建立造血干细胞捐献者免费用血及其直系亲属优先优惠用血激励制度等内容进行细化并提出明确要求。

【红十字组织建设】

2015年，在实现村（社区）红十字组织全覆盖的同时，启动《红十字服务站建设三年行动计划》，完成村（社区）红十字服务站建设46个。组建成立红十字志愿服务总队，下辖10支各有专业所长和服务领域的志愿团队。“心暖花开”关爱山区留守儿童心理帮扶志愿服务项目列入宁波市培育计划，市红十字会给予相应经费配套支持，太平洋保险公司为志愿者骨干购买一年期人身意外伤害保险。帮助建设学校心理辅导室2个，有499名学生得到关爱。以市少儿艺术团为依托，组建红十字博爱艺术团。先后组织开展红十字文化衫创意设计大赛、红十字运动与应急救护知识竞赛、“六一”公益圆梦助推活动、“爱的飞扬”大型广场义卖等活动。助推青少年生命健康教育，开展应急救护知识进中小学课堂、进社会实践课程、进高中生必（选）修课、进校车、进家长学校、进教师继续教育培训等活动。

【“三救三献”开展情况】

完善应急救援体系，在市红十字会建立应急性备灾仓库50平方米，与民政局共用250平方米的市级救灾备灾仓库，在马渚镇建立区域性备灾仓库80平方米，配备相关物资与设施。培植市级应急救援队伍2支，在抗击台风“灿鸿”及寒潮冰冻中发挥作用。红十字战狼救援队还奔赴温州平阳抗击台风“苏迪罗”，参与金华浦江失联儿童搜救，在宁波市红十字系统赈济救援技能比武与演练活动中获团体第2名、4个单项奖。全市各级红十字会开展“博爱送万家”活动，共发放救助款物85.31万元，惠及1700余户家庭。向宁波红十字会争取价值41万余元的物资，对15所民工子弟学校的4300名学生进行“六一”节日慰问。开展山区留守儿童“金海豚”暑期夏令营、“灿鸿”台风受灾群众专项救助、麻风病人慰问、用爱点亮圣诞为山区小朋友义捐礼物、支持校园足球事业捐赠等活动。与市卫生计生局、教育局联合开展“爱的守护”预防儿童意外伤害百场巡讲活动、防踩踏专题讲座录播活动，实施中学生社会实践课程普训活动，开展应急救护知识进家庭、进校园、进机关“党员组织生活日”等活动。尝试职高毕业生救护员培训，五职校290名职高毕业生率先取得救护员证书。

【市红十字会第五次会员代表大会】

10月29日召开，选举产生理事73人、常务理事15人、会长1人、副会长7人。选举陈为能为五届理事会会长，魏晓萍为专职副会长。聘请市委书记毛宏芳和市委副书记、市长奚明任名誉会长。会议审议通过副会长魏晓萍代表第四届理事会所作的工作报告，表彰五年来为红十字事业做出突出贡献的先进集体和先进个人。

（市红十字会）

法治·武装

政法综治

【概况】

2015年，全市刑事发案总量下降19.5%，其中“盗抢”案件发案量下降21.5%，安全生产事故发生数和死亡人数各下降11.8%和5.4%，群众安全感满意率提高1.7个百分点，未发生“一票否决”的重特大事件，连续第九年获省“平安市”称号，获省委、省政府颁发的“平安银鼎”。全年市政法系统共有45个集体和173名个人获国家、省、宁波级荣誉和表彰，市综治办获评2014—2015年度省社会治安综合治理先进集体。

【维护社会稳定】

组织开展对征地区片价调整、房价下行等热点、难点问题的调研，处置意外死亡、“房闹”、讨薪等突发性群体性事件120余起，调解纠纷12745件。开展物流寄递业安全整治、群租房整治、历年“陈尸”处置等专项活动，加强对散装汽油、民爆物品等危化物品及重点行业的监管整治和督办力度，强化对车站、仓库等地的安检设备更新和重要岗位对防恐工作的敏感度，加强源头管控。围绕各级“两会”、节庆时点和重大会议活动，开展对不稳定因素的准确预警判断，推行“日会商”和“零报制”，先后完成省委巡视组巡视余姚、各级“两会”、抗击“灿鸿”台风、“9·3”阅兵、十八届五中全会、第二届世界互联网大会乌镇峰会等敏感时间点的维稳安保任务，以及“百日维稳大会战”任务。

【严打整治斗争】

推进人防、物防、技防相结合的市、镇、村三级巡防体系建设，配备专职巡防力量1800余人，成立7个特勤中队，累计盘查可疑人员4800人次、可疑车辆2500辆次，处置突发警情276起，视频破获案件260余起。开展严打暴恐、打黑除恶等专项行动，打击电信诈骗、非法集资等领域违法犯罪，全年共破获各类案件6004起，破获审结一批有影响力的大案要案，部署开展全国禁毒百城会战、“缉枪治爆”等专项行动，破获八大类涉黑涉恶案件136件658人，打掉黑恶势力团伙18个，摧毁贩毒团伙10个，抓获违法犯罪嫌疑人6146人，提起公诉2599人，判处罪犯2488人，监管社区矫正人员1280人。全年共审结民商事案件12444件，涉案金额102亿元，强制执行到位金额5.76亿元，提供法律援助1056件，法律咨询5600余人次。

【基层社会治理工作】

初步实现基层治理"一张网"的工作格局，完善网格长的选举制、任期制和薪酬制，落实网格长、网格员资金补助，全年发放以奖代补资金310余万元。完善21个社会服务管理中心和301个村社区便民服务中心平台建设，提高一站式服务能力。组建网格微信群800余个，安装平安通1413个，引导群众通过微信群反映诉求，确保社会治理更加精细。运用基层民主协商方式，成立村务协商议事会，推动村务管理的制度化、规范化和民主化。全年信访总量与上年持平，未发生因信访问题处置不当引发的群体性事件。

（市政法委）

公　安

【概况】

2015年，全市未发生重大群体性事件、重大恶性刑事案件、有影响的涉黄涉赌涉枪治安问题、较大以上交通和火灾事故。发案总量、刑事发案、行政案件分别下降17.0%、19.5%和14.9%；发生命案9起、五类恶性案件15起，破案率均为100%；刑事拘留犯罪嫌疑人2698人，执行逮捕1322人，移送审查起诉2865人；影响群众安全感、满意度的盗窃、抢夺、抢劫侵财案件分别下降21.3%、33.3%和39.8%。市公安局被省公安厅评为全省执法质量优胜单位，被省委政法委评为百日维稳攻坚行动先进集体；获省级、宁波级等荣誉287项；立集体二等功1个、集体三等功6个，3人立个人二等功，28人立个人三等功，另有51个集体和110人次获上级各类表彰，涌现"浙江好人"姜文革、"全省温暖警营"指挥中心等先进典型。

【惩治违法犯罪】

全年共立刑事案件12903起，比上年下降19.5%；刑事案件破案率18.1%，上升1.5%；刑事拘留2698人，上升3.6%；移送审查起诉犯罪嫌疑人2865人，上升9.4%。

侦破命案。全年发生命案9起，大幅低于前5年命案发案平均数12.5起，破获9起，命案破案率100%，且命案的恶性程度明显下降。

惩治黑恶势力。全年录入各类涉黑涉恶信息757条，破获聚众斗殴、寻衅滋事、非法拘禁、强迫交易、组织卖淫、敲诈勒索、开设赌场、非法持有枪支弹药案等涉黑涉恶案件58起，刑事拘留犯罪嫌疑人234人。惩治3人以上的恶势力团伙9个，刑事拘留犯罪嫌疑人92人。

惩治侵财型犯罪。侦破"9•30"特大诈骗案件，共涉及诈骗嫌疑人200余人，涉案资金500余万元，抓获胡某某等200余名犯罪嫌疑人，移送审查起诉197人。全年共立盗窃案件13308起（包含刑事治安案件），下降21.3%；立抢夺案件98起，下降33.3%；立抢劫案件56起，下降39.8%；破获"盗抢骗"侵财案件1432起，抓获"盗抢骗"侵财犯罪嫌疑人1107人，上升3.4%。

惩治毒品犯罪。推进"百城禁毒会战"，组织开展"禁毒集中行动"5次，累计惩治涉毒违法犯罪团伙5个，抓获涉毒违法犯罪嫌疑人245人，缴获毒品冰毒、海洛因约20.5千克，先后破获公安部督办的贩毒目标案件3起、省厅督办的贩毒目标案件3起。共抓获涉毒犯罪嫌疑人227人，侦破3人以上涉毒团伙10个，移送审查起诉犯罪嫌疑人260人；查获吸毒人员928人，处置强制隔离戒毒人员215人。

惩治经济犯罪。破获涉众型经济案件6起，组织、领导传销活动案件5起，其中破获公安部督办的"3•30"案件1起，抓获犯罪嫌疑人25人，教育遣散传销人员350余人，解救被困群众20余人，涉传销类报警下降8.9%。未出现因涉众型经济犯罪处置不当引发的群体性案件、事件。

网上作战。全年网警部门主侦案件38起，配侦案件167起，抓获犯罪嫌疑人223人，其中主侦类犯罪嫌疑人95人，配侦类犯罪嫌疑人128人。

会同治安、禁毒等部门，侦破“3·11”利用互联网传播淫秽物品牟利案、公安部“2015-655号”毒品目标案件等重特大案件；勘查电脑类存储设备63台次、手机124部，出具勘查报告74份。上报情报线索11条，录用6条。

监管工作。截至年末，市监管场所共羁押被监管人员5673人，其中看守所羁押3491人，拘留所羁押2182人；看守所出所2537人，拘留所出所2125人。未发生造成重大影响的被监管人员脱逃事件，未发生社会反映强烈的被监管人员非正常死亡案件，未发生影响恶劣的涉公安监管舆情事件。

反恐工作。落实反恐怖工作处置预案，补装车站、加油站、学校、广场、医院等反恐重点单位的视频监控探头。加强边境地区敏感人员管控工作，全年发现遣返列控重点人、暴恐言论人员4人（由户籍所辖地公安机关带回并刑拘），对在余姚务工的100名敏感人员开展背景审查。年度反恐怖工作在宁波市局对各县（市、区）的考核中名列第一。

【行政管理】

维护社会稳定。全年共妥善处置各类群体性、突发性治安事件78起次，完成各类安全保卫和备勤工作34场次。侦破邪教案件2起，抓获“法轮功”邪教人员2人、全能神邪教人员4人。化解、劝阻特殊群体的各类上访和非正常活动40余次。

服务党委、政府中心工作。上半年新成立环境犯罪侦查大队（综合执法大队），全年查处各类危害食品药品、污染环境等案件48起，其中食品药品案12起、环境污染类案9起、非法采矿类案8起、恶意欠薪案7起、安全生产责任事故案4起、非法行医案8起，共抓获各类违法犯罪嫌疑人88人，移送起诉85人、行政拘留3人，上网追逃5人。共出动警力564人次，参与拆违工作近46场次，配合完成拆迁违章建筑322户，拆除总面积51万余平方米。

社会面巡控。以火车站、高铁站、市政府、兰江商贸城4个武装巡逻执勤点为中心，开展24小时叠加式、机动性武装巡逻。累计出动巡控警力3万余人次、警车4745车次，共盘查可疑人员2.3万人次、可疑车辆1.9万辆次，处置突发警情、群体性事件278起，城区街面盗抢发案下降21.6%。强化队所联勤机制，成功处置火车站附近女子轻生跳河事件等危急警情。在巡逻设卡中，直接抓获盗抢违法犯罪嫌疑人801人，“两抢一盗”案件数下降20.9%。在陆埠、马渚、梁弄、丈亭、泗门、低塘、牟山7个区域建立特勤中队，每个中队配50名特勤队员。年度市公安局还配备4条警犬应用于实战。

警民合力巡逻

实有人口管理。年度完成重点清理人员、无相片人员和建模失败人员三种数据清理情况工作。为综管员配备“流管通”571台。为全市21个派出所、8.6万间出租房屋制作二维码9万余块。

行业场所管控。全年开展旅馆业实地考核检查112次、联合检查5次，共检查旅馆1673家，通过旅馆业信息系统抓获逃犯17人。累计对10批次55家行业场所实施110次集中清查行动，现场查获各类违法违规行为102起，查获吸毒人员1人。年度全市行业场所内部未发生命案，黄赌毒等案件得到遏制。

出入境管理。全年共受理、审核、上报、批准公民因私出国（境）8.3万人次，增长10%。其中批准公民因私出国2.7万人次，出境5.6万人次；接待临时到余姚的国（境）外人员1.7万人次，与上年基本持平；共受理、审核、上报外国人、台湾居民各类签证、签注、证件及延期288人次，查处各类涉外事（案）件8起，其中“三非”案件2起、其他案件6起，处罚2人；报备不准出境人员数据2691条。市公安局出入境管理窗口被省厅评为一类文明窗口。

道路交通安全管理。全年受理道路交通事故4.6万起，其中上报事故193起，造成94人死亡、123人受伤，直接经济损失62.7万元。上报事故、死亡人数、受伤人数分别下降3.98%、0.25%和3.19%；实际死亡人数119人（含路外25人），减少2人；发生一次死亡2人的交通事故3起，未发生一次死亡3人以上的交通事故；办理交通肇事案件95起，移送起诉80起；查处交通违法53.1万起，其中现场查处10.4万起；查处饮酒后驾驶906起、醉酒驾驶425起。

消防安全管理。全年受理备案项目178家，受理审验项目61家，受理消防安全检查项目86家；监督检查单位4255家次，下发责令改正通知书1809份，实施“三停”单位29家，并对129家单位和个人进行行政处罚，处罚总额累计94.8万元；调查火灾案件61起。开展防火检查专项行动，共排摸出重大火灾隐患7处，整改7处，摸排出区域性火灾隐患1处，整改1处；共接火警1595起，出动消防车2716辆次、消防官兵1.6万人次，抢救被困人员236人，疏散人员65人，抢救财产价值1117.7万元。全年实现辖区火灾形势平稳、亡人火灾得到有效遏制、无发生较大以上火灾事故的总体目标。

行政审批。全年受理各类审批、服务项目1.1万件，其中即办件1万件，承诺件0.1万件，办件量下降70.47%，其原因为居民临时身份证办理下放到各派出所户籍窗口，货运机动车通行证调整至交警大队办理。所有事项均在公开承诺期限内办结，未出现差错。

安保警卫工作。先后完成“'2015宁波国际马拉松赛”“第十七届中国塑料博览会”“'2015余姚春季汽车交易会”“'2015中国余姚电动工具配套展暨第八届机床设备展”等大型活动14次，完成省委巡视组到余姚巡视安保工作，还完成兰江街道兰墅桥地块、凤山街道县东街地块腾空强拆任务；完成对市级部门开展的“大巴下乡”“文化下乡”“杨梅节系列活动”等小型活动的安全指导工作。

网络舆情管控。先后成功处置“4·7”网民恶搞非正常死亡、“9·11”三职女生被殴打案、“10·16”金太阳幼儿园女童被猥亵案等涉警事件引发的网络舆情，未发生造成重大负面影响的涉警舆论事件。局“余姚公安”政务微博共拥有粉丝1万余人，“余姚公安”微信公众账号有1.4万人关注，单条微信点击率在1000以上，最多的在3.5万以上，名列宁波市政法类微信公众号前茅。

公安信访工作。全年办理各类信访件1125件，办结率100%，未出现超期办理情况，其中公安部交办的5件信访件及省厅交办的27件信访件均已办结。接待来访35批次79人次，做到件件信访有回复。

【案例举要】

“12·3”特大生产销售假药、伪劣产品案。2014年12月3日，市公安局会同市市场监管局，在三七市镇相岙村查获一个生产、销售假冒各种品牌药膏、化妆品、牙膏的地下生产窝点，现场查获大量假冒成品、半成品、生产原料和生产工具。专案组通过线索追查、集中抓捕、出省追逃等工作，于2015年2月6日分别在余姚、慈溪、宁波江东、金华义乌、江苏省常州市、上海市崇明县等地抓获该团伙9名犯罪嫌疑人，成功捣毁该特大假冒各种注册商标，生产、销售假冒伪劣产品、假药的犯罪产业链，查扣假冒各种品牌的牙膏、药膏、化妆品成品和半成品20余万支。

“3·11”特大利用网络贩卖淫秽物品牟利案。3月，市公安局根据特情举报的一条贩卖包含淫秽视频的网络云盘的线索，并于6月25日被公安部列为全国打击整治涉网治安违法犯罪“断链”行动挂牌督办案件。专案组转战余姚、慈溪、宁波镇海、绍兴上虞以及福建、广东、安徽、河北、四川等地，于4月16日、5月21日组织2次集中抓捕行动，先后抓获犯罪嫌疑人21人，其中逮捕13人，刑事拘留4人，取保候审3人，查扣手机25部、IPAD平板电脑2台、银行卡21张、账单若干份，涉案“云盘”账号1000余个，彻底摧毁1个利用微信、“云盘”等网络智能应用进行淫秽视频贩卖的特大新型犯罪团伙。

“9·30”特大诈骗案。10月，市公安局接到受害人报案称，在2014年11月至2015年3月之间，被他人以借款为名、虚构事实、伪造证件的手段骗走现金500余万元，涉及团伙成员200余人。专案组依托“四侦合一”平台，通过各种侦查手段和信息研判，经过20余天的侦查，查明一个以徐某某为首的特大诈骗团伙，共涉及诈骗嫌疑人200余人，涉案资金500余万元。10月20日凌晨，在宁波市公安局刑侦支队、特警支队、技侦支队和慈溪公安局的支持下，市公安局抽调全局1200余名警力，分别在余姚、慈溪等地抓获胡某某等犯罪嫌疑人200余人，移送起诉197人。

“2015-655号”公安部毒品目标案。2月16日，市公安局在日常工作中发现一网络贩毒线索。案件线索上报后，先后被列为省“全国网络扫毒专项行动”重点攻坚案件、公安部“2015-655号”目标案件。专案组经过数月的秘密侦查，基本查清一个以余姚籍犯罪嫌疑人张某某为主的特大网络贩毒团伙。该团伙主要通过QQ、微信等方式进行联系，并以邮包寄递的方式进行远程贩卖毒品，共有80余个QQ号码、60余个电话号码和55个银行账号（卡）涉嫌参与毒品交易，十余名涉毒犯罪嫌疑人分布在湖北、福建、山东、广东、辽宁、黑龙江、陕西等10个省份，涉案毒品达数十公斤，涉案金额400余万元。7月7日凌晨，在宁波市公安局的支持下，市公安局出动180余名警力，分别在余姚、绍兴上虞、广东汕尾、福建宁德、辽宁营口等地抓获张某某等涉毒犯罪嫌疑人14人(13人被刑事拘留，1人因患严重传染病被监视居住)，当场缴获冰毒14.1公斤、仿“六四”式手枪1支、子弹9发、作案轿车1辆和涉案银行卡8张，冻结涉毒资金十余万元。

（李迪锋、谢力果）

检　察

【概况】

2014年11月7日，市编委办下发《关于同意市人民检察院公诉科分设的批复》。2015年，正式启用“余姚市人民检察院公诉一科”和“余姚市人民检察院公诉二科”印章，“余姚市人民检察院公诉科”印章同时停用。年度按照规定程序，选拔任用中层正职4人、中层副职6人、中层助理5人。在宁波大市率先建成检察服务大厅、远程视频接访系统，依托案件信息公开平台，发布程序性信息3794条、重要案件信息4条，公开法律文书1263篇，安排辩护人阅卷238次。

【惩治刑事犯罪】

全年受理提请批准逮捕案件1325件1814人，批准逮捕各类刑事犯罪嫌疑人1415人，依法不捕391人；受理审查起诉案件2103件2932人，提起公诉2599人，依法不起诉121人。其中，依法批准逮捕故意杀人、强奸等严重暴力犯罪，“两抢一盗”、诈骗等多发性侵财犯罪，以及涉毒等犯罪嫌疑人899人，提起公诉1039人。从严从快批准逮捕破坏生态、污染环境类犯罪嫌疑人8人，提起公诉16人。起诉非法经营、组织领导传销活动等犯罪嫌疑人116人。依法对17名犯罪情节轻微的虚开增值税专用发票犯罪嫌疑人作出相对不起诉处理，减轻对实体经济造成的影响。

【职务犯罪惩防】

全年立案侦查涉嫌贪污贿赂犯罪案件15件16人，其中市本级现职要案2人；立案侦查涉嫌渎职侵权犯罪案件6件10人。开展预防宣讲13场次，有7篇预防材料纳入省院预防“五库”供全省交流，共受理查询1150次。健全落实同步介入重大安全生产事故调查机制，对梨洲街道锅炉爆炸、兰江街道三凤桥村塔吊倒塌致人死亡等造成较大社会影响的事件，均第一时间派员参与事故调查。

【诉讼监督】

加强对侦查活动的监督，对涉嫌非法取证、程序违法等问题，向侦查机关发出纠正违法通知书13份，均得到整改回复。监督公安机关立案4件，追捕8人，其中3人被判处三年以上有期徒刑。依法对20人作出存疑不起诉决定，建议公安机关撤案31件63人，追诉漏罪漏犯5人，提起抗诉5件5人，法院全部采纳抗诉意见。开展社区矫正人员脱管、漏管专项清查活动，依法监督收监执行3人。配合开展抗战胜利特赦工作，同步监督赦免3人。履行监所检察新职责，办理捕后羁押必要性审查案件16件，指定居所监视居住执行监督16件，财产刑执行监督12件。注重保障被羁押人员合法权益，提出书面纠正意见或检察建议11件，均被监管单位和职能部门采纳。受理民事、行政申诉案件9件，审结5件；受理群众来信来访127件次，99件涉法涉诉案件全部按诉访分离要求纳入法定程序。

【首次人民监督员会议召开】

11月18日下午，市人民检察院组织召开人民监督员会议，邀请3名人民监督员对拟作不起诉处理的2起自侦案件进行监督。宁波市人民检察院公共事务处派员主持会议，市检察院监察室主任及2名案件承办人参加会议。在承办人介绍案件的基本情况后，3名人民监督员围绕案件认定的基本事实、适用法律、办案规范性等方面进行提问和讨论，最后进行独立表决。此次人民监督员会议，是人民监督员制度改革后市人民检察院首次启动人民监督员程序。参与案件监督的3名人民监督员，均由市人民检察院会同市司法局从2015年新选任的人民监督员信息库中随机抽选产生。

（市人民检察院）

法 院

【概况】

2015年，市人民法院有在编干警179人（专项编制168人，事业编制11人），其中审判员74人、助理审判员22人。有内设机构22个，派出人民法庭6个。全年受理案件22210件，上升22.75%；办结19751件，上升5.48%。

【依法履行司法职能】

惩治刑事犯罪。全年受理刑事案件1955件，审结1964件，分别上升4.38%和5.65%；判处罪犯2689人，上升5.53%。其中，审结故意伤害、“两抢一盗”等侵害公民人身、财产权益的犯罪案件885件，审结危害食品药品安全、“醉驾”、涉黄赌毒等犯罪案件927件，审结受贿、玩忽职守、滥用职权等犯罪案件18件。对犯罪情节显著轻微、过失犯罪等具有从宽情节的案件，依法判处缓刑、管制、单处罚金877人。为219名被告人通过法律援助机构指派辩护人，上升34.35%。通过刑事和解、刑事附带民事调解维护被害方权益，有关被害方由此获经济赔偿363万元。保障未成年被告人合法权益，与团市委等部门联合设立代理家长制度，有101名代理家长到庭参加诉讼，参与法庭教育。

民商纠纷处理。全年受理各类民商事案件10897件，审结11235件，分别上升32.94%和37.23%。在宁波范围内率先成立家事审判合议庭，处理离婚、分家析产等家事纠纷1008件。建立完善消费者维权等5个专门合议庭，推进民商案件专业化审理。审理商品房买卖、房屋租赁等涉房地产案件232件。扩大集中调解适用范围，一审民事调撤率67.44%，居宁波市基层法院前列，民事调解自动履行率81.13%，居全省基层法院第五名、宁波市基层法院第一名。

依法行政。全年受理行政诉讼案件51件，审结40件，分别上升13.33%和下降14.89%。推进行政争议实质性化解，经人民法院协调后撤诉的案件占50%。全年审查行政非诉案件407件，裁定准予执行399件、不予执行8件。推进行政首长出庭应诉制度，有6件行政诉讼案件实现行政首长既出庭又“出声”。向行政机关发送司法建议9条，均得到及时回复。

【助推经济社会发展】

保障重点工作推进。运用司法手段保障“五水共治”等重大决策的实施，审结污染环境案件20件，并对5名被判处缓刑的被告人实行禁止令。受理环保部门申请强制执行案件145件，执结132件。探索推行“裁执分离”制度，参与全市房屋拆迁清零工作，依法强制腾空房屋3起，实质性协调化解房屋拆迁案件2件。

支持企业良性发展。引导陷入困境的企业通过破产重整盘活存量资产，实现转型升级，依法处理企业破产清算案件3件，释放土地资源10公顷、厂房等房屋面积99581.82平方米。通过司法手段助力创新驱动发展，审结侵害商标权、著作权、商业秘密及不正当竞争等各类知识产权案件157件，审结涉外民商事案件144件。

维护金融秩序稳定。全年审结金融纠纷案件740件，涉案标的额达47.71亿元，分别上升129.81%和183.48%。执结金融债权案件547件，标的额31.94亿元。搭建银企合作平台，调解金融借款纠纷144件。审结民间借贷案件2036件，涉案标的额达9.82亿元，分别上升18.02%和36.96%。

【维护群众合法权益】

破解执行难题。全年受理各类执行案件4769件，执结5065件，分别下降4.39%和上升4.35%，执行标的额49.18亿元。深化与银行、民政、国土等部门网上“点对点”查控执行机制，共查询存款28191次、婚姻情况3111条、房地产信息1251条。开辟网上银行支付执行款等绿色通道，执行款发放平均天数缩短约21天。在公安、机场等部门协助下，夜间出勤42次，控制被执行人29人，执结金额3000万余元。在《都市快报》《余姚日报》等媒体上曝光“老赖”91人次，向失信被执行人名单库输入“老赖”信息3151人，促使60名“老赖”主动履行义务。加大对抗拒、规避执行的惩治力度，共司法拘留37人，依法限制出境、限制高消费26人。

丰富便民举措。全年审结劳动争议、道路交通事故损害赔偿等涉及群众切身利益案件3913件。开展涉民生案件专项集中执行活动，执结案件389件，执行到位887.18万元。加大对弱势群体的司法救助力度，依法缓、减、免收诉讼费58.36万元，对45名经济确有困难的刑事案件被害人、执行案件申请人发放救助金37.05万元。与市司法局联合设立法律援助服务站，由26名律师为群众免费提供法律咨询等服务。率先开通“12368”司法服务热线，群众反映的1905条信息均得到及时处理。

法律咨询助妇女维权

矛盾源头化解。畅通信访渠道，全年处理信访案件264件。6个人民法庭共审结案件4850件，3个人民法庭被评为第三轮“省级模范五好法庭”，市人民法院成为全省拥有“省级模范五好法庭”数量最多的基层法院。开展“党员法官接地气”活动，14名法官每周末轮流到四明社区为群众说事评理、解答法律问题。全年在《人民法院报》《法制日报》等各类新闻媒体上发布法制报道538篇。

【完善规范司法机制】

完善审判权运行机制。成立职业化示范庭，全部由35岁以下青年干警组成，不设庭长，在干警自我管理和法官办案责任制方面进行探索。推进院长、庭长带头办案制度，全年院长、庭长办案1032件。推动审委会委员独立审判或参加合议庭审理，共办理案件899件。应对劳教制度废止后部分治安案件分流入罪的问题，在宁波市内率先探索轻微刑事案件速裁机制，平均审理天数为7.58天，相比以往缩短4.37天。

完善审判管理机制。开展“规范司法礼仪、

规范庭审、规范裁判文书”三规范专题活动，对庭审录像、信息录入、裁判文书等进行检查评查67次，评选优秀庭审、优秀裁判文书、优秀庭审记录各10篇，发布检查通报12次。评查裁判文书7481份、案件1421件。上诉案件中二审改判发回瑕疵率为2.33%，列宁波全市最低。反映工作效率的平均审理天数和月均存案工作量指标分别居全省第八名和第六名。上诉案件移送天数10.39天，宁波全市最短。

完善司法公开机制。全年通过微博、LED大屏幕以及网络视频等完成直播109次，向中国裁判文书网上传法律文书10993份。在全省率先上网公开评估报告142份。坚持网拍优先原则，网拍率达93.3%，全年共完成网拍164次，总成交额6.29亿元，为当事人节省佣金1092.65万元，其中单次网拍成交价最高达2.21亿元。发布审判执行白皮书12本，举行新闻发布会9次。举行“网民看看看”等专题公众开放日活动26次。在中国社科院公布的2014年度浙江法院阳光司法指数测评中，市人民法院居全省第五名。

（贺小宁）

司法行政

【概况】

2015年，市司法局发挥司法行政法治宣传、法律服务、法治保障三大职能，完成“六五”普法总结验收，继续推进法律进机关、进农村、进社区、进学校、进企业、进单位活动，先后开通“余姚司法”“余姚普法”微博和“余姚普法”微信。全市拥有3个全国级、19个省级、51个宁波市级民主法治村（社区），余姚本级以上的民主法治村（社区）达标率分别达93.2%和73%，建成法治文化公园、长廊20个。

【司法所建设和人民调解工作】

在原有8个省级规范化司法所基础上，年内马渚镇创建五星级司法所，小曹娥镇创建四星级司法所，陆埠镇、临山镇、丈亭镇、三七市镇、四明山镇创建三星级司法所，全市星级司法所创建率达73%。全年各类调解组织共开展矛盾纠纷排查617次，调处各类矛盾纠纷12745件，涉及金额14772.58万元。

【法律服务和法律援助】

市法律服务中心创建成为省三星级规范化服务中心，21个乡镇、街道及经济开发区均在社会服务管理中心设置公共法律服务窗口。全市共落实村（社区）公共法律服务联络员302人。受理法律援助案件1056件，解答来电咨询2654件，接待来访3927批、5311人次，引导有偿法律服务640件，提供社区矫正咨询服务676人次，分流调处矛盾纠纷375件，为当事人挽回经济损失1551万元。推进基层法律服务所的转制工作，全市已有合伙制法律服务所4家。

全市10家律师事务所全年创收5956.26万元，较上年增长11.8%。全市律师担任661家单位法律顾问，承办诉讼案件3199件、非诉讼事务28件、仲裁案件41件，解答咨询2248起。实现市、镇、村三级法律顾问全覆盖，各级法律顾问共修订涉法文书53件，提出法律意见211条，处理群体性纠纷235件，提供法律咨询服务1425人次，代理诉讼事务315件。市公证处全年办理公证4201件。

【社区矫正与安置帮教工作】

截至年末，全市有在册社区服刑人员606人，年度累计增加669人，减少674人。落实“审前评估”“当庭接收”“信息核查”等接收制度，全年完成“审前调查评估”198件，采信率95%以上。10月底，全市符合条件的4名特赦人员已全部特赦。全年共完成65名罪犯的信息核查反馈工作，衔接落实帮教措施765人，落实责任田452人，提供就业服务120人次，社会救济9人次。

（孟佳佳）

人民武装

【概况】

2015年，市人武部着眼大规模作战能力评估和应对突发事件能力，围绕防卫作战、国防动员、战场管制等使命任务，按照“三结合”要求，修订完善8类战备方案，实现与驻军、人防、交战、重要目标、年度形势任务等要素的紧密衔接，加强重点敏感时期战备教育，促进战备常态化保持。全年完成新兵征集任务，其中大专以上学历108人，被评为省征兵工作先进单位。8月，完成《余姚军事年鉴（2006—2010）》的编纂，即将付梓。

3月18—20日，组织各乡镇、街道新任的专武部长及全体副部长共27人，在四明山森林公园开展专武干部集中强化训练。4月27—30日，市属民兵应急连125人赴象山县民兵训练基地集训。5月5—15日，公路护路分队90人在市交通局进行综合演练。5月8日，全体机关干部职工和部分专武干部25人开展野外拉练和指挥所演练。6月24—26日，市民兵水上应急分队在蜀山大闸附近水域进行水上救援和应急演练，共动用12艘橡皮艇、8艘冲锋舟，156人次参加演训任务。7月9日，出动应急保障分队82人、特种作业车辆35台，接受宁波军分区、后勤部联合考核组对余姚国动委所属专业队伍和综合保障群的拉动点验。

全市共组建3类基干民兵分队。5月，对21个乡镇（街道）和5个行业企业的整组点验情况进行检查验收，基干民兵到点率92%以上，点到率达100%，专业对口率和退伍军人比例分别在80%和65%以上，超龄人员比例未超10%，符合上级要求。

年初，抽调城区4个街道的基干民兵编成市民兵应急连，按照“建在身边，随时能动，管好用好”的要求，落实人员装备。按照应急行动预案，组织针对性训练、演练，提高遂行森林灭火、抗洪抢险、应急维稳等非战争军事行动。在第3季度听令参加省军区组织的以“应对严重事态战场管制行动”为课题的战役演习实兵行动。

梁弄镇民兵应急分队训练

5月，按照《浙江省后备力量基层建设规范》要求，在阳明街道开展乡镇（街道）武装部试点、梨洲街道开展村级武装部基层规范化建设试点的基础上，召开全市规范化建设现场会。第3季度前，所有乡镇（街道）武装部规范化建设全部达标，准备迎接省军区、军分区的检查验收。

【双拥工作】

元旦、春节期间，市人武部主要领导分3组对全市156名现役军人军属进行走访慰问。同时，各乡镇、街道主要领导及武装部部长也有重点地参加走访，联村干部、村干部全程参与。5月，协调市人民法院、司法局、民政局等部门，到驻军91428部队开展“送法进军营”宣讲和咨询活动。根据省军区、军分区指示，协调市、镇两级对一户病故的驻港部队战士家庭给予30万元的经济补助。9月，协调地方和有关部门解决现役军官陈某老家宅基地的迁移问题。全年处理涉军维权事件7起。

【抗击“灿鸿”台风】

在抗击第9号台风“灿鸿”行动中，市人武部共接收部队官兵468人，组织民兵2189人次，出动车辆118台，协助地方政府转移受灾群众33339人，累计加固堤坝1万余米，抢通道路、清理路障2.6万米，清理倒塌广告牌30余处，搬运物资18吨，清理塌方、山体滑坡15处5480立方米。

【浙东抗日根据地旧址群被列为国家国防教育示范基地】

“八一”前夕，国家国防教育办公室公布第三批80个国家国防教育示范基地。位于梁弄镇的浙东（四明山）抗日根据地旧址名列其中，包括中共浙东区委旧址、浙东抗日军政干校旧址、浙东行政公署旧址、谭启龙同志旧居等遗址遗迹，以及四明山革命烈士纪念碑、革命烈士事迹陈列室等烈士纪念设施。9月18日，在梁弄镇举行“浙东（四明山）抗日根据地旧址群”国家国防教育示范基地揭牌仪式。省国教委副主任、省军区副政委兼政治部主任单秀华，宁波市委副书记余红艺，宁波军分区司令员秦景号、政委朱宝定，以及余姚市领导奚明、诸晓蓓、傅沧海等出席揭牌仪式。

（市人武部）

农业·农村

农　业

【概况】

2015年，全市实现农村居民人均可支配收入26500元，较上年增长9%。粮食播种面积3.75万公顷，总产18.8万吨。粮油作物中，小麦种植面积3400公顷，增长12.8%；早稻种植面积3847公顷，减少1133公顷；油菜种植面积2067公顷。林业总产值58.5亿元，竹笋产值1.64亿元，水果产值4.88亿元。全年生猪总存栏21.4万头，减少10.1%，出栏31.5万头；禽肉类总产量3.6万吨，减少4.0%，禽蛋产量6400吨；养殖业产值9.6亿元。全市水产品养殖捕捞总产量23114吨，海洋捕捞产量2056吨，实现渔业生产总值5.35亿元。

【农业“两区”建设】

全年新增土地流转面积221.67公顷，累计土地流转面积10073公顷，规模经营累计超15333公顷；投入资金3400万元，实施宁波市级粮食功能区标准化区1833公顷。新增省级现代农业综合区2个，省级渔业示范区和精品园各1个，新建宁波市级现代农业园区项目6个，“两区”上图入库率达到100%。完成滨海现代农业园区农业综合开发中低产田改造项目二期工程；编制滨海现代农业园区总体规划并通过专家评审，下达2015—2016年先导区基础设施建设项目任务；完成先导区服务中心大楼建设，进入工程装修阶段，现代农业服务中心智能信息化管理系统建设同步推进。

【现代生态循环农业建设】

结合全市“五水共治”工作，完成第二、三轮畜禽养殖污染治理，关停搬迁400余家，完成生态化改造257家。开展现代生态循环农业示范县建设相关工作，建成示范生产主体4个。完成30家“两化”工程示范场的创建验收工作。推进农业面源污染防治工作，推广测土配方施肥43400公顷、商品有机肥1.4万吨，新增生态消纳地4000公顷、沼利用量2万吨，化肥减量620吨。推广病虫害统防统治6000公顷次、绿色防控融合面积2400公顷次，农药减量100.5吨。深化“森林余姚”建设，启动西郑巷村、梁周线等区域森林彩化美化试点工程。开展生态公益林增划工作，完成扩增5200公顷，全市生态公益林面积累计达3.74万公顷。完成平原绿化200公顷，营造沿海基干林带54.67公顷，实现道路绿化里程 25 千米；推进四明山区域森林生态修复，通过珍贵树种造林等措施，完成生态修复 220 公顷。

【农业综合管理】

发展“三品一标”，新增无公害农产品 21 个、绿色食品 1 个、市级品牌农产品 2 个。重大动物疫病强制免疫率达到 100%，高效低毒低残留农药推广应用普及率达 88%，农产品总体合格率达 99%。主要农作物用种商品化率达 78%，落实农作物救灾储备种子 15 万公斤。全市林业有害生物成灾面积 556.93 公顷，成灾率为 1.00%，无公害防治率达到 100%。实施种苗产地检疫面积 3467 公顷，种苗产地检疫率 100%。投入资金 1700 万，建成市级病死动物无害化处理中心和 17 个乡镇收集点，建设农业物联网示范点 2 个。新培育农业科技示范户 500 户，新增农业领域创业就业大学生 65 人。组织举办第六届中国余姚河姆渡农业博览会，现场销售额 6900 万元，现场订单金额达 5200 万元。新增宁波市级龙头企业 1 家、省级农业龙头企业 3 家，列入宁波市农业龙头企业技改项目 1 个。新评定全国休闲渔业示范基地 2 家（累计 3 家）、省休闲渔业示范基地 2 家。

【农村机制管理】

全市已有 277 个村社完成股改任务，占应完成村社数的 99.3%。基本完成小曹娥镇土地承包经营权确权登记颁证试点工作。完成农村集体经济千村审计 122 个。创建余姚市级示范社 3 家、宁波市级示范社 2 家、省级示范社 1 家、国家级示范社 3 家。评选余姚市级示范性家庭农场 20 家，新增宁波市级示范性家庭农场 7 家，省级示范性家庭农场 5 家。组成农信担保公司 + 银行 + 保险公司“三位一体”的风险利益共担体，帮助农业生产经营单位解决融资难、贷款难问题。在所有乡镇、街道设立动物卫生监督分所，落实编制 60 人，其中新增 28 人。

【农业法治建设】

完成部级检测任务基地蔬菜样品 11 个，省级例行抽检农产品 101 个，自行组织检测样品 2003 个，合格率 99%。组织开展畜禽屠宰（肉品安全）专项整治行动，共排查安全隐患 15 起，受理投诉举报 34 起，取缔私屠滥宰点 39 个，行政立案 10 起，查处问题肉 500 余千克，吊销 1 家超范围经营活畜禽单位经营许可证。全面完成渔船船证不符整治，共受理渔政举报电话 164 起，出动人员 250 余人次，收缴无证捕捞船 12 艘、背包电瓶 125 套；累计开展渔业执法专项检查 58 组次，清理游丝网、地笼网等违法渔具 600 余套。组织“绿剑”检疫执法行动 10 次，共出动执法人员 42 人次，检查涉木企业 16 家，查处违法案件 3 起，没收处理疫木 2.17 立方米，罚款 4000 元。共查处林业刑事、行政及信访案件 35 起，行政处罚 25 人，行政罚款 315716.59 元。全年共接到森林火情报告 27 起，发生火情 6 起，未发生森林火灾和人员伤亡事故。共审批林木采伐数量 1203.01 立方米，拆除违法猎捕工具 14 只，制止违法猎捕野生动物 80 起。

【’2015 品牌甲鱼产销战略论坛】

2 月 4 日，由中国渔业协会、宁波市海洋渔业局和余姚市政府联合主办的“’2015 品牌甲鱼产销战略论坛”在余姚举行。来自全国各地的品牌甲鱼养殖企业、大型超市品牌甲鱼销售企业和大型酒店、甲鱼生产产业链的代表及行业协会、高等院校的专家学者等，围绕全国品牌甲鱼安全生产与营销战略，进行深入探讨。

（周乃君）

农村工作

【概况】

2015 年，全市共完成宁波市级中心村培育 4 个（累计 17 个）、特色村创建 3 个（累计 9 个）、精品线建设 1 条（累计 3 条），新增宁波市全面小康村 4 个（累计 81 个）、美丽乡村建设先进乡镇 1 个（累计 6 个），11 个精品村的 54 个建设项目基本完成。

本年度省、宁波市下达余姚市农村生活污水

治理任务村 97 个、接户 50719 户。实际启动任务村 98 个、扩面村 1 个，累计投入建设资金 4.5 亿元，完成农村生活污水治理任务村 97 个，受益农户 51067 户。

年度宁波市下达余姚市安置 2700 户的农房“两改”任务，实际安置农户 4076 户。其中，完成农民公寓主体工程建设 8 个，总建筑面积 29.4 万平方米，计 2104 套；完成农村困难家庭危房改造 150 户，内聚外迁 410 户；完成 848 户无房户、564 户危房户的用地审批。

规范实施农业综合开发，上年度的 8 个土地治理项目，总治理面积 2693 公顷，总投资 4928 万元，总体完成投资额的 85%；4 个产业化经营财政补助项目，总体完成投资额的 92%。本年度的 5 个土地治理项目完成对施工单位的招标，进入图纸交底阶段；1 个产业化经营财政补助项目获国家批复同意。

扶持村级集体经济发展，尚有在建的二、三产业村级集体经济发展项目 6 个，共涉及 3 个乡镇（街道）的 21 个经济薄弱村。已验收 1 个，项目总投资 129 万元，市财政奖补资金 70 万元，乡镇（街道）配套资金 30 万元。

年度全市选派的第十批 389 名农村工作指导员（其中宁波市派 31 人），累计走访农户 38258 户，争取落实扶持资金 1856.88 万元、捐赠物资价值 213.17 万元，落实经济发展项目 139 个，水、电、路等基础设施建设项目 305 个，联系组织“三下乡”等活动 115 场次。

结合宁波市调研题库，围绕余姚市“十三五”时期“三农”工作思路及主要工作、村级组织运行经费财政保障办法、环境整治示范建设、深化农村金融指导员制度、金融支农情况、农民集中居住小区住房产权登记、土地承包经营权长期流转机制、农村电子商务现状 8 个课题开展调查研究，其中《关于缩小城乡居民收入差距的几点建议》被省《农村改革与发展》第七期录用。

全年撰写农业农村工作、农村改革发展、新农村建设、农村生活污水治理、农村环境集中整治、“三位一体”以及“十三五”三农发展思路等相关调研汇报材料十余份，制订出台 2015 年全市“三农”工作目标任务及责任分解、乡镇街道经济社会发展实绩考核实施办法、农村生活污水治理设施运行维护管理办法、农村生活污水治理出租房屋接管意见、工程质量飞行检查实施办法和工作督查制度、加快农业现代化建设的若干意见等市委、市政府政策文件及意见征求稿十余份。

【PPP 项目落地实施】

2014 年，市政府就农村生活污水治理 PPP 模式合作与北京首创进行洽谈。2015 年上半年，完成合作签约、公司组建、工作对接。8 月底，PPP 项目正式落地开工，开创农村生活污水治理新模式，被住建部确定为全国农村生活污水治理示范县（市）。

【成功创建省美丽乡村先进县（市）】

8 月 20 日，余姚市通过省考评组对美丽乡村先进县市工作的考评，并在 11 月 17 日召开的“全省美丽乡村和农村精神文明建设现场会”上受到表彰，获“浙江省美丽乡村先进县（市）”称号。

（市农办）

水　利

【概况】

2015 年，全市完成水利建设投资 22 亿元，较上年增长近 10%。有效应对冬春连旱和“灿鸿”“杜鹃”台风，实现全年安全度汛。《余姚市防洪排涝规划》完成修编初稿，姚江干流防洪整治工程、陶家路江整治二期工程等重点治水工程加快推进。完成浙江政务服务网行政审批全部项目试运行，查处各类水事违法案件 26 起，恢复水域面积 4450 平方米。全年未发生安全事故。

【重点水利工程建设】

全年完成重点水利工程投资 16.06 亿元，为“五重二大”推进年下达水利目标任务的 155%。姚江干流防洪整治工程基本完工，并已发挥效益。姚江城区段堤防加固工程（一期）候青江段（三官堂路至中山路）堤防工程全面完成。候青江泵闸工程完成立项工作。食禄桥江整治工程Ⅰ标段已完成堤防2.4千米。陶家路江整治二期工程Ⅰ标段已完成70%，Ⅱ、Ⅲ标段已开工建设。四明湖水库下游河道整治工程，在不到半年时间内完成项目建设开工前的所有相关手续，并于12月26日进场施工。海塘除险治江围涂四期工程，完成圈围面积3000公顷，四期围区横塘南块造地工程已完成旱地改造。长泠江堤防加固工程等其他重点项目正在加快推进。

【防汛防台抗旱工作】

上半年全市发生冬春连旱，通过开展水库调度，并向上虞引水850万立方米，确保全市生活、生产、生态用水。汛期相继受到“灿鸿”“杜鹃”两个台风的重大影响，姚江余姚站最高水位分别为历史上第二、第三高水位，全市共转移、解救危险区域人员4.2万人次，实现人员“零死亡”；通过短信预警平台发布水雨情预警短信683批次，共44174条；通过移动、联通、电信等途径发布信息600余万条；全市水库、河网预泄预排3.5亿立方米，“一大三中”水库拦洪1.1亿立方米，实现无水库垮坝失事、无标准海塘和重要堤防决口，最大程度减轻灾害损失。

【农田水利基本建设】

实施中央财政小型农田水利重点县建设，受益面积近1270公顷。开展宁波市级小型农田水利示范项目建设，整治河道1723米。开展四明湖灌区续建配套与节水改造工程（七期），改造河渠4.2千米。推进四明山片区供水保障能力提升工程，受益人口9500人。推进高效节水灌溉，新增高效节水灌溉面积367公顷。同时，开展龙溪等4座水库除险加固和黄道坑等16座山塘水库专项治理工作。

【水生态文明建设】

推进美丽乡村水环境建设，实施谢家路村等8个村级水环境整治，整治河道4.6千米。以水清流畅为目标，实施向东河等4条断头河打通工程，以及2条小流域治理。推进陆埠水库上游袁马村生态环境综合整治，建设湿地3.5公顷。

【《余姚市水土保持规划》通过审查】

1月15日，市水利局组织召开《余姚市水土保持规划》（简称《规划》）专家审查会，宁波市水利局，余姚市发改局、国土局等部门，姚南片主要7个乡镇、街道领导和代表及有关专家参加会议。《规划》划定水土流失重点预防区与重点治理区，全市重点预防区面积共329.29平方千米，其中省级预防区158.74平方千米，县级预防区170.55平方千米。重点治理区面积179.57平方千米。另外，全市规划区水土流失面积145.35平方千米，规划治理水土流失面积100.16平方千米，其中近期治理水土流失面积50.17平方千米。近期规划以水源水库集雨区水土保持工程、水土流失综合治理工程、姚中及西北平原水土流失治理工程、鄞江源头区水土保持工程为重点工程，涉及9个乡镇、街道的15个小流域以及部分废弃矿山整治，规划总投资9567.72万元。

（赵翔、陈桦）

农业机械化

【概况】

2015年，市农机局推广各类农机具3000余台（套），投入农机购置补贴资金1543.5万元。其中，中央资金1127.5万元，宁波资金226.5万元，余姚配套资金188万元，引导农民投入2756万元，补贴购置设施大棚28582平方米，及水稻育苗设备17台、水稻插秧机106台、联合收割机69台、粮食烘干机68台、大中型拖拉机108台、耕整地配套机械205台、畜牧水产养殖机械393台、田间管理机械10台、茶叶加工机械8台等机械，受益农户和服务组织560户。全年拨付作业补贴1142万元。

【农机科技推广】

全年组织科技人员上门指导130余次。在阳明街道芝丰农机合作社、黄家埠镇上塘农机合作社开展单季水稻机械穴直播与人工直播和抛秧对比试验。扶持33.3公顷以上规模化育秧点60个，66.7公顷以上的5个；引导农民购置育秧基质1310吨，基质育秧64万盘，播种大田1666.7公顷；新建后备秧集中育秧点5家，育秧5万余盘。粮食烘干中心27个，批次粮食烘干水平达4300吨，水稻生产综合机械化水平超90%，农机总动力达64万千瓦。单列财政资金95万，专项用于农业机械应用技术推广与新型实用机械项目。实施设施大棚补贴项目，建设面积近2.9万平方米，补贴资金38.5万元。开展新型农业机械的试验示范和推广，补贴60万元，引进大马力收割机4台、穴直播机12台、无人多旋翼植保飞机2台、喷杆式喷雾机1台、秸秆捡拾压捆机1台、树木修剪机4台。全市农机领域获国家专利7项，创建市级以上农机化示范园区3家。先后举办宁波市农业科技下乡暨备春耕生产现场会等各类现场会，9月，全省智慧农业装备技术培训班暨现场演示会在余姚召开。

【农机服务体系建设】

全年完成宁波市级合作社发展项目7个，创建宁波市级农机示范合作社5家、维修示范合作社1家。联合市财政局制定《余姚市农机库房建设项目管理办法》，8家农机合作社新建农机库房3925平方米，补贴资金59.9万元。新建粮食类农机合作社7家、特色类农机合作社2家，新建农机作业服务公司1家，成功创建宁波市级农机合作社5家。全市累计有农机合作社71家、作业服务公司2家，拥有国家级、省级农机合作社各3家，宁波市级农机合作社11家。实施“欢乐农机”贷款项目，有6家合作社共贷款270万元。举办农机维修工等级考试2次，新审批发放初级农机维修工证37本，全市累计拥有农机维修网点61家，其中区域性农机维修中心2家。全年组织15家农机合作社85台次跨区作业，遍布江苏、山东等9个省市，完成稻麦收割2667公顷、水稻机插133公顷，创收410万元。整合农机行业高技术人员，牵头成立市农业机械学会。

【农机安全监管】

与各乡镇（街道）农机站及下属单位签订责任书24份，各乡镇（街道）与农机合作社、农机维修点签订责任书112份，农机驾驶操作人员签订责任书2150份。全年开展上路检查768人次，检查拖拉机1012台次，纠正违法驾驶行为146人次，新登记外籍拖拉机112台。检查农机合作社、农机大户、农机维修网点72家，发现隐患16起，整改16起，整改率100%。受理拖拉机违法销分考试16人次。创建平安农机示范合作社2家。全市农机事故万台死亡率控制在省农业厅、宁波市农机总站下达的指标内，未发生死亡3人以上的较大农机事故和死亡10人以上的重特大农机事故。新考拖拉机驾驶员81人，换证389本，在册拖拉机驾驶员3746人，持证率92.2%。新上牌拖拉机129台，在册拖拉机4432台，上牌率90.8%。新上牌联合收割机44台，在册联合收割机436台。上道路拖拉机年检2165台，年检率91%。联合收割机年检367台，年检率86%。全年共有342台联合收割机、1240台纯农田作业拖拉机参加农机政策性保险，拨付保险资金20.6万元。

【农机技术培训】

全年组织各类培训班80余期，累计培训农机管理、技术服务、机具操作等各类农机人员5480人次。在马渚镇瑶街弄村和牟山镇青港村，分别创建早稻和晚稻机械化插秧标准化栽培技术示范方各1个，面积共17.3公顷，取得比周边区域增产10%以上的效果。

（市农机局）

工业·工业园区

工业经济

【概况】

2015年，全市实现规模以上工业产值1365.9亿元，比上年增长2.8%；规模以上工业增加值240.1亿元，增长4.6%；完成工业投资255.3亿元，增长21%；万元GDP能耗下降6%，各项主要经济指标均处于省、宁波市前列。

【产业结构优化】

全年实现战略性新兴产业增加值73.84亿元，装备制造业增加值147.8亿元，分别增长7.5%和5.2%，在规模以上工业增加值的占比分别达30.7%、61.6%。

【企业培育】

全年实现规模以上企业利润64.05亿元，增长5.9；全市产值前百强企业实现产值722.8亿元，增长13.6%，其中销售突破100亿元企业1家。推进股改上市，首发申请过会企业1家，IPO申请受理企业1家，进入“新三板”市场企业4家。全年127家新“小升规”企业实现产值63亿元，增长60.2%。

【提升信息化水平】

成立市“两化”融合服务中心，开展“两化融合”管理体系贯标工作，工业企业智能化、自动化、网络化水平显著提高。信息产业保持高速增长，全年实现软件产业产值35亿元，增长9.4%。“三网融合”、智慧城管、无线城市等智慧城市建设工程深入拓展，实现较大突破。

【2015年度余姚工业企业50强】

舜宇集团有限公司
宁波世茂铜业股份有限公司
宁波王龙科技股份有限公司
华鑫化纤科技集团有限公司
余姚市兴达不锈钢有限公司
宁波长振铜业有限公司
宁波天邦股份有限公司
明峰建材集团
帅康集团有限公司
浙江国华余姚燃气发电有限责任公司
浙江大丰实业股份有限公司
宁波富佳实业有限公司
宁波德昌电机制造有限公司

宁波富诚汽车饰件有限公司
宁波燎原工业股份有限公司
宁波神通模塑有限公司
浙江新纶化纤有限公司
浙江朗迪集团股份有限公司
宁波格莱特休闲用品有限公司
宁波更大集团有限公司
宁波贝仕迪电器有限公司
宁波惠杰钢管制造有限公司
宁波大同纺织有限公司
宁波科环新型建材股份有限公司
浙江浦宁不锈钢有限公司
宁波大叶园林设备有限公司
浙江新盛锦纶有限公司
宁波金源电气有限公司
宁波金和锂电材料有限公司
余姚世纪华通金属实业有限公司
浙江盛奎实业有限公司
宁波冠中印染有限公司
余姚大发化纤有限公司
宁波正耀汽车电器有限公司
浙江金马实业有限公司
余姚市舜吉塑化有限公司
宁波博青铜业有限公司
宁波兴敖达金属新材料有限公司
宁波好伙伴电器有限公司
浙江峻和橡胶科技有限公司
浙江亿达控股集团有限公司
海通食品集团余姚有限公司
宁波全兴热轧有限公司
浙江松原汽车安全系统有限公司
宁波比依电器有限公司
宁波耀泰电器有限公司
宁波山阳特殊钢制品有限公司
宁波海洋铜业有限公司
宁波市舜辉电器有限公司
宁波煊华电器有限公司

（市经信局）

电网建设与电力供应

【概况】

截至2015年末，余姚电网拥有500千伏变电所1座、220千伏变电所7座、110千伏变电所26座、35千伏公用变电所14座，合计变电容量810万千伏安，较“十一五”末增长117万千伏安。全市有地方电厂82座，合计装机容量17.16万千瓦；35千伏及以上用户变10座，合计变电容量32.81万千伏安。35千伏及以上输电线路合计长度1329千米，其中110千伏线路50条，共464.84千米；35千伏线路60条，共355.28千米；10千伏线路590条，线路总长度4500千米，较“十一五”末增长534千米；开关站229座，10千伏配电变压器6263台，总容量462.2万千伏安，较“十一五”末增长159.48%。全年完成固定资产投资5.02亿元，开工变电容量20万千伏安、投产变电容量10万千伏安；全社会用电量73.65亿千瓦时，增长0.47%；全年营业收入44.93亿元，实现利润5596.77万元，增长23.82%，全员劳动生产率135.56万元/人•年。

【电网建设】

全年公司累计投入电网建设资金4.04亿元，开工建设宪卿、湖北两个110千伏输变电工程，建成投运110千伏平桥变，基本建成110千伏单家变。新建配网工程790项，新建、改造架空线路760.88千米，电缆线路85.64千米，增容布点台区784个，新增配变容量33.2万千伏安。启动新增城农网升级改造，发挥项目储备优势，争取建设资金2.1亿元。促成市政府发布《余姚市电网建设责任制考核办法》，将电网建设责任考核延伸至配网工程。推行配网项目里程碑计划管理，项目进度和工程质量得到有效管控。配电自动化主站系统调试成功。历时3年，高标准建设农排线路1089千米，全面完成农村农用电力线路改造接收任务，临山镇湖堤村改造工程被评为省公司农排线路改造接收标杆工程。改造四明山区10千伏线路40余千米，完成大岚、余山两座山区变电站改造，四明山区供电得到保障。梁弄横坎头桥头公变和临山马四涛公变入选省公司百佳精品台区。生产基地建成投用，为协同开展运行检修创造条件。

电力工人高空作业

【电力安全生产】

全年领导到岗到位监督检查304人次，开展各级反违章稽查6410场次，3G移动视频监控实现“全覆盖”，累计安全生产日达9101天。排查整改安全隐患386条，员工朱建军及时发现并上报500千伏线路隐患，受到宁波公司表扬嘉奖。促成市政府建立保障安全供电长效机制，通过第四轮安全性评价。开展反恐消防应急演练和防汛防台应急技能比武，成功应对“灿鸿”等台涝灾害和极端严寒侵袭。与5家单位联合出台“三线搭挂”管理办法，明确审批和追责机制。对580条10千伏主干线和9800余条分支线路开展命名规范化整治，在全省率先实现配网设备命名规范化。发布《余姚电网10千伏线路正常运行方式》，实施10千伏线路合环热倒负荷20条次。对8座110千伏变电站开展精益化管理评价，18条110千伏输电线路完成标准化整治。对31条10千伏线路进行防雷改造。装设配电线路在线监测及故障定位装置200套，山区故障巡视时间压缩50%以上。

【电力营销】

全年新装、增容用户29605户，报装容量计56.88万千伏安，增长6.02%。年末累计用电户数51.77万户。推进电能替代，全省第一所“红军小学”油改电工程顺利实施，年增售电量2万千瓦时。推广预付费控用户5479户，电费担保存管金额达7835万元，客户电费交费信用记录纳入银行征信平台。销售电费充值卡4670万元，增长122.48%。“三级联动”管控台区线损，台区线损正确可计算率达93.8%。

【保供电工作】

先后完成春运、“两会”、百姓文化节、阳明文化日活动、全国科普日活动启动仪式、全国专业技术人员计算机能力考试、会计从业资格无纸化考试、高考、中考、国庆、小家电博览会、第十六届中国塑料博览会、中国裘皮服装节等重大活动的保供电工作。全年累计管控高压业扩项目825项，低压服务时限缩短13.79%。全面管控各类生产计划，开展大型综合检修20次，累计减少停电29750时户。开展不可开放线路、配变专项整治，整改超过载线路61条、超过载配变441台。构建配网抢修标准化服务体系，建设标准化抢修站点12个。主动服务市重点工程，直接联系21个市级重大项目，推进市重点工程舜宇集团110千伏用户变建设；推广电子服务平台，微信账号绑定用户65899户，掌上电力绑定高低压用户6872户。加强客户安全用电管理，为全市24家重点单位、30余名电工提供专业培训，对66家危化企业开展专项检查。

（史丹丹）

中意（宁波）生态园

【概况】

2014年6月11日，在中意两国总理的见证下，中国（宁波）意大利产业园签约落户余姚。同年10月15日，在两国总理的再次见证下，中国（宁波）意大利产业园定名为中意（宁波）生态园，成为全省唯一、全国仅有的8个国际合作生态园之一。经浙江省机构编制委员会批准，中意（宁波）生态园管理委员会为宁波市政府派出机构。

中意（宁波）生态园总规划面积40平方千米。其中，近期26平方千米，远期向北围海拓展2千米，约14平方千米。规划建设南湖城市生活区、北湖生态居住区、中央复合岛、节能环保产业园区、研发创新园区、生命健康产业园区、高端装备制造园区。

截至2015年年末，建成道路约33千米、桥梁11座，形成包括滨海新城一期“五横六纵”11条道路及滨海大道一期、建民北路北延、曹一路北延的交通网络。完成“二横三纵”5条河道，河道砌坎整治长度约11.5千米。完成热力管总建设长度约3.3千米，日最大供气量12万立方米。完成4条河岸绿化工程，绿化面积约20万平方米。建成排涝泵站1座、排污泵站3座。外围设有发电厂、污水处理厂、再生工业水厂等产业配套设施。110千伏、35千伏、10千伏电力系统、压力污水干管、天然气管网等内部基础设施基本建成。基础设施PPP项目第一批总投资8.65亿元，分为水库北侧路网、滨海大道二期和滨海大桥3个子项目，已全面开工建设。滨海大道一期6千米道路主体及绿化工程完工。绿化总面积22万平方米的城市森林公园也已竣工。占地1.3公顷、建筑面积1.5万平方米的邻里中心竣工，招商工作已全面展开，超市、餐饮、银行等业态落户。

园区拥有在建及落地项目7个，分别为意大利工业废弃物综合处理项目、德国汽车铝制压铸件项目、瑞典太阳能光热利用专用设备制造项目等，总投资折合人民币35亿元，达产后有望实现产值60亿元。拥有签约项目7个，包括以色列高新技术孵化项目、通用航空项目、意大利医疗垃圾处理项目、PC构件生产项目等。拥有深度洽谈项目13个，包括汽车发动机、新能源电池、意大利消毒中心、意大利新能源汽车、德国电机、通用私人小飞机等项目。

开展“一站式”“妈妈式”服务，建立企业注册、落户、投产等过程的“绿色通道”，宁波优尼博思智能科技有限公司从工商注册到审批，到招工，再到开工生产，用时不到5个月。提供酒店式管理“和公馆”专家公寓45套，为各类高层次人才提供设施齐全、交通便利的人才公寓100套，已签约入住58套。

【创新科技园】

以清华启迪余姚科技城为龙头，引进创新创业、科技金融、科技服务领域的高科技项目和高层次人才，力争在5年内至少培育或引进3家上市企业，打造清华启迪在浙江的区域性中心和全国“双创”示范标杆。

【中节能低碳技术产业基地】

由央企中节能集团主导，引入欧洲和美国的先进理念、技术和品牌，发展循环经济，总规划用地200公顷，一期66.7公顷已开工。已有瑞典太阳能光热利用专用设备制造、中节能欧标厂房等项目开工建设。

【欧美高端汽配产业基地】

总规划面积52.7公顷，计划在3年内引进8～10家以欧美企业为主的国外高端汽车零部件企业，预计总投资8亿美元。重点以总投资3亿美元的德国玛汀瑞亚铝制汽配项目和美国JAC行李架项目为依托，开展意大利汽车阀门，德国玛汀瑞亚三期、四期，德国高端汽配模具，德国换挡设备，美国高端汽车齿轮等项目的洽谈。

【新材料及新能源汽车产业基地】

总规划面积120公顷，以新材料、新能源汽车产业为重点，引进一批技术先进、行业领先的欧美高端制造企业，形成从关键部件到整车制造的全产业链布局，提升综合竞争实力。已有意大利电控电机、意大利样车展车项目以及中国台湾新能源电池材料、IGBT项目正式开工建设。

【生命健康产业基地】

总规划面积326.7公顷，重点开展与上海医药集团的合作，利用该集团3年1000亿元对外并购基金，加快推进意大利百胜医疗集团诊断设备等项目的洽谈，实现资本与项目的有效对接。

【高端装备产业基地】

规划面积380公顷，围绕通用航空产业园建设，推进意大利通航小飞机、德国电动飞机等项目尽快落地。规划设立通用航空产业基金，通过海外并购引进欧美先进的通用航空产业。

（生态园管委会）

浙江省余姚经济开发区

【概况】

2015年，余姚经济开发区围绕中意（宁波）生态园和“千人计划”余姚产业园两大平台，推进中意（宁波）生态园、“千人计划”产业园、滨海新城、城东新城、轻工模具城、远东工业城等“二园四城”建设。截至年末，拥有工业企业3190家，其中规模以上企业707家、高新技术企业102家，形成精密模具、电子电器、五金机电、智能装备、新材料等特色产业。全年完成直属工业总产值265.17亿元，销售250.52亿元，利润11.12亿元，分别增长10.35%、9.51%和15.78%。111家规模以上企业完成工业总产值184.66亿元，销售169.29亿元，利润9.26亿元，分别增长13.28%、11.09%和21.75%。年度综合考评位居全省省级开发区第一，实现六连冠。

【招商引资】

全年新批项目53个，总投资50.68亿元，其中三资项目18个，总投资4.02亿美元。完成合同外资3.28亿美元，增长26.2%；实到外资1.67亿美元，增长41.48%。引进内资12.8亿元，增长23.4%。浙商创业创新资金5.5亿元，增长27%。

【转型升级】

全年完成固定资产投资近90亿元，增长33%，其中工业投入63.95亿元，增长23.43%，投资占比达71.1%，投资规模继续领跑全市。实施“机器换人”重点专项20个，总投资1.8亿元，预计可减员620人。

（余姚经济开发区管委会）

浙江余姚工业园区

【概况】

2015年，余姚工业园区按照“省级开发区”和“城市副中心”的发展定位，把握“产城联动”战略，推动工业园区、姚北新城、裘皮城、模具城的互融、互促、互补式发展。全年实现规模以上企业产值84亿元，销售收入74.6亿元，利润4.63亿元，分别增长10%、2.4%和59.8%。实现商品市场成交额35.2亿元，增长13%；规模以上商贸服务企业销售收入11亿元，增长21.4%。

【园区规划布局】

全年先后完成工业西区《朗霞街道（LX－04）控制性详细规划》、大楼周边崇文路两侧《朗霞街道（LX－05）控制性详细规划》成果报批和朗霞街道土地利用总体规划调整完善方案。推进杨家村、龙王堂村、西墟村、干家路村、天中村、朗霞村6个村的村庄规划评审及成果报批。参与市域总体规划修编及市环境功能区划和余姚模客小镇申报概念规划编制。启动朗霞街道“多规融合”规划编制。

【招商提速增效】

全年完成内资11.1亿元，增长36.4%；浙商创业创新到位资金6.6亿元，增长89.7%；实到外资4157万美元，增长1978.5%。完成全社会固定资产投资45.5亿元，增长64.9%。新开工项目68个，增长134.5%。总投资55亿元的国际模具城项目已完成工程量的20%，总投资1.4亿元的津一油泵和泓耀光电技改项目基本完工；总投资1亿元的东煌自动化设备项目基建工程已结顶；总投资9000万元、占地1.2公顷的小企业安置项目已完成工程量的50%。

【工贸产业升级】

全年完成科技经费投入2.95亿元，新申报发明专利96件、高新技术企业1家、省级和余姚市级企业工程（技术）中心各1家。百隆、山阳特钢、海亚特滚子等18家企业开展“机器换人”，直接产生机器红利近5亿元。以华丰包装、赵记电器为代表的“电商换市”，全年电商销售额突破2亿元，增长80%。

【块状经济发展】

全年实现裘皮产业生产总值80亿元，生产、销售企业1500余家，从业人员近2万人，年加工水貂皮1500万张，占全国总量的1/4，占全球总量的1/6，集中产销全国近60%的裘皮服装。按照省特色小镇创建申报标准，以国际模具城项目为龙头，模客小镇已成功入围省第二批特色小镇创建名单。

（余姚工业园区管委会）

浙江“千人计划”余姚产业园

【概况】

2015年，浙江“千人计划”余姚产业园累计注册项目62个，引进“国千”专家43人、“国家青年”千人专家2人、“省千”专家2人。62个注册项目中，已投产项目26个，全年实现销售10亿余元。宁波市智能制造产业研究院签约落户，总投资3亿元。

年度科创中心经省科学技术厅批准认定为“省级科技企业孵化器”。累计引进科技型企业87家，经营范围涉及节能环保、医疗器械、新材料、新能源、电子信息等高新技术产业领域。引入博士、博士后等高层次人才36人、硕士29人、本科生240余人。宁波市智能制造产业研究院致力于机器人名牌系列产品、“中国制造2025”和工业4.0集成技术、下一代互联网通信技术的研究、开发及推广，已有12家由国家“千人计划”专家创办的企业入驻，力争通过3～5年时间成为宁波市智能制造经济发展的核心支撑平台，为宁波市科技创新打造又一新引擎。

【机器人小镇建设】

机器人小镇面积3平方千米，集产业、文化、旅游、社区四位一体，产业定位是机器人的核心部件制造、集成、应用和智能装备，引进甘中学团队，打造成智慧型、科技型、生态型国际高新技术产业园区，观光、旅游与产业相结合的机器人产业特色小镇。

（“千人计划”余姚产业园管理中心）

机器人小镇授牌

城西开发建设

【概况】

2013年5月，根据市委重大事项酝酿会议及市长办公会议精神，城西工业园与开发区分离，成立市城西开发建设指挥部，为市政府派出的非常设机构，待开发建设任务完成后撤销。主要职责是负责安置房和基础设施建设、招商引资和企业落户及日常管理工作。2015年，有工作人员19人，设总指挥1人、副总指挥2人。下设余姚市城西工业建设有限公司，注册资本1亿元。

【工程项目建设】

安置房一期（北区）工程。年度完成人防地下室结构分部工程验收、市安全文明标化工地验收和主体中间结构验收及相关电梯等配套设备招投标工作。已完成固定资产投资3亿元，占总投资比例约85%。截至年末，工程尚处于内外墙粉刷阶段，已拆除部分外脚手架。

通环路（城西段）工程。已完成土地规划和农用地报批等前期工作，待所在村土地交地及与肖朗路交叉口拆迁完成后，即可开工建设。

农批市场迁建地块。通过与马渚镇的联系沟通，开展前期交地、清表、塘渣填埋等系列出让前准备工作，部分前期资金已拨付到位。同时，地块上方有屯上2319线和七方3818线两路高压输电线，有关这两路高压线移位改道方案已进入调整审批阶段。

舜宇集团光电项目。已在城西工业园落户，一期8.7公顷土地完成征用和报批工作。

【征拆清零工作】

全年农户拆迁签约8户，建筑面积2209.73平方米；累计已拆农户589户，建筑面积192738.36平方米；收购企业厂房8家，建筑面积73434.49平方米。截至年末，城西工业园拆迁一期、二期及肖朗路拆迁红线内，尚有62户拆迁滞留户，建筑面积约2.3万平方米（部分未评估），其中影响安置房一期（南区）、安置房二期、农批市场迁建工程、通环路（城西段）工程建设的拆迁滞留户尚有14户，建筑面积约5922.33平方米。此外，安置房一期地块内前期征地赔偿全部到位，农批市场迁建地块、通环路地块及部分安置房区域内37.5公顷地块向农户征地差额补偿基本结束，准备与马漕头村签约交地。

【融资情况】

年度根据工程建设和征拆资金预算，融资达2亿元。4月，完成2.9公顷安置房四期地块土地的摘牌，作为融资抵押资产，贷款0.82亿元。经与银行协商后，把原需资产抵押的项目贷款变更为担保，由市经济开发区投资公司担保贷款1.18亿元。

（城西开发建设指挥部）

商 贸

国内贸易与对外经济合作

【概况】

2015年，市商务局（粮食局）围绕“稳增长促转型、保供应惠民生”两大任务，坚持出口与内销、“引进来”与“走出去”、传统商贸业与现代服务业、行业监管与服务民生齐抓共促，基本实现商务经济平稳过渡。全年实现社会消费品零售总额351.6亿元，增长10%；进出口总额88.88亿美元，其中出口67.98亿美元；境外投资1.06亿美元，境外承包工程12095万美元，增长21.83%；服务外包执行额17.7亿元，增长30.52%，服务外包离岸执行额1.5亿美元，增长29.06%。获宁波市商贸民生发展金奖、电子商务工作铜奖、商贸经济贡献铜奖、商贸发展创新铜奖等荣誉。

【拉动内需促消费】

举办促销活动。坚持“有节造节，无节造势”，年初配合举办农博会和元旦、春节“两节”市场促销活动，先后组织各大商业广场、大中型商场、超市、汽车4S店、餐饮企业等开展“消费促进月”活动，以及春秋两季大型汽车展、姚城首届购物节等活动。购物节活动期间，共组织59个商家开展各类促销活动150场次、文化配套活动9场次，实现销售额4.66亿元，增长6.2%，“姚城购”平台关注人数超3万人。

培育消费新增点。全年新增商贸企业387家，其中新增入库限额以上企业（含产业活动单位）33家。宁波泓鼎石油化工有限公司、上海中铝凯林铝业有限公司宁波分公司、浙江晶园新材料有限公司3家批发企业累计实现销售136亿元，物产元通（奥迪汽车）、东江汽车、红星美凯龙等新增入库企业累计实现销售额20.76亿元，拉动限额以上社会消费品零售额增长15.6个百分点。

开拓国内市场。全年共组织6个乡镇、40余家企业先后参加宁波中东欧商品对接会、宁波台湾名品展、宁波休博会等大型展会活动，帮助企业扩大购销对接路子。

【增强商贸业态活力】

城市综合体品牌建设。引导各综合体差异化、特色化发展，其中万达广场项目培育期平稳过渡，实现销售4.5亿元；城东华润五彩城通过开展节庆促销活动，实现销售3.73亿元，客流720万人次，销售与客流增长均在25%以上;红星美凯龙家居生活广场累计实现销售1.6亿元。

探索邻里中心模式。滨海工业园区邻里中心项目开始招商,朗霞街道国际模具城邻里中心配套项目同步进行,嘉悦广场邻里中心进行业态调整,逐步由商业广场向邻里中心模式发展。

发展“月光经济”。全年夜市大巴下乡活动完成17站,累计实现销售额近亿元。开展姚江夜韵相关活动400余场次。胜山西路、阳明西路新天地两个街区完成街景改造规划,华润五彩城内商业街招商工作进展顺利。

【外经贸回稳向好】

拓展国际市场。组织企业参加华交会、广交会、消博会、英国五金卫浴展、迪拜(国际)美容美发展、德国柏林国际电子产品展览会、巴西家电展、新加坡中国宁波进出口交易会等境内外展会。拓展“一带一路”市场,组织20余家企业参加中国宁波—中东欧国家投资环境说明会及中东欧国家投资项目推介会,全年新批境外企业25家,实现境外核准投资额10613万美元。

服务企业“走出去”。组织各乡镇、街道、经济开发区相关负责人、企业参加全市“走出去”工作会议和培训班,全年累计服务企业200余家。加大对涉外展位、出口信保、出口贷款等方面的补助力度,全年争取到政策资金3360余万元发放给企业。鼓励企业承接国际服务外包业务,实现服务外包执行额17.7亿元和服务外包离岸执行额1.5亿美元,分别增长30.52%和29.06%。

【电子商务发展】

电商普及应用。推进电商园区引建,已通过认定的阳明、文山、众创空间3个园区入驻企业超100家,在建的市电商园、飞智电商园、梨洲电商园也已招引电商企业近70家;推进“电商进万村”服务点建设,全年新建农村电商服务点40个,总数达218个;全年电商普及人次和培训人次分别超10000人次和3200人次。全市注册的电子商务相关企业已达1400余家,各类活跃网店数超6000家,涌现“中国淘宝村”6个。全年电子商务交易额达500亿元,网络销售额61亿元,限额以上(规模以上)企业电商应用率超50%。

现代物流发展。推进丰轩仓储、顺丰速递等物流项目建设,泗门丰轩仓储物流一期开始主体建设,已完成年度投资的50%;顺丰速递余慈分拣中心正式运行,位于东港码头的宝湾国际电商物流港项目于年初正式签约,东方物流被选定为宁波口岸余姚关检联合监管场库。全年物流增加值近60亿元,增长约5%,共培训物流企业老总、业务骨干、财务人员等160余人。

【民生保障及特种行业管理】

民生保障项目。全年累计收购小麦、早稻和晚稻8.3万吨,获2015年度省粮食收购工作先进单位、宁波市粮食安全责任制考核优秀单位。与市农批市场、市定屠中心、生猪基地、水产基地、豆制品生产厂家等10家菜篮子商品应急保障基地签订应急保障合同,落实应急储备生猪活体1万头、水产品300吨、蔬菜1500吨、豆制品原料150吨。与各农残检测点签订年度工作责任书,农残快速检测室共抽检各类蔬菜及副食品140000余批次。全市肉类蔬菜流通追溯体系一期、二期建设工程完成竣工验收。完成省放心农贸市场创建4家、“放心柜”超市2家,同时加快第三中心粮库建设和农批市场迁建进度。

特种行业管理。全年完成成品油经营企业年检年审、成品油经营企业变更登记、酒类经营企业备案登记90余家,完成3100余辆淘汰黄标车的报废受理审核工作。会同公安、环保部门开展加油站安全检查、散装汽油销售管控和油气回收装置安装情况检查,会同公安、工商部门开展对旧货及寄售行业的专项整治。

(黄 珊)

招商引资

【概况】

2015 年，全市新批外商投资项目 53 个，合同外资 9.53 亿美元，实到外资 4.6 亿美元，合同外资千万美元以上项目 34 家；余姚市外实到内资 71.68 亿元人民币，宁波市外实到内资 62.66 亿元人民币。新引进注册资本 2000 万元人民币以上内资项目（含增资）3 个，新引进总投资 3000 万元人民币以上内资项目 8 个；浙商创业创新实到资金 57.61 亿元，其中项目投资实到资金 49.11 亿元、资本回归实到资金 8.5 亿元。回归项目数 57 个，其中工业类项目 29 个，商贸和公益类项目 27 个，农业类项目 1 个。

年度继续加大余姚滨海新城、浙江“千人计划”余姚产业园、浙商回归产业园、中意（宁波）生态园等产业平台的建设力度，先后赴意大利、西班牙、荷兰等国家和地区，以及北京、上海、深圳、武汉、广西等国内城市，开展招商推介及实地考察活动；借助上海・宁波周、武汉・宁波周、北京投洽会、浙商大会、甬港经济合作论坛、浙洽会、塑博会等平台开展项目推介。先后引进宝湾国际物流港、吉贝克大数据产业园、丰树二期、科丰置业等重大项目，获 2015 年度宁波市国际招商先进奖铜奖、宁波市国内招商引资工作先进奖铜奖、支持浙商创业创新促进宁波发展工作优秀单位铜奖。

【浙洽会签约项目】

6 月 8—12 日，第十七届浙洽会在宁波举行，同时举办首届中东欧博览会、第十四届消博会浙洽会。市招商局组织邀请境内外客商 130 余人（其中重要客商 10 人）参加活动。在浙江省重大项目签约仪式上，总投资 50 亿元的中意产业投资基金项目签约；另有宁波科技基金等 4 个项目在宁波市重大投资项目签约仪式上签约，总投资 22.5 亿元。

【欧洲・宁波周签约项目】

9 月 15—24 日，市委书记毛宏芳率队参加欧洲・宁波周活动，在意大利举办中国（宁波）—意大利（佛罗伦萨）经贸合作交流会暨中意（宁波）生态园投资环境说明会。经推介洽谈，中欧机器人集成项目、中意新能源合资公司战略合作项目、工业废弃物综合处理项目、油电混合发动机传动系统项目、丝袜原材料商贸合作项目、医疗及城市垃圾处理项目及工业污水处理合作项目等 7 个项目成功签约，落户中意（宁波）生态园。

【甬港经济合作论坛签约项目】

10 月 12—15 日，以“海上新丝路，携手同远航”为主题的’2015 甬港经济合作论坛在香港举行。在项目签约仪式上，宁波与香港两地共签订合作框架协议和投资协议十余个，其中包括余姚市的总投资 20 亿元人民币的宝湾物流项目、总投资 5000 万美元的丰树物流产业园二期项目及总投资 1000 万美元的生态农业旅游项目。

【武汉・宁波周签约项目】

11 月 3—6 日，市委副书记、市长奚明带队组团参加“’2015 武汉・宁波周”活动，邀请国家“千人计划”专家周怀北博士、桑吉章教授和余姚武汉商会会长邬卫国及 6 家商会成员（企业）参加“’2015 宁波・武汉投资合作洽谈会”暨项目签约仪式，抠抠（宁波）智能骨干网项目在会上签约。

（市招商局）

“互联网 +”经济

【概况】

2015 年 9 月 8 日，余姚市互联网经济促进中心正式成立，为市政府直属的从事公益服务（公益一类）的正科（局）级事业单位，主要职能是负责全市互联网经济的统筹、协调、指导、考核等工作。内设综合科、政策指导科和项目推进科 3 个职能科室，编制为 8 名事业人员和 3 名特岗人员。同时，成立以市长奚明奚为组长、市委常委谢勇毅为常务副组长的市“互联网＋”经济发展领导小组，各乡镇、街道同步配套成立“互联网+”工作领导机构。起草《市“互联网+”统计网络体系部门框架图（初稿）》《余姚市互联网经济统计实施方案（初稿）》，初步确立互联网经济统计指标体系。

【市“十三五”互联网经济发展规划编制】

10月23日，举办互联网经济知识培训班，全市160名分管领导和业务骨干参加培训。同时，到各乡镇、街道、开发区、市直部门开展调研活动，对全市规模以上、限额以上商贸企业电子商务应用率开展统计调查，对全市电信、移动和联通三大网络运营商覆盖率进行专题调研，对全市物流快递企业进行走访调研，从而把握互联网经济发展现状。在先期调研的基础上，启动编制“十三五”互联网经济发展规划。

【项目招商及园区平台建设】

会同市招商局、经信局等部门，先后到上海、北京、太原等地开展项目招商。已与北京吉贝克技术有限公司签约大数据项目，项目投资5亿元。中国网库项目也已达成合作意向，抠抠网项目达成初步意向。全市共有8个电子商务园区正在推进或建设中，分别位于阳明街道、梨洲街道、凤山街道、兰江街道、低塘街道、马渚镇、泗门镇及塑料城。

【互联网与产业融合发展】

推动“互联网+农业”发展，塑造集“网络代购+平台批销+农产品进城+公共服务+普惠金融+物流配送”为一体的新型农村电商服务体系；推动“互联网+协同制造”发展，全市实施“机器换人”重点项目58个，其中竣工34个，总投资3.93亿元，减员4700人，规模以上工业全员劳动生产率提高5%左右；推动“互联网+服务业”发展，建设智慧旅游。推动“互联网+基础设施”发展，互联网金融应用率达97.6%，其中农村合作银行应用互联网金融的客户替代率高达58.7%。同时，推动互联网支付牌照“甬易支付”的使用领域和范围拓展；协调各部门加快惠民工程互联网改造进度，推动光网城市、无线城市建设。

【余姚网络经济研究院投入运行】

12月15日，浙江工商大学余姚网络经济（电子商务）研究院正式投入运行。网络经济研究院具有产业研究、数据统计及研究、推广交流、培训认证等功能，旨在通过校地合作，为全市“互联网+”战略及电子商务产业的创新发展做贡献。年度安排合作项目4个。

（蔡　菲）

供销合作社

【概况】

2015年，市供销社新建牟山、大岚2家新型基层社，全市改造新建的基层社总数达15家，在宁波大市率先实现基层社乡镇全覆盖。系统内有下属企业7家，其中全资企业3家（市供销联社集体资产经营中心、农资公司、浙东家居装饰市场），参股企业5家（市甬舜农资公司、浙盐集团余姚盐业公司、市供销电子商务公司、凤祥金楼、浙东绿色农产品公司）。年度作为省供销社综合改革的试点县市，实现销售19.65亿元，比上年增长20.88%；实现利润1204万元，增长14.38%；所有者权益1.7亿元，增长5.2%。市供销联社获全省供销社系统综合业绩考核特等奖。

本年内新创办市丹红柿子专业合作社等专业社13家，新建市舜联果蔬专业合作社联合社等专业社联合社2家，建办总数累计达64家。其中，创建国家级示范专业合作社1家、省级示范专业合作社9家、宁波市级示范专业合作社7家、县（市）级示范专业合作社4家。建蔬菜、水果、渔业、畜禽等标准化基地21个，面积1203公顷，带动农户2.73万户。创建省级著名商标4个、宁波市知名商标1个。全年实现经营收入4.48亿元，增长45.5%。

本年度完成占地1.73公顷的农事服务中心土地摘牌，并开展征地、立项、招标等相关工作。截至年末，农事服务中心办公服务用房及农资仓库已基本建成运行，共完成投资约2500万元。市农产品经纪人协会举办第三期职业技能培训，119人接受培训并获相关资格证书。全市累计获农产品经纪人资格344人，其中获“高级农产品经纪人”资格7人、中级76人，1人获省“百强农产品经纪人”称号，4人获宁波市“十佳农产品经纪人”称号。

【农资供应服务】

市甬舜农资公司以春耕和双夏农资供应为重点，全年组织供应化肥农药38000余吨。在第九号“灿鸿”台风后，帮助农户开展生产自救，优惠供应种粮大户和困难农户共计40万元。依托30家庄稼医院进行农资科技和信息服务，开展病虫害统防统治面积1800公顷。年度224家农资连锁店均接受信用评级，实现农资信用评级全覆盖。

【农产品流通网络建设】

制定《余姚供销系统促进农副产品流通的实施办法》，开展农产品“一镇一店”建设，依托浙东绿色农产品公司和基层供销社建设农副产品直销店，新建浙东绿色农产品有限公司梁弄店、三七市店等直营店（加盟店）10家。新组建余姚供销电商公司，建设淘宝“特色中国·余姚馆”，帮助农副产品生产加工企业拓展线上线下销售渠道。

【再生资源管理】

全年建成再生资源回收示范站12家，创建再生资源回收网并发展在线回收业务，开展再生资源业务知识培训80人次。配合市有关部门开展“两路两侧”“三边四化”等活动和“美丽家园”建设，进行再生资源回收企业专项整治。

【全市首家农民资金互助会成立】

5月14日，根据《宁波市人民政府办公厅关于开展农村资金互助会建设试点工作的意见》精神，按照社员制、封闭性、不对外吸储放贷、不支付固定回报的原则，新组建全市首家农村资金互助会——余姚市齐昌渔业专业合作社资金互助会，缓解农民社员“融资难、融资贵”问题。总资金100万元，有会员161人。

（华晓川）

烟草专卖管理

【概况】

2015年，全市烟草销量51969.79箱，比上年下降3.4%；销售额20.88亿元，增长7.61%；毛利5.37亿元，增长18.53%；单箱销售额4.02万元/箱，增长11.4%。200～600元规格卷烟销售1479.27箱，完成104.69%；300～500元规格卷烟销售155.44箱，进度107.2%，在宁波大市排名第二。全年网上订货客户5759户，占比89%；网上配货客户649户，占比10%；网上结算客户1295户，占比20%；现代终端已完成20%的建设目标。

全年查获烟草案件348起，增长48.72%；查获5万元以上案件29起，增长163.64%；查获真烟142.29件，增长39.28%；查获假烟13.05件，减少67.86%。破获国省标网络案2起，行政许可案卷、行政处罚案卷被评为市级“双十佳”。

（市烟草局）

盐务管理

【概况】

2015年，全市销售各类盐产品72227吨，其中工业用盐1763吨。实现商品销售总额12423万元，利润596万元。共出动盐政人员437人次，检查食盐零售点与配送点、农贸市场等2403家。会同有关部门形成联合执法机制，向蔬菜腌制企业和个体蔬菜加工户发放《关于禁止工业盐用于蔬菜腌制加工的通告》，在《余姚日报》刊登“食盐仍然专营”的相关报道；在公安局、市场监管局等配合下，全年查处涉盐违法案件10起，没收违法盐产品23.15吨。

在榨菜收割旺季开展以“迎挑战、保稳定、促发展”为主题的服务月活动，共销售腌制用盐

41221吨，全年销售腌制用盐66651吨。引导消费者树立“少吃盐，吃好盐”的科学用盐理念，全年销售小包装盐3813吨。非盐商品销售额5396万元，比上年增加1792万元，增幅达49.73%，其中销售味精1483吨、大豆油11564桶、散装菜油171吨、化工产品7801吨，实现利润118万元。

（市盐务局）

中国塑料城

【概况】

2015年，在国际油价大幅下跌、塑料原料价格全面降价的形势下，中国塑料城仍实现市场交易额864.97亿元，交易量797.4万吨。其中，现货市场实现交易额550亿元，与上年持平，交易量413万吨，增长8.7%；网上市场实现交易额314.97亿元，减少38.55%，交易量384.4万吨，减少20.6%。

【市场转型升级】

网上市场。推进“互联网+塑料行业”战略，形成“互联网+商贸”“互联网+自媒体”“互联网+供应链金融”的发展格局。年度通过国家级“电子商务服务业标准化试点项目”中期评估，完成国家信息化服务试点项目档案验收。网塑公司新增进口塑料原料代理业务，开拓网上现货交易市场。整合中塑仓单、中塑现货、中塑资讯3个网站，全新改版企业网站。开发微信公众号，每日发布行情分析及市场信息，方便客户交易。更新仓单交易软件，推出手机交易客户端，提高交易效率。

甬易支付平台。全年实现支付结算量90.25万笔，支付结算业务额708.5亿元。已累计与国内122家企业签署合作协议，其中96家企业已在支付平台正式上线，累计发展会员18.16万户。公司自主开发的“智慧医疗”支付结算方案于9月在宁波市第一医院成功试运行，成为国内首个同时支持自费和现钞的智慧医疗支付结算解决方案。

物流平台。市东方国际物流有限公司以海关总署长三角大通关政策为契机，申报恢复宁波口岸余姚关检联合监管场库运营资质，并于第十七届塑博会期间正式上线运行，为余姚企业提供“一次查验、一次报关、一次放行”的一站式服务。

研发平台。塑料研究院根据企业需求和难题确定开发产品方向，全年承担预研项目3项、型号项目2项、省科技项目1项、宁波市科技重大专项项目2项以及民品新产品开发项目数项。为320家企业提供检测服务1120批次，接受电话业务咨询530余次。

会展平台。全年举办专业展览活动17次，累计展览面积27.6万平方米，展位13750个，参观人数50万人次，成交额及协议资金66亿元，增长30%。第十七届塑料博览会有效客商2.4万人次，增加9%，实现总交易额35亿元，参展参会客商满意率达96%。塑博会期间同步举行世界塑料理事会（WPC）2015年年会等全球塑料行业系列高端国际会议，吸引来自美国、德国、日本、南非等15个国家和地区的400余名企业高管及行业内知名专家参会，最终形成《全球塑料协会国际会议暨中国塑料产业发展国际论坛余姚共识》。3月和8月，先后举办亚洲最大家电展、中国慧聪（余姚）家用电器交易会暨第七届中国小家电博览会，累计企业参展762家，专业买家6万余人，意向销售订单25亿元。获2015年度宁波市会展业发展综合奖金奖。

【市场发展环境优化】

健全市场定期分析制度。整合中塑在线、网上市场及塑料城商会力量，每月定期进行国内通用塑料原料市场行情分析，为企业提供有效数据。同时，加强市场统计管理，及时分析企业直报系统数据，针对企业遇到的共性问题，研究解决对策，促进市场健康运行。

诚信市场建设。根据《诚信塑料城建设三年行动规划方案》，中国塑料城企业信用评价体系于第十七届塑料博览会期间正式上线。同时，联合市市场监管局、市公安局等相关部门，开展打击销售假冒产品违法行为专项行动，维护市场经济秩序。

中国塑料城信用评价体系上线仪式

发挥协会（商会）作用。新发展会员19家，累计会员数207家。通过协会(商会)开展行业自律、发展、交流、评优等工作，全年组织各类活动20项，被评为宁波市示范商会。

优化市场发展环境。全年兑现政策奖励资金1247.465万元，惠及城内企业206家。优化中国塑料城贸易结构，向商务部申报市场采购贸易方式试点，组织相关人员赴义乌、海宁、海门考察学习市场采购贸易试点经验。按照省委、省政府关于特色小镇规划建设的指导意见，编制塑料家电020产业小镇规划方案。

【项目建设与招商引资】

余姚中国慧聪家电产业新城项目于3月开工，已完成投资1.9亿元。全市首个民营产业博物馆——中国家电与塑料博物馆正式开馆，有500余批次的省内外客商参观。中塑新苑项目竣工并交付使用。投资965万元，重建涌金桥以及开展中江江堤防汛工程、展馆维修、市场内广告牌整治工作。

完成和超额完成市下达的多项招商引资任务。北京化学研究院项目于4月22日完成土地摘牌，落户滨海新城。塑料城中央商务区引进高档商务酒店项目，投资方于5月与希尔顿酒店上海管理公司签署合作协议。总投资1亿元，注册资本1000万元的宁波慧聪供应链管理有限公司于12月完成公司注册，正式落户中国塑料城。与慧聪网共同建设余姚电子商务产业园，已成功引进宁波水木青花网络科技有限公司等6家电商企业入驻。

（连鱼双）

出入境检验检疫

【概况】

2015年，余姚出入境检验检疫局共完成出境报检17733批，金额4.67亿美元，较上年增长-2.17%和-7.27%，出具通关单12507份、换证凭单（含电子转单）1728份；完成入境报检387批，金额3587.3万美元，出具通关单409份。签发Form A产地证书21457份，7.45亿美元，分别增长-16.44%和-19.37%；签发各类区域性优惠原产地证书8129份，2.54亿美元，分别增长15.85%和22.21%。共检出不合格出口商品173批，4687万美元，分别增长-33.20%和14.24%；不合格进口商品9批，55万美元。收取检验检疫费84004万元。

改革出口工业品宏观管理模式，全年产品风险管控与质量执法稽查2个工作组累计稽查企业60余家。巩固出口电器质量安全示范区建设成果，创新建立检验检疫联络员制度，完成第一批中国出口质量安全示范企业创建，动态调整后共有出口企业49家，在检测服务、应对壁垒等方面予以帮扶。构建具有市场竞争力的检测中心，增强辖区企业开展国际认证检测的区位优势，先后通过CNAS监督评审、澳大利亚IFM的球压测试，完成进口3C电器监督抽查的检测工作，完成质检总局课题《全自动溢水试验设备》。

推进检验监管模式改革，辖区纳入出口食品“监测通检”模式企业9家，占该类产品出口总量的88.6%，其中出口蜂蜜通检周期缩短为2～3个工作日。开展“百日严打”“双打”专项行动，配合宁波局，联合余姚市市场监管局开展辖区冻库进口肉品突击巡查，立案调查3起；实施质量约谈13次，对25家出口危险货物、5家包装企业、15家玩具企业开展检查监管。推动市东方物流实施软硬件改造，5月获检验检疫监管场库资格。9月6日起，承接目的地为余姚市的进口第十类废物原料（废塑料）查验及随货木质包装查验及入境集装

蜜蜂养殖基地监管

箱检疫业务。9 月 14 日起，受理目的地为余姚市的宁波口岸进口化工类、机电类、轻纺类、金属材料类产品的检验检疫工作及监管条件为 L.M 的入境民用商品验证工作。已受理入境废物 205 批，入境货物报检 387 批。

推进无纸化报检和通关单无纸化联网核查，辖区共有 9111 批次、2.72 亿美元货物通过无纸化报检模式通检放行。无纸化出境通关 12358 批次，出具无纸化通关单 12507 份，货物总值 4.21 亿美元。9 月 14 日起，对宁波辖区的检验检疫业务实施通报、通签、通放工作，共完成“通报、通签、通放”一体化批次 163 批，总值 2843.1 万美元。结合“助万企转型、促万众创新”专项活动，走访企业 31 家、协会 3 次，开展培训 3 次 250 余人次；对 95 家企业开展受国外技术性贸易措施影响调查，向 347 家“千点工程”企业及行业协会发放《技术性贸易措施最新通报》30 期。

【出口产品质量监管模式改革】

年度推进出口玩具“信用放行、合格假定”检验监管新模式，从企业质保体系、人员能力培养、监管针对性、优化服务四方面开展检管新模式的探索。通过风险评估，采信第三方检测结果，减少企业检测成本，便利企业快速通检。累计出口汽车儿童安全座椅采信 ECE R44 认证 200 余批，货值 760 余万美元。

【宁波口岸余姚关检联合监管场库正式运营】

10 月 22 日，宁波口岸余姚关检联合监管场库在市东方国际物流有限公司正式启动。市东方国际物流有限公司是浙东地区首个也是唯一的内陆口岸，余姚检验检疫局对其实行“一次申报、一次查验、一次放行”的一站式服务。5 月，获检验检疫监管场库资格，同时恢复辖区进口废塑料及随货木质包装查验、入境集装箱检验检疫业务。截至年末，已查验货物近万吨。

（朱 颖）

海 关

【概况】

2015 年，宁波海关驻余姚办事处共审核验放报关单 1319 份，其中进口 1118 份、出口 201 份；征收税款 3407 万元，其中关税 718 万元、增值税 2689 万元。开展企业稽查 57 家，查发问题 17 家；完成保税核查 109 次，核查补税 454.7 万元；完成减免税核查企业 15 家，完成率 100%。审批减免税货物 22 票，审批货值 823.7 万美元，共计减免税款 497 万元，其中减免关税 424.8 万元，减免增值税 72.2 万元。备案加工贸易手册合同 707 份，合同备案金额 1.7 亿美元；手册核销 756 份，核销金额 1.7 亿美元；内销征税金额 2265 万元。

【业务监管】

推进无纸化通关改革和电子支付推广力度，全年验放无纸化报关单 1122 票，占比 77.7%。启用市东方物流监管场地，采用进口货物转场通关模式，简化通关流程，共审核转场报关单 139 票，查验 134 票，涉及标箱 937 个。根据关区部署，推广宁波加工贸易公共服务平台和加工贸易分类审核工作，手册共备案 49 份，备案金额 942.5 万美元；继续试点手册合并备案，帮助 2 家试点企业减少手册变更次数 30 余次。制定《余姚办事处租赁厂房加工贸易企业风险担保金免收标准》，累计为 11

家企业免征、缓征风险担保金 1283.2 万元。根据企业申请注销宁波杭州湾裘皮有限公司保税仓库，帮助市联海实业有限公司申请设立公用型保税仓库，已进入验收阶段。推进出口跨境电子商务试点工作，试点企业共出口报关单 514 票，出口货值 852 万美元。全年针对农产品、重点涉税商品开展相关稽查作业 25 起，贸易调查 2 起，累计发现问题作业 20 起。

【服务外贸】

全年对 110 家企业进行实地走访，帮助 35 家企业解决具体问题和困难 42 个。指导辖区 1890 家企业完成年报报送，避免企业因未按规定报送年报而导致其进出口通关业务被自动“锁定”及影响企业信用等级。试点产品信息备案系统，筛选辖区 10 家高资信企业，享受非侵入式查验带来的通关便利；对 2 家高级认证企业试行高资信企业审价后置作业模式，提高企业的口岸通关效率。助力中意（宁波）生态园和“千人计划”余姚产业园建设，针对减免税、加工贸易、知识产权保护等海关政策开展政策宣讲会。探索市场采购贸易方式，带队赴义乌市进行实地考察。发挥海关统计监测预警作用，全年编报各类监测预警分析材料 19 篇；围绕区域经济发展热点，报送地区专报 10 篇；申报专项课题 1 项，上报《新常态下属地海关服务地方外向型经济发展方式探析》专题。邀请上海、天津归类分中心领导赴宁波江丰电子材料有限公司开展税则调研，提出对“半导体用无背板溅射靶材”增列子目并提高出口退税率的建议，已由上海归类分中心上报至财政部。与关税处联合撰写的《宁波海关全面推进税则调研工作支持地方外贸发展成效明显》被宁波海关综合信息呈报选报录用，并在《浙江日报》《经济参考报》等十余家媒体进行报道。

（宁波海关驻余姚办事处）

财政·税务

财　政

【概况】

2015年，全市财政运行情况良好，收支基本平衡。全年完成财政总收入133.79亿元，比上年增长8.2%，其中一般公共预算收入75.10亿元，增长8.8%；完成一般公共预算支出92.52亿元，增长8.6%。税收收入和一般公共预算收入占财政总收入的比重分别达94.2%和56.1%。开展“助万企转型、促万众创新”活动，拨付市级及以上政策资金3.74亿元。全年用于民生支出75.36亿元，占全市一般公共预算支出的81.5%，增长10.3%。

贯彻落实新预算法，把政府性基金中的11项基金转列为一般公共预算。完善政府采购制度，制定政府向社会力量购买服务的实施意见和指导目录。增强预算透明度，实施市级财政预（决）算和部门预算、“三公”经费预算公开。建立财政存量资金报告制度，开展结转结余资金清理，盘活存量资金。制定银行账户和公款存放清理规范，推进财政资金竞争性存放试点。开展2014年预算执行情况“回头看”、涉农资金专项整治和津贴补贴检查，对29个项目实施支出绩效评价。加强乡镇（街道）财务管理，出台《余姚市乡镇（街道）财务管理暂行办法》。开展存量政府债务清理甄别和债券置换，确定市政府存量债务规模、在建项目和融资平台公司目录。拓宽融资渠道，推进政府购买服务和PPP模式。探索国资运行新方式，组建市国资经营管理公司和应收账款债权管理公司。开展市级行政事业单位固定资产调查清理，盘活房屋、土地等资产。完善投资公司业绩考核激励制度，开展全市国有企业财务会计报告、国有资产管理办法执行情况年度审计。

【内设机构调整】

年度市财政局新设乡财管理科；单独设置原在行政事业科挂牌的社会保障科；单独设立监察室，人事教育科不再挂监察科牌子；财政监督局与会计管理科合并为财政监督科（挂会计管理科牌子）；工交商贸科（挂外经金融科牌子）更名为经济发展科；投融资管理科（挂基本建设科牌子）更名为债务管理科（挂基本建设科牌子）；市财政（地税）局信息管理中心更名为市电子财税管理中心。乡财管理科与预算局，农业科与经济发展科，市行政事业单位会计核算中心（市财政国库支付中心）与国库局，分别合署办公。内设机构调整后，对主要职责进行重新明确。

【乡镇、街道国库集中支付改革】

1月始，全市各乡镇、街道所有的工资、津补贴发放项目全部纳入市级财政统一发放。在以前泗门镇试点和第一批5个乡镇、街道改革扩面基础上，1月和7月，又分别实施第二、三批共11个乡镇、街道国库集中支付改革。同时，开展最后一批5个乡镇国库集中支付改革业务培训、系统测试等各项准备工作。

【余姚市1个项目入选财政部第二批PPP示范项目名录】

9月29日，财政部公布第二批PPP示范项目名录，余姚市中意（宁波）生态园基础设施PPP项目入选，成为宁波市入围的3个示范项目之一。中意（宁波）生态园基础设施PPP项目总投资19.13亿元，分为水库北侧路网、滨海大道二期和滨海大桥3个子项目，采用政府与社会资本合作形式，引入社会资本进行建设、管理和运行维护，项目合作期不少于10年，其中建设期2年，运维期不少于8年。

【财政资金竞争性存放】

12月，市财政局会同人民银行余姚市支行，以公开招标方式，对国库资金实施竞争性存放。此次竞争性存放操作工具为商业银行定期存款，资金总额度为15亿元，存放期限6个月，采取自愿申请及综合评定方式，从合格的竞标银行中确定存款银行。全市有16家符合条件的竞标银行参加招标，经现场唱标、评委评分和计算综合排名等评标环节后，评标小组从竞标银行资金安全性、地方贡献度和年资金收益率等指标进行评定打分，最后确定11家银行为中标银行。

【应收账款债权凭证（合同）流转项目启动】

年度市政府在前期调研、论证基础上，成立应收账款债权流转业务工作领导小组，组建国有独资的余姚市应收账款债权管理有限公司，出台《余姚市应收账款债权流转管理办法》，并于6月与安徽海汇金融投资集团有限公司进行项目对接，7月通过项目招标，决定引进该项目，另与5家金融、担保和资产管理机构签署合作协议，授信可融资额超20亿元。11月30日，首笔应收账款债权流转融资业务完成，华升建设公司从市应收账款债权管理有限公司拿到由余姚城投公司支付的总额为1500万元的承诺支付型可流转应收账款债权凭证。为确保凭证流转中的安全性和受让人权利，每次债权变更都需在人民银行征信系统进行登记确权。

（市财政局）

国家税务

【概况】

2015年，全市国税系统组织税收收入69.46亿元，比上年增长8.93%，增幅名列宁波市十五家单位的第五位。其中，实现财政口径的总收入65.47亿元，增长10.36%，完成上级下达的收入任务。全年办理出口退税39.69亿元，增长1.93%；为全市4.8万家小微企业及个体工商户减税1.65亿元，实现小微企业所得税优惠政策享受面100%。引导企业转型升级，为70家企业申报扣除固定资产投资加速折旧额1.86亿元，比正常折旧增加7800万元。推进“互联网+税收”建设，在宁波大市率先推出网上购票和网上申请代开发票服务，全面完成增值税发票系统升级版工作，推广网厅免扫描发票认证，基本实现日常办税事务的网上通办；全面实施“五证合一、一照一码”，实现多部门并联审批，信息互通互认。联合农村合作银行、邮政储蓄银行、宁波银行创新推出“税银通”贷款融资产品，探索以企业纳税信用换取银行贷款额度的融资新模式，为45户企业办理“税银通”贷款1836万元。

【税收征管】

执行税务指导案例制度和《税务行政处罚裁量基准》，推进全程说理式税收执法；整顿税收秩序，全年查补税收收入2659.87万元，突破查补税款100万元以上大要案4件，尤其在查处“黄金票”案过程中，为总局开展专项整治提供重要线索。推进征管改革，实现前后台无缝对接。全年风险应对企业4095家，补缴税款1.09亿元，调整应纳税所得额7.56亿元；推进纳税评估规范化建设，评估企业1002家，补税1.15亿元。深化国地税合作，推进国地税联合办税、互相进驻办税大厅、委托代征、联合开展风险应对等试点。

【姚西北国地税联合成立小微企业服务中心】

4月10日，国税泗门分局和泗门、低塘、临山的3个地税分局联合成立小微企业服务中心。成立仪式上，4个分局的负责人分别与所辖乡镇（街道）商会的负责人签订“服务小微送春风”涉税服务公约，与辖区重点企业签订廉政公约，并向与会人员介绍国地税联合办税、小微企业优惠政策等情况。

（王美飞）

地方税务

【概况】

2015年，市地税局共组织各项收入116.86亿元，比上年增长7.0%。其中，税收收入60.31亿元，增长4.3%；社保基金收入49.44亿元，增长8.9%；其他非税收入7.10亿元，增长19.4%。

完善市局分局两级收入分析机制，建立季度收入分析例会制度和应征入库税收、重点税源企业月报制。深化税源专业化管理，新设开业登记岗、后台内勤岗。制定税收风险项目应对、纳税评估等实施办法及集体审议制度，完善二级评估模式，在各分局设置专职评估岗。实行涉税执法底线管理办法，对减免税、欠税等容易发生执法风险的事项作明确规定。推进征管流程再造，开展数据迁移清理、培训测试和宣传辅导。开展与市国土局违法用地、市市场监管局股权交易信息比对，推行法院、国税、地税三方协作机制。

围绕收入预算目标，层层分解落实任务，制定实施收入考核办法。开展“营改增”扩围前期准备工作，调查清理政府投资项目，加强非住宅交易和股权转让税收管理。强化应征数考核，开展专项压欠工作。开展城建税税率执行自查、企业所得税汇算清缴、行政事业个人所得税、土地增值税清算等征管工作，推进房土两税应税财产明细申报登记。加强涉外税收管理，其中1则涉外税收案例报国家税务总局备案。组织开展“以地控税”、在建工程、驾校培训、两税比对等风险项目评估应对，共查补税款9853万元。全面实施电子查账，开展对高涉税风险点和房地产、建筑安装业、重点税源企业的专项检查，查补税费1556万元。

【国地税合作】

5月，出台《余姚市国家税务局、余姚市地方税务局合作方案》，确定年度21个国地税合作项目；9月，召开国地税合作联席会议，交流前期合作项目进展情况，并根据国税总局下发的国地税合作工作规范（1.0版）对合作项目进行补充。通过合作，完成国地税办税大厅相互进驻全覆盖，实现地税委托国税代征工作和国地税信息共享，共同开展纳税信用等级评定、税收宣传等工作。

【税银合作】

推进“银税通”贷款业务，为纳税信用等级较高、纳税遵从度较好的纳税人提供融资便利，帮助中小企业解决生产经营过程中资金紧缺难题。市地方税务局、国家税务局与余姚农村合作银行于9月推出“银税合作”方案，联合制定《余姚市“银税通”贷款实施办法》，对三方职责分工和贷款对象、条件、用途、程序及贷款期限、利率、额度、担保方式作明确规定。同时，市地方税务局与余姚邮政储蓄银行签订《税银互动合作框架协议》，扩大“税银通”合作范围。

（市地税局）

招投标

【概况】

2015年，市级招投标平台共完成368项工程的招标、交易任务，成交总额26.67亿元，节减资金2.32亿元；完成各项政府集中采购任务1671项，成交额6630.04万元，比财政批准预算节减653.58万元；完成分散采购及其他公共资源项目274项，成交额2.55亿元，节约资金4706.07万元；完成产权交易项目77项，成交额8679.37万元，增资1147.11万元；完成国土交易项目14项，起始价21.92亿元，成交价22.45亿元。年度还将城区危旧房改造融资政府购买服务项目、物业维修基金专户开户银行资格入围、车辆辐射探测设备采购等项目纳入统一平台。

【工程建设项目招投标监管】

执行“四个严格”（严格执行招投标全流程信息公开制，严格审查招标文件，严格按照条件控制邀请招标，严格监督管理中介机构），限制列入“黑名单”管理范围的单位和个人参与投标，实行“一标一查”。年内在市招标投标网上曝光公告违规企业3家，违规企业从曝光之日起6个月内不得参加投标。在借鉴全市首个PPP项目农村生活污水治理工程项目投资人招标成功经验的基础上，又尝试中意（宁波）生态园基础设施PPP项目投资人和施工总承包单位一体化招标方式，针对不同项目采用不同的投资人选择方式，探索政府和社会资本合作，以吸引社会资本参与全市各类项目的投资建设。

【推进政府购买服务工作】

贯彻落实市府办《关于政府向社会力量购买服务的实施意见》，与市财政局联合印发《关于公布余姚市政府购买服务采购指导目录（2015）的通知》，公布公共服务、政府履职辅助性服务两大类可以实施购买的服务，涵盖教育服务、社会保障与就业服务、会议和展览服务等多项内容，以发挥市场在资源配置中的决定性作用。年内重点实施城区危险旧房改造、中医院迁建工程购买服务等项目。

【发挥统一平台职能】

对市基础设施和重点工程事先介入，靠前服务，实行重大项目招标专人联系制。针对全市公共资源交易领域的热点和难点，市级平台形成《电子商务应用于政府采购的新尝试》《基层小型平台规范造价管控的新方法》《治理招投标“顽症”打出“组合拳”》等调研文章，入编《宁波市公共资源先进案例选编》。另有《在村级小额工程建设项目中试行承包商预选法的实践与思考》《余姚市通过“三创三提”，着力打造小额项目招标“高速路”》《规范部门集中采购新举措》等文章在省级以上相关刊物刊登，年度还完成国务院办公厅约稿——《余姚市创新“五统一”招投标监管模式的主要做法、基本成效、遇到的难题及下步建议》。

（杨凌云）

工业国有资产经营管理

【概况】

2015年，市工业国有资产经营公司通过发挥投资、担保、转贷、国开行委托放贷等服务平台的功能，加大对中小企业融资服务力度，推动企业转型升级。全年累计转贷1316笔，金额165.60亿元。新增投资18户，金额2710万元；投资退出20户，金额3495万元。新增担保62笔，金额19465万元；解保65笔，金额21490万元；期末在保57笔，金额18265万元。

【精减职工生活困难补助政策落实】

在先前已为7022人办理初审的基础上，年内又为新增的1200余名申请者办理登记。对群众举报和反映的问题进行汇总和处理。针对6月30日前未报名登记的申请人要求继续报名、证明人作假证及申请者虚假冒报等状况，在向市政府反映的同时，及时与市公安局、市人社局等相关部门进行沟通协调。

【国企改制遗留问题处理】

上半年帮助1名退休教师落实待遇，至此，共有12名退休教师的待遇得到落实。配合市人社局回复原棉纺厂职工有关待遇落实的2起投诉，协助提供和查阅相关档案文件资料，提出处理意见、建议；配合市房管局为原铁合金厂职工办理房改房回购，开展资料调阅填报、提供证明等工作；配合市人社局对一些原下属国有企业的辞职、退职等人员补交衔接养老保险提供人事档案或工资清单等证明材料。为原瓷厂职工进行特殊工种认定；为原国企工伤残疾人员要求提高伤残护理费作协调。

【与遗留问题相关的信访工作】

全年接待和有效处置来人来电来信1000余人次。其中，办结2起省巡视组经市纪委转办的信访案件，涉及市工业幼儿园和市动力机厂改制后的历史遗留问题；处理化肥厂宿舍租住职工上访事件；受理原棉纺厂30余名退休职工要求享受工龄补助的信访，在调查核实后进行回复。

（杨林蓉）

金融·保险

金融管理

【概况】

2015年年末，全市银行业金融机构共有一级支行（及以上）31个、二级支行117个、分理处70个、储蓄所37个，从业人员3984人。全市保险机构共有支公司236家（含中心支公司13家），其中产险支公司170家（含产险中心支公司8家），寿险支公司66家，营销服务部257家，从业人员31004人。

【金融运行业绩】

年末全市银行业金融机构本外币存款余额1269.55亿元，比上年增长5.72%；贷款余额1249.76亿元，增长0.24%。表内外社会融资总量1581.00亿元，其中年度新增社会融资规模16.87亿元，比上年减少18.76亿元。存贷比98.44%。市银行机构不良贷款余额43.63亿元，比年初增加8.96亿元；不良贷款率3.49%。截至年末，累计化解不良贷款已达55.15亿元。

全年各保险机构共实现保费收入21.66亿元，增长11.78%。其中，财产险业务保费收入11.36亿元，增长11.81%；人身险业务保费收入10.30亿元，增长11.75%。保险赔付支出9.83亿元，增加2.89%，其中财产险业务赔付支出7.25亿元，下降8.43%。

【推动多层次资本市场发展】

针对上年末“新三板”对全国企业开放的有利形势，市委、市政府出台《关于助企强企稳增促转的若干意见》，“新三板”政策与宁波市1∶1配套，全市有15家企业列入后备企业。对有意进入企业，开展前期中介引进、方案商谈等工作。先后走访银树绿色、付世光电等企业，商讨“新三板”挂牌可行性，帮助锦莱化工、五谷实业等协调相关问题。对已进入操作阶段的舜宇模具、展通电信等企业开展现场办公，解决历史遗留问题和合法合规问题；在大丰实业召开政策协调会，兑现上市扶持政策；参与鑫高益中介协调会。已有多家企业完成股改，多家企业有意资本市场。年度还安排3家科技创新型企业与全国知名基金公司进行路演对接，另组织3家基金公司参加余姚意大利招商会。与凯易得基金、东莞融富创投商谈组建基金事宜。协调浙商资本落户余姚经济开发区。开展塑料城网上市场保证金率、第三方支付结算等交易规则变更报批工作，促进交易场所规范有序经营。

（市金融办）

中国人民银行余姚市支行

【概况】

2015年，全市共有各类金融机构一级支行31家。年末各类金融机构本外币存款余额1269.55亿元，比年初增加77.38亿元，增长5.71%。各项贷款余额1249.76亿元，比年初增加3.05亿元，增长0.24%。本外币余额存贷比98.4%，下降5.3个百分点。年末金融机构人民币存款余额1249.73亿元，增长5.74%；人民币贷款余额1225.16亿元，增长0.5%。年末全市金融机构外汇各项存款余额3.05亿美元，比年初减少639万美元，下降2.05%；外汇各项贷款余额3.58亿美元，比年初减少7552万美元，下降16.77%。

【货币信贷】

本年度执行中国人民银行总行5次下调存贷款基准利率和调整存款准备金率的政策要求，引导辖内银行机构增强定价能力和风险管理水平，保持全市金融市场秩序良好。根据国家“互联网+”等经济转型战略，创新推出“电商贷”信贷产品，为全市1300余家电商企业和5000余名网店创业者提供融资服务。加大金融支农惠农力度，对25家成立3年以上的金融机构进行涉农评估，将结果纳入支行综合考评，并对评定为勉励档的金融机构进行个别反馈。

【金融稳定】

重新制定并下发《中国人民银行余姚市支行关于加强金融机构重大事项报告管理的通知》，关注辖区担保链、房地产市场变化等情况，重点梳理“首科系”“宇峰系”“云环系”“龙鼎系”等担保链、资金链风险处置，牵头开展企业逃废债情况调查，及时实施风险预防措施和应急方案，确保不发生区域性金融风险。修订完善《余姚市银行机构综合评价办法》，各金融机构全年上报重大事项66件。根据上级行的统一部署，结合各银行业金融机构2014年综合评价情况，对农业银行余姚市支行、招商银行余姚支行开展综合执法检查；对农村合作银行等5家银行的主要负责人结合综合评价中存在的问题、风险资产大幅增长等情况进行面对面约谈。

【外汇管理】

制订并下发“外汇普惠”活动实施方案，实施“外汇服务进企业、信贷资金助企业、优惠让利扶企业”等惠企行动。开展货物贸易外汇流出专项核查，着重对大额预付、大额购付汇等情况进行排查，对高融资率企业进行筛选，对可疑企业进行现场核查，向5家企业发放《风险提示函》。全年共立案查处个人分拆逃汇案4起，涉案金额170万美元，行政处罚人民币20.5万元。对350家次企业进行贸易融资、购付汇等业务的非现场监测，对35家次企业进行现场核查，有19家企业为B类企业。

【金融服务】

继续推行人民币定点定量投放或回笼工作，对9家银行10个营业网点进行暗访，以此掌握流通中现金整洁度、券别结构及商业银行现金服务的第一手资料，对存在问题的金融机构发出《人民币定点定量投放回笼执行通知》。全年共兑换各类硬币2409896枚，金额498892.8元。推进乡镇财政国库集中支付改革试点，已有17个乡镇开展国库集中支付业务，累计发生乡镇集中支付业务58217笔，涉及金额17.7亿元。清理规范排污费、罚没收入收缴入库流程，以市市场监督局为试点单位，8月开展罚没收入收缴入库整改试点工作。继续推进农户信息采集工作，累计完成农户信息采集16.72万户，并导入全省农村信用信息系统。通过5次评审，评定175个村为市信用村，120822户农户为信用农户。经申报评定省级信用乡镇4个、宁波市级信用乡镇8个、省级信用村7个、宁波市级信用村25个。辖内共建成助农金融服务点359个，覆盖全市265个行政村，覆盖率达100%。

（人行余姚市支行）

银行监管

【概况】

年末全市金融机构各项存款1269.54亿元，各项贷款1249.76亿元。全年累计开展机构初审26家，高管人员任职资格初审27人。年度通过开展经济社会转型发展攻坚年活动，落实有扶有控的差别化信贷政策，加大对产业转型升级、科技创新的支持力度。

【推动普惠金融发展】

加大信贷支持力度，在有效提高贷款增量的基础上，运用小微企业和“三农”专项金融债等工具，实现小微和涉农贷款增速不低于全部贷款平均水平。加大创新力度，开展应收账款债权流转创新，缓解小微企业融资难、融资贵问题。完善金融服务，推进“进村入社区”“阳光信贷”“富民惠农”三大工程和农村基础金融服务“村村通”工程建设，加快农村地区网点的升级改造，加大对新型农业经营主体的支持力度。

【坚守风险底线】

运用及时核销、积极盘活、争取重组、探索转化等手段化解不良贷款，通过信息共享和风险联防，解决逃贷、骗贷、倒贷和抽贷问题。建立不良防控联络人制度，每个机构明确联系人，与办事处各监管员沟通联系，及时沟通掌握不良动态和风险信息。在市政府统一领导下，与公安、法院、金融办、人行多部门联动，开展打击企业逃废银行债务行动。

【加强案件防控】

建立案件风险巡查机制，采取突击检查的方式，督查银行基层网点的案防、内部制度执行情况。加强银行从业人员合规管理，开展员工行为排查，限制违规人员同业流动，落实离职背书审计。指导银行开展常态性与突击性相结合的案件风险排查，并根据银行自查情况进行重点抽查。联合市公安局开展银行业金融机构安全评估，排查案防漏洞与安全隐患，及时下发整改通知书，督促整改落实。

（银监余姚办事处）

银行业

【中国工商银行股份有限公司余姚支行】

年末表内外融资余额196.46亿元，其中表内贷款余额166.08亿元，比年初增加3.49亿元，在全市四大行中存量、增量排名均为第一，尤其增量遥遥领先于其他三行。全年向“五水共治”、城乡拆迁改造、高速公路等基础设施建设项目合计发放贷款超10亿元。借“e-ICBC”互联网金融业务创新发展的东风，向天邦、帅康等龙头企业推广“融e购”电商平台，并依托线下网点的渠道优势，以O2O的方式助力企业电商产品的宣传推广，帮助企业推进“互联网+”战略，打开“互联网+”新时代下银企共赢的新局面。

（邵佶钦）

【中国银行股份有限公司余姚分行】

年末本外币各项存款余额66.99亿元，比年初减少3.03亿元。本外币各项贷款余额106.02亿元，比年初增加0.49亿元。实现国际结算业务量27.04亿美元，减少8.23%。实现拨备前利润23587万元，增长1%。本年度与市科技局、市中小企业信用担保公司三方合作，新推“中银科技通宝”业务，向符合条件的科技型中小微企业提供授信支持，由市科技局提供风险补偿资金和一定的贷款贴息补助的授信业务，有效解决科技型中小微企业因无自有房产而导致的融资难题。全年为4家高新技术企业批复授信总额1650万元，年底授信余额1350万元，其中40%即540万元为信用放款。在辖属泗门支行设立全市首家外汇金融普惠示范点，9月29日在国家外汇管理局余姚市支局和泗门镇人民政府主办的深化外汇金融普惠现场推进会上举行授牌仪式。帮助

留学移民咨询

中小企业寻求海外合作契机，6月25日组织3家企业参加由中国银行总行组织的在德国杜塞尔多夫举行的中德中小企业论坛。

（陈　蓉）

【中国建设银行股份有限公司余姚支行】

年末本外币存款余额104.85亿元，一般性存款余额104.85亿元。各项贷款余额132.92亿元。实现中间业务净收入1.21亿元。不良贷款余额14.41亿元，不良率10.84%。发挥个人类贷款业务优势，自营性个人贷款余额355792万元，比年初新增15257万元，其中公积金个人住房贷款余额104302万元，比年初新增15574万元，余额和新增额均列当地市场第一位。委托性住房存款余额24835万元，比年初新增3164万元，余额和新增额均列当地市场第一位。年度开展应用票据池、定向保理等新业务，满足客户融资和现金管理需求。建立浙江“千人计划”余姚产业园融资平台，批量支持小微企业发展，全年新开账户15户，其中基本户13户，注册资金均为1000万元以上。4月，江南储蓄所升级为江南支行。

（徐世洋）

【中国农业银行余姚市支行】

年末各项本外币存款189.25亿元，比年初增加12.94亿元，在全市四大行占比达38.95%，比年初上升1.17个百分点，存量及增量稳居四大行第一。各项本外币贷款131.37亿元，比年初减少5.72亿元，在四大行占比第三位。实现中间业务收入1.42亿元，总量同业排名重回第二位。国际业务结算量38.99亿美元，增长18.25%，四大行占比45.24%，在全市同业排名继续保持第一。年度新建助农取款点33个，新增惠农通服务点101个。电子渠道平均交易占比达93.65%，比年初提升2.37个百分点，电子渠道分流成效明显。

（黄洁琼）

【宁波余姚农村商业银行股份有限公司】

4月，余姚农村合作银行作为省农村合作金融机构股份制改革第四批试点单位之一，正式启动股份制改革工作。在历经调研论证、优化股权结构、履行法律程序、清产核资、征集发起人、召开创立大会和股东大会、办理金融许可证、工商营业执照等环节后，完成股份制改革。12月11日，宁波余姚农村商业银行股份有限公司正式成立。

余姚农村商业银行开业

年末各项存款余额263.22亿元，比年初增加24.58亿元，增幅10.3%；各项贷款余额197.59亿元，比年初增加19.36亿元，增幅10.86%。五级分类不良贷款余额4.13亿元，比年初增加1.14亿元，占比2.09%，比年初上升0.41个百分点。实现国际业务结算量8.28亿美元。实现账面利润4.05亿元，减少0.21亿元。

（郑旭芳）

【交通银行股份有限公司宁波余姚支行】

年末各项人民币时点存款余额592389万元，其中对私时点存款余额144338万元；各项人民币累计日均存款余额543163万元，其中人民币对私存款日均余额145717万元；各项人民币贷款余额671121万元。被市政府授予金融支持地方经济发展金奖，是全市唯一获金奖的金融机构；在人民银行年度综合评价中被评为A等行，为全市29家金融机构中获A等的3家银行之一。

（余筱雯）

【上海浦东发展银行余姚支行】

年末本外币一般性存款余额56.49亿元，比年初增加11.51%，其中储蓄存款7.98亿元，比年初增加6.69%。本外币贷款余额60.57亿元，比年初增加4.13%，其中小企业贷款余额35.87亿，比年初增加33.10%。不良贷款余额12319万元，不良率2.03%。离在岸国际结算业务量5.7亿美元，减少25.69%。全年实现账面利润7189万元。

（浦发银行余姚支行）

【中国农业发展银行余姚市支行】

全年累计发放贷款41688万元，累计收回贷款59899万元，其中累计发放粮食收购贷款23800万元，支持企业收购粮食7622万千克；累放地储粮贷款7588万元，其中新增地储贷款2566万元，收回再贷5022万元，支持企业轮换地方储粮1792万千克，新增地储粮1450万千克，轮换地储油37.5万千克，展期地储粮贷款1404万元，支持粮食企业销售各类粮食9113万千克，实现销售收入24414万元，收回储备粮贷款2463万元，储备油贷款237万元，调控粮贷款24500万元，实现粮食政策性资金的封闭运行；因政策调整，重置政府中长期项目贷款20.6亿元，累放农业基础设施中长期项目贷款5000万元，商业性贷款5300万元。年末各项贷款余额234042万元，比年初减少18211万元，日均贷款余额232908万元，比年初减少29641万元；各项存款余额15881万元，比年初减少8860万元，日均存款18596万元，比年初减少25203万元，实现账面利润3421万元。

（农发行余姚支行）

【宁波银行余姚支行】

年末存款余额81.67亿元，存款规模列区域同业第五位，较年初增长18.8亿元，增幅30%，当年增量排名第二位；日均存款66.5亿元，比上年增加5.3亿元，增幅8.6%。其中储蓄余额29.2亿元，较年初增长3.7亿元，区域同业增量排名第三位，储蓄存款占支行存款总额的35.7%，公司存款52.48亿元，占比64.3%。年末贷款余额38.1亿元，较年初减少4.8亿元，跌幅11.24%。表外融资敞口（剔除保证金）32.81亿元，较年初增长5.37亿元，全部融资额较年初增加3.49亿元。2月和10月，宁波银行梁弄支行、宁波银行余姚东城社区支行相继开业。

（宁波银行余姚支行）

宁波银行梁弄支行开业

保险业

【中国人民财产保险股份有限公司余姚中心支公司】

2015年，人保余姚支公司与姚北支公司整合，升级为中心支公司。下设综合管理部、业务管理部2个职能部门，直属业务部、车商业务部、三农业务部、渠道业务部4个经营单位。全年账面保费收入44054万元，业务增速实现7.10%，市场份额37.7%。

（人保余姚中心支公司）

【中国人寿保险股份有限公司余姚市支公司】

2015年，实现股份保费收入14948.14万元，增长11.65%。寿险首年保费收入7826.57万元，增长66.51%，首年期交保费收入1958.2万元，增长39.14%，其中个险10年期及以上期交保费703.53万元，增长6.05%；短期险保费收入1008.97万元，增长9.36%，其中意外险保费收入776.56万元，增长9.08%，续期保费收入6112.6万元。短期赔付率37.06%，增加1.35个百分点。

（中国人寿余姚支公司）

【中国太平洋财产保险股份有限公司余姚支公司】

2015年，实现保费收入25114.45万元，增长11.87%。其中，车险保费18800.51万元，增长11.60%；非水非农险5615万元，增长13.27%；农险512万元，增长16.33%；水险保费187万，增长-9.4%。全年赔款支出17167万元，综合赔付率68.36%。市场份额21.49%，提长0.3个百分点，居余姚市场第二位。

（诸克琴）

荣誉证书

经济综合管理

发展与改革

【概况】

2015年，市发改局撤销区域统筹科，增设产业发展科。另将原由市政府委托有关部门（单位）承担的政府投资项目工程估算、概算、工程变更审核等职能划归市发改局承担，在市发改局固定资产投资科增挂市政府投资项目管理办公室牌子；同时，给市发展改革研究中心增加人员编制3人（合计16人），核定编外用工控制数（特岗）3人，新增人员编制分别从市政府投资项目审计中心划转1人（合计11人）、市产权交易所划转2人（合计6人）。

【抓投资推进项目建设】

全年完成固定资产投资563.72亿元，增长9.3%。开展“五重二大”推进年活动，安排“五重”项目170项，总投资748亿元，年度计划投资177亿元；“二大”项目2项，总投资120亿元，年度计划投资18亿元。初步汇总“十三五”时期重大项目398项，总投资约3144亿元，“十三五”期间计划投资1385亿元。陶家路江二期整治、陆丈线等15个项目列入2015年省重点建设项目名单，第二人民医院迁建、慧聪网小家电城等43个项目列入2015年宁波市重点工程名单；姚江城区段堤防加固等项目列入宁波市2015年市统筹指标项目名单，涉及土地指标27公顷；姚江城区段堤防加固（一期）等5个项目列入中央资金补助范围，获中央补助资金9045万元，3个项目列为国家专项建设基金项目，获2015年专项建设基金1.1亿元。修订出台《2015年余姚市固定资产投资考核办法》。

【抓转型提高经济发展质量】

梳理并上报宁波市战略性新兴产业专项项目3项，开展2015年产业振兴与技术改造项目、资源节约和环境保护项目等中央资金专项项目的申报工作。完成温室气体清单编制、重点企业温室气体排放报告核查工作。编制完成余姚市2015年度海洋经济工作要点及海洋经济重点建设项目计划，申报列入2015年宁波市海洋经济重点建设项目8个。牵头组织相关企业参加全省“互联网+”“工业4.0”等系列培训。

【抓改革促进经济社会可持续发展】

加快投融资体制改革，农村生活污水治理工程、中意（宁波）生态园基础设施建设等PPP项目取得突破性进展；制订出台《关于推广运用政府和社会资本合作模式的实施意见（试行）》，分类建立PPP项目储备库，并向社会公布项目清单。规范政府投资项目管理体制，修订出台《余姚市政府投资项目管理办法》《余姚市政府投资项目工程变更管理办法（试行）》。泗门、朗霞、陆埠城乡一体化改革试点、信用体系建设、户籍和住房制度等改革有序推进；申报余姚工业园区模客小镇、中国塑料城塑料家电020产业小镇为第二批省级特色小镇创建名单，其中模客小镇参与省级特色小镇创建联审。启动资源要素差别化配置改革，研究探索全市差别化的配套政策。

【抓民生提高公共服务水平】

年度宁波市对口帮扶余姚市重点受灾乡镇（街道）灾后恢复重建工作接近扫尾，同时开展"灿鸿"台风灾后应急修复项目的排摸、确认和协调工作。2015年十方面36项民生实事全面完成。组织长输油气管道安全运行检查30次，协助上级部门长输油气管道安全大检查7次，11处隐患点中10处已整治完成并由管道企业出具验收单，另1处已按计划完成。

【"五重二大"推进年活动】

经市委、市政府研究决定，2015年在全市范围内开展"五重二大"推进年活动。活动围绕"重大产业升级、重大基础强化、重大民生改善、重大城乡发展、重大后劲培育"等"五重"项目及中意（宁波）生态园、浙江"千人计划"余姚产业园、"二大"战略性平台建设，完成年度投资195亿元，力争重大产业项目投资、重大基础设施项目投资、生态建设和环境保护投资均增长20%以上。其中，安排"五重"项目170项，总投资748亿元，年度计划投资177亿元。两大平台中，中意（宁波）生态园一期总投资100亿元，力争年度计划投资达到12亿元；浙江"千人计划"余姚产业园一期总投资20亿元，力争年度计划投资达到6亿元。

【余姚市3个项目列入2015年中央预算内投资计划】

年度余姚市穴湖村保障性用房（一期）、兰墅桥村地块（二期）工程列入由国家发改委、住建部下达的保障性安居工程配套基础设施建设2015年第二批中央预算内投资计划。2个项目建设内容均为土建施工，其中穴湖村保障性用房（一期）工程争取到中央预算内投资2100万元，兰墅桥村地块（二期）工程争取到中央预算内投资1000万元。另有余姚市城区污水收集系统四期工程列入2015年第三批中央预算内投资计划，争取到中央预算内投资370万元。

【企业投资项目取消多项核准前置条件】

自1月起，市发改局根据国家发改委通知精神，取消18项企业投资项目核准前置条件，明确凡属企业经营自主权事项，一律不得作为企业投资项目核准的前置条件。包括可行性研究报告审查意见、规划设计方案审查意见、银行贷款承诺、资金信用证明等。

（郑静波、史吉力、沈雯、黄学先、蔡小颖、郑燕蓉）

统 计

【概况】

2015年，市统计局按照宁波市统计局关于专业力量下沉的要求，增派6名在编干部至片区驻站工作，并规定今后凡新进统计部门的年轻干部，都须经片区工作锻炼。截至年末，片区共有工作人员21人，其中正式在编12人。全年片区共走访指导企业887家，实地审核固定资产投资项目660个，实现"四上"企业走访指导服务全覆盖的目标任务。加强"强基固统"11个镇级统计调查中心示范点建设，泗门镇统计调查中心成功创建全省第二批乡镇（街道）统计工作示范点建设单位。创新建立全市统计从业人员诚信档案，得到省、宁波市局领导肯定，并在宁波全市统计系统推广，年度开展专题调研2次，已有4070人在统计诚信档案中实现在档管理。

【统计改革】

年度根据国家核算制度改革的要求，加强对核算基础数据质量管控，开展农业产值核算制度调整、服务业统计制度与GDP核算衔接、城乡居民可支配收入新老口径衔接，并根据第三次经济普查结果，修订完善文化及相关产业增加值核算方法。探索实施电子商务统计监测，重点在阳明电子商务产业园、文山电子商务产业园建立统计工作机制。规范更新投资名录，明确新增其他有亿元以上在建项目的法人单位的工作流程，完成增减变动审核工作。将投资改革试点报表制度纳入年度统计继续教育内容范畴，对填报存在困难的单位开展家教式服务。搭建部门亿元以上项目单位统计员信息库，力争新开工项目全部入库不遗漏。及时将投资统计数据评估情况反馈至乡镇、街道及有关部门，实现投资新制度平台下统计单位100%上报率。

【统计服务】

挖掘统计监测的深度，增强对全局影响较大的重点指标、重点企业、重点行业、重点项目等的动态跟踪监测，为市委、市政府决策提供统计信息支撑。同时拓展统计监测的广度，加强对创新驱动、城乡统筹、全面小康、战略性新兴产业、科技进步、产业集聚区、重点开发区域、节能降耗、生态文明、“五水共治”等统计监测，全面反映全市经济社会的发展成果。坚持数据分析与业务跟进并重的原则，每月形成1篇经济形势分析，把握余姚经济社会发展进入新常态后区域经济增长速度、发展方式、经济结构和发展动力呈现出的新特点、新规律。全年被上级统计部门录用信息228篇，其中国家统计局录用5篇，省统计局录用99篇。重视第三次经济普查资料的开发应用，共计普查法人单位19112家、个体经营户72480户，形成“三经普”课题7篇，汇编“三经普”数据资料1册。开展1%人口抽样调查，全市共抽取3200余户，入户调查常住人口约9000人。调查粮食生产功能区156个，涉及109个村，调查土地合计1576.5公顷。年度新增产粮大县调查，通过卫星遥感、无人机监测、现场实割实测等方式，对全市水稻种植面积和产量进行调查。继续组织开展各类与老百姓生活息息相关的调查，持续反映全市老百姓生活水平，并为人民群众反映利益诉求搭建桥梁。全年在政府统计网站上公布统计信息、分析370余篇。

【统计监管】

全年组织统计人员培训56次4000余人，走访指导基层企业单位887家，开展统计继续教育13期1401人。加强基本单位名录库建设，全年维护法人单位8829家、产业活动单位2002家，其中新增法人单位1611家、产业活动单位166家，修改法人单位5913家、产业活动单位1647家，剔除法人单位1129家、产业活动单位128家。“四上”单位月度申报新增17家，变更2家；年度申报新增47家，变更11家。健全数据质量评估标准体系，将统计数据增速异常、相关指标之间匹配性、协调性差的作为重点检查和查询单位，及时向企业核实会计报表及纳税申报表等相关资料，实现数出有据。加大依法管统力度，对52家调查对象开展统计稽查，对9家单位作出当场警告行政处罚决定，对4家企业作出警告并罚款的行政处罚决定。

（市统计局）

审　计

【概况】

2015年，市审计局对71家单位开展审计和审计调查，查出管理不规范资金11.43亿元，核减工程款3.76亿元，整改落实审计发现的问题，向纪委及有关主管部门移送案件线索8起。连续第九年获省和宁波市审计系统考核优胜单位。

【公务支出公款消费审计】

按照省审计厅统一部署，年初组织20名审计人员对21家一级预算单位2014年度公务支出公款消费进行专项审计，对下属单位、重要事项作必要的延伸和追溯。对审计中发现的问题，提出推进政策宣传培训、建立健全公务支出公款消费政策体系、发挥主管部门内部审计的作用、建立多方监督机制、实现审计监督常态化等审计建议。推动出台《余姚市行政事业单位培训费管理办法》《余姚市行政事业单位会议费管理办法》《余姚市行政事业单位差旅费管理办法》4项制度。

【固定资产投资审计】

全年完成工程决（结）算项目477个，送审资金71.13亿元，核减政府投资项目支出3.70亿元（其中对441个结算工程进行委托结算审计项目复审，再次核减工程支出2069万元）；完成概算审核项目12个，审计资金10.15亿元，通过审计建议调整概算0.37亿元；完成17个政府投资项目招标文件结算条款和138项工程重大变更的审查。重新采购新一轮25家协审单位。推动市政府出台《余姚市政府投资项目管理办法（修订）》和《余姚市政府投资项目工程变更管理办法（试行）》等文件，并实施工程建设领域不良行为黑名单制度。

【重大政策措施落实情况跟踪审计】

根据审计署要求，派8名人员组成审计组赴北仑开展城镇保障性安居工程跟踪交叉审计，历时2个月。同时，选派1名分管领导和3名审计人员全程陪同审计，开展与镇海审计组的对口衔接及后勤保障工作。还结合余姚实际，开展“五水共治”、高校毕业生就业创业、“月光经济”政策措施落实情况、“四单一网”推进情况以及公共自行车建设运营情况的跟踪审计。

【专项资金审计与审计调查】

对住房公积金、舜宇小小额贷款公司2014年度经营风险开展专项审计与审计调查，关注资金的管理情况、资金流向和使用效益，促进资金规范运行和风险防范，推动小额贷款公司健康发展。

【农村审计】

组织开展村级审计项目114个，审计总金额30.05亿元，收回各类款项411万元，落实审计整改措施297条；组织村级工程竣工决算审计615个，送审金额5.94亿元，核减工程款0.34亿元。

【内部审计】

出台《余姚市审计局联系指导内部审计工作规定》，全市各内审机构共完成审计项目2477个，审计资金总额100.74亿元，促进增收节支1.77亿元，提出审计建议、意见被采纳882条；3个内审项目被评为宁波内审优秀项目，其中2个被评为省内审优秀项目。

【“同级审”获市人大常委会全票通过】

7月16日，市审计局受市政府委托，向市第十六届人大常委会第二十五次会议作《关于2014年度余姚市本级预算执行和其他财政收支的审计工作报告》和《关于2014年度审计工作报告反映问题的整改情况》，获全票通过。人大常委会认为，审计部门立足建章立制，拓展审计的深度和广度，重视审计发现问题的整改，对促进各部门规范财务管理，提高财政资金使用绩效发挥积极作用。

（李其锋）

市场监督管理

【概况】

2015年是全市工商、质监、食药监“三合一”，组建成立余姚市市场监督管理局的第一年。全市市场监管系统以“把握主线、守牢底线”为总部署，改革创新，扎实履职，提升监管和服务能力，实现机构改革的平稳过渡，完成市场监管工作的谋篇布局，为营造宽松平等的准入环境、公平竞争的市场环境、安全放心的消费环境作出努力。

【商事登记改革】

扩大注册资本登记改革和“先照后证”的应用范围，推行企业简易注销登记、企业名称核准全程电子化，牵头国地税、统计、人社等部门实施“五证合一、一照一码”登记，办事效率平均提速90%。对原3个局的审批资源进行整合，设立综合窗口，开辟创业服务绿色通道。全年新增各类市场主体12404户，注册资本金145亿元，市场主体总数已超9.7万户。取消年检、验照等关口式监管，完成首次市场主体年报工作，并在全省率先开展公示抽查工作“回头看”，2013年度和2014年度的各类市场主体年报率（年报公示率）在全省各县（市、区）中名列前茅。

【质量强市和品牌整合】

实施标准化和质量管理战略，全年新导入卓越绩效管理模式企业16家，培育并认定市长质量奖2个。引导工业企业参与国家和行业标准制定23项，参与国际标准制定1项，规模以上企业主导产品采标率在60%以上；有10个宁波级农业标准化试点项目通过验收，创历史新高。整合“商标、商号、名牌”等品牌资源，重组并充实品牌梯队培育库，全年推荐申报“浙江制造”认证试点产品5个，新增宁波市知名商标10件、宁波名牌产品10个、省著名商标5件、省知名商号3件；新增浙江名牌产品8个，新增数位列全省县（市、区）第一位，申报成功率创历史新高。

【服务“小微”和市场提升】

牵头制定《小微企业三年成长计划实施细则》，推进“个转企”提质扩面，累计办结“个转企”2385户，完成宁波市下达的2013年至2015年三年目标的137.6%，其中转公司制企业1015户，占42.6%。全年帮助企业招工引才3200余人，培训管理人员7400余人，解决融资61.4亿元。重点开展慧聪网网上交易平台建设和中国塑料城等龙头市场“一场一策”的帮扶，中国塑料城被评为省诚信示范市场，并和塑料城网上市场双双入选“中国商品市场百强”和“网上网下融合市场二十强”；中国塑料城市场集群被认定为省现代商品市场集群试点，桐江桥菜市场等4家市场被评为年度省放心农贸市场示范单位。

【食品药品安全监管】

启动“餐桌安全治理”三年行动计划，扩大食品小作坊发证和监管范围，加强对小摊贩、小餐饮和农贸市场的监管，推动企事业单位和村（社区）养老机构的食堂软硬件设施提档升级，全年检查相关食堂2100余家次，培育创建食品安全示范食堂27家，其中宁波级以上8家。开展肉品、水产品安全整治“百日会战”，中药饮片正本清源等专项整治及医疗器械“五整治”，全年办理食品药品安全案件430起，查处取缔食品药品黑窝点24个，销毁不合格食品2万千克。食药类案件罚没款达530.1万元，增长289.1%。年度市食检中心投入77万元进行食品检验扩项，检测项目（参数）已达703项，比上年增加64.3%，基本实现食品及食品相关领域24个大类检测项目的全覆盖。市质检中心完成电线电缆、金属材料等检测设备的升级，全年共对158个政府采购项目进行招投标第三方验收，一次性验收合格率75.3%，挽回财政损失1867.1万元。

【特种设备安全监管】

推动市安委会出台《特种设备事故隐患排查治理工作实施意见》，共排查和消除特种设备安全隐患122项，培训安全管理和操作人员及镇、村监管人员2255人。开展为期8个月的电梯安全监管大会战，共排查电梯5870台，消除隐患253台，停运34台，妥善处置金地澜悦等小区的电梯安全群诉事件。

【民生实事项目实施】

全年建成“阳光厨房”190家、食品生产“透明车间”10家，在10家农贸市场建成首批食品安全快检室并免费对外开放，培育命名餐饮服务食品安全示范街2条、星级食品安全示范店100家、保健品化妆品经营示范店11家、示范早餐店31家，并在全省率先开展餐饮服务单位食品安全主体责任自查报告试点。为期3年的“十万学生饮食安全工程”提前收官，共改造学校食堂105家，A、B级食堂比例从2012年底的43.8%提升到85.3%，成功创建省级示范学校食堂5家、宁波级示范学校食堂21家，319家学校及幼儿园食堂大宗食品全部采用统一配送或定点采购方式购买，品牌超市在校园商店中的占比达91.6%，中小学生食品安全知晓率达95%。结合“你点我检”“实验室开放日”等活动，全年完成食品定量抽检5015批次，抽检合格率97.1%；完成食品快速抽检12153批次、药品抽检251批次，抽检合格率均为99.2%；完成生产领域产品质量抽检396批次，合格率92.4%，完成流通领域商品质量抽检248批次，合格率81.1%。推进“计量惠民”活动，全年检定加油枪、电子秤、燃气表、水表等1万余台（只），全市医疗卫生机构计量器具强制检定费用已申请全部由财政保障。

【重点领域执法】

先后开展保护知识产权“双打”行动、“红盾网剑”行动和“蓝剑”质量安全监管专项行动，共查处商标侵权案件73起，罚款257.9万元；查获网络经营违法案件33起，罚没款112.54万元；查获汽车销售、医疗器械购销等领域的商业贿赂案件3起，监测各类广告1246条次，查处违法广告15件，全市广告违法率降低至3%以下。共立案查处各类违法行为963起，罚没款达1074.35万元；其中万元以上大要案322件，比重达36%。查获并向公安部门移送重大案件5起，其中陆某某涉嫌生产销售假药和伪劣产品案案值高达2600万元，刑拘9人，获中央电视台等多家媒体的报道，还被评为全省食品药品领域十大典型案件，并被推荐参评国家食药总局优秀案例。

【完善消保维权机制】

整合原3个局的举报投诉平台，全年创建宁波级示范服务站5家，站点内自行和解消费投诉400件，增长20%。针对美容美发、房地产等行业投诉多发的情况，加大对相关企业的行政约谈力度，在各类媒体发布消费警示信息18则，有效预防群诉事件的发酵。全年受理各类投诉举报3051件，消费纠纷调处成功率98.2%，为消费者挽回经济损失318.4万元，其中处置群体消费纠纷8件，欺诈行为得到加倍赔偿的126件，由投诉转为立案查处的31件。

（陈武东）

物价管理

【概况】

2015年，全市居民消费品价格总体水平继续趋稳，居民消费品价格指数101%，比上年上涨1个百分点；工业品出厂价格指数99.3%，下降0.7个百分点。商品市场价格总体低位平稳运行，八大类居民消费价格指数呈六升二降态势。其中，医疗保健和个人用品类上涨6.2%，列上涨类之首；烟酒类价格上涨3.9%，食品类价格、娱乐教育文化用品及服务类价格、家庭设备用品及维护服务类和衣着类价格分别上涨3.2%、0.6%、0.4%和0.1%；交通和通信类价格、居住类价格分别下降4.6%、1.7%。根据新版《浙江省定价目录》颁布后出现的定价权限变动情况，对2004年1月1日至2015年9月1日期间单独发文、部门联合发文的所有价费文件开展清理、废止和上报工作，共计清理文件250余件，其中现行有效文件235件，需要废止文件15件。

【资源类商品价格改革】

启动以水资源费和污水处理费为主的自来水价格调整相关前期准备工作，拟推出实行差别化水价政策。制定并实施非居民用天然气最高销售价格制度和上下游联动机制，调整全市非居民用天然气最高销售价格。加强榨菜污水收集成本监审，配合市政府开展榨菜污水的定价工作，制定早、晚稻收购价格。核批星光御墅小区等13个住宅小区的前期物业服务收费标准。每月测定公布城区集体土地房屋拆迁补偿商品住宅平均价格，按项目测定公布马渚等乡镇区域集体土地房屋拆迁项目商品住宅补偿价格。

【价格预警和成本调查监审】

修订《余姚市市场价格异常上涨事件应急预案》。每周对八大类近70种民生商品价格进行价格监测，监测信息定期在《余姚日报》和局网站上公示；每月对煤炭、钢材、尿素、塑料原料等主要生产资料商品价格进行监测，并将监测情况与分析材料及时上报宁波价格系统监测网站。开展农户种植意向调查，以及农户存粮、农资购买、生猪养殖成本月度预警分析上报工作。对天然气公司、市自来水有限公司、第二自来水有限公司、市城市排水有限公司、各乡镇自来水厂、三大水利工程的定期价格进行成本监审。

【市场价格监管和价费专项检查】

全年查处各类价格违法案件29件（其中举报协调案件22件），经济制裁总额224.18万元，其中没收违法所得51.21万元，退还用户9.02万元，罚款163.95万元。开展日常市场价格巡查，加强节庆商品专项检查。开展商品房明码标价格式备案以及备案价格的网上公示工作，并对备案价格进行跟踪检查。对以销售门票方式向旅游者开放的5个景区和4个季节性漂流点的门票价格执行情况进行检查。以大型百货商场、家电、家具卖场为重点，对全市80余家商业零售企业进行上门检查，促使各经营者自觉规范零售促销价格行为。开展银行业收费、涉农涉企收费、药品和医疗服务价格、药品市场价格行为、教育收费等专项检查，严防扰乱市场价格秩序的违法行为。全年受理各类价格投诉举报106件，办结率100%，根据举报线索查处价格违法行为为25件，经济制裁总额9.76万元，其中退还消费者9.11万元，罚款0.65万元。

【价格宣传和社会价格监督】

制作价格政策和法规的视频宣传资料，在全市480余个楼宇液晶电视上进行滚动播放，并对内容进行经常性更新。编印《价格政策宣传册》5000册，制作价格宣传环保袋1万只。开展“3·15”国际消费者权益日宣传、咨询活动，现场发放价格政策宣传资料200余份。在长安、舜南等社区开展《中华人民共和国价格法》宣传咨询活动，并通过座谈会的形式听取群众对价格工作的意见和建议，解答群众对价格政策法规的咨询。组织义务价格监督员开展市场价格检查，全年出动检查119次，出动检查人员714人次，检查各类经营单位1947家，发放宣传资料840余份，校验衡器927台（支）。

【2015年秋季民办学校新生收费执行新标准】

从2015年秋季学期起，全市各民办学校在市发改局批复的学费收费标准范围内，对新生执行新的收费标准。调整后，新生每学期实际收费标准为：实验学校10600元，高风中学初中12000元、高中13000元，第四中学初中10900元、高中11900元，姚中书院9500元。

（魏军、沈卫明、俞红）

安全生产监督管理

【概况】

2015年，全市安全生产形势稳定好转，共发生各类事故395起，死亡106人、受伤133人，分别下降11.8%、5.4%和2.2%。其中，道路交通事故212起，死亡103人、受伤132人，分别下降1.4%、1.9%、持平；工矿商贸事故2起，死亡3人、受伤1人，分别下降60%、57.1%和50%；生产经营性火灾事故181起，无人员伤亡。未发生水上交通、渔船运输及捕捞作业等事故，未发生一次死亡3人以上的较大生产安全事故。对建设工程、特种设备事故有关人员进行行政问责，行政诫勉4人，行政警告2人，解聘1人。对17个乡镇、15家企业的安全生产履职情况进行现场检查。

【机构队伍建设】

年度重新调整市安委会组织结构，由市长任市安委会主任，各分管副市长和市公安局局长任副主任，成员单位扩大到52个市级部门（单位）。下设石油天然气长输管道、教卫文体、农林、商贸、建设工程（水上交通、城镇燃气）、工业企业6个专业安委会。建立市级部门—乡镇（街道）—村（社区）三级网格322个，配备协管员349人，除4个山区乡镇的协管员外，其余乡镇（街道）均已启动通过手机移动终端开展隐患排查治理的工作。年度21个安监所均通过宁波市级规范化创建验收；建立姚北、姚南、中心、马渚、泗门5个区域性消防中队，15支专职消防队，265支志愿消防队；全市近600名道路交通协管员均落实经费和装备。

【安全生产主体责任落实】

全年创建二级标准化企业8家，三、四级标准化企业302家。对301家标准化达标企业、39家高危企业、80家小微企业、169家“三场所一企业”提供社会化安全咨询、技术等服务。全市6470家五类重点生产经营单位中，已完成企业服务平台基本信息录入的4232家，完成率68.5%。与人社、市场监管、卫生、总工会等部门开展联合执法检查25次，检查烟花爆竹、露天矿山、“三场所一企业”、工伤事故多发企业等306家（次）。对有关生产安全死亡事故依法进行调查，将8名涉嫌犯罪的责任人员移交司法机关处理。开展行业（领域）内安全生产培训，参加培训的企业主要负责人4485人、安管员4910人、特种作业人员1242人。

【生产安全隐患排查治理】

全市5815家规模以上企业、高危企业通过宁波市隐患排查治理信息平台，排查各类一般隐患6.5万条，网上录入率100%，季报率100%，一般隐患整改率100%。按时完成16个道路交通、消防火灾、工业企业重大事故隐患的挂牌整改。全年公安交警部门查处交通违法4.6万起，其中查处酒后驾驶801起、醉酒驾驶362起、电动自行车四类违法2.4万起、违法停车4.5万起；查扣客运人力三轮车879辆（次）；对甬余线、高夹线、古乍线、姚北大道、余姚大道和其他改建、扩建道路事故多发情况进行集中整治。公安消防部门开展夏季消防安全大检查、劳动密集型企业集中整治、群租房整治等活动，检查单位1680家（次），限期整改223家，临时查封10家，“三停”单位16家，对125家单位和个人进行行政处罚。安监部门对379家“三场所一企业”开展专项整治，检查423家（次），限期整改372家，已整改334家；停产31家；取缔28家。对128家喷涂作业场所进行三、四级标准化创建，并全部通过验收；对125个有限空间作业场所进行人员培训、防护设施配备、警示标志张贴等整治；涉氨企业除3家待搬迁外，其余已全部通过规范化创建；注销全部187家烟花爆竹经营店（点），重新办理69家。经信部门淘汰、关停30家作坊式发蓝发黑酸洗加工点，淘汰高污染燃料锅炉80台。环保部门淘汰、关停245家淘铜加工点，改造5家。供电部门对4万余家小工业、20万余家居民安装漏电保护器。住建部门开展起重机械、高大支模架、深基坑、施工用电等安全大检查5次，检查在建工程204家（次），整改178个，通报批评62家（次），对15家单位进行行政处罚。

【安全监管效能】

年内全市所有危险化学品运输车、烟花爆竹运输专用车、民用爆炸物品运输专用车、出租车、旅游包车、工程运输车、公交车七类车辆GPS安装率达到100%，渔船AIS避碰系统安装率也达到100%，758个高清电警设备在主要交通道路全天候“上路执勤”，4家涉及危险化工工艺的重点企业全部完成DCS自动化控制系统安装。市交通运输部门对学生旅游包车进行集中统一管理。针对年产值500万～2000万元企业发展相对较快，但自身安全生产管理能力又无法跟上发展步伐的现状，市安监部门牵头相关部门（单位），依靠社会力量为企业提供安全咨询、技术服务，各企业合计投入资金将近470余万元，市、乡镇（街道）两级财政配套补助资金150余万元。

（胡　蓉）

交通·信息

交通管理与建设

【概况】

2015 年 7 月，市交通运输局工程管理科、工程建设前期科合并设置为工程管理科，同时单独设立组织人事科。调整后的内设机构为办公室、组织人事科、计划财务科、工程管理（前期）科、行业管理科、行政审批科。年内全市新建公路 67.46 千米（含新建农村联网公路 65.8 千米），改建公路 46959 米，公路建设投资 189871 万元。截至年末，全市公路里程达 1941219 米，其中国道 72153 米，省道 153447 米，县道 392721 米，乡道 341812 米，村道 981086 米。按技术等级分，有高速公路 41992 米，一级公路 196879 米，二级公路 106108 米，三级公路 182082 米，四级公路 1414158 米。公路密度 127.1 公里 / 百平方公里。

【道路运输】

全年新增公交线路 2 条，调整 11 条。同步高铁途经余姚北站的末班车停靠时间，延长相关线路末班时间。新推军人卡、烈属卡等公交卡种，开通银联卡公交刷卡功能，并推出城际通卡，与宁波实现消费互通；先后完成火车站公交首末站改造、梁弄公交首末站新建和大隐首末站迁建工作，在城区建设并启用 8 座新款候车亭；新增新型公交车 17 台。截至年末，全市有营运出租汽车 458 辆，长途客运汽车（含旅游包车）99 辆，货车 4908 辆、25042 吨位。全市辖区公路客运量 184 万人次，旅客周转量 28928 万人千米；货运量 1112 万吨，货物周转量 171703 万吨千米。

【水上运输】

全市有定级航道 10 条，里程约 45 千米。年度杭甬运河开丰桥上游西北侧岸线港航管理码头项目收尾；杭甬运河余姚段疏浚工程有序推进。市交通运输管理所每周组织航政人员对杭甬运河进行一次全线航查。全年水路客运量 5337 人次，旅客周转量 26685 人千米；货运量 75585 吨，货物周转量 1506.04 万吨千米。杭甬运河过境船舶 1025 艘次，通过货运量 204680.25 吨。

【公路养护管理】

年度完成市公路养护应急抢险中心的组建。制定公路保养和小修分类发包办法，完善养护市场化运作机制，基本完成养护机制改革。结合“美丽家园”“美丽公路”创建，以浒溪线、甬余线、梁周线等县道以上公路为重点，完成绿化总面积2.81万平方米，余梁公路北延工程绿化改造提升工程总面积约1.95万平方米；整治马路市场123个，拆除非公路标志牌919块，清理堆积物930立方米。

【交通安全监管】

修订完善防御雨雪冰冻灾害天气、突发事件、“三防”工作应急预案及操作手册；以监管整治为重点，组织开展为期3个月的安全生产大排查大整治专项行动，共排查出隐患238处，整改率100%；完成8条新增和调整校车线路的审批；受理新建、续建工程项目26个，发出整改通知单56份。投资158.5万元，对9座桥梁进行日常养护维修，对3座四类、五类桥梁进行改造、加固。第九号台风“灿鸿”后，对全市国、省道及主要县道尤其是山区公路桥梁进行专门检测。

【交通行政执法】

投入治超电子检测系统14套，基本覆盖辖区主要公路，成为宁波乃至全省首个实现治超电子检测系统全覆盖的县级市。联合公安、城管等部门，查获涉嫌非法营运车辆100辆，淘汰黄标车3038辆；处理违章货车303起（其中擅自改装77起）；处罚违章出租车547辆。下发质量安全督查整改通知书80份，开出宁波各县、市、区第一份工程建设行政处罚书。

【交通基础设施建设】

年内启动329国道余姚段（除黄家埠段）灾后恢复工程、梁周线一期一标（姚州大桥至329国道）建设；推进杭甬高速至沿海北线高速余姚连接线一期（杭甬高速至余夫公路）、329国道黄家埠段改建、余梁公路北延、陆丈线一期（陆埠互通）等工程建设。319省道余姚段中修改造工程（除姚州大桥至余姚大道及城区段外）及历石线、余禾线改造工程均完工并通车，同时完成11个公路大中修工程。

【甬余线余姚段应用泡沫沥青就地冷再生技术】

甬余线余姚段起点接甬余线江北段，起点桩号K19+200，沿线途经三七市镇、丈亭镇、凤山街道、阳明街道、马渚镇、牟山镇，终点接五五公路，终点桩号K64+247，全长45047米。路面大中修工程于3月初完成招投标工作，分两个标段实施建设，于3月底开工建设。工程总投资9600万元，是宁波市内首个应用泡沫沥青就地冷再生技术的工程。主要特点是：一是采用泡沫沥青冷再生基层工艺，可有效减少对原有路基扰动等损害，保证再生层的质量；施工简便、效率高；节约工程造价；降低对环境的影响，有效减少施工过程中扬尘等不利环境的问题。二是采用纤维封层后，对新旧沥青道路建设及养护起到保护作用，更能延长其养护周期及服务寿命，具有良好的应力吸收和分散能力、高耐磨性、高防水性、高稳定性、施工快捷性等优点。

【全市首个天然气加气站启用】

11月，位于余马公路货运西站旁的全市首个天然气加气站正式投运市场。天然气加气站启用后，首先应用于出租车，然后根据站点建设和营运情况逐步向其他交通行业推广。

（市交通局）

天然气加气站

海事

【概况】

2015年，海事余姚办事处定期签证客渡船99艘次、32550航次；船舶安全检查36艘次，复查14艘次，查出缺陷101项；共出动人员672人次，巡航226次，巡航时间756小时，巡航里程7190千米，陆上巡查106次；查处违章船舶5艘，立案7件，罚款5万元。

【水上交通安全管理】

辖区现有渡口6处，登记渡船7艘，年渡运量8万人左右，实现客渡船现场检查每星期一次全覆盖。完成对客渡船船员一年4小时的安全培训教育工作。全年对运河过闸船舶一般性检查550艘次。完成1家客运公司、3家普通船舶公司的督查工作。参加由余姚市政府组织开展的杭州湾南岸砂场专项整治前期准备工作。

（海事余姚办事处）

邮　政

【概况】

2015年4月10日始，按中国邮政集团公司统一部署，余姚市邮政局更名为中国邮政集团公司浙江省余姚市分公司。全年实现业务总收入12429万元，完成宁波市分公司年计划的92.01%，计划完成进度列宁波地区第三位；实现净利润435万元，有效收入占比达82.55%，增长1.44%；劳动生产率人均20.7万元。其中，金融业务收入7285万，增长8.44%，全年储蓄余额新增5.65亿元，增加2亿元；标保累计新增4.22亿元，增长33%；基金理财类有效销量规模新增1亿元，全年新增有效总资产达10亿元；中间类业务发展紧跟目标，尤其是电子银行客户注册新增，名列全省前三位。包裹快递业务累计实现业务收入1680万元，其中国内快包和国内标快业务实现收入587万元，增长21.2%，占比达35%。11月11日至16日，日均收件达7100件，17日至月底，日均收件仍有2500件。函件业务累计完成业务收入754万元。集邮业务累计实现收入398.4万元，增长27.15%。报刊业务累计完成业务收入960.3万元。

【邮政机构设置】

年内根据最新职能，整合内部各专业机构，划分成立金融业务局、包裹业务局、电子商务局、邮政业务局及投递发行局5个专业局。其中，撤销原综合类支局，设置纯邮务类支局，在原有5个邮务类支局的前提下，新设4个邮务类支局，这9个邮务类支局分别为城区支局（含世南东路所及桐江桥所两个邮务网点）、低塘支局、泗门支局、临山支局、朗霞支局、丈亭支局、陆埠支局、马渚支局、梁弄支局。成立10个投递分部，由投递发行局统筹管理，其中城区设江南、江北分部，农村8个分部分别为陆埠分部、马渚分部、低塘分部、朗霞分部、泗门分部、临山分部、丈亭分部及梁弄分部。原8个综合类支局所属的33个金融网点全部升级为直属网点。

【邮政网点建设】

全年完成新建北路所、梁弄所、临海所3个网点的标准化装修改造工作，其中临海所为迁址改造，新建北路所和梁弄所为原址改造。在河姆渡所、马渚所2个网点各新增1台CRS机；城东所、梁辉所、新新所、渔溪所、丈亭所、方桥所、历山所、临山所8个网点分别有1台ATM机更新为CRS机；城东所、大黄桥南路所、牟山所、斗门所、临海所、竹山桥所各新增1台ATM机。

【农村电商工作】

全年共建“邮掌柜”站点210个，实现“A”类掌柜182个，位列宁波地区第一位；代购和进货

电商代投中心一角

批发1.8万笔，金额98.7万元，列地区第一；进销存114.11万笔，金额6776.37万元，列地区第二；发展邮乐会员455个，列地区第三，总体发展情况列宁波地区乃至全省前列。6月3日，首个精品邮乐体验馆在大楼营业厅开业，标志余姚邮政电商服务正式启动。8月28日，在梁弄横坎头村的"邮掌柜"电商服务点，开展纪念中国人民抗日战争暨世界反法西斯战争胜利七十周年的"电子商务，助农金融"服务进老区活动，同时启动全市20万元农产品1元秒杀活动。10月9日世界邮政日和11月11日"双十一"，两次在城区子陵路东方超市"邮掌柜"点开展现场特惠活动，推出村邮乐购会员卡服务。

【同城配送】

建立余姚"邮掌柜"微店，开展生鲜果蔬以及其他本地特色农产品的线上批销与零售，并通过同城配送服务保证在餐前直接配送到户。其间，与市内知名果蔬种植基地合作，将生鲜仓储直接建立在种植户的田间地头，缩短输运配送时限，使老百姓能从邮政购买到比农贸批发市场更低价格的农产品。

【邮运投递】

年初，对全市140个邮路的投递里程、内部处理时间、上下班时间、投递点交户数进行测定，并按10个投递分部全面推开邮路整合工作，共裁减邮路17条；推行汽车邮路，在不减员的前提下整合扩充驾驶员队伍，汽车邮路由原来的6条增至14条。基于同城配体系建设的投递网改造优化工作得到省分公司的重视，相关内容被纳入2015年全省邮政创新成果一等奖项目——"基于'汽车换人'的投递网重构与优化"的组成部分。

（赵园园）

电　信

【概况】

2015年，中国电信余姚分公司业务收入40065万元，完成全年计划的87.7%，增长-8.82%，增长率列本地网各县（市）分公司第十一位。其中，固网收入25120万元，增长-13.47%；移动业务收入14945万元，增长0.04%。固定电话计费用户25.71万户；移动网上用户共计25.62万户，净增-0.48万户；宽带总量21.56万户，净增0.97万户；iTV（网络电视）总量8.16万户，净增1.03万户。

【"无线城市"建设项目签约】

1月8日，市经信局、市党政信息中心与中国电信余姚分公司、中国联通余姚分公司举行公共WIFI项目建设签约仪式，正式启动余姚"无线城市"建设。按照市政府《余姚市智慧城市建设行动计划》的总体要求，电信分公司于2月15日前完成城区核心区域的WIFI网络建设，6月底前实现城乡公共区域和公交车辆主要线路WIFI网络覆盖。免费无线WIFI网络统一采用手机号认证的推送方式，以"iYuYao"作为接入标识，对所有手机用户开放。市民可持手机在无线网络覆盖区域进行免费上网，每个手机账号每月流量限制1G，每月限时60小时。

【参与全市农村基层权力运行监管平台建设】

年度按照市纪委和阳明街道党委、政府的要求，依托中国电信高速光网络，同时以iPTV网络电视、宽带互联网、智能手机、触摸屏4种现代通信网络为媒介，参与村党务、村务、"三资"、公共服务和公益事业等涉及村事务的"四屏联动"（电脑屏、电视屏、手机屏、触摸屏联动）平台建设。4月17日，在阳明街道北郊村召开农村基层权力运行"阳光公开"监管工程现场会，要求在全市各行政村推进农村基层权力运行监管平台建设。

（邵立新）

移动通信

【概况】

2015年，中国移动余姚分公司推进"领先4G+"业务，实现运营收入超6亿元，3家运营商净增用户份额达到100%，区域累计通话用户份额接近80%。全年累计有线宽带出账用户超10万户，增长40%，上缴税1500余万元。

【实现“4G跨越发展年”】

通过增设小微站点等方式，扩大4G信号覆盖面，“4G+”业务实现速度快（极速300Mbps）、终端多（已超千款）、覆盖广（宁波4G基站超万）的目标。加快光纤有线网络建设，重点对阳明街道、凤山街道、黄家埠镇、临山镇、马渚镇、梁弄镇、大隐镇补强，全市除山区外已基本实现光网全覆盖，宽带网络可装率在99%以上。

【引领智慧生活发展】

应对ICT领域的重大变革，加快向数字化信息服务拓展转型，先后启动实施全市平安农村项目、安监通项目，协助市教育局电化教育中心建设余姚教育专网，协助政府专业部门推进“互联网+”应用，与市民服务中心等开展智慧民生类应用开发，与余姚生活网合作开展本地游戏手机端应用活动，与市委宣传部、文明办合作开展“美丽庭院”微信评选。

（中国移动余姚分公司）

联通余姚分公司

【概况】

2015年，中国联合网络通信有限公司宁波市余姚分公司下设综合支撑中心、第一综合区域营销中心、第二综合区域营销中心、第三综合区域营销中心、集客区域营销中心，以及12个自营厅。年度重点推进2G、3G用户向4G迁移，推广一体化套餐产品。通过手厅安装、4G增值业务搭载、亲情网、分享卡等板结化产品，确保用户真实有效，提升用户黏性。以智慧沃家和光改营销为突破，实现固网业务稳步提升；以“互联网+”战略实施为契机，开拓集客业务。全年新增通信服务店36个、异业合作渠道17个、自营通信服务小站28个。主城区域光改资源覆盖新增15个小区，覆盖率达82%；渠道新增32个网络，达到100%覆盖率。

（中国联通余姚分公司）

城建 · 环保

城乡规划

【概况】

市规划局自2014年启动市域总体规划修编工作，在完成现行市域总体规划评估工作的基础上，经多次修改和完善，2015年形成规划纲要。根据规划纲要，市域将规划形成“一主两副、两极五片”的空间布局结构。“一主”即余姚中心城区，包含六街道以及马渚东部，是市域城镇空间发展主中心。“两副”即滨海新城副中心以及泗门卫星城副中心，滨海新城副中心以中意（宁波）生态园的建设发展为依托，泗门卫星城副中心以泗门小城市培育为依托，并与小曹娥联动整合发展。“两极”分别为西部以牟山湖休闲旅游为依托的新兴发展极和东部以千人计划产业园为依托的新兴临甬发展极。“五片”为滨海片、姚中片、姚西北片、姚东片、姚南片，各片内强化城镇网络、功能网络、生态网络的合理布局。

年度在完成泗门等8个乡镇总体规划批复的基础上，加快梁弄、牟山、四明山、临山等乡镇总体规划的编制进度。在总体规划基础上，围绕重点区块和重点项目建设，加快城镇控制性详细规划的编制与报批工作。泗门镇商贸新城控制性详细规划已获批复，马渚、陆埠及梁弄等5个乡镇的13个区块控规完成评审，其余乡镇均已启动并形成初步方案。全市40个中心村有31个完成规划评审，25个获正式批复，村庄规划覆盖率达65%。年度环境功能区划和中心城区土地利用规划也已确定方案并上报审批，基本实现与市域总体规划的有机融合。陆埠镇作为宁波市级多规融合试点已形成方案，其余乡镇多规融合工作结合土地利用规划的修改正有序推进。

【历史文化名城名镇名村保护】

年内编制完成历史文化名城保护及府前路、武胜门历史文化街区保护等三项规划方案，8月提交市政府常务会议审议通过，9月提交人大常委会正式审议通过，即将上报省政府审批。方案总结提炼“农耕之源、运河瑰宝、文化名邑、浙东延安”的特色历史文化价值，提出要重点保护古城“七山屏一城、一城拥六水”的城址环境和传统格局。此外，向宁波市政府成功申报历史文化名城名镇名村保护专项补助资金540万元，其中规划编制类补助金额260万元，古建筑修缮类补助金额280万元。5月，启动市首批历史建筑普查工作，年底前完成首批历史建筑推荐名单的公示和意见征集。9月，开展第三批宁波市级历史文化名村的申报认定工作，推荐申报晓云、五车堰、马家堰、浪墅桥4个古村落，最终浪墅桥村、晓云村被评为宁波市第三批市级历史文化名村。

【重点地区与专项规划】

为服务保障重大产业平台建设，引领城市转型发展，年度启动重点地区相关专项规划与研究工作。完成中意（宁波）生态园概念规划，启动滨海新城总体规划修编，并形成评审成果。规划提出要将中意（宁波）生态园打造成世界一流、国内顶级的生态型产业示范园区，一个生态友好、创新持续、开放人文的产业新城区。梳理市中心城区城市特色风貌资源，开展城市空间特色规划编制工作，提升城市文化内涵和品质形象，突出余姚市山水宜居的城市形象，为市域总体规划修编提供专题研究支撑。组织编制大运河（余姚段）沿线保护与利用规划，开展“中国大运河”成功申遗后的保护与利用工作。结合宁波市三江六岸拓展提升总体规划，开展姚江两岸生态旅游研究工作，通过梳理沿线山、水、田园等生态要素，整合挖掘历史文化资源，以文化和生态为发展主题，创造“小巧精美”的姚江城镇走廊、“精美开敞”的历史人文时空通廊。谋划四明山区域运动、养生、创意、民宿等旅游新兴业态空间布局，开展大岚镇旅游概念总体规划编制。

（市规划局）

测绘与地理信息

【概况】

2015年，市地理信息中心根据国务院关于开展第一次地理国情普查的统一部署，完成城市建成区及绿地率、绿化覆盖率普查，并通过省测绘质量监督检验站验收。完成城市消防设施、避难场所、高精度地表模型、建筑高度、低洼地段和道路易积水区普查，并通过宁波市普查办组织的专家验收。同步开展城市建成区、城市消防设施、避难场所等专项普查成果的时点更新和监测工作。坚持边普查、边应用，推动普查监测成果的应用转化。

【完成地理空间框架建设】

按照省、宁波、余姚三方共建协议的要求，完成数字余姚地理空间框架项目的“一库、一平台、五示范和一支撑”建设任务。完成300平方千米1：500数字线划图数据库，全市域1：2000数字正射影像图数据库、数字地表模型数据库、0.5米卫星遥感影像数据库，以及1：10000DLG、DOM、DEM数据库等基础地理信息数据库建设；建设300平方千米1：500地理实体数据库、“天地图·余姚”矢量和影像地图数据库、100平方千米地名地址数据库等共享数据库；建立政务版和公众版余姚市地理信息共享服务平台，建设“天地图·余姚”县级节点，开展天地图数据融合工作。完成项目提出的五个应用示范系统，并适当扩展应用范围；建立项目所需的政策文件、标准规范、运维机构、软硬件及网络环境支撑体系。横向实现与各部门基于地理空间框架的信息资源共享，纵向实现余姚市、宁波市、浙江省、国家四级地理信息数据的共享和交换。

【推动中心城区工程管线排查】

按照“谁权属、谁出资、谁排查，谁管理、谁维护、谁更新”的原则，协调相关单位开展中心城区工程管线排查工作。基本摸清城市规划区范围内给水、排水、燃气、热力、电信、移动、联通、广电、军事通信设施、视频监控及公安交通信号、电力、路灯、输油、输气及其他工业与不明管线等各类管线资料，完成全市油气、天然气、雨水等近1000千米管线成果汇交工作。

【地图管理与应用】

加强公益性地图编制工作，完成2015年《余姚市地图》编印出版。开通“天地图•余姚”网站，促进互联网电子地图的应用。完成《泗门镇交通旅游图》以及《宁波行政区划图集》中余姚地图审查工作，促进应用性地图的研究与利用。

【数字余姚地理信息公共服务平台开通】

11月20日，召开数字余姚地理空间框架建设项目验收暨成果发布推广会，同时举行数字余姚地理信息公共服务平台开通仪式。数字余姚地理空间框架又称数字余姚地理信息公共服务平台，由浙江省测绘与地理信息局、宁波市测绘与地理信息局、余姚市人民政府三方共建，市规划局负责实施，于10月29日通过宁波市规划局组织的验收。项目通过构建数字余姚地理空间框架，形成统一、权威、标准的地理信息公共服务平台，实现空间信息资源的开发利用和共建共享。

（市地理信息中心）

住房和城乡建设

【概况】

2015年，市住建局按照“城乡品质提档攻坚突破”“城乡品质提升行动”等活动要求，建管并重，累计完成投资9.02亿元。全年新开工建设项目128项，建筑面积约167.63万平方米，共检查在建工程项目333项，下发整改通知单305份，其中停工通知单31份。在各受监工地全面实施脸部识别考勤机制，对关键人员到岗情况进行实时监管，打击违法分包、转包行为。优化行政审批服务，将建筑企业“三类人员”、房地产开发企业资质、物业管理企业资质等审批项目调整为网上审批。

新增保障家庭111户，其中公共租赁房80户，经济适用房、限价房31户。共收集处理污水5391万吨，日均处理污水14.77万吨，增加18%；供应天然气3965万立方米，日均10.86万立方米，增加18%；新增、改装路灯1930套，亮灯率保持在98%以上；累计修复各类市政道路面积约4万平方米；核发排水许可证727本。

开展城乡品质提升三年行动计划拟定工作，以及2015年度人居环境调查工作。鹿亭乡中村、低塘街道历山村完成宁波市农房改造示范村建设初验工作。开展加快构筑现代都市行动，完成年度投资77.4亿元，超额完成考核任务。道路治堵工作完成预期目标。先后出台《余姚市业主委员会建设指导规则》《业主管理规约》等政策文件，开展物业管理考核等专项检查，实施“美丽小区”申报小区的实地督查和考评。

【道路建设工程】

本年度实施道路建设工程5项。其中，南排江路（四明东路—谭家岭东路）道路新建工程、黄山东路一期（城东路—南排江路）道路新建工程完工，四明西路西延工程（直江路—余梁公路）完成沥青铺设，进入工程收尾阶段。金山路一期、北滨江东延三期尚在施工。此外，金地北侧地块配套道路等道路工程已开始前期准备工作。

【保障性住房建设】

城东穴湖一期工程已完成交付手续，穴湖二期工程即将竣工验收，兰墅桥二期工程基本完成室内外粉刷和屋面保温防水施工，开始进行外墙施工和公租房精装修工作。年内还完成恒星公寓、新都花园、舜北三小区、安居乐小区4个老小区整治改造，改造总面积16.63万平方米。

【市政基础设施】

启动公共自行车租赁系统，城区145个公共自行车站点、3000辆自行车投入使用。完成新西门路绿地、姚江两岸等绿地改造面积10.7万平方米。基本完成市域污水收集一期、城区污水收集系统四期工程、城区污水纳管工程一期。大隐镇污水外排管工程、中心城区排涝工程正抓紧施工。

【各类代建工程】

6个安置房项目中，文字地安置小区等5个项目已基本完工；剩余的兰墅三期安置房二区块地下室施工基本完成，进入房屋主体施工阶段。其他8个公建项目中，康复医院已投入使用；二职校改扩建工程、实验高中进入附属工程扫尾阶段；老年大学房屋主体竣工；第二人民医院房屋主体工程进入外墙干挂扫尾阶段；市中医地下室工程竣工，住院楼主体结构已完成十四层；建工服务中心开始房屋主体扫尾；金融中心完成房屋主体验收，附属工程尚在施工。

（叶　城）

公共项目建设管理

【概况】

2015 年，市公共项目建设管理中心共承建项目 23 个。其中，安置房项目 9 个，其他公建项目 14 个，总建筑面积近 130 万平方米。继续对设计、招标代理、造价咨询等机构的工作质量情况、合同履行情况、依法执业情况、投诉处理情况及工作总体情况进行跟踪管理，实施量化计分考核，提高设计和标书质量。

年度试行工程项目流程网上审批制，增强审批流程的公开度、透明度，提升审批工作效率。对承建项目坚持先批后建的工作原则，并向各在建工程派驻项目现场管理人员作为业主方的授权负责人。严格执行指纹考勤制度，督促施工、监理单位的关键岗位人员到岗履职。对工程实施中遇到的重大工程变更等具体问题，实行重大变更会商制。

【安置房项目】

截至年末，北环西路南侧地块安置房、永丰村安置房 2 个项目完成移交，总投资 90383 万元，总建筑面积 232728 平方米，共 1409 套。康山五圣殿安置小区项目已建成，即将交付，总投资 21149 万元，总建筑面积 55975 平方米，共 344 套。续建的安置房项目 5 个，总投资 273348 万元，总建筑面积 550569 平方米，共 3511 套。其中，文字地安置房、古路头四期安置房、白山头安置房 3 个小区房屋主体工程已完成验收，正进行室外附属工程建设，兰墅公寓安置房三期二地块完成地下室浇筑，局部房屋主体结构完成四至七层；牟山湖安置房一期已完成房屋主体竣工验收，正进行室外附属工程。另有前期对接的安置房项目 1 个，即华狮北侧地块安置房，总投资 79746 万元，总建筑面积 140373 平方米，共 872 套。

【其他公建项目】

截至年末，朗霞安置厂房、泗门消防站、黄彦华艺术培训中心 3 个公建项目已交付使用。续建的 8 个公建项目，总投资 312256 万元，总建筑面积 460363 平方米。其中，二职校改扩建工程、实验高中已进入附属工程扫尾阶段，二院房屋主体工程进入外墙干挂扫尾阶段，市中医院地下室竣工，住院楼主体结构已完成十四层，老年大学房屋主体竣工，建工服务中心进入房屋主体扫尾阶段，金融中心完成房屋主体验收，正进行附属工程施工。年度新开工的气象防灾减灾工程二期开始桩基施工。前期对接的 2 个公建项目中，府前路北侧地块改造一期完成施工、监理招标，施工队伍已进场开工，人武部办公用房改造工程完成施工招标。

（市公建中心）

环境保护

【概况】

2015 年，市环保局以施行新修订的《中华人民共和国环境保护法》以及“五水共治”“两路两侧”“四边三化”等行动为契机，围绕“两美”余姚建设总目标，推进生态文明建设、污染物减排、重点行业重点区域污染治理。全年申报国家级生态街道 1 个、国家级生态乡镇 2 个、省级生态街道 1 个。共受理环保项目 673 件，其中审批 386 件，“三同时”验收 182 家，比上年增长 43.3%；按照建设项目环保审批“六项原则”和“十不批”的要求以及“三位一体，两评结合”的原则，共否决咨询项目 105 个；监测企业达 312 家次，其中“三同时”监测 138 家。开展环境监察专项执法行动 12 次，出动执法人员近 3900 人次，检查企业 4000 余家次，共处行政处罚案件 315 件，罚款 1449 万元。与公安等部门联动，赴嘉兴、萧山等地调查有关环境案件，共立案查处环境案件14件，其中入刑8件，治安拘留6件。年内还创新开展基层环保组织建设。

【“五水共治”工作】

重点开展治污水和“河长制”工作，加强河道沿线排污口企业的巡查排查力度。全年共查处涉水企业49家，罚款金额296.4万元。完成陆埠水库和梁辉水库饮用水源保护的评估，加强高温天气水库预警监测，保证人民群众的饮水安全。全市“一大三中”水库水质稳定，达标率100%。根据《余姚市畜禽养殖禁养区划分方案》，关停拆除畜禽养殖场277家，提前完成年度任务。

【四大区划规划】

年内完成水功能区水环境功能区方案（省版）申报，并已批准发文；环境功能区划编制工作经市政府审议通过，并上报宁波市政府批准；配合宁波开展全市乡镇级以上饮用水源保护规划编制；“十三五”环境保护规划编制工作已完成初稿。同时推进全市“多规融合”工作。

【重金属防控区摘帽】

通过前几年涉铅、涉铬行业整治，已累计削减铅排放量47.97千克，削减率37%；削减铬排放量132.1千克，削减率5.1%。两项重金属指标排放达到相应标准，通过省级重金属重点防控区污染整治现场验收。

【重点行业整治】

年内全市完成淘铜加工、冷镦行业专项整治工作，共整治淘铜加工企业257家，其中关停拆除252家，整治提升5家，关停搬迁不锈钢冷镦16家。以黄家埠、小曹娥、低塘等区域为重点，推进全市电镀行业的整合提升工作。严防已关停废塑料加工企业回潮反弹，共查处反弹企业45家。

【黄标车淘汰】

扩大黄标车禁行区至城东线和梁周线包围区域。全年淘汰黄标车7086辆，累计淘汰黄标车14177辆，超额完成年度目标任务，完成率达105.2%。

【固废及危废管理】

全年新增固体废物监管信息化、规范化“双达标”创建企业72家，总数已达132家。引进意大利赫拉公司从事专业的危废处理项目。同时开展建筑工地、矿山的扬尘治理。

（市环境保护局）

城市投资建设管理

【概况】

2015年，为理顺余姚城投集团有限公司的领导体制，市政府决定于9月30日成立余姚城投集团有限公司管理领导小组，由市委常委、常务副市长潘银浩任组长，副市长范焕平任副组长，市财政局局长施建苗、市审计局局长何吉忠、余姚城投集团有限公司总经理吴志林为成员。领导小组下设办公室，由吴志林兼任办公室主任。

至年末，集团公司总资产值达318.02亿元，净资产99.06亿元，总资产和净资产分别比上年末增长10.1%和13.6%。全年共融资77.42亿元，归还到期借款及融资成本70.14亿元。共投入城市建设资金12.25亿元，保证市“五重二大”“五水共治”等民生实事工程的顺利进行。盘活存量资产收入2813万元，实现收入6.99亿元，缴纳税费1.1亿元，纳税连年名列市百强前茅。所属市政公用企业总体运营稳中有进，全年供水7245.83万吨（其中自来水公司3906.93万吨，第二自来水公司3338.90万吨），上升0.6%；水费回收率在99.63%以上（其中自来水公司99.85%，第二自来水公司99.63%）；供气3965.54万立方米，上升18.4%，气费回收率99.36%；污水收集量约4830万吨，上升22.9%，处理工业废水约2395.7吨，供应再生水约55.86万吨，中心城区生活污水集中处理率达86.5%，城镇生活污水集中处理率达81.6%。

【民生工程项目】

“保供水”项目中，姚西北供水干管联网工程已累计铺设管道21.6千米，约占总工程量的55.5%，按期完成年度计划；姚西北乡镇供水管网改造工程累计完成投资500万元；姚东水厂及原水管网铺设工程水厂土建标段完成工程主体结构，厂区内完成制水调试联调工作。“保供气”项目中，天然气公司年度在建项目共69项，完成投资2241.9万元，其中新建工程在建项目50项，完成投资1079.74万元；续建工程在建项目19项，完成投资1162.16万元。敷设天然气主干管10.1千米、庭院管18.34千米，完成老小区用气改造6437户。

【安置房建设项目】

全年在建安置房项目6个，共投入资金4.86亿元。其中，白山头安置地块（白郦江景），土建工程完成竣工验收，附属工程正在推进；古路头村安置房四期，土建工程完成竣工验收；兰墅公寓三期地块（一），已进入单项验收及附属工程建设阶段；兰墅公寓三期地块（二），完成总工程量的30%；文字地块安置点地块（安馨华苑），完成总工程量的90%；康山五圣殿安置小区，附属工程完成验收。

【府前路北侧地块改造一期项目基本完成征迁】

已累计投入资金1.9亿元。按阳光征迁要求，完成房屋征收协议签订321户（占97.2%），交房310户（占93.9%）。其中，调产安置34户，房屋移交完成310户，强拆2户。

【天然气收费收益权资产支持证券在上交所挂牌发行】

11月27日，市天然气收费收益权资产支持证券在上海证券交易所挂牌发行，为全市首个资产支持证券。由集团公司所属市城市天然气有限公司出面，民生证券股份有限公司为承销商，总资金12.76亿元，期限6年1个月，发行综合票面利率5.95%。

【深交所核准市城建投资发展公司非公开发行公司债券】

12月1日，集团公司所属市城市建设投资发展有限公司取得深圳证券交易所关于余姚市城市建设投资发展有限公司2015年非公开发行公司债券符合深交所转让条件的无异议函，经深交所核准，确认将非公开发行公司债券30亿元，期限5年，采取分期发行方式，第一批计划于6个月内完成发行，并于12个月内全部发行完成，预计利率6%以内。

【余姚首创污水处理有限公司成立】

3月31日，市政府与北京首创股份有限公司举行“五水共治”重点项目农村生活污水治理项目合作协议签订仪式。由集团公司所属市城市建设投资发展有限公司与北京首创股份有限公司以1∶9的出资比例，组建余姚首创污水处理有限公司。5月13日，余姚首创污水处理有限公司成立暨授牌仪式在市城东水厂举行，之后将由该公司具体实施农村生活污水治理项目的建设、运营和管理。农村生活污水治理项目采取PPP建设模式，总投资13.2亿元。该项目为全国首个以县级市为整体打包的农村生活污水治理项目，范围涉及全市所有乡镇、街道和经济开发区约2040个自然村，涉及农户约23.23万户，服务人口约65.67万人。项目建成后，全市农村污水收集处理规模将达8.6万吨/日，农村生活污水治理村基本实现全覆盖，农户受益率在80%以上。

（姚辰子）

城市拆迁安置

【概况】

2015年，全市完成房屋拆迁面积31.4万平方米，为全年计划任务的104.7%，完成签约户数673户。其中，上年度延续项目完成签约面积13.2万平方米，签约户数386户；新启动项目完成签约面积18.2万平方米，签约户数287户。高铁新城核心区块一期（国有中山路以东部分）、全民健身中心周边区块、陆丈线一期（陆埠互通）建设工程、白山头周边地块（舜水大桥西匝道西侧、世南东路北侧）、329国道黄家埠段拓宽改造工程、南新庵土地整理拆迁区块等17个地块已全部完成签约。

【完善拆迁政策】

年度出台《余姚市国有土地上房屋征收补偿、补助、奖励规定》，对住宅房屋一次性补偿搬迁费、住宅产权调换面积、非住宅房屋一次性搬迁和临时过渡费、非住宅房屋停产停业损失补偿、货币补偿补助、房屋征收奖励等作调整；出台《余姚市人民政府关于推进国有土地上房屋征收安置货币化的通知》，给予选择货币补偿方式的被征收人一定额外的购房补助。通过市拆迁联席会议纪要的形式，对集体所有土地迁建安置临时补助费及迁建安置建房补助费等政策作相应调整。制定出台《余姚市人民政府办公室关于印发余姚市房屋拆迁征收工作考核操作办法的通知》，完善房屋征迁考核评分体系、考核经费基数、考核奖发放额度，对浙江华鑫化纤有限公司地块、市实验高中区块等涉及11个乡镇、街道的41个房屋拆迁（征收）项目组织考核，总考核户数3450户，考核面积182.55万平方米。

【加快"清零"进度】

全年安排"清零"项目8个，共计完成签约71365平方米、211户，分别占"清零"目标的81%和87%。有4个项目完成"清零"，分别为高铁新城核心区块一期（国有中山路以东部分）、全民健身中心周边区块、白山头周边地块（舜水大桥西匝道西侧、世南东路北侧）、陆丈线一期（陆埠互通）建设工程。

【推行"阳光征收"】

国有土地上房屋征收全面施行"阳光征收"信息系统，并对"阳光征收"操作系统进行完善。同时，针对集体土地房屋拆迁安置补偿结果计算复杂的情况，对"阳光拆迁"信息系统进行修改和简化，已进入调试阶段。

【创新拆迁手段】

推行模拟征迁工作模式，启动实施的4个模拟征迁项目全部取得成功，分别为姚江丈亭镇段防洪堤坝建设工程、白山头周边地块（舜水大桥西匝道西侧、世南东路北侧）、剑江百隆房产北侧地块、白山头周边地块（世南东路南侧地块），共涉及房屋征迁面积4万平方米、征迁户数154户。选取市重点交通项目——兰江街道夏巷一号互通工程（一期）作为房票安置试点项目，共完成签约84户，均选择将80%以上的可安置面积作为房票进行安置，共计房票安置面积20737平方米。另外，马渚镇棚户区改造一期中也已启动房票安置，共完成签约47户，其中选择房票安置23户，共计房票安置面积5069平方米。

（市动迁办）

城市秩序整治管理

【概况】

2015年，市城市管理行政执法局启动桐张岙生活垃圾填埋场渗滤液处理提升改造建设项目。全市机扫面积259.7万平方米，机扫率达44.8%，共清运生活垃圾137.5万吨。对73座公厕实行专人管理，对餐厨垃圾处理实施特许经营管理，共处置餐厨垃圾14480.2吨。采用服务外包的市场化机制，对流动摊贩管理、马路市场治理、城市道路保洁等进行监督管理。

继续推行第二轮城市管理网格勤务工作，实现网格管理在中心城区45平方公里全覆盖。自主研发城市管理网格化信息系统，智慧城管二期项目通过验收，全年平台共发现各类问题54869件，立案处理36191件，已解决35033件，案件解决率96.81%。超额完成宁波市下达的拆违目标任务，指导4个乡镇"无违建"初验，96个村达到"无违建"村创建标准。

全年创建宁波市责任区制度达标路3条，指导创建乡镇街容卫生达标路3条。健全重大案件集体讨论制度、执法过错责任追究制度，全年办理一般程序案件429件，选送的执法案件分获余姚市和宁波城管系统"十佳行政处罚案卷"称号。开展行政复议的答辩和行政诉讼的应诉工作。全年办理行政许可1645件。

【“余姚微城管”微信公众账号开通】

1月13日，“余姚微城管”微信公众账号开通。微信用户只要添加“余姚微城管”微信公众账号、搜索微信号“yycgzfj”或扫描二维码关注，便可随时随地向“余姚微城管”微信平台发送有关城市管理方面的问题、意见和建议，或针对身边发生的城市管理问题进行举报投诉。同时，市民还可以通过“余姚微城管”公众号获取市城管执法局的官方信息、政策法规、通知公告等。

【2家随意倾倒泥浆单位受罚】

4月28日，市城管执法大队直属机动中队执法人员依法查处河姆渡镇内擅自设置消纳场所随意倾倒泥浆的案件。2辆泥浆运输车辆所属公司为谋利，与沙场老板合议将泥浆倾倒在沙场，共倒泥浆50立方米左右。根据《城市建筑垃圾管理规定》第二十六条和《宁波市建筑垃圾管理办法》第三十三条的规定，2家单位共被罚款100000元，并将随意倾倒的泥浆清理干净。

【60家学校食堂签订餐厨垃圾委托收集运输处置合同】

8月下旬，市城管局在对城区中小学校食堂餐厨垃圾的产出量、收运处置渠道等开展调查摸底的基础上，与全市60家学校食堂签订《余姚市中心城区餐厨垃圾委托收集运输处置合同》。配置餐厨垃圾专用桶1400只，分类存放，统一清运，实现单独存放、收运，实现餐厨垃圾“日产日清”，严厉查处餐厨废弃物私拉乱倒行为，切断“地沟油”回流餐桌渠道。

【车棚车库违法出租专项整治】

10月中旬，市城管局以整治车棚车库违法出租住人行为为突破口，按照排查、劝导、整改、执法同步实施的原则，对辖区的车棚车库违法出租住人行为情况展开“地毯式”排摸，共排摸出存在违规改建、乱搭乱建、影响市容环境等问题的违法出租车棚车库63间，全部自行整改或得到有效整治。

【随意焚烧垃圾个人被罚1万元】

10月19日，市城管执法大队梨洲街道中队执法队员巡查至梨洲街道东环线街道征用地块附近时，发现一男子正在现场焚烧垃圾。执法队员迅速控制该男子，并用执法记录仪将现场情况记录下来，同时合力将火势扑灭。经现场勘查及调查询问，该男子焚烧垃圾地点共计1处，过火面积约12平方米，焚烧的垃圾主要为玻璃纸等工业产生的废料，焚烧过程中产生有害烟尘和恶臭气体。该男子的行为违反《中华人民共和国大气污染防治法》第四十一条第一款的规定，执法人员依法对其作出罚款10000元的行政处罚，开出2015年全市城管部门对个人处罚金额最高的一张罚单。

【智慧城管（二期）项目通过验收】

11月下旬，市智慧城管（二期）项目通过验收。项目主要建设内容包括完成东至城东路、南至杭甬高速余姚南进出口、西至梁周线、北至北环线（包括高铁余姚北站）约30平方千米内建成区城市管理部件数据普查、确权、入库，基础地形图修测，智慧城管业务应用系统升级，城管视频监控点建设，终端设备的升级，城区四街道分中心的建设等内容。项目作为智慧城管（一期）的提升工程，将覆盖面积由原先的15平方千米拓展至45平方千米，完成地形修测更新14万余件，城区四街道分中心建设完成并投入使用，提升城市管理的广度和深度。

【中心城区市容环境综合整治】

12月9—13日，市城管局与市场监管局、环保局、公安局、卫计局、城区四街道、经济开发区等联合开展市容环境秩序综合整治行动，重点整治城市不文明行为，治理中心城区“脏、乱、差”现象。执法人员向沿街商户挨家挨户发放相关通知，对个别经劝导拒不整改的经营户发放限期整改通知书，劝导呼吁各临街单位、商户杜绝跨门经营、乱停乱放行为，落实门前“四包”（包容貌、包卫生、包绿化、包秩序）责任，维护店门外周边环境秩序和卫生。综合整治行动在中心城区45平方千米内分江南片和江北片同时开展治理，采取全天不间断管控，针对城市管理热点难点问题、市民反响强烈的问题加强重点规范，治理一批沿街乱堆乱放、违法搭建、跨门经营、擅自设摊的典型，清理各类占道纸箱、广告牌、桌椅板凳和餐具等。

（市城管局）

国土资源管理

【概况】

2015年年末，全市耕地保有量3.94万公顷，划定永久基本农田3.70万公顷，完成粮食功能区建设0.18万公顷，全面超额完成省政府下达的耕地保护各项目标任务，在宁波市政府实施的年度考核中名列各县（市、区）第一位。

本年度全市共获各类建设用地计划指标259.93公顷。其中切块指标154.33公顷，统筹指标89.27公顷，小微企业、下山移民等专项指标16.33公顷。获省级规划预留指标42.33公顷。共上报办理农转用项目11批次，使用新增建设用地指标197.2公顷，其中占用耕地167.67公顷，使中意（宁波）生态园、浙江“千人计划”余姚产业园、浙江省客模小镇、舜宇光电小镇等重点项目和重点工程用地得到保障，基本满足中小企业发展用地和农村村民个人建房用地的合理需求。地产市场在市场低迷的情况下，通过开展推介和招商活动，公开出让土地59宗，出让面积90.73公顷，出让收入27亿元，居宁波市各县（市、区）年度土地出让收入第二位，为市财政提供大额可用资金，并带动固定资产投入和税收的增加。

开展农村土地综合整治，全年新增耕地301公顷，建设高标准农田1420公顷，建设占用耕地实施表土剥离再利用62.6公顷，农村土地综合整治批准立项8个，面积34.07公顷，超额完成省、宁波市下达的年度目标任务。表土剥离再利用工作经验被省政府办公厅批转，获副省长黄旭明批示肯定。

全年注销采矿权6宗，新设立2宗，办理延续1宗。截至年末，全市共有建筑用石料矿5家、矿泉水企业2家，收取采矿权出让金564.73万元。有1家企业通过生态环境整治分期验收，2家新设矿山企业完成创建方案编制并通过专家评审。全市14处废弃矿山治理工程中，已有11处完成治理任务，3处基本完成主体工程。

余姚市是浙江省、宁波市地质灾害防治重点县（市），全市已查明的地质灾害隐患点有94处，涉及11个乡镇、街道，受威胁群众1297人。年内编制印发《余姚市2015年度地质灾害防治方案》和《余姚市国土资源局2015年度台风暴雨期间地质灾害防灾救灾应急预案》，对《余姚市突发地质灾害应急预案》进行修编。完善市、镇、村、点四级群测群防网络体系，聘请59名村干部为监测责任人。年度完成地质灾害隐患点搬迁避让42处，解除受威胁群众178户，共583人，工程治理地质灾害隐患点18处，实现地质灾害“零伤亡”。

全年完成低效利用土地再开发93.95公顷，其中政府收储进入地产市场公开招拍挂70.67公顷，依法依规改变土地用途14.41公顷，临时改变使用功能并收取年租金8.2公顷，提高土地利用效率0.63公顷。全市消化批而未供土地162.79公顷，盘活存量土地67.63公顷。近5年平均供地率达73.44%，进入省、宁波市先进行列。

年内，全市21个乡镇、街道均完成地籍调查的地形测绘和权属调查工作，总面积269.54平方千米，并完成内业处理和地形入库工作，为实现全市数字化地籍奠定基础。全年办理国有土地使用权登记13359宗，面积771.33公顷；办理抵押登记1014宗，抵押金额190.07亿元。

全年地政执法监察巡查总里程16万余公里，发现并现场处置各类违法行为91起，其中违法用地69起，非法开采22起。处置违法开采68起，其中行政处置23起，收缴罚没款131.24万元，8宗违法开采案件移送公安机关，23人批准逮捕。查处违法用地案件521宗，面积78.87公顷，其中耕地43.26公顷，拆除违法建筑14.82万平方米，没收地上建筑物14.62万平方米，收缴罚没款1276.9万元，申请法院强制执行35件，24人受到党纪政纪处分。受理各类信访470件，其中来信（含上级交办）58件，来访41批58人次，来电（含市长电话）371件，信访总量下降18.19%，办结率100%，未出现重大群体访、越级访。

【《余姚市农村宅基地管理办法》制定实施】

经市政府常务会议审议通过，《余姚市农村宅基地管理办法》于1月12日印发，3月1日起执行。同以往市政府下发的有关农村宅基地管理的政策文件相比，此办法具有5个方面的亮点和突破。一是改革农民宅基地审批制度。按照“农户申请，村级审查，乡镇、街道审批，市管转用”的管理模式，市政府委托乡镇、街道负责审批辖区内村民建房用地，向市国土资源局备案，对辖区内农村宅基地管理负总责。二是公开农村宅基地审批程序，规定工作时限，提高办事效率，从制度上破解农民建房审批难、时间长的问题。三是对农民建房实行规划控制，城镇规划区内停止新建独立式住宅，城镇规划区外推行建设村民集中居住小区。四是解决土地利用总体规划对村民建房的制约问题，允许每年对乡镇、街道土地利用总体规划进行一次微调，保证村民建房用地指标能及时落地。五是突出村民自治管理农村宅基地中的重要作用。通过村规民约、民主协商等多种形式，发挥村委会和村民在农村宅基地管理中的积极性、主动性和创造性。

【余姚市第二次全国土地调查成果启动】

根据国务院《关于开展第二次全国土地调查的通知》和省政府《关于开展第二次全国土地调查的通知》精神，余姚市第二次土地调查于2008年4月正式启动，历时20个月完成调查任务，调查成果达到《第二次全国土地调查技术规程》要求。经第二次全国土地调查确认，截至2009年10月31日，全市共有耕地42173.38公顷，占总面积的29.53%；水田36252.59公顷，占25.39%；旱地5920.7公顷，占4.14%；园地4920.03公顷，占3.44%；林地51630.87公顷，占36.15%；城乡村和工矿用地20749.13公顷，占14.57%；交通运输用地3734.16公顷，占2.61%；水域及水利设施用地17576.29公顷，占12.31%；草地及其他土地2020.61公顷，占1.39%。人多地少，耕地后备资源不足，是余姚的基本市情。

【市不动产登记中心设立】

11月13日，市编委办发文批准设立余姚市不动产登记中心，是隶属市国土资源局管理的事业单位，类别确定为公益一类，机构规格相当于行政副科（局）级，所需经费由财政全额补助。其主要职责是受市国土资源局委托，承办各类不动产登记的受理、调查、审核、登簿、发证等相关工作。计划自2016年4月起，市不动产登记中心正式开始授理全市不动产登记发证工作。

【基层国土资源管理所实现全覆盖】

经市国土资源局、市编委办和相关乡镇、街道沟通协调，全市在已有江南、江北、马渚、低塘、朗霞、临山、丈亭、陆埠、梁弄、经济开发区国土资源管理所和泗门国土资源分局的基础上，新增设兰江、凤山、小曹娥、黄家埠、牟山、三七市、河姆渡、大隐、四明山、大岚、鹿亭11个乡镇、街道国土资源管理所，实现“一镇一所”全覆盖。10月前，全市完成新增基层国土资源管理所的授牌、挂牌和人员进驻工作，按照“有牌子、有职责、有印章、有场所、有人员”的“五有”要求，上岗履职。

【部分行政事业性收费取消、停征或免征】

自1月1日起，市国土资源部门根据上级要求，取消、停征和免征一批行政事业性收费，即取消征地管理费，暂停征收矿产资源勘查登记费、采矿登记费，免征小微企业（含个体工商户）土地登记费。

（市国土资源局）

杭甬铁路客运专线余姚段建设

【概况】

2015年，杭甬铁路客运专线余姚段征迁结算工作基本完成。经杭甬客专公司、省统征办、江苏审价公司数次多方对接，确认拆迁资金62593.918万元，已全部到位。征地资金104300768.23元，上交市级规税费73107817.3元。其次，高铁新城核心区块一期0.8平方千米征迁基本完成，二期1.2平方千米已完成集体土地上房屋拆迁签约595户，面积约18.53万平方米，拆除约17.4万平方米。国有土地上房屋拆迁签约14家，面积约6.5万平方米。铁路沿线居民反映比较强烈的噪音影响、排水不畅、遮阴减产等民生问题，继续向铁路部门沟通衔接。尤其是高铁噪音问题，分别联系宁波铁指和杭甬铁路公司，并会同宁波铁指等单位进行实地踏勘，以函件形式分别上报主管部门，要求铁路部门尽快完成环境噪音影响评估验收审核工作，提出针对性措施，维护沿线居民合法权益。

【高铁新城项目投融资】

年度杭甬铁路客专余姚段指挥部为解决融资项目缺乏、抵押物严重不足等困难，与银行、证券公司、投资公司等金融机构开展对接合作，筹措建设资金。全年共融资35.5亿元，用于还本付息、工程支付和征地拆迁。在保证资金使用的同时，设法降低融资成本，一方面是降低融资利息，5年期已基本控制在年息7%左右；另一方面减少资金积压，负债总额控制在市国资局的考核目标范围之内。

【高铁新城核心区基础设施建设】

年内，屯山公园建成并对外开放。着手舜宇东路、金盛北路南延工程、人工湖及周边景观绿化等项目的前期工作，开展项目的可行性研究和方案设计，并结合周边地块招商工作进行布局和调整。加快推进五星村、永丰村安置房建设，合计占地面积约13.1公顷，总建筑面积约27.8万平方米。截至年末，安置房建设已全部完成，其中永丰北苑703套，五星佳苑1026套。

【高铁新城商业广场招商】

上年6月，经多轮商业谈判，就北站综合体商业广场招商运营与宁波迪赛集团签订合作协议。本年度近10家餐饮购物店已营业，初步缓解北站客流用餐及购物需求，其余各业态的招商也正在推进。面对房地产形势整体低迷，而高铁新城地块地段较偏僻等现实问题，与开发商中信集团多次高层互访，中信集团也多次派专业设计团队到余姚实地调研，已初步形成城市控规方案。电商企业抠抠网也计划把区域支付结算中心和运营中心落户余姚，在高铁新城区域建设以总部商业、住宅、物流、电商产业园等业态为主的骨干网，业务覆盖华东三省一市。已与市政府签订项目投资合作协议，用地规模53.3公顷，总投资106亿元，其中一期投资约15亿元，相关建设方案正在完善中。

（杭甬铁路客运专线余姚段指挥部）

文化·旅游·传媒

文化事业

【概况】

2015年，市图书馆、市文化馆均通过国家一级馆复评。梁弄镇以及市公共文化服务中心的公共文化服务配送机制列入第二批宁波市公共文化示范区（项目）名单。马渚镇、河姆渡镇翁方村被分别推荐申报省文化强镇、省文化示范村。全市15个村（社区）完成村落（社区）文化宫提升改造，7个企业成功创建企业文化中心。完成创建省级体育先进单位54家，新建或改建篮球场50片，人均体育场地面积达1.76平方米，基本建成10分钟城乡体育健身圈。

围绕市第五届全民读书节、第二届百姓文化节和第二十一届四明山电影节，先后组织开展全市企业文化中心排舞精英赛、市民家庭阅读大展示、“五水共治，美丽余姚”征文比赛、示范乡镇街道图书分馆和示范农家书屋评选、青少年汉字听写比赛、四明阁欢乐大舞台“闹元宵、庆佳节”戏曲专场文艺演出、传统端午节暨杨梅节文化展示、中秋文艺晚会以及国庆戏曲7天乐等活动。组织参加宁波市第五届小品、小戏、曲艺会演创作比赛，曲艺节目《抗洪救灾唱余姚》、小品《选择》双双获奖。还组队参加宁波市农村文化礼堂在朗霞街道天华村欢乐大舞台举行的“村晚”演出和宁波市文广局举办的“五水共治”中小学生演讲比赛。全年赴海宁、三门、平湖开展文化“走亲”3次。市姚剧团、越剧团应邀赴上海、杭州、绍兴等地演出，还到诸暨、绍兴、温岭、余杭、上海等地开展营业性演出。

年度公共文化中心引进民间职业剧团评级考核制度，启动面对面静态文化服务配送工作，完成各类演出配送420场次。市文化馆外借场地43次，受惠群众500余人次。四明阁“天天演”演出308场，受惠群众近5万人次。组织开展周末课堂75期，免费展览18期。市图书馆共计接待读者近15万人次，个人外借图书近40万册次。市新华书店打造手机移动端书城，继续开展“汽车书店”流动售书和免费送书送讲座活动。推进人才队伍建设，先后举办全市广播电视安全播出业务、公共文化业务、农村文化礼堂和欢乐大舞台管理骨干、基层文化干部等各类培训班。开展全市优秀文化示范户评选活动，推荐申报宁波市优秀文化活动品牌和优秀基层业余团队，培育优秀基层文化队伍。

年内完成《国家历史文化名城申报》文本的撰写工作，启动拍摄制作申报宣传片，举办“相约5·18，相约临山卫——余姚市历史文化名城保护与传承系列活动启动仪式”和系列宣传活动。配合开展《余姚市历史文化名城保护规划》《府前路历史文化街区保护规划》《余姚市城乡规划管理规定》的修编工作。完成第一次全国可移动文物普查和浙江省古籍普查，输入可移动文物数据5617条，完成古籍普查8608册。新增文物藏品41件。完成省级以上文物保护单位保护范围和建设控制地带的划定，开展全国重点文物保护单位黄宗羲墓、大运河（余姚段）和田螺山遗址“四有”档案的修改和制作。完成前河头徐家、应家大屋、瓜爬亭、叶氏宗祠和茅氏宗祠等文保单位维修工程的验收。确定山王庙、祝江大桥、鸡山学堂和谏议坊等文物保护单位的维修方案。配合开展渡头山太阳城项目的考古勘探。继续开展田螺山遗址出土文物的整理工作，对40件出土木质文物进行冷冻脱水。完成朱舜水纪念堂陈列改造。

全年河姆渡遗址博物馆、余姚博物馆、王阳明故居等文物开放点共计接待游客95万人次。河姆渡遗址博物馆在省第二届博物馆免费开放最佳做法推介项目评选中获最佳未成年人教育奖，并与浙江大学人文学院文物与博物馆系签订教学实践基地合作协议。王阳明故居获“宁波市中小学生社会实践大课堂资源基地”称号。课程《七千工坊》《文博小课堂》入选宁波市中小学生社会实践大课堂首批优秀课程。市文保所在“薪火相传——宁波市青年文物保护技能大赛”中获团体银奖。组织策划黄宗羲逝世320周年纪念活动。举办《胜国

河姆渡遗址博物馆与浙江大学文物与博物馆学系合作签约仪式

宾师——朱舜水生平事迹》文本专家座谈会。承办田螺山遗址山茶属植物遗存研究成果论证会。举办“姚江文博讲坛”2期，以及“穿越七十万年——世界文化遗产：周口店北京人遗址文物特展”等临时展览20个。

年内，余姚盘纽制作技艺、余姚风筝制作技艺列入宁波市第四批非遗名录，一人戏班和朗霞豆浆制作技艺被列为2015年宁波市非遗“三位一体”保护综合体（示范体）创建达标项目，精武拳（械）技被列为示范项目。组队参加第六届中国余姚·河姆渡农业博览会、第三届阿拉非遗汇·宁波市庆祝第十个文化遗产日和第七届中国（浙江）非遗博览会等活动。国家级非遗传承人沈守良自传《我的姚剧生涯》正式出版，还组织举办姚剧代表性传承人收徒仪式。

政务服务网审批受理系统试运行，全年受理各类审批服务事项129件，按期办结率100%，群众满意率100%。新设文化经营单位102家。先后出动文化市场监督管理执法人员1086人次，检查各类文化经营单位2605家次，开展联合执法15次，查处案件22起，罚款66400元。市姚剧保护传承中心全年演出430场，演出收入454万元。市新华书店实现图书销售额6805万元，利润680万元。市全民健身中心实现营业收入430万元。

【市文保所列入第一批省级古籍修复站】

1月，省文化厅公布第一批省级古籍修复站，全省共有2家古籍修复中心和11个古籍修复站获批。文物系统成员单位中获批的唯余姚市文保所一家，其余均为图书馆系统成员单位。该所现有古籍总藏量近36000册，其中善本古籍藏量965册，清乾隆六十年（1795）以前的古籍约6400册，有独立的古籍库房专门用于存放。

【市文保所提前完成古籍普查采集和一审工作】

市文保所自2012年开始实施古籍普查，至2015年10月底，提前完成古籍普查采集和一审工作。共向全国古籍普查平台上传数据2496条，普查古籍3120部34009册。普查数据已全部通过市文保所一审，其中780条数据通过省古籍保护中心二审。普查成果显示，馆藏古籍中可确定版本时间最早的为《鲍氏国策十卷》[明嘉靖七年（1528）影宋刻本，2册]，《黄梨洲先生宋元学案元孙稺圭校补稿》《（乾隆）余姚志》《书瘾楼文稿》等12部古籍入选《浙江省珍贵古籍名录》。

【首次举办“阳明文化日”活动】

2015年10月31日，是王阳明诞辰543周年纪念日，余姚市首次举办“阳明文化日”活动。共安排包括阳明文化日礼贤仪典、王阳明遗墨特展、王阳明家训学研会、王阳明诗歌大型朗诵会、“知行合一，青春报国”演讲比赛、《王阳明的传奇人生》专题讲座、心学大师王阳明图书展、动画片《少年王阳明》展播、“王阳明的传说”故事会、“致良知与友人”微信大赛、阳明文化日纪实作品大赛等12项活动。市委、市政府决定，在每年10月31日开展“阳明文化日”系列活动。

【纪念黄宗羲逝世320周年学术讲座】

12月29日下午，余姚市纪念黄宗羲逝世320周年学术讲座在余姚博物馆报告厅举行，宁波大学教授徐定宝应邀作《黄宗羲的文化精神及其当代价值》主题报告。本次活动由市申报国家历史文化名城工作领导小组办公室、市文化广电新闻出版局主办，国际阳明学研究中心、市文物保护管理所、市历史文化名城研究会承办。徐定宝从黄宗羲文化精神的历史背景和黄宗羲文化精神内涵两大方面，系统介绍浙东文化的发展过程和历史地位、对黄宗羲文化产生的作用以及黄宗羲文化精神的核心价值和深远影响。

【余姚博物馆推出双休日免费讲解服务】

自3月14日起，余姚博物馆推出一天两次的定时免费全程讲解服务。具体讲解时间为10点至11点，14点至15点。讲解内容为余姚博物馆的基本陈列内容《烟水万人家——余姚古代文明展》。有意听取讲解的市民可与服务台工作人员联系，申请免费讲解服务。

（方其军）

文化产业

【概况】

2015年，全市有文化产业法人单位1700余家，其中规模（限额）以上91家，亿元以上龙头骨干文化企业10家，初步形成以大丰实业、阳明188文化创意园、文山创意广场等具有龙头带动效应的企业(园区)。全年文化产业实现增加值37.94万元，占全市GDP的4.52%。

【完善文化产业发展体系】

本年度编制《余姚市“十三五”文化产业发展规划（初稿)》，制定下发《关于推进余姚市文化产业发展有关政策的实施细则》，设立文化产业专项引导资金，加强文化产业政策扶持，促进全市文化产业在改革创新中加快发展。

【打造文化产业重点品牌】

开展文山创意广场、阳明188等文化产业园区建设的指导、协调、服务工作，引进和培育一批市场潜力大、创新能力强的成长型文化企业和知名文化企业。同时，打造大丰制造、绿城设计等一批具有较强综合实力、创新能力和重大影响力的骨干文化企业，形成龙头企业引领行业发展，带动文化产业整体发展的格局。

【文化产业宣传推介】

搭建文化招商和服务平台，举办文化产业项目对接会、交流会，通过宣传推介、组织参展、考察研修等途径，服务文化企业发展，打造“多方位、多层次、多渠道、多领域”的招商引资和产品推介新格局。

（市文产办）

旅　游

【概况】

从2015年3月起，市旅游局与市文化广电新闻出版（体育局）合署办公。年度旅游工作以建设文化旅游休闲胜地和新兴旅游目的地为目标，加快“一带四区”五大旅游功能板块建设，推进四明山区域运动、养生、创意、民宿等旅游新兴业态融合发展。把原先景区奖励仅对市外旅行社、住宿奖励仅对市内旅行社，调整为对景区、住宿奖励的全方位开放，实施并完善旅游企业开展智慧旅游项目建设等奖励补助政策及实施细则。整合全市节庆资源，将原先所有节庆合并为四明山旅游节和中国余姚杨梅节两大节庆。先后策划举办“羊年寻福到余姚”、中国余姚杨梅节、四明山旅游节等五大系列40余项节庆主题活动，成功举办四明山樱花红枫节、“神奇大岚”茶文化节、梁弄樱桃节、余姚杨梅节等农事节庆活动。全年接待国内外游客1011万人次，增长12%；实现旅游总收入92.6亿元，增长13%。继续开展“幸福家乡欢乐游”活动，参加市民超16.5万人次，还组织235人次的“小候鸟”第二故乡欢乐游以及特殊群体“一日游”活动。

【旅游项目建设】

本年度在建项目10个，总投资164.81亿元，完成投资额2.85亿元。其中已完工项目2个，包括投资6035万元的四明湖浮桥改造工程和总投资2000万元的香泉湾二期民宿项目。还先后完成民宿建设项目中的姚江源乡村客栈建设、四明山抗日根据地旧址群陈列布展提升工程，以及“唐诗之路”项目部分节点建设。四明山3个观景平台项目进入规划设计和招投标阶段，四明山地质公园创建国家级地质公园相关配套设施建设正在推进。上王岗古道和陆埠镇兰山村休闲广场项目计划于2016年初完工。牟山湖休闲度假区高速公路两侧600米范围段已基本完工。启动河姆渡遗址三期开发项目，推进鹿亭中村古村落旅游开发建设。完成旅游景点交通指引标识体系建设，启动河姆渡遗址旅游标识系统设计。新建改造厕所18座，已完工12座。完成全市A级景区最大承载量测算及核定。调查梳理古道8条。完成余姚旅游微信公众号的设计并启动运作。

【旅游招商引资】

本年度推出总投资约132.8亿元的旅游招商项目12个，推出民宿招商项目14个。重点开展凤凰山庄和天下玉苑招商工作，由市主要领导带队赴北京洽谈旅游投资项目，吸引投资商到余姚考察调研。其中，总投资6亿元的凤凰山庄开发为“太阳城”养老养生项目已签约，并完成项目注册，各项报批手续正在进行中。全年累计接待到余姚考察投资商十余批。四明山镇滑雪场、大隐勾践岭文化旅游区及民宿等项目招商进展顺利。

【旅游规划编制】

启动并完成《余姚市旅游业发展“十三五”规划》编制，启动余姚四明山第一高峰青虎湾岗旅游概念策划。牟山、临山、四明山等乡镇以及鹿亭乡白鹿村、河姆渡镇罗江村等正在规划编制中，均能采纳有关旅游发展的可行性建议。

【四明山生态旅游区建设】

完成《加快推进余姚四明山区域旅游发展实施细则（初稿）》。培育乡村旅游发展示范镇1个、示范村6个、特色民宿3处，打造精品旅游线路3条。推进四明山区域生态发展项目，包括羊额古道修缮二期、姚江源茶园观光基地、柿林村旅游停车场等建设工程项目，总投资约7000万元。召开“唐诗之路”余姚段旅游开发建设座谈会。启动四明山生态旅游区创建省级旅游度假区前期工作。

【乡村旅游】

制作完成《余姚农家乐乡村旅游指南》，组织农家乐业主参加各级各类培训。全年农家乐休闲旅游共接待游客438万人，增长22.68%；直接营业收入4.37亿元，增长20.05%。接待床位2674张，餐位20370个，分别增加473张和730个，直接从业人员4135人，增加287人。农家乐整体投资规模达40860万元，增加1030万元。九龙湾乡村庄园创建成为全国休闲农业示范点，推荐为中国乡村旅游模范户。香泉湾山庄创建成为全国休闲农业与乡村旅游四星级示范企业（园区），大岚柿林村被评为2015年中国最美乡村，宁波香泉湾创建为省中医药文化养生旅游示范基地，梁弄百果园评选为省首届果蔬采摘基地。旅游商品创意设计作品“杨梅瓷盘”获2015年省旅游商品大赛铜奖。

【旅游宣传营销】

电商合作平台从上年的2家增至5家。与新华网、人民网、浙江在线等知名网站进行线上合作，开发运行微信公众号。中国余姚杨梅节与南京、上海等地的微信大号进行合作。在上海正广和饮料瓶上打余姚旅游广告。开拓车载电视广告和上海小区户外灯箱平台。编印余姚旅游宣传四折页，制作余姚杨梅旅游推介PPT及余姚旅游形象宣传片。围绕高铁游、大桥游、山海游，开展旅游推介促销，加强与周边区域的合作。在继续巩固上海、宁波一级市场的基础上，拓展南京、苏州、无锡、杭嘉湖、金温台二级市场。成功撬动杭州市场，余姚成为西博会的分会场。规划一批不同季节的旅游线路，并适时推出捆绑产品。鼓励旅游企业抱团出击，抢占市场份额。

【23.16万人次游客羊年寻福到余姚】

2015年春节“黄金周”期间，市旅游局整合全市旅游资源，推出“羊年寻福到余姚”的新春旅游纳福活动，吸引各地游客纷至沓来。全市共接待游客23.16万人次，增长5.75%；旅游总收入2.14亿元，增长5.94%。

（陆　扬）

牟山湖旅游开发

【概况】

2015年，市牟山湖休闲度假区管委会按计划推进招商引资、规划编制、拆迁安置、基础配套等工作，全年累计投入开发建设资金3.41亿元，其中用于征地拆迁资金2.39亿元，用于道路、安置房等基础设施配套建设资金1.02亿元。

【基础配套建设】

本年度环湖大道一期（北）一标段杭甬高速两侧600米道路建成通车。还先后完成牟山湖东入口供水主干管建设工程、镇东路DN400管供水管道工程、镇东路综合通信管道工程、天然气、电力排管工程等配套设施。

【拆迁安置工程】

按照“拆一块，平一块，清一块”的分期节奏，砖瓦、大园2个自然村已基本拆迁完毕，牟山湖休闲度假区拆迁安置小区正有序建设。牟山湖安置小区计划总面积25.87公顷，在全市率先试行“限房价，竞地价”全面推向市场化运作模式。一期工程占地面积约5.53公顷，总投资约4.86亿元，已基本建成，二期工程也已开工建设。

（黄炳全）

四明山旅游开发

【概况】

2015年7月，余姚市四明山旅游开发建设办公室调整为由市文化广电新闻出版局（旅游局）管理，不再设置内设机构。全年区域旅游总人数291万人次，实现旅游收入10.5亿元，分别增长12%和13%。

本年度确定旅游招商项目9个，分别为四明山（东岗）森林休闲度假区、四窗岩风景旅游区、四明山国家森林公园经营权整体转让、红枫谷休闲度假区、四明山（蜻蜓岗）运动休闲基地、四明湖度假村整体转让和四明山“低八度”系列民宿等项目。其中，四明山镇滑雪场、大隐勾践岭文化旅游区及民宿等项目顺利招商。全年有在建旅游项目9个，其中已竣工的有浙东抗日根据地旧址群主要场馆提升改造工程、宁波市韵芝堂生态观光工程二期、锦谷园生态农庄二期、四明湖浮桥改造工程、姚江源乡村客栈、四明山地质公园入园1.2千米道路及悬岩村至地质公园健身步道等项目，尚在施工的有罗汉谷户外运动基地、鹿文化产业园、鹿鸣书院等项目。

开展《余姚市旅游业发展“十三五”规划》编制工作。启动余姚四明山第一高峰青虎湾岗旅游概念策划。对接鹿亭乡政府，确定重点农业休闲旅游发展项目，编制《茅岗山旅游区概念性规划》；对接四明山镇政府，确立梨州村民宿集聚村为年度重点改造提升项目，联合红树林策划公司编制《702民宿发展概念性规划》；协助宁波市旅游局编写《十大观景平台建设规划》；与裸心谷创建者合作编写《四丰村民宿规划》。修改起草完成《2016年余姚市民宿管理办法》。协助鹿亭香泉湾和大岚四明山书画院参加省十大民宿评选，指导梁弄福隆山庄、702度假山庄、锦谷园等民宿点开展建设。联合大岚镇政府举办’2015大岚民宿经济推进会。

樵苏园民宿

风光摄影集《影像四明山》获余姚市画册类外宣品一等奖。联合余姚人民广播电台策划制作四明山旅游整体宣传系列专题，联合梁弄百果园拍摄农业旅游微电影《美丽的邂逅》。开展四明山地质公园创建国家级地质公园的前期工作。指导羊额古道、燕窝古道创建休闲旅游基地。赴东北、上海、杭州、南昌、武汉、昆明等地参加旅行社推介会和旅交会。先后举办四明山旅游节、四明山红枫樱花节、大岚茶文化节、丹山赤水柿子节、梁弄樱桃节、百果园蓝莓节、做一天小小新四军、四明山帐篷音乐节、四明之巅七彩跑、环四明湖半马徒步赛等旅游节庆主题活动。协助宁波市旅游局、宁波轨道交通有限公司开展宁波地铁二号线四明山专列设计布展工作，协助宁波市旅游局

首届四明山帐篷音乐节

拍摄四明山旅游推介片。

【浙东小九寨沟景区成功创建国家AAA级景区】

1月，省旅游区（点）质量等级评定委员会正式发文，批准余姚浙东小九寨沟景区等24家景区为国家AAA级旅游景区。浙东小九寨沟景区是余姚市继四明山森林公园、浙东抗日根据地旧址群、四明山地质公园后第四家成功创建国家AAA级的景区。景区位于大隐镇芝林村，2014年接待游客15.5万人次。

【香泉湾养生旅游度假区正式开业】

经一年试营业，2015年5月9日，位于鹿亭乡上庄村深坑的香泉湾养生旅游度假区正式开业。度假区集餐饮、住宿、商务、休闲、养生、观光于一体，由浙江韵芝堂生物科技有限公司投资管理，工程占地面积约7万平方米，一期总投资6000万元，有各类主题客房100余个、大小会议室6个，建有山洞音乐酒吧、真人CS、军营夺宝奇兵等体验参与项目。

【浙东（四明山）抗日根据地旧址群提升改造完工】

2015年1月，市政府启动浙东（四明山）抗日根据地旧址群景区改造提升工程。总投资912万元，布展总面积2485平方米，主要涉及浙东行政公署与浙东抗日军政干校旧址、中共浙东区委旧址、浙东银行与新浙东报社旧址等展陈改造提升，新增新四军浙东游击纵队军史陈列馆展陈布展。工程于12月底竣工，2016年1月1日正式对外开放。

（张望望）

广播电视

【概况】

2015年，市广播电视台依托“践行核心价值观、做文明崇德余姚人”专栏，先后推出《黄宝康：厚厚笔记本浓浓为民情》《张炳富：小区里的“大管家”》《闻人美娣：把两个男人“一肩挑”》《公交司机昏迷前停车，力保乘客转危为安》《谢向杰：为爱心事业助“一臂之力”》《八中“园容护卫队”26年守护烈士陵园》等报道。全年广播新闻稿件在宁波电台新闻综合频道、浙江之声分别播出389条次和71条次，电视新闻稿件在宁波广电集团、浙江广电集团各频道分别播出769条次和356条次（其中宁波电视台新闻综合频道、浙江卫视分别播出468条次和88条次）。微广播剧作品《阳台上的灯光》获第四届中国微广播剧大赛金奖。《山高水长——严子陵》《心契苍生——黄宗羲》同获第24届浙江省电视“牡丹奖”电视纪录片一等奖。广播对农活动《田野零距离》获省广播电视对农节目政府奖一等奖。

截至年末，余姚人民广播电台公众微信平台拥有粉丝近10万人。实际安装数字电视约30.7万户，安装宽带用户数约1.6万户，基本视听维护费收入约6900万元，增值业务费收入约560万元。年度全系统经济创收1.5亿元，名列宁波市各县（市、区）前列。投入近250万元购置电视直播车，完成全市应急广播工程建设。新增建设750个治安监控点，投资300余万元完成丰山发射塔专用分路的维修。

【撤县设市三十周年系列报道】

年度余姚人民广播电台、余姚电视台统一制作宣传片头，报道余姚自1985年7月16日撤县设市后三十年间，在经济社会发展和民生事业建设各个方面取得的成效。注重报道形式与内容的创新，开设小专栏，既相互独立，又有机联系，形成强大的宣传声势。

【纪念抗日战争胜利七十周年宣传报道】

余姚是全国十九块抗日根据地之一。5月至9月，余姚人民广播电台、余姚电视台在“浙东抗战记忆”的总片头下，陆续推出《四明英烈》《浙东抗战记忆》《寻访抗战老兵》《历史上的今天》《余姚抗战大事记》《抗战歌曲大家唱》等专栏专题。主题报道时间跨度之长、开设专栏专题之多、发稿数量之密集，创余姚广电史之最。

【全民共建“美丽家园”专题宣传】

全民共建“美丽家园”是市委、市政府确定的今后三年重点工作之一。6月25日起，在余姚人民广播电台、余姚电视台新闻节目中开设《全民共建“美丽家园”》专栏专题，集中报道“美丽家园”建设动态、进展和阶段性成果，对全民共建“美丽家园”工作指导督查组指出的问题开展建设性舆论监督。同时挖掘各类先进典型，为全面推进全民共建“美丽家园”工作提供舆论支持。

【纪录片《心契苍生——黄宗羲》《山高水长——严子陵》同获省“牡丹奖”一等奖】

2月4日晚，在浙江电视台演播厅举办的“为浙江影视喝彩”文艺晚会上，浙江省第24届“牡丹奖”正式颁奖。由余姚市广播电视台拍摄制作的纪录片《心契苍生——黄宗羲》和《山高水长——严子陵》双双摘得县级纪录片一等奖。

（市广播电视台）

《余姚日报》

【概况】

2015年，余姚日报社撤并原新闻采编部室，成立新闻采集中心、新闻发布中心；整合经营、行政后勤人员，组建报业经营中心、后勤保障中心。先后建立《余姚日报》官方微信、《余姚日报》官方微博、指尖余姚客户端、余姚手机报等新的媒体平台，新媒体矩阵初成规模。重点发展电子商务，一方面利用市电子商务公共服务平台，联手相关职能部门，实施电商创业技能培训工程，以确保市政府的电商培训红利惠及群众。另一方面，结合报业转型工作，发展电子商务经济，通过浙江联尚电子商务有限公司，将余姚产品销往各地。市电商公共服务平台旗下以浙江联尚电子商务有限公司为龙头的电商创业群体，每天发货约1.5万单，年发货总单量超500万单，占全市电子商务发货总量的近1/8。同时，报社还发挥媒体优势，开展政府私募债券推广、“姚城购”商业促销等一系列经营工作，扩大增收渠道。9月，针对广告市场发展的特点，首批推出教育、汽车、影艺3个经营工作室，通过专业化服务手段扩大在行业中的影响，提高经营业绩。

【重大主题报道】

1月10日起，推出“行进余姚，精彩故事”走转改大型主题报道，每周2期，全年共推出报道100余篇。围绕市委、市政府重点工作，先后在第1版开设《适应新常态、谋求新作为》《拥抱互联网+》《助万企转型，促万众创新》《全民共建美丽家园》等主题专栏，全年推出报道300余篇。中共十八届五中全会召开后，又推出《学习贯彻十八届五中全会精神，加快建设美丽富裕幸福新余姚》专栏，共刊发报道60余篇。同时，配合全国文明城市创建、省平安县市创建等重点工作，集中推出相关报道，在一个阶段形成宣传强势。

【撤县设市三十周年纪念特刊】

7月16日，在余姚撤县设市三十周年纪念日，推出《余姚撤县设市三十周年纪念特刊》。共16个版面，通过“姚城荣誉”“余姚撤县设市三十年三十事”“掀开余姚发展新篇章”“四明大地展新颜”“幸福余姚：城乡居民乐享民生大礼包”“硕果累累三十年——数说变化”“日新月异三十年——图说变化”等专版专题，全面介绍三十年来余姚在经济、政治、文化、社会和生态文明建设中取得的成就。

【纪念抗日战争胜利七十周年系列报道】

自1月起，《余姚日报》第2版设《四明英烈》

专栏，每周介绍一名浙东抗日英烈的事迹。自5月6日始，联合市史志办推出《浙东抗战记忆》专版，每周三出版一个整版，共推出20期，至10月结束，全面系统地介绍浙东抗日根据地发展壮大历程、军事斗争情况，以及根据地政治、经济、文化建设等。同时，在余姚新闻网上开辟专题网页，组织“那些年那些事那些人”——浙东抗战英雄网上巡展。

（王　润）

采访抗战老战士王焕根

教育·科技·卫生·体育

教 育

【概况】

2015年，全市共有各级各类学校155所。其中，普通高中9所，职业高中7所（含姚江旅游学校和技工学校），初中31所，小学87所，特教学校1所，其他学校20所（教师进修学校、卫生进修学校、18所成校），幼儿园191所（公立幼儿园20所、民办幼儿园171所）。在校学生15万人左右，在编教师7500余人。

【实施教育民生实事工程】

重点工程建设。实验高中完成校舍结顶，开始室内外装修，室外附属工程已进场施工，已完成总投资的70%，约4.3亿元。姚江中学已完成基础工程，总占地3.44公顷，建筑面积2.3万平方米，设计规模30个班，总投资1.1亿元。丈亭镇三江小学、泗门二小、河姆渡镇小、马渚镇小建成并投入使用；小曹娥镇小等尚在建设中。

公办中心幼儿园建设。四明幼儿园南园及丈亭镇、凤山街道、梨洲街道中心幼儿园于秋季投入使用，实现乡镇（街道）公办园全覆盖的目标。完善普惠性民办幼儿园扶持和规范政策，引导扶持民办幼儿园提供普惠性服务。开展等级幼儿园复查迎检及准办园、规范办园的指导工作。出台《余姚市无证幼儿园整治工作方案》，通过分类处置、整改审批一批、停办取缔一批的方法，完成无证园整治工作。

标准化学校建设。全年通过省标准化学校10所，累计已通过108所（公办学校全部通过），通过率93.92%。

智慧校园建设。全市数字化校园达标学校100所，其中优秀级学校18所，达标率88.5%（民工学校除外）。在数字化校园的基础上，马渚镇小利用信息技术对学校进行全方位智能化管理，被列入宁波市“智慧教育”首批试点学校；子陵中学利用信息技术对课堂教学实施“三屏互动”，并代表宁波市唯一的初中学校参加5月的国际教育信息化应用展览活动。

完善社会救助体系。2014学年，全市帮困助学政策实现从学前教育到高等教育的全覆盖。全学年各类帮困助学资金支出共计9500余万元，其中直接补助5800万元，就地减免3700余万元；扩大营养餐范围，山区乡镇2200名学生全部吃上营养餐。

保障弱势群体受教育权利。2015年，外来务工人员随迁子女就读人数45258人，其中公办学校实际接纳35729人、民工学校接纳9529人，通过购买服务4511人。全市共组建8个教育共同体、30对结对帮扶学校，并在管理机制、教育教学一体化、人员流动、考核评价等方面开展探索。

特殊教育服务。依托市政府设立的每年100万元的特殊教育专项资金，推动实施《余姚市特殊教育三年行动计划（2014—2016年）》。2014学年已开始招收学前教育班，2015学年计划招收职高班。逐步完善随班就读和送教上门指导工作，实现教育服务范围向两端扩展和延伸。

美丽校园建设。升级改造食堂项目10个，总投资1467万元。A、B级食堂已达256家，达标率80.3%。完成全市118所义务段学校直饮水安装，总投资约600万元。完成8所中小学校塑胶跑道改造工程，总投资785万元，并要求各校制定相应的管理制度，按要求向社会开放校园体育设施。完成全市13所农村义务教育寄宿制学校的热水淋浴工程，总投资145万元。

【提高办学质量】

素质教育。义务段实施“轻负高质”，取消小学3年级以下各种形式的统测活动，推行学考新模式；开展送教下乡、教育共同体建设、结对帮扶及集团化办学。年度全市中考总分平均分继续保持宁波大市前三位，平均合格率在85%以上；中小学办学质量在教育部国家教学质量检测中处上游水平。已开发市级资源基地15家，推荐并确立宁波市级资源基地7家。保证学生每天一小时体育活动时间，92%以上的学生掌握至少2项体育技能，上半年向上级输送优秀体育苗子11人。泗门镇小《让教学自由灵动——小学美术“生成性”教学的实践研究》在宁波市第六届学校艺术教育教学成果评比中获一等奖。实验一小、实验二小、高风中学、东风小学等学校创作的艺术节目在宁波市各类艺术比赛中获多个一等奖。

德育工作。发挥乡土文化资源优势，使社会主义核心价值观与余姚历史文化、城市品格结合起来，引领学生深刻理解，努力践行社会主义核心价值观，此项典型做法在宁波市教育局社会主义核心价值观推进会上作交流发言。《基于地方文化的社会主义核心价值观的实践与研究》被立为省重点研究课题。小学、初中、高中段均开始《姚江》地方教材编写。姚北实验学校校长吴建岳在全省中小学育人工作座谈会上作题为“行为教育是比读书更重要的教育”的典型发言。

普通高中高考一本率创历史新高。全市一本上线839人，其中被“211”“985”大学录取255人。

现代职业教育。市职技校模具专业实训基地申报国家级基础能力实训基地，职教中心学校继续开展与国际示范校建设相关的各类配套建设。启动中等职业学校专业教学资源库建设项目、精品课建设项目的开发，继续推进校本教材的研发。全市入选宁波市级专业精品课程达10门，开发校本教材56本，正式出版24本。3月举行的宁波市师生技能大赛中，余姚市以66金83银114铜的成绩，创一等奖总数和奖牌总数的历史新纪录，跃居宁波市职业教育技能大赛奖牌榜榜首。在全国职业院校技能大赛中共获6金8银2铜的成绩。四职校作品在第十一届中国中小学优秀校园影视奖评选中获全国校园新闻类金奖，该校被评定为全国校园影视教育研究实验学校。推动中高职衔接的6项具体任务，有5所职校与高校建立合作关系，实施“3+2”、五年一贯制；市职技校加入浙工大、浙大模具专业协作联盟；市职教中心与宁职院合作引入德国工商联IHK证书培训项目。全市职校已与100余家企业签订长期合作协议，通过“企业工厂”“半工半读”等形式，增强学生专业技能，学生一次就业率达97%。高职考成绩稳居宁波市前列，有95名职高生升入本科院校。

完善终身教育体系。上半年共完成扫盲任务2780人、双证制1200余人，各类技能培训10000人次，培训总人数达到常住人口的5%以上。省成校标准化率达到100%，新增省示范社区教育学校

1所、宁波高标准成校2所。2014学年被评为省级社区教育示范区。

【提升师资水平】

教师招聘。2015年，共向重点院校招聘应届优秀毕业50人，向社会招聘150人。

校长、教师流动。落实省教育厅等四部门联合下发的《关于推进县（市、区）域内义务教育学校教师校长交流工作的指导意见》，完善局管校级领导的交流和调整。2014学年有189名普通教师、36名骨干教师参与交流（其中向民工子女学校派遣14名教育总监）。继续选派4名骨干教师赴新疆、西藏支教锻炼。

名优教师梯队建设。组织评选第七届名师10人，第四届市学科骨干教师250人，开展新一届名师、骨干教师跨校带徒和第二届市“三高”骨干教师研修班的培训工作。在年度教坛新秀评比中，12人获宁波市一等奖，4人被评为省教坛新秀。在优质课评比中，市二中教师金银姬代表浙江省参加全国思想政治学科比赛，获一等奖。马渚镇教辅室确立“一年合格，三年优秀，五年新秀，十年骨干”的青年教师培养阶梯目标。

师德师风建设。开展“师德师风建设年”活动，出台《关于进一步建立健全中小学（幼儿园）教师师德建设长效机制的意见》和《关于加强中小学（幼儿园）教师师德师风建设的实施方案》，建立健全师德建设八大机制。

【深化教育改革】

市教育评估中心成立。贯彻国务院《关于深入推进教育管办评分离，促进政府职能转变的若干意见》，于5月成立市教育评估中心。该中心由省内资深评估专家，各级各类学校（幼儿园）名校长、名园长、名师和督学100余人组成专家库，为宁波市各县（市、区）首家。

人才培养模式改革。出台《关于余姚市普高新高考方案的操作指导意见》，建立特长生升学和学校特色项目建设机制、普职融通机制和中高职一体化机制。根据学生学习实际，对国家课程适度进行校本化开发，增加选修课比重，加强知识拓展类和动手实践类教学，加快实施普通高中多样化发展计划，培养拔尖创新人才。此项探索性工作走在宁波市前列，得到宁波市教育局肯定和推广。

新课改工作。制定《余姚市深化义务教育课程改革推进方案》，有44所学校成为全市首批深化义务教育课程改革工作试点学校。市姚北实验学校校长吴建岳成为省深化义务教育课程改革巡讲团成员（宁波仅两名校长入选）。继续深化普高课改，创建特色示范高中2所，6个项目被评为宁波市创新项目。加强对职业教育精品课程建设、特色课程开设等项目的研究、规范，指导各职校参加中职精品课程建设项目申报工作。

【国际教育合作】

余姚中学成立国际教育中心，与国外著名高校、高中建立“教学共享、师生互访”的战略合作关系和姐妹学校关系，开展双方教师课堂教学视频共享、暑期优秀学子英美访学、外教进姚中校园等系列活动。职成教中心学校与德累斯顿工业大学开展IHK职业教育项目合作。东风小学、第一实验小学、第二实验小学、舜水中学、长安小学、阳明中学等也先后与国外学校结为姐妹学校，多次开展学术探讨和学生互访活动。6月，在实验学校举办中外中学校长高峰论坛。

（陈汉春）

科学技术

【概况】

2015年，全市新增省级重点企业研究院1家（伟立机械手省级重点企业研究院）、省级企业研究院1家（伟立机械手省级高新技术企业研究开发中心）、省级高新技术企业研发中心3家（朗迪空调风叶省级高新技术企业研究开发中心、伟立机械手省级高新技术企业研究开发中心、舜宇模具省级高新技术企业研究开发中心），新增宁波市企业研究院1家（宁波江丰超高纯溅射靶材研究院）。新认定余姚市级工程（技术）中心25家，全市累计拥有291家，其中省级38家，宁波级89家，余姚级164家。拥有省级重点企业研究院3家、省级企业研究院2家、宁波市级企业研究院8家。

全年有4个科技项目获省科学技术奖。其中，宁波江丰电子材料股份有限公司申报的“超大规模集成电路制造用溅靶材关键技术研究及产业化”项目获省技术发明一等奖；市农村水利管理处和宁波市农村水利管理处共同申报的“经济型喷滴灌技术开发与推广”项目、宁波舜宇光电信息有限公司申报的“闭环路控制的高精度低功耗自动对焦摄像模组”项目、宁波丰茂汽车零部件有限公司申报的“双层防渗透汽车管路系统的研发与产业化”项目获省科技进步三等奖。

年度全市专利申请量6816件，发明专利申请量2039件，增长27.40%；专利授权量4963件，发明专利授权量585件，增长125.9%。上级各类科技项目立项48项，其中国家级4项。对30个高层次人才创业项目进行专家评审、部门会审和审批工作，13家企业获扶持资金3290万元，6家企业获种子资金2800万元，1家企业获贷款贴息30.33万元，3家企业获种子资金贴息104.46万元。

【合作共建宁波市智能制造产业研究院】

5月，宁波、余姚两级政府与甘中学博士团队签订合作共建协议，成立宁波市智能制造产业研究院。7月，完成注册登记。8月，宁波和余姚两级政府第一期5000万元资金到位。截至年末，已完成机器人、工业4.0、3D打印和组合创新4个研究中心的架构组建，并确定今后两年的研究目标、方向和责任人，各中心团队正在招聘建立。12月，研究院召开第一届理事会第一次会议，通过章程和有关发展规划。已累计引进高层次团队12个，成立企业14家，其中10家运转正常，有4家企业已销售生产。

宁波市智能制造产业研究院签约仪式

【宁波市农业科学研究院余姚工作站授牌成立】

8月18日，宁波市农业科学研究院余姚工作站授牌成立仪式在余姚市中塑国际大厦举行。宁波市农科院与余姚市政府现场签署合作协议，以推进院、市双方在科技兴农、资源共享方面的工作，开展技术、项目、人才、信息交流与合作。

（市科技局）

医疗卫生

【概况】

2015年2月9日，根据《余姚市人民政府职能改变和机构改革方案》的文件精神，组建余姚市卫生和计划生育局，不再保留市卫生局、市人口和计划生育局。2月12日，市卫生和计划生育局正式挂牌。6月30日，根据市府办《余姚市卫生和计划生育局主要职责内设机构和人员编制的规定》，内设办公室、组织人事科、规划财务科、政策法规科（挂综合监督科牌子）、医政科教科（挂中医管理科牌子）、基层卫生与妇幼健康科、疾病预防控制科（挂卫生应急办牌子）、计划生育指导管理科（挂流动人口计划生育服务管理科牌子）、行政审批科。另外，市计划生育协会、市爱国卫生运动委员会办公室由市卫生和计划生育局代管。9月22日，市卫生和计划生育局在机构改革职责调整后正式办公。

年内，全市共有各级各类医疗卫生机构536家，核定床位2540张，有卫生技术人员5837人，其中医生2231人，注册护士2317人。按户籍人口统计，每千人口拥有床位3.5张、卫技人员6.78人、医生2.67人、护士2.77人。

全年医疗机构门急诊总量974.2万人次，增加4.1%；出院总量8.86万人次，减少2.6%；平均住院床日8.6天，与上年持平。全市平均期望寿命80.74岁，常住婴儿死亡率下降至2.73‰，户籍孕产妇死亡率为0/万，住院分娩率100%。

【公立医院改革】

市级医院门诊均次费用188.5元，增加2.8%；出院病人住院费用平均每人8164.5元，增长1.2%，医药费用不合理增长得到有效控制。市人民医院于10月中旬接受美国JCI总部的模拟评审。市二院于5月起正式实施PC项目，以体现“多劳多得”原则。市人民医院与台北医学大学附设医院建立合作关系，市第二人民医院与上海红房子医院达成学科合作意向。全市合作学科增加至19个，全年到余姚专家门诊服务4888人次，指导手术382台，开展新技术12项。市第三人民医院心身医学中心委托湖州市第三人民医院管理，市第四人民医院挂牌成为宁波市李惠利医院余姚分院。牵头起草《关于进一步鼓励和引导社会资本举办医疗机构的若干意见》，新办50张床位的老年护理院1家，1家150张床位的民营骨科专科医院获批筹建。有138名医师获准多点执业。

【基层医疗服务能力提升】

马渚中心卫生院等5家卫生院被国家卫生计生委评为2014—2015年度群众满意的乡镇卫生院。全市所有乡镇卫生院均创建成为宁波市数字化卫生院，有20家站（室）创建为宁波市甲级村卫生室（五星级社区卫生服务站）。开展全市基层医疗机构综合技能大比武，选派小曹娥镇卫生院代表队参加宁波市比赛，获团体二等奖。全市临床检验中心检验项目增至613个。市影像会诊中心服务覆盖全市26家乡镇级以上医疗单位，全年为乡镇卫生院提供服务约5万例。心电会诊中心服务覆盖网点有60余个，全年会诊病人600余例。共有73名市级医院医生在晋升中高级职称前，下派到基层医疗机构开展医疗服务。全年由基层医疗机构转诊至市级医院的病人2525人次，由市级医院转诊至基层医疗机构的病人17281人次，居宁波市各县（市、区）第一位。召开全市契约式家庭医生制服务工作推进会，21家社区卫生服务中心（乡镇卫生院）的家庭医生制服务机构实施率达到100%。

【医疗服务品质提升】

年度新增B超、中医两大质控中心。举办全系统护理技能竞赛。完成基药配送商的遴选工作，并开展新一轮公立医疗机构药品遴选工作，扩大基层医疗机构可使用配备的药物品种。出台《余姚市卫生和计划生育局关于做好家庭医生签约服务居民慢性病门诊主要药品配备使用工作的通知》，规定高血压、糖尿病、冠心病等慢性病门诊常用68种药品的一次处方用药量可根据病情需要适当放宽至不超2个月。完成新一轮检验试剂（耗材）的招标工作，预算金额7170万元，成交金额5269万元，节约资金1901万元，节约成本26.5%。全市市级医院、卫生院以及77%的村级医疗机构均能提供中医药服务，基本形成覆盖市、镇（街道）、村三级的中医药服务网络。有2名宁波级名中医开展传、帮、带工作，6名学员即将学满出师。推广中医适宜技术6项，培训人员约200人次，服务群众25836人次。市中医院获宁波市中医护理技能竞赛团体二等奖；组织开展“杏林传芳”中医药服务月、全系统首届中药识别大赛等系列活动。市人民医院客服中心开设微信人工多客服系统，每日提供12小时以上的在线咨询。市二院通过实行各楼层分层挂号、增设收费窗口、升级“医达通”自助挂号机等方法，缩短患者排队等候时间。市三院开通手机微信支付功能。经第三方测评，患者对医疗卫生工作的满意率为90.3%。

【医疗设施人才建设】

市二院迁建工程完成17层主体结构建设。市中医院迁建工程主体12层结构完工。市康复医院建成并投入运行。市精神卫生中心迁建工程落实选址，进入土地审批阶段。马渚中心卫生院公共卫生楼、大隐镇卫生院综合楼等新建工程顺利推进，鹿亭乡卫生院门诊楼改建工程、兰江街道四明社区卫生服务站新建工程等完工并投入使用。完成居民电子健康档案共享交换平台，以及市民健康管理门户WEB、社区医生区域预约挂号平台。“余姚医疗”手机APP软件已开放预约挂号、健康自诊、健康知识等七大版块。全年招聘专业技术人员169人，其中硕士及以上学历11人。在委托宁波大学定向培养的15名大专临床医生已分配到基层工作的基础上，委托温州医科大学定向培养本科农村社区医生10人。有1人被评为省医坛新秀培养对象，2人入选宁波市领军和拔尖人才工程第三层次培养人员。市卫生进修学校继续医学教育各类学生总数达1649人。对全市第二批医学重点学科进行终末验收，市人民医院消化内科等5个成绩优秀的学科直接进入下一轮重点学科建设；对8个基层特色学科进行第一年度考核评估。41名专家入选新建立的市医药卫生科技咨询和评审专家库；市中医院通过省级后备基地复评，市人民医院成为国家级后备基地。

【公共卫生工作】

本年度成功阻止H7N9疫情在市域内的发生，同时开展中东呼吸综合征、登革热等疫情的防控工作。市疾控中心获宁波市卫生计生系统疾控应急技能竞赛团体二等奖，全市21个乡镇（街道）均通过宁波市卫生应急示范乡镇（街道）考评。全年共报告甲、乙、丙类传染病18种10169例，年发病率748.72/10万人，无重大疫情暴发和流行。落实重大传染病“四免一关怀政策”，艾滋病病人治疗覆盖率100%。高血压和糖尿病病人规范化管理率分别为68.37%和67.55%。先后通过宁波市卫计委组织的消除疟疾、消除碘缺乏病暨重点地方病防治考核验收。全年基本公共卫生服务专项经费达60元每人，项目综合达标率94.1%。城乡居民规范化电子健康档案建档率90.6%，合格率90.5%。全市刚满周岁本地儿童、流动儿童“五苗”覆盖率分别达98.9%和98.2%，无各类接种差错事故发生。对全市9717名小学三年级学生进行窝沟封闭，封闭率99%。为110063名老年人开展体检工作，同时完善电子健康档案及健康评估工作，完成年度目标任务的102%。继续保持孕产妇零死亡的态势，5岁以下儿童和婴儿死亡率分别为2.73‰、1.61‰；婚检率达99.91%；产前筛查率98.34%，新生儿疾病筛查率、新生儿听力筛查率分别为99.67%、99.72%。待孕妇女叶酸服用率99.55%，叶酸服用依从率97.69%；农村孕产妇住院分娩补助率96.84%。全年检查妇女110370例，发现癌症病人41人。组织打击非法行医集中活动11次，取缔无证行医窝点40家（次），罚款35起，罚款额18.15万元，其中移送公安机关追究刑事责任7起。全市重性精神障碍患者规范服药率71.8%，规范管理率62.3%，无在管患者重大肇事肇祸事件发生。全年市急救中心出车14265次，接送病人11605人次。全市累计献血总量234.2万毫升，用血总量220.7万毫升，无输血安全事故发生。

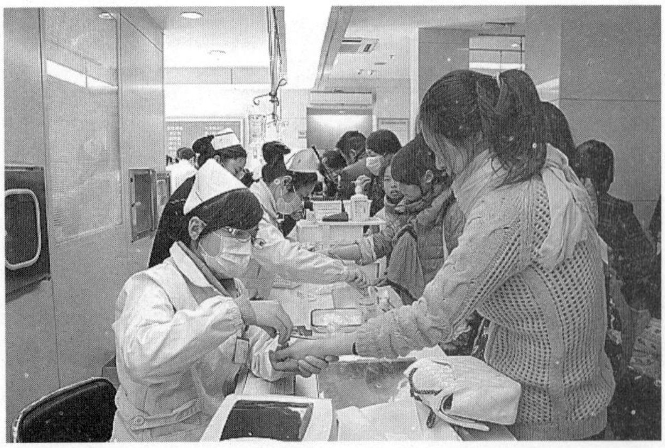

市二院输液中心一角

【余姚市已达到消除疟疾目标】

3月初，余姚市通过由宁波市卫生局、宁波市疾控中心联合开展的消除疟疾工作考核验收。考核组在检查后认为，余姚市开展疟疾防治工作扎实，资料保存完整，已连续6年未发生本地感染的疟疾病例。特别是2011年以后，通过实施消除疟疾行动，加强对疟疾防治人员的业务培训，进一步提高监测质量，有效提升病例发现和处置能力，疫情数据真实可信。对照国家卫生计生委下发的《消除疟疾考核评估方案（2014年版）》标准，余姚市已达到消除疟疾目标。

（市卫生计生局）

人口与计划生育

【出生人口性别比治理】

2015年，市卫生计生局与各乡镇、街道签订责任书，分解下达性别比治理任务。同时，与20个省市的110余个县(市、区)签订双向协作协议书，协同营造性别比治理高压态势。全年出生性别比为108.83。

【孕前优生健康检查】

年内，将优生检查目标人群目标任务数分解到各乡镇、街道，重点实施宣传引导、服务质量、检后随访3个环节，共完成检查8455例，完成率107%。

【计生依法行政】

实施“单独两孩”生育政策，批准再生育1760对。规范社会抚养费征收，实行征收案卷审查制度，全年共立违法生育案件307例，作征收决定236例，共征收社会抚养费569.4万元。发放各类奖扶费用4086万元。

【流动人口计生服务管理】

加强基础信息管理，建立健全流动人口出生情况月度分析制度和孕妇信息动态反馈制度，掌握流动人口生孕信息。组织各乡镇、街道对全市近20万名外来育龄妇女婚育证明持证情况进行清查，开展未办证人员补办督促及所有登记信息的核实完善工作。推进电子婚育证明试点工作，对各乡镇、街道所有外出成年育龄妇女进行全面排摸。

【计生协会品牌创建】

为全市314名60岁以上失独老人办理计生特殊家庭综合保险。在19个乡镇成立“温心家园工作室”，为78个特殊家庭提供“一对一”生活照料相关服务工作。组织开展以“生育关怀•真情服务”为主题的纪念活动，评选“十佳优秀会员”“十佳优秀志愿者”。开展生育关怀帮扶救助活动，共慰问392户家庭，发放慰问金15.61万元。开展青春健康教育，指导开展家庭发展项目，申报两家龙头企业为宁波市家庭发展项目。

（市卫生计生局）

体　育

【概况】

2015年，市体育局指导市直部门、单项协会等开展有届次的全民健身活动、各类杯赛300余次。承办首届“皇家管路杯”慈善搏击之夜暨中泰拳王争霸赛等国家级赛事4次、浙江省春季少儿业余围棋段位赛等省级赛事4次、宁波市第二届内家拳展示大赛暨第八届甬三角传统武术大赛等宁波级赛事8次。全民健身中心全年接待健身市民97.5万人次，获“2011—2014年度宁波市体育工作先进单位”称号。

全年开展企业工间操培训16站，培训人员1000余人。组织举办宁波排舞（广场舞）二级社会体育指导员培训班，承办2015年宁波市群体干部培训会，组织体育骨干参加省体育强镇复查培训、省首届生态运动会组织工作培训等各类培训十余次。

在世界轮椅和肢残人运动会上，余姚籍选手王益楠获1金1银2铜。组队参加全国第九届残疾人运动会暨第六届特殊奥林匹克运动会，获6金。组队参加宁波市第十七届运动会，大众部获7金4银6铜，老年部获4金5银7铜，青少年部获98.88金70.50银86.73铜。组织举办全市青少年九项竞赛。余姚武协在台湾’2015“台中杯”全球华人国际武术锦标赛中夺6金，鹿亭选手褚泽辉在’2015“群飞杯”婺州国际越野挑战赛中获56公里全程组冠军，恋舞堂队在宁波市月光操舞大赛中夺冠。

加强业余点传校建设和管理，向上输送优秀体育苗子16人，部分体育苗子已在国家级大赛中脱颖而出。伍佳惠在’2015国际帆联世界杯帆船赛青岛站中夺冠，位列国内奥运会选拔积分第一名。

庄水彬在2015年全国皮划艇（静水）春季冠军赛中获2金1银。闻人云涛在2015年美国跆拳道公开赛中获49千克级冠军。

贯彻落实《关于加快发展体育产业，促进体育消费的若干意见》，成立市体育产业联合会。引导民营资本投资体育健身产业，“创优体育中心”改造闲置废旧厂房，投入230万元建成占地3000平方米的健身场馆。鹿亭东岗山健身步道一期工程、香泉湾基地门球场建设工程、自行车赛道路面工程均已完工。投资2000万元的大岚镇大俞村半岭户外体育运动项目基本完工。全年体育彩票销售收入1.7亿元。

【全市人均体育场地面积1.57平方米】

1月，市体育局公布余姚市第六次全国体育场地普查数据。与2003年的第五次普查相比，全市人均体育场地面积从1.28平方米增加到1.57平方米，高于全国人均体育场地面积（1.46平方米），全市人均体育场地的用地面积达1.81平方米。

（方其军）

社会生活

人才人事

【概况】

2015年，浙江“千人计划”余姚产业园一园三基地规划建设进展顺利，投产、注册、签约或正在跟踪洽谈的海外高层次人才项目101个，其中已落户项目46个，投产14个。以科创中心为主体的孵化基地建成投用，已入驻科技型企业50余家，中试基地开发模式初步确定，产业化基地启动区块首批7个项目已完成主体建设。余姚市获2014年度宁波市人才工作金奖。

【高层次领军和拔尖人才培养】

全年有5人入选国家第十一批“千人计划”(创业人才4人、创新人才1人)，推荐申报2015年度国家、省“千人计划”及宁波市“3315计划”分别为8人、12人和14人；推荐申报2015年“国家百千万人才工程”1人，入选1人；推荐申报宁波市突出贡献专家4人，入选2人；推荐申报省人才工程第三层次人选6人，入选1人；申报宁波领军和拔尖人才工程第一、二、三层次人选30人，分别入选3人、6人和12人。推荐申报国家级博士后工作站3个，入选2个；申报省级博士后工作站2个，入选2个。推荐申报2015年中国留学人员回国创业启动支持计划和留学人员科技活动项目择优资助2人，入选1人；推荐申报宁波市优秀留学人才3人，入选1人。为20名海外工程师发放2014年度海外工程师年薪补助465万元，为28名海外工程师申请2015年海外工程师年薪补助，2人入选宁波市级优秀海外工程师。有4家企业技术创新团队入选宁波市级企业技术创新团队，全市累计有宁波市级企业技术创新团队12家，其中省级企业技术创新团队1家。开展第二轮第二批优秀中青年人才选拔，申报73人，入选27人。全年为企业办理外国专家来华工作许可28份，办理外国专家证40本，办理延期5本。

【人才多元化评价模式探索】

开展企业高技能自主评价体系建设，鼓励校企共建综合性高技能人才公共实训基地和培训基地，新增宁波市级技能大师工作室1家、企业技能人才评价标准化体系示范基地9家。全年完成技能人才自主评价试点企业361家，自主评价示范企业累计12家，培训企业培训师362人，完成宁波市下达的目标任务。组织农村劳动力培训10553人、高技能培训1152人、创业培训805人（其中大学生145人），分别完成目标任务的103%、105%和322%。

【人才服务】

新成立高层次人才创业创新服务联盟，设1个总窗、28个专窗，推行拟审批、联合验收模式，落实专人为高层次人才提供从洽谈引进到注册落户、创业创新到生产生活的全过程、全天候服务。元旦、春节期间，走访慰问十类专家225人，发放慰问费26.75万元。年度投放人才公寓60套（和园），累计已有200余套人才公寓投入使用。同时，帮助高层次人才解决在就医、家属就业、子女就学等方面的问题，切实解决他们的后顾之忧。

【技工教育】

本年度市技工学校招生118人，送宁波技师学院六年制大专技师班继续深造50人，安排就业实习生76人，毕业生就业率达到100%。同时，以市技工学校为主体，将市技工学校与市一职校整合，筹建市技师学院，预期每年可招生3500人，同时可面向社会进行2000人次以上的短期职业培训。

【2014年度行政事业人员考核】

继续推行公务员“双对”考核办法，实行“日志式”管理，强化平时考核力度，开展专项督查，基本实现考核对象全覆盖。全市参加2014年度行政事业人员考核共4221人，其中优秀等次749人，优秀比17.7%；事业人员参加考核13837人，其中优秀等次2077人，优秀比15.01%。根据考核情况，组织发放2014年度目标管理考核奖，并完成对614人记嘉奖、对116人记三等功的奖励工作。

【“阳光”考录】

执行人事编制调控规定，大幅度减少事业单位招聘人数，实现总量控制，落实公开选调和各项调配规定，促进基层干部队伍稳定、人员合理流动及编制合理使用。全年招考公务员86人，择优选聘5名选调生“村官”。招聘录用事业人员108人，其中从高校招聘优秀应届毕业生32人。协助教育、卫生系统进行人员招聘6次，招聘教师200人、医护人员168人。同时，规范机关事业单位编外用工行为，协助十余家单位完成30名编外用工的招聘工作。

【企业军转干部解困维稳工作】

按照上级文件精神，调整省定补贴、慰问金等各项经费与福利标准，改善广大企业军转干部的生活条件，落实中央和地方的有关解困政策，通过走访沟通，设法解决个别企业军转干部的实际困难。同时，完善健全各级管理网络，密切关注企业军转干部的思想动态，建立日常联席会议制度，制定维稳解困工作方案，重视企业军转干部的来信来访和矛盾化解工作，确保企业军转干部队伍的思想稳定。年内接收5名营级及以下转业干部，安置工作已完成。

【规范机关事业单位工资福利制度】

研究制定《完善机关事业单位工资制度实施办法》，完成离退休人员增加离退休费、机关事业单位工作人员基本工资标准预调和部分津贴补贴（绩效工资）冲销工作。落实农村特岗教师津贴、乡镇补贴、特殊教育教师津贴，完成精减退职、遗属补助标准调整工作。全年核准考核工资晋级16818人，职务变动、人员调动、浮转固等4500余人次，转正定级656人，新录用人员工资工龄核定538人，办理退休手续185人。联合有关部门推进公务员职务与职级并行制度实施工作，整治违规发放津贴补贴问题，规范津贴补贴管理，基本遏制各类违规问题。

（方月华）

社会保障

【概况】

2015年，市人社局妥善处理社保扩面征缴与扶持企业发展之间的关系，重点突破零参保企业及规模以下小企业和第三产业参保缴费工作。全年职工基本养老保险、城镇职工医保、失业保险、工伤保险和生育保险分别净增2.2万人、1.4万人、1.3万人、0.7万人和1.2万人，本市户籍人员参加养老保险（障）率达92.6%，完成指标任务的100.6%。

【社保扩面征缴】

以参保登记数据库为平台，开展本市户籍居民社会养老保险（障）信息登记工作，入户调查登记率和电脑录入率均达到100%。全市职工基本养老保险、职工医疗保险、失业保险、工伤保险、生育保险、城乡居保、被征地人员、城镇居民医保、新农合参保人员分别为66.2万人（含退休）、35.6万人、21.9万人、30.9万人、22.5万人、22.8万人、16.3万人、23.8万人和27.4万人。全年累计征缴各项社保基金57.5亿元，累计支付各项社保待遇42亿元，历年累计结余105.1亿元。全市参加养老保险事业单位270家，在职参保人数15906人，离退休人数7049人。全年征缴基金2.51亿元，发放待遇2.81亿元。贯彻落实《国务院关于机关事业单位工作人员养老保险制度改革的决定》，将机关事业单位在编工作人员及退休人员纳入参保范围。出台《余姚市建筑施工企业从业人员参加工伤保险暂行办法》，扩大工伤保险惠及面，参保建筑施工项目161个、企业从业人员10047人次。

【提高社会保障待遇】

根据上级有关文件精神，从2015年1月起，全市9.25万名符合条件的企业退休（职）人员人均月增资236.64元，人均月养老金2171.93元（含100元月贴），被征地人员养老保障待遇每档增资50元，城乡居民基本养老保险基础养老金标准由每人每月160元调整为180元，原制度套改待遇享受人员在此基础上每月再增发30元。春节前，向全市8.89万名企业退休（职）人员发放一次性补贴1500元；向13.35万名具有本市户籍年满60周岁及以上享受城乡居民基本养老保险基础养老金的城乡居民，每人发放春节慰问金500元，向7058名女55周岁以上60周岁以下的被征地养老保障、农民养老保障和城镇老年居民养老保障待遇享受人员，每人发放补贴300元，共计发放2.03亿元。推动被征地人员养老保障与职工基本养老保险的衔接，有4.8万名被征地人员转职工基本养老保险，其中享受待遇人数4.3万人，占全市被征地人员参加保障（险）总人数的29%。对符合条件的新上规模小微企业临时性下浮社会保险费缴费比例，共涉及221家企业、8430名参保人员，减征406万元。全年拨付工伤待遇4712人次、10514万元，拨付生育保险待遇3884人次、3610万元。

【完善医疗保障体系】

根据宁波市人社局信息一体化规划建设要求和计划安排，调整余姚市城镇职工医保、城镇居民医保基本政策和业务经办流程，235家医保“两定”机构完成宁波医保系统接入所有工作，实现职工医保和居民医保信息系统市级集中，医保信息系统纳入宁波市级管理。完善大病保险制度，使大病保险制度覆盖全市各类医保参保人员，15种特药费用纳入支付范围。相应提高新农合筹资标准和补偿标准，并实施重大疾病保险补偿。全年完成社保卡申领29万余张，社保卡持卡人数累计超76万人，完成宁波考核指标的103.6%。

【社保基金内控监督】

成立社会保险基金网上监管监督工作领导小组，健全社保基金阳光监管制度，加强现场监督与非现场监督，从征缴、支付、管理等方面对全市社会保险基金定期或不定期展开监督，利用社保基金监管软件，提高非现场监督能力。加强风险防范，规范工作程序，优化经办流程，重新梳理内控风险点，推行内部经办业务稽核。实施“阳光社保”，推广业务网上经办，打造“网上办事大厅”，推进“电子社保”。推行“柜员制”经办模式，提升完善经办管理服务体系，对内设机构的名称和职能进行重新规范和调整，按照“分工运作、分段操作、相互制衡”原则运行，让服务对象享受“一门受理、一站服务、一柜办结”服务。

【城镇职工医保支付疫苗范围扩大】

从1月1日起，职工医保个人账户历年结余资金支付疫苗品种在原支付肺炎、流感、乙肝和狂犬病4种疫苗范围基础上，增加脊髓灰质炎灭活疫苗（IPV）和水痘疫苗，供参保职工本人、近亲属或配偶使用。同时，职工医保个人账户历年结余资金支付职工近亲属或配偶疫苗费用的结算方式，由医保经办机构零星报销调整为在医院实时刷卡结算，并取消支付次数限制。就诊使用疫苗时应由职工的医保（社保）卡单独挂号并结算疫苗相关费用。

（方月华）

就业与劳动关系

【概况】

2015年，市人社局探索建立就业创业工作新机制，推进“大众创业、万众创新”，保持全市就业形势稳定。全年城镇新增就业人员23100人，城镇失业人员再就业5500人，其中困难人员再就业2100人，分别完成指标任务的100.4%、122.2%和105%，城镇登记失业率1.08%。

【引导推进农村电商发展】

成立农村电子商务促进创业带动就业工作领导小组，制订下发《余姚市促进农村电子商务创业就业工作推进计划》，确定政策引导、平台支持、人才保障、氛围营造4项助推举措；落实创业者社保补贴、创业带动就业岗位补贴、创业场租补贴、创业小额担保贷款及贴息等相关政策，支持劳动者从事农村电商创业，鼓励电商企业吸纳就业。针对不同群体实际需求，开展针对性培训，共举办培训班77期，培训4765人。发放自主创业人员小额担保贷款2050万元，完成指标任务的205%；建成覆盖全市所有乡镇村级（社区）电商服务网点180余个，扶持农村电商创业1100人。

【全民创业乐业增收行动】

2015年是全民创业乐业增收行动收官之年，继续通过优化创业环境、提升就业层次、提高培训质量等手段，确保完成三年目标任务。推进大学生创业引领计划，制定出台《关于进一步促进普通高等学校毕业生就业创业的意见》及实施细则，为大学生创业提供全方位、多层次的服务和扶持，新增大学生创业235人，完成目标任务的106.8%。建立劳务合作组织21个、来料加工基地5个，使山区片农户和全市低收入农户实现家门口就业。组织对22～30岁且2010—2014年在余姚市工商注册创业者的创业情况进行调查，提供有针对性的创业服务。全年新增创业实体12250家，创业带动就业73510人，均完成指标任务的100.4%，创业带动就业比例达1∶6，创业企业一年以上生存率87%。推进城乡公共就业服务均等化，提高公益性岗位进村率，开发公益性岗位1375个，完成指标任务的137.5%。

【“就业服务年”活动】

加强与外省市就业部门的联系，建立劳务对接机制、高校和企业信息对接机制，组织开展“订单式”招聘活动，帮助企业招聘员工特别是技术工人，化解结构性用工矛盾。提升公共就业服务水平，组织开展就业援助月、春风行动、“333”就业服务月等公共就业服务专项活动，为就业困难群体开展个性化的就业帮扶，全年共举办交流洽谈会142场，达成就业意向22043人。新增大中专毕业生实践（见习）基地8家，完成宁波下达目标任务的100%，共接收高校毕业生实习（见习）1270人，高校毕业生签订就业协议2301人。制定高校毕业生购房补贴优惠政策，受理资格认定申请524人，补贴款已由财税部门陆续发放。

【和谐劳动关系构建】

围绕“劳动关系源头治理”工作主线，树立“企业兴则经济兴、职工稳则社会稳”的理念，落实《关于进一步推进我市企业关爱职工、职工热爱企业活动的实施意见》，开展促“双爱”六项行动，确保规模以上企业“双爱”活动参与率达到100%。组织开展劳动关系和谐指数评价工作，根据宁波要求及时汇总上报有关数据和报表，并对20家企业劳动关系和谐指数进行现场测评，经测评，全市企业劳动合同签订率达98.99%。贯彻《宁波市企业工资集体协商条例》，推进企业工资集体协商制度，全年新签订企业工资集体合同470份，涉及职工75469人。规范劳务派遣行为，开展劳务派遣经营行政许可，同时根据《劳动派遣行政许可实施办法》要求，对已许可的9家单位进行年度报告核验，受理的11件劳务派遣许可申请均按时办结。

【劳动保障监察执法网格化平台建设】

对照“两网化”建设标准要求，制定《余姚市劳动保障监察网格化管理办法》。落实“一诉全查”制度，督促用人单位规范用工行为。全年组织开展清欠农民工工资、清理整顿人力资源市场、规范企业劳动用工行为、“百日维稳攻坚”等专项检查7次，共检查各类用人单位3577家，涉及职工13.7万人，清欠工资765.75万元，涉及职工692人。受理各类举报投诉案件530起，其中来信和有关部门转办件84件，结案率98.4%，接待群众来访5078人次。开展劳动用工信息采集工作，下达任务数24100家，已完成24172家，完成率105.9%，其中有A级单位10506家，占43.5%。

【劳动人事争议调解】

全年受理劳动争议案件1150件，上升3%，涉及劳动者1755人，结案1147件(其中调解665件)，结案率94%，调解率71%，为劳动者追回劳动报酬、工伤补偿款、经济补偿金等损失1831.7万元。一裁终局案件129件，结案率100%。健全绿色通道，对集体争议案件实行快立、快审、快调、快结，年度发生的18件集体争议案件（包括欠薪逃匿）均得到快速妥善解决。推进基层调解组织规范化建设，引导乡镇（街道）组建仲裁派出庭，构建劳动争议“大调解”格局，各基层调解组织立案2926件，涉及劳动者3625人，调解成功2516件，为职工追回劳动报酬、工伤补偿款等3959万元。

（方月华）

住房公积金管理

【概况】

2015年，全市归集住房公积金90453.02万元，提取住房公积金62585.98万元，发放住房公积金个人贷款64172.4万元，回收贷款24353.17万元，发放公转商贷212户、9214.4万元，实现增值收益6966万元，分别完成年度计划的105.18%、113.79%、106.95%、115.97%和136.59%。全年新增缴存单位96家，新增公积金缴存人数7285人，净增3014人。及时发现并处理公积金骗提事件3起。

【公转商贴息贷款启动】

面对资金流动性不足和贷款放缓的现象，启动住房公积金公转商贴息贷款工作。成立公转商贴息贷款业务工作领导小组，与业务承办银行进行沟通协调，研发公转商贴息贷款业务软件。制定出台《关于开展住房公积金个人住房贷款转商业性个人住房贴息贷款业务的实施方案》。组织50家房产开发公司和各住房公积金承办银行召开公转商贴息贷款工作说明会，具体部署落实住房公积金公转商贴息贷款工作，并在中心网站和电视、报刊等媒体刊登公告。公转商贴息贷款工作于9月15日正式启动。

【项目贷款试点工作完成】

按照保障房项目贷款试点工作的要求，开展贷后管理工作，整理完善台账资料，按期回收项目贷款本金和利息。4月和10月，分别接受住建部巡查组工作检查。截至11月，提前全部回收项目贷款本金1亿元，实现利息收入1048.07万元。

【住房公积金缴存基数调整】

自7月1日起，全市职工住房公积金月缴存基数下限调整为1650元，上限调整为26315元。业务办理时间为6月25日至7月5日，办理地点为宁波市住房公积金管理中心余姚分中心一楼营业大厅。新的缴存标准执行时间为2015年7月1日至2016年6月30日。

【住房公积金贷款额度提高】

自5月1日起，对按规定连续正常缴存住房公积金满2年、家庭无公积金贷款记录和商业住房贷款记录、购买家庭首套自住住房申请住房公积金贷款的缴存职工，提高住房公积金贷款额度。夫妻单方缴存住房公积金的，最高贷款额度提高至40万元；夫妻双方缴存住房公积金的，最高贷款额度提高至70万元。缴存职工家庭申请住房公积金贷款购买首套自住住房，商品房贷款首付款比例不低于20%，二手房贷款首付款比例不低于30%。缴存职工家庭拥有一套住房并已结清相应购房贷款（含住房公积金贷款和商业银行住房贷款），为改善居住条件再次申请住房公积金贷款购买第二套自住住房的，商品房贷款首付款比例不低于30%，二手房贷款首付款比例不低于40%。

【租房提取住房公积金新政实施】

自6月1日起，职工连续足额缴存住房公积金满3个月，本人、配偶及未成年子女在余姚市所属行政区域内均无自有住房，通过市场租赁自住住房，或承租公共租赁住房的，本人及配偶可申请提取各自住房公积金账户内的存储余额，用于支付房租。按照先租住后提取的原则，每年提取一次，提取时段为不超过提取办理月份之前的12个月。市场租赁自住住房的，职工个人可提取的月度限额最高为700元，家庭可提取的月度限额最高不超过1000元。

（杨　滑）

民政工作

【社会救助和社会福利】

城乡居民最低生活保障。全年新增低保对象238户、389人，注销低保对象624户、1181人。截至年末，全市共有低保对象7744人。11月1日起，上调城乡低保标准，由原每月588元上调至624元，全年支出低保资金4972万元。年内完成民政部社会救助低保模块校对工作，将所有低保对象在“阳光村务”电视平台进行长期公示。

医疗救助。全年救助患病困难群众约1920人次，支出医疗救助金1830万元。为79名大病致贫困难群众提供帮扶基金342.2万元。实施免费白内障复明手术35例。

助房助困助学助残。全年完成困难群众危旧房改造184户，超额完成市民生实事工程100户的任务要求。下拨困难群众子女助学补助金284.6万元，惠及396名大专、本科生。修订城乡困难群众临时救助制度，对临时救助的对象范围、救助标准、救助程序等作明确规定。全年临时救助资金财政预算安排320万元，人均3.86元。

救助机制建设。出台《关于贯彻落实〈社会救助暂行办法〉的实施意见》，建立以市政府分管领导为总召集人的市社会救助工作联席会议制度。推动乡镇（街道）加强社会救助服务窗口建设。新增临时救助和残疾人基本生活保障对象的信息数据，实现在册低保户、低保边缘户与残保对象三者之间的相互比对，全年共进行社会救助信息比对10724次，有332户（人）取消或减少救助资金，减少和取消救助金额103.5万元。完善居民家庭经济状况核对信息平台，将临时救助项目纳入核对范围，全市核对救助项目11项，实现“逢救必核”。

防灾减灾救灾。“灿鸿”台风期间，共紧急转移安置群众11329人，启用避灾安置场所396处。全市基本达到规范化要求的乡镇（街道）级避灾安置中心达52处，村（社区）避灾安置点276个。3个社区（村）获“全国综合减灾示范社区”称号，3个社区（村）获“浙江省综合减灾示范社区”称号。

养老事业。引进社会投资2800万元，完成阳明颐养院、鑫馨颐养院改扩建工程，新增床位533张，超额完成宁波民生实事工程500张床位建设目标。全市27家养老服务机构均参加政策性综合保险。新增区域性居家养老服务中心1家、居家养老服务站37家，实现居家养老服务全覆盖。开展以老年食堂为核心的40家居家养老服务照料中心的试点工作，为老年人提供无偿或低偿的就餐、送餐服务等日间照料。全市新增A级以上居家养老服务机构87家，其中AAA级机构1家。

【社区建设】

指导修订村规民约、社区公约。会同市政法委，指导全市265个行政村、37个社区全部完成村规民约、社区公约修订。

城乡社区建设。围绕城乡社区建设的“三公”（公共服务、公益服务、公共安全）、“三共”（共建、共享、共治）、“三同”（生活共同体、利益共同体和发展共同体）目标，引导社区之间互动、互学、互助、共建、共享。全市有95个社区（村）就减负增能、三社联动、多元共治、民主协商、物业自治、村民自治、农村社区建设等12个主题开展对口见学活动。

社会工作者队伍建设。按“能减则减、能并则并”和“一岗多能、一员多责，多网多岗合一、条块左右协同”原则予以整合，全年有40名原各类协管员经考试考核后，统一整合为社区专职工作人员。城区社区已有40%的社区专职工作者持有国家社会工作者职业水平证书。

【双拥优抚安置】

双拥工作。组织开展抗日战争胜利七十周年系列活动，举办9月30日烈士公祭仪式；为全市抗战老兵发放一次性生活补助和抗日战争胜利七十周年纪念章；组织抗战复员军人进行体检和医疗巡诊。继续组织重大节日走访慰问活动，开展军人、军属服务优待工作。开展省双拥模范城“四连冠”创建的准备工作。

优抚工作。全市共有各类优抚对象32979人，其中革命伤残人员325人，烈军属8940人，在乡复员军人260人，在乡退伍军人23306人，孤老优抚对象148人。年度各类优抚对象补助标准较上年有不同程度的提高，其中在乡残疾军人抚恤金和在乡复员军人定期补助金标准提高30%。为全市6500余名60周岁以上农村籍退役士兵审核发放老年生活补助金667.4万元。全年发放各类优待抚恤金1950万元。

安置工作。全年接收自主就业退役士兵336人，发放退役士兵一次性经济补助金1446.6万元，基础标准36922元。接收符合政府安排工作退役士兵10人，其中3人安置到事业单位，6人安置到国企，1人选择自主创业。有542名退役士兵报名参加驾驶、数控、电脑维修等技能培训，8人报名参加高职教育。

【民间组织管理】

社会组织登记和管理体制改革。推行公益慈善、社会福利、社会服务等四大类社会组织直接向民政部门申请登记机制，全年直接登记社会组织8家。改革审批制度，出台《关于调整余姚市社会团体登记管理制度有关问题的通知》，取消社会团体筹备审批和分支（代表）机构的审批。

构建社会组织综合监管体系。完成587家社会组织年检工作，对年检不合格者及时启动整改、撤销等程序，共撤销民办非企业7家。全年实际参评社会组织59家，有效期内参评的市级社会组织累计197家，评估率达41%，实现年度预定41%的目标。配合教育主管部门开展非法幼儿园查处工作，共检查社会组织42家。

推进社会组织参与社会管理服务。探索建立社会组织参与矛盾调解工作机制，扩展公益创投发展空间，拓宽社会资源向社会组织输送的渠道。先后组织“甬商杯”十佳公益项目评选、“奔跑吧！青春”市第一届创业青年慈善之夜、“福彩杯”首届市公益项目设计大赛等活动。

【地名管理】

组织全市第二次全国地名普查工作，在前期地名普查试点工作的基础上，年度重点开展地名普查的补查与资料更新工作。启动编纂《余姚市地名志》。推荐余姚市和梁弄镇分别作为千年古县、千年古镇参加省级地名文化遗产评审。完成第三轮界线联合检查。

【婚姻、收养登记】

全年办理结婚登记4299对，离婚1601对，补领结婚证、离婚证2231本，开具无婚姻登记记录证明7938份。办理收养71件。9月21日起，取消无婚姻登记记录证明。

【福利彩票事业】

全市福利彩票销售2亿6640万元，为国家筹集公益金8300万元，为市财政提供社会保障和社会福利资金2664万元。

【殡葬管理】

结合全市“四边三化”“两路两侧”专项整治工作部署，开展“三沿五区”乱埋乱葬排查和墓葬秩序专项整治工作。全年共治理“三沿五区”坟墓867座，依法平毁滥建坟墓128座。巩固提高惠民殡葬成果，保持基本殡仪服务、骨灰生态安葬服务补贴和骨灰撒海免费三项全覆盖，全年共减免费用436万元。

【钦寸水库移民安置】

完成第二批109名移民搬迁入住相关工作；继续推进第三批移民的建房工作，已完成建房269户。

【困难群众综合救助保险项目建立】

12月，由市民政局牵线协调，宁波太平洋慈善基金会出资150万元，建立困难群众综合救助保险项目。此项目由人保财险余姚支公司负责承办，计划在2016—2018年3年间，对全市困难群众因意外身故、意外残疾、中暑身故、食物中毒身故、意外医疗、意外住院、重大疾病首诊（含癌症）、疾病身故等情况，给予保险理赔补偿，惠及低保户、低保边缘户、“三老”人员等困难群众1.3万人。

（市民政局）

民族工作

【概况】

2015年，全市户籍少数民族人口4713人，涉及33个民族。流动少数民族人口89934人，涉及44个民族。穆斯林群体2600余人，主要分布在化纤、棉纺等劳动密集型企业。年内在6个少数民族流动人口相对集中的社区、企业、经营点开展社情民意监测，收集信息20余条，及时掌控基层动态。利用代表人士的自身优势，妥善处理涉及民族因素的矛盾纠纷10起。开展市民族联城北分会建设。加强与少数民族代表人士的联络联谊。

【少数民族流动人口服务管理】

以民族工作“五进”（进乡镇、街道，进学校，进企业，进社区，进农村）活动和“四微”（微组织、微窗口、微热线、微平台）工作为抓手，促进民族团结共建共享。先后在临山镇举办红五月文体活动；在梁弄镇开展同心志愿服务行动，为新疆库车县十三小学捐赠图书2800册；在梨洲小学、天华小学开展以“弘扬民族精神，繁荣校园文化”为主题的校园民族文化节；在华孚纺织、日樱电器企业设置民族文化室，开展流动少数民族员工的权益保障、服务管理等工作；在东溪村、大岚村建立文艺服务小分队，宣传民族文艺。

【落实少数民族政策】

2015年，为40名高考生和173名中考生办理加分审核手续，为32名困难少数民族考生争取宁波市民族教育专项助学资金。梁弄镇为20名少数民族妇女提供电子商务培训，开启创业之路。聘请3名专职律师作为法律顾问，为少数民族群众维权提供免费咨询服务。

【营造民族团结融合氛围】

开展以“民族团结一家亲，合力共筑余姚梦”为主题的系列活动，重点组织“民族团结摄影大赛”、少数民族“双十佳”评选、“民族团结一家亲”中秋文艺晚会、民族文艺下乡等活动。同时，继续通过“余姚民族之家”微信公众号和微博，宣传民族政策、民族知识和民族文艺，强化“四个认同”。

【少数民族团队建设】

通过举办培训学习、专题报告会、企业论坛等形式，提升少数民族代表人士的整体素质。引导少数民族人士参与社会服务、建言献策、文艺创作，提高自身素养，服务社会大众。指导市民族联完善会议、学习、活动、经费等制度，确保规范有序运作。市民族联名誉会长、维吾尔族作家帕蒂古丽创作的《百年血脉》入围参评2015年第九届茅盾文学奖，长篇小说《最后的库车王》列入中国作协重点作品扶持项目。

（陈　芳）

宗教事务

【概况】

2015年，市民宗局加强与公安国保、国家安全等部门的联系，及时防范处理“心灵法门”“法轮功”等非法势力的活动和渗透。同时，关注论坛、微信、微博等网络舆情，及时应对，确保宗教领域的安全稳定。年初，会同乡镇、街道与各宗教活动场所签订安全工作目标管理责任状，多次联合市安监局、公安国保大队、公安消防大队等部门对重点场所进行检查，对排查出的安全隐患提出限期整改。加强重点时段管控工作，确保基督教和天主教圣诞节、佛教场所春节烧头香、二月十九芦城庙会等活动的安全有序。会同相关部门及属地乡镇、街道，解决佛教居士林二期工程划拨土地的历史遗留问题，妥善处理东高寺、天福庵等矛盾纠纷，解决社会闲散人员借低塘白云寺算命看相、基督教二六市堂扰民和经济开发区穴湖村基督教私设聚会点等问题，维护社会和谐稳定。

协调相关部门帮助基督教城堂、梁弄堂办理土地、房产等权证，修复“三改一拆”涉宗专项工作背景下的宗教界与政府的关系，基督教城堂各项权证已全部取得。指导宗教界开展“爱国主义教育周”和“慈善公益周”活动，中秋节期间，东高寺组织人员为凤山街道环卫工人、敬老院老人、城管队员赠送爱心素月饼500份；市佛教协会捐资20万元与大岚镇、鹿亭乡结对，计划五年内资助山区100名白内障患者复明；开展宗教界兴办养老机构的有关调研工作。

【宗教工作队伍建设】

在完善镇村两级工作网络的基础上，定期召开专管员会议，交流部署宗教事务管理工作，发挥基层工作网络作用。落实市委、市政府关于“三治联动、五进场所”活动的实施方案，建立各级领导干部联系宗教活动场所和宗教界重点骨干人士的“四级联系”机制。3月底，组织全市民宗专管员进行政策法规和民间信仰场所管理系统操作培训。6月初，组织8个重点乡镇、街道的统战委员到宁波市委党校参加为期一周的政策法规和业务能力培训。9月中旬，在市社会主义学院举办一期宗教政策法规培训班，开设宗教道风建设、宗教政策法规、民间信仰政策解读、民间信仰场所登记编号工作辅导等课程，各乡镇民族宗教事务专管员、佛教活动场所负责人、市佛教协会理事以上成员等60余人参加。

【依法管理宗教事务】

本年度以“五个一”（成立一支宗教政策法规宣讲团、举办一期教职人员政策法规培训班、开展一次讲经说法活动、组织一次教职人员“学法守法大家谈”暨形象讨论活动、编订一本宗教政策法规宣传册）系列活动为抓手，开展宗教政策法规进场所活动。按照“保护合法、制止非法、遏制极端、抵御渗透、打击犯罪”原则，依法加强对宗教事务的管理。对照行政权力清单，规范宗教活动审批程序，要求活动举办方必须提前一个月提供详细的活动方案和安全工作预案。执行《浙江省宗教事务条例》第十八条的规定，办理邀请市外教职人员主持宗教活动的申请，活动举办方须提供双方宗教团体和宗教事务管理部门出具的意见，防范邪教和非法宗教的渗透。全年审批各类非通常性宗教活动16次。在充分征求各方意见的基础上，分别对基督教牟山堂主堂翻建、芦山寺大雄宝殿和天王殿原地翻建进行行政许可。此外，对佛光寺和马渚教堂申请延长筹建期限工作进行把关。在巩固专项整治工作成果的基础上，开展全市宗教场所具体情况的调查摸底和分门别类工作，全年整治违建场所13处。3月，组织各乡镇（街道）分管领导、宗教工作专管员和市直部门负责人，召开宗教管理法治化建设专题推进会，开展宗教法治化建设研究。

【民间信仰事务管理】

巩固上年民间信仰场所专项整治成果，本年度出台《余姚市加强民间信仰事务管理实施意见》，在建立健全日常联动巡查机制、主办部门首办责任制、联合执法机制、登记编号管理机制、责任追究考核机制等方面提出明确要求。完成民间信仰场所管理系统安装，及时掌握各民间信仰场所真实、准确、完整的数据信息，动态了解场所内活动开展情况和相关日常管理工作。开展违法滥建处置、安全隐患排查、人员教育培训等工作，完成首批50家民间信仰场所登记编号发证工作。

【《关于加强民间信仰事务管理的意见》出台】

5月11日，市委统战部出台《关于加强民间信仰事务管理的意见》，分指导思想、基本要求、主要任务、工作职责和组织实施五个部分。在明确加强民间信仰活动场所登记编号分类管理、推进场所管理组织和制度建设、落实场所安全工作责任、严格活动场所基建关、规范民间信仰活动开展、发挥民间信仰积极作用等方面管理任务的基础上，落实相关工作职责，即民间信仰活动场所的主体责任，乡镇（街道）、经济开发区属地管理责任和部门首办责任。

（钟冬发）

老龄工作

【概况】

从2011年4月起，全市实施高龄老人津贴制度，规定80周岁（含）至89周岁老人每人每月50元；90周岁(含)至99周岁老人每人每月100元；百岁老人每人每月300元。截至2015年年末，全市在册受惠高龄老人达3.1万人。已连续6年给60周岁以上老年人发放500元的春节慰问金。全年有936名家庭困难、高龄、空巢老人享受政府购买服务，4287户老年人家庭享受“一键通”电话服务，108名失能失智低保老人享受养老服务补贴。市老龄办被评为省老龄信息工作先进单位，泗门镇教学点被评为省老年电视大学省级示范教学点。阳明社区老年协会、白云社区老年协会等12个老年协会被评为宁波市优秀基层老年协会，黄家埠镇十六户村被评为宁波市首批“长寿村”，史美环、叶新敖两位老人被评为宁波市“最美老人”。

【完善社会养老保障体系】

全面实施城乡居民社会养老保险制度，参保人员达125249人。被征地人员养老保险转为基本养老保险，城乡居民基础养老金和参保人员待遇水平逐年提高。推进城乡统筹医疗保障体系建设，完善城镇职工、居民医疗保险制度和新型农村合作医疗制度，参保率在95%以上。建立大病救助与医疗救助相衔接的医疗救助体系，落实困难老人医疗救助政策，推行即时结报，实现“应救尽救”。城区老年居民健康教育普及率在95%以上，农村达90%。部分乡镇、街道对60岁以上老人实行两年一次的全免费体检，并建立健全老年人健康档案。

【社会养老服务体系建设】

全市已建区域性居家养老服务照料中心2家、居家养老服务站301家，居家养老服务实现全覆盖，受惠老年人14万人次，“鹿亭模式”“虚拟养老院”等居家养老模式受到上级肯定。全市有87个村（社区）开展以兴办老年食堂为核心的居家养老服务照料中心试点建设，根据宁波市等级评定要求，共评出AAA级照料中心1家、AA级照料中心35家、A级照料中心51家。年度先后建成泗门镇老年公寓、阳明颐养院、鑫馨怡养院等养老机构，升级改造三七市镇、大岚镇、兰江街道等乡镇、街道敬老院。累计引进民间资本4.5亿元，兴办民办养老机构9家，床位数3519张。

【丰富老年人精神文化生活】

全市共设老年电大及教学点249个，在校人数8045人，累计结业236038人次。发挥市文化服务中心、文化馆（站）的作用，培训老年文艺骨干，完善市、乡镇（街道）老年人体育组织网络，重视老年体育健身辅导站（点）和辅导员队伍建设，定期举办全市老年人文艺会演、老年体育运动会，参加体育健身的老年人达50000余人次。发挥老年人特别是老年党员在关心下一代中的示范和教育作用，开展老年志愿服务活动，全市共有银龄互助协会255个，老年志愿者9112人。

【维护老年人合法权益】

通过法律进社区、“送法下乡”等活动，宣传老年人权益保障法和优待政策，强化全社会维护老年人合法权益的法制意识，提高老年人的法律意识和维护正当权益的能力。修订《余姚市优待老年人办法》，拓展优待服务项目与范围，建立督查制度。开展老年人信访工作和涉老纠纷的调解工作，查处侵犯老年人合法权益的案件。全年老年法律援助中心共援助涉老案件40余件，接待来信来访200余次，办理老年优待证1.2万本。

（市老龄办）

街道·镇乡

凤山街道

【概况】

2015年，凤山街道完成财政总收入8.18亿元，增长8.3%。其中，一般公共预算收入4.29亿元，增长5%；村级集体经济收入6117.89万元，增长8.29%。50家规模以上工业企业实现产值49.9亿元、销售47.5亿元、利润2.05亿元，分别增长5.31%、6.8%和8.5%。全年实到外资2580.62万美元、内资3.19亿元，浙商创业创新实到资金5.75亿元，分别完成年度目标的103.22%、172.37%和319.66%。30家商贸规模企业完成销售88亿元，增长78%，完成商贸服务业投资17亿元。

全年完成“三改一拆”11.97万平方米，第一批7个省定“两路两侧”任务全部整改到位。在永丰村、东江社区试点推行居家养老服务，其中东江社区已对外开放，永丰村完成方案论证。推行“阳光征迁”“模拟拆迁”，全年完成拆迁114户，签约面积139822平方米，完成年度目标的120%，完成面积占全市总量的51%，签约户数和面积总量均位居全市第一。高铁新城核心区块一期（国有中山路以东）完成“清零”。

试点推行河道水岸一体化保洁机制，将河道水岸保洁统一交由环卫负责。以六大黑臭河整治为重点，启动断头河打通工程，投资480余万元的向东河九垒山铁路立交道口打通工程已正式开工。农村生活污水治理进入施工阶段，其中九垒山村主干管已提前完成，胜一村即将完工。“灿鸿”台风后，对区域内堤防地段进行再次排摸，重点对临江拍门进行维修。

建立由楼道倾听、楼栋收集、网格梳理、社区议事、街道调处组成的网格议事程序，在此基础上，在全市率先出台社区网格考核实施办法，使社区网格有效运转。完成组建阳光水岸、金声玉府等4个小区业委会，解决通达小区五金城的物业管理历史遗留问题。创新社区治理办法，先后形成东江社区“e”线工作法、酱园街社区“四常”工作法；完善社区干部“小挎包”工作法，解决小区居民碰到的小纠纷、小案件、小隐患、小问题、小需求等“五小”问题。

【自办电视节目《凤山新闻》开播】

5月13日，《凤山新闻》通过余姚电视台在凤山有线电视覆盖区域内播放，为凤山街道首档自办电视节目。每周三18:30首播，周五同一时段重播。每档时长10分钟左右，播出频道为0频道。

（凤山街道）

阳明街道

【概况】

2015年，阳明街道有常住人口123677人，其中户籍人口94840人。全年完成工农业总产值296.6亿元，增长5.7%；固定资产投入20.9亿元，增长11.3%；街道财政总收入16.86亿元，增长17.9%。实现合同外资6700万美元，实到外资3399万美元，引进内资5亿元，完成工业投资12亿元，增长35.8%。

全年规模以上工业企业实现产值204.5亿元、增加值44亿元、利润14.6亿元，投入技改资金11.7亿元，实施机器换人重点项目12项。新认定余姚级工程中心4家、宁波市创新型初创企业25家、国家高新技术企业3家，完成发明专利申请265件。完成企业“小升规”11家，产值超亿元企业23家，其中产值在10亿元以上的企业6家。舜宇集团销售突破百亿元，成为全市第一家百亿元企业，首次入围“中国500强”。限额以上商贸企业实现销售43.5亿元，增长6.7%，新增投资14.5亿元。电子商务销售突破20亿元，增长35%。

全年实现农业总产值6.3亿元，增长8%；农民人均收入21122元，增长15%。都市农业投入3526万元，完成16个灾后重建项目、366.67公顷粮食功能区、66.67公顷标准农田建设和210.67公顷地力提升项目。推广农村实用技术6项，开展机插、机收服务3000公顷。

全年累计征地50公顷，拆迁签约66户，面积3.24万平方米。投入1000余万元，新建总长4.2千米的农村网络公路3条。投资1300万元推进“农房两改”进程，方桥村、旗山村农民公寓基本完工，西街村、梁堰村完成主体工程，北辰雅苑安置小区完成分房446套。投入1677万元，完成10.4万平方米的老住宅小区改造，以及城区下水道安装、堤防加固和低洼地段工程。

全年拆除违建16.72万平方米，完成市下达任务的126.7%。加固江塘5000米，疏浚河道3000米，停关畜禽养殖场19家，提升整治达标养殖场10家，关停淘铜企业（作坊）201家。10个村开工建设农村生活污水治理工程，城区“污水纳管”工作完成目标任务的102%。提前完成省、宁波市定“两路两侧”和“四边三化”整治任务，共完成废品收购、马路市场整治194个。创建宁波市全面小康示范村1个、美丽村庄4个、美丽小区5个、美丽庭院1000余户、美丽单位3个、美丽公路1条。

开展“大众创业、万众创新”活动，举办培训、招聘服务13次，培训543人，推荐就业4228人。累计完成养老保险43687人、工伤保险50124人、失业保险37822人、生育保险36357人、医疗保险39500人。新增居家养老服务站6个，建成可容纳300人集中就餐的社区老年食堂1个。

投入500万元，完成富巷小学综合楼改造工程和舜水中学、长安小学等11项暑期维修工程，开展街道社区卫生服务中心的前期建设准备。全区域实行“市场化保洁”管理。全员人口出生男女性别比下降至108∶100。调处解决各类矛盾纠纷294起，调解成功率97%，化解各类信访423件，化解成功率98%。辖区内“两抢一盗”案件比前三年减少34.5%。

新制定乡规民约29个，创建省级民主法治村1个、宁波市级民主法治村6个，培育社会组织75家，发展志愿者8000余人。培育党建先进村3个，开展民主议事及志愿者活动3000余场次，解决群众难题58件。调整党支部9个，创建示范点5个。发布“阳光村务”信息2636条，审计7个村、2个社区、2所学校及街道总工会、机关工会，查出违规资金216.3万元。审查工程项目招标预算51个，节减招标预算价92.3万元。审查工程项目64个，核减工程资金836.22万元。查处党员干部违纪违规行为，立案13件，办结13件，开除党籍8人，严重警告2人，警告3人。

【阳明街道电子商务园建设】

阳明街道电子商务园总占地面积1.65公顷，总建筑面积21000平方米，于2014年9月开工。分电商、服务商两大功能区，建有创业创新、大学生创业加速两个培育基地，并辅有银行、餐厅等配套服务设施，开展政策资源对接、人力资源等专业创业服务。其中，一期工程投入1200万元，将11000平方米旧厂房改造为现代商务园区，至2015年末，均已招租完毕，有37家企业入驻，年度完成销售6.6亿元。

【华家山隧道通车】

1月21日，全市第一条正规的公路山体隧道——华家山隧道通车。华家山隧道位于阳明街道康山村一带，东接梁周线，西达余梁公路北延工程（梁周线至61省道段）。全长580米，双向6车道，总投资8000万元左右。华家山隧道通车后，使得城北与姚西之间的往来更加便捷，同时可降低梁周线的交通压力。

（黄士宏）

梨洲街道

【概况】

2015年，梨洲街道完成工业总产值145亿元。其中，69家规模以上企业完成总产值43.3亿元、销售41.7亿元、利润1.6亿元，产值和销售比上年稍有下降，但利润略有上升。全年完成科技经费投入1.25亿元，发明专利申请数17件，完成科技初创型企业10家、机器换人8家。完成工业投资8亿元，新开工项目28个，其中重点项目有同祺包装一期、振兴路北侧地块、梨洲路东侧地块等。开展“助万企转型、促万众创新”活动，共走访企业376家，收集企业发展难题49个，破解企业发展难题25个。全年实到内资1.88亿元，增长6.21%，完成年度考核指标的101.62%；实到外资2500万美元，增长6.3%，完成考核指标的100%。引进总部型企业2家；保利文化商业广场商业综合体一期项目动工；投资8000万元的黄箭山加油站投产运营；年销售1.5亿元的顺风物流项目落户，预计每年能产生税收500万元。

全年拆除违建18.6万平方米，完成年度任务的100.2%。木材市场地块及承租户完成拆迁“清零”，其中白山头国有二期55户拆迁户，总拆迁面积9278平方米；白山头周边世南东路南侧地块11户拆迁户，总拆迁面积9148平方米。完成下山移民二期工程安置工作，共有609户山区群众交付房款并得到安置。竹山村农民集中安置点通过工程验收，新墅村农民集中安置点完成主体结顶，姜家渡村农民集中安置点完成前期各项工作。开展三江口北小区、花园新村一期危旧房改造前期排摸、意见征求工作。

全年新增就业2000人，帮困就业260人，公益性岗位安置80个。调解各类劳动纠纷22起，涉及资金80余万元。先后完成梨洲小学投用、八中落户、实验小学拆分工作。改建古路头幼儿园，结束辖区无公办幼儿园的历史，并提前半年完成市政府下达的无证幼儿园整治工作。街道社区卫生第二服务中心投用，基本形成15分钟医疗圈。通过宁波市卫生街道复评及第四批宁波市卫生应急工作示范街道验收工作。

新安装监控探头329只，实现“天网”工程全覆盖。全年受理各类矛盾纠纷250起，调处成功率100%。受理本级和上级交办的信访件445件，化解积案、难案4件。先后选派5名年轻机关干部到村、社区挂职锻炼，选派7名青年干部担任农村工作指导员。调整4个村（社区）的干部8人，选拔后备干部12人。在前期完成9个村股改的基础上，启动11个村的股改工作，累计有18个村完成股改工作。新建街道便民服务中心，全年共投入343万元用于村级日常运转。开展不合格党员处置专项行动，共处置不合格党员5人。树立党员典型38人，13名党员事迹在市级以上媒体报道。深化阳光公开监管工程，完成送审工程项目95个，送审工程额1.6亿元，核减工程款1189.8万元。组织机关作风效能自查15次，立案查处违纪案件10件，办结10件。受理纪检信访件34件，办结率100%。

【城乡环境综合治理】

全年清除户外广告100余处，拆除乱搭建50余处，整治废品回收站17处，完成辖区内主要道路沿线、河道和山体等区域环境整治。对6只山塘实施闭塘工作，完成童家岙矿山、童湖第二采石场生态环境综合治理工程。梁辉水库右坝肩地质灾害点治理工程有序推进。完成辖区内两条黑臭河治理。在开展第一轮17家养殖场关停基础上，又关停畜禽养殖场10家。完成污水纳管发证63家，正在办证25家，可验收3家，剩余10家正抓紧施工中。完成黄明大溪和十五岙大溪提升改造工程，东片排涝二期工程中东大河开工建设，西大河基本完工，卧龙江工程即将开工，最良江加固工程开始前期政策处理。继金冠等山区片4个村完成提升改造后，又完成章雅山村庄整治工作。

【80后女孩韩春雷甘做古村守望者】

出生于1982年3月的韩春雷，大专毕业后最初在一家农庄担任办公室主任。2014年，在征得父母和丈夫同意后，自筹资金100万元，辞职回到海拔400多米、常住人口不足10人的家乡洪家祥村垦荒创业。在村党支部书记罗绍利的支持下，她挨家挨户与村民签订协议，承包20亩荒山，种植果树和铁皮石斛。2015年，又在当地著名的燕窝古道边建100余平方米的小木屋，免费供游客歇脚、观光。

（梨洲街道）

兰江街道

【概况】

2015年，兰江街道实现工业总产值147.4亿元，比上年增长8%。其中规模以上工业企业实现产值89亿元、利润总额3.7亿元，分别增长9.2%和10.8%。规模以上商贸企业销售收入25.2亿元，减少1.5%；完成市场成交额4.8亿元，与上年持平。全年合同利用外资6700万美元，实到外资3498万美元，分别增长11.7%和74.3%；实到宁波市外内资3亿元，增长62.2%；完成余姚市外内资3.6亿元，增长37.5%。全年完成固定资产投资13.6亿元，增长9%；实现工业投入6.6亿元，增长24%。完成财政总收入7.92亿元、公共预算收入3.89亿元，分别增长12.1%和3.2%；完成本级可用收入3.03亿元。

全街道村级集体经济资产总额6.14亿元，增长6.5%；农业收入2亿元，增长6%；农民人均纯收入21950元，增长11%。推进农村股份制改革，全面完成确权登记颁证工作。实施夏巷村20.87公顷的标准农田建设工程，已完成50%。新增插秧机、粮食烘干机等14台。开展粮食功能区规划调整及上图入库工作，共调整土地面积32.73公顷。

实施全市集体所有土地房屋征迁房票安置试点工作，完成拆迁签约88户，签约面积33200平方米。拆除违建11.2万平方米。完成杭甬高速公路傅家畈桥下穿道路、锦凤公路延伸段及黄甲巷路、世南西路延伸段等新建工程，四明西路延伸余梁公路至直江路段建设完成工程量的70%，兰凤路新建工程已开始前期准备工作。完成城区低洼地段排水系统改造和姚江流域7座泵站提升改造，实施谭家岭、磨刀桥低洼地段两座泵站新建工程。先后完成兰墅桥、丰杨河、郭相桥等村6200米的姚江堤防应急加固加高工程，城南干渠、石婆桥江一期加固加高工程，中山河、溪凤桥江等建成区主要河道堤防加固2900米。启动石婆桥江二期和夏巷村姚江堤防全段加固加高等工程。

年度通过国家级生态街道初审。完成工业企业和餐饮企业污水纳管38家，实施谭家岭村和磨刀桥村生活污水纳管和雨污水管道改造，启动郭相桥等4个村的农村生活污水治理。实施京安采石场废弃矿山生态治理，完成夏巷村史家桥江和横江河道清淤，以及冯村7座山塘清淤和3处地质灾害点治理，实施颜家江、史家庄河改造提升工程。拆除关停畜禽养殖场63家，全面完成12家养猪场“一场一策”生态化环境治理。投入近1000万元的专项资金，新安装治安视频监控探头180只，并组建142人的专职巡逻队和志愿队伍。取缔私屠滥宰点3个，查处食品无证生产经营等各类违法案件37起。

试点推行“三位一体”居民自治模式，培育创建5个物业管理样板小区，舜南社区创建成为全国综合减灾示范社区，四明社区成立全市首家“家庭医生服务工作室”。完成三凤桥村村级综合服务楼、下菱社区安居乐小区改造、康岭公墓“一站式”服务等工程建设和街道老年服务中心宿舍楼装修工程。启动姚江中学、冯村便民服务中心、街道卫生院扩建等项目。完成谭家岭村、四明社区文化礼堂和冯村欢乐大舞台建设。新建和维修健身路径50余条，创建成为省体育特色街道和省现代化体育街道。

【瓜飏亭修缮工程通过验收】

8月28日，市文广局、兰江街道办事处共同组织对瓜飏亭修缮工程进行竣工验收。瓜飏亭位于兰江街道谭家岭村谭家岭，原为余姚县城城门，抗日战争时期迁建于此，是余姚仅存的一座城门建筑，2014年9月公布为市级文物保护单位。修缮工程自3月9日至4月24日，历时45天，主要对瓜飏亭的部分结构按原貌进行修复加固，并增建挡土墙，修缮古道。

【黄杏珍、丁仁巨夫妻同迎百岁寿诞】

3月8日，磨刀桥村小庄新村的黄杏珍、丁仁巨夫妇双双迎来百岁生日，儿女们在磨刀桥村文化礼堂“寿宴厅”设宴祝寿。这对老人平时生活比较有规律，不抽烟，不喝酒，荤素合理搭配，虽年已百岁，仍思路清晰，手脚灵便。

（兰江街道）

百岁夫妻黄杏珍、丁仁巨

朗霞街道

【概况】

2015年，朗霞街道规模以上企业实现产值84亿元、销售收入74.6亿元、利润4.63亿元，分别增长10%、2.4%和59.8%。实现商品市场成交额35.2亿元，增长13%；规模以上商贸服务企业销售收入11亿元，增长21.4%。新增省级示范性专业合作社1家、各级家庭农场4家。模客小镇入围省第二批特色小镇。

在全市率先开展“美丽家园”建设，成立“洁序美—朗霞”志愿服务总队，开展河道保洁等志愿服务86次。与企业签订“凝心聚力，打造美丽工业园”责任书，落实企业门前“三包”责任制，规范企业标识标牌和路标路牌。7月，召开“美丽家园”建设推进会，制定“全民共建美丽家园，两深化四整治八创建”实施方案，对照市里标准找差距，开展“美丽村庄（小区）”“美丽庭院”“美丽单位”“美丽集镇”“美丽公路”创建工作。

制定完善“一河一策”治理方案，投入1100万元，以村为单位开展河道整治，年底前全部完工。开展养殖场生态化治理，拆除养殖场23家，总面积1.6万平方米；投入近亿元开展农村生活污水治理工程，有6个村已开工，受益农户6400户；投入325万元对辉桥江等11条河道进行河道生态原位修复，投入65万元对中心江等4条河道进行植物生态修复。按照“增量全面遏制、存量明显递减”的整治目标，全年拆除违建111处，计8.1万平方米。投入275万元，完成龙王堂村废弃山塘生态环境整治复绿工程，以及杭甬高铁朗霞段沿线1000米可视范围内绿化、美化工程。投入258万元，清理329国道沿线堆积杂物，完成329国道（裘皮城周围杨家村东侧段）立面改造。关停淘铜企业23家，淘汰黄标车274辆、高污染锅炉11个。成功创建省级生态街道。

全年发放各类临时救助金250人次、25万余元。核实退出城乡低保户8户、12人，新增5户、8人，对220户、367人次的城乡低保家庭发放低保救助金172.1万元。各类信访件调处率达100%，刑事案件发生数量下降19.6%。全年符合政策生育率为97.8%，出生人口性别比为107.8。举办第六届园区文化艺术节，累计开展公共文化配送18场。

全年街道党工委中心组开展集中学习17次，组织村书记培训8次、村班子学习5次。评选群众满意联村干部13人，选派13名年轻机关干部到村挂职锻炼。年度完成村届中考察，调整班子成员8人，4人入选市“三十佳”。大学生“村官”均为村党组织成员，新建“两新”组织党支部3个，创建市“两新”示范点4个。开展党员先锋指数考评和不合格党员处置行动，除名1人。完成财务审计9个、工程审计85个，总送审金额1亿4036万元，总审定金额1亿3354万元，核减681.42万元，核减率4.85%。

【杨家村建成裘皮文化馆】

1月初，位于朗霞街道杨家村文化礼堂内的裘皮文化馆对外开放。该馆由五个板块构成，分别是“不毛之地•传奇篇”“裘皮之都•筑梦篇”“集腋成裘·掌故篇”“缤纷之城·史诗篇”“摩登之源·时尚篇”，记录杨家村裘皮产业从无到有、从小到大、从低档到高端的发展历程，诠释裘皮文化的丰厚内涵。

【全省三地直播天华村“我们的村晚”】

2月11日晚，“2015我们的村晚”宁波市农村文化礼堂迎春晚会在天华村乡村大舞台上演，同时在杭州萧山、宁波余姚、温州乐清三地连线进行全省直播。余姚分会场晚会由宁波市农村文化礼堂建设工作领导小组、中共宁波市委宣传部、宁波市文广局、宁波广电集团联合主办，朗霞街道赵家村的少儿舞蹈《时针时针快快跑》等一批来自宁波各地的优秀节目在该次村晚向全省观众进行展演。

（朗霞街道）

低塘街道

【概况】

2015年，低塘街道实现工农业生产总值254.81亿元，其中工业总产值220亿元。完成全社会固定资产投资15.65亿元，一般公共预算收入2.4亿元，农民人均纯收入26904元。全年实到外资2340万美元，实到内资3亿元。制订物流业、姚北金属市场、电子商务等发展规划，第三产业实现产值31亿元，增长6%。新堰路商贸一条街核心框架基本形成。

全年战略性新兴产业产值19.1亿元，占规模以上工业产值的28.5%。有18家企业投入近1亿元实施“机器换人”。引进、培养各类高层次人才38人，“国千”专家江浩川、蔡茂林分别与明峰集团、亿普气动公司合作开展CT和PET探测器及ASIC电子系统项目等高端产业。申报国家级高新技术企业3家；申请各项专利324件，其中发明专利106件；规模以上企业累计投入科研经费1.9亿元，其中R&D经费1.17亿；有11家企业产学研合作金额超300万元。完成洞池湖小微企业集聚区控制性详规设计。

全年城镇登记失业率控制在3%以内，养老保险参保率92.5%，城乡居民大病医疗保险参保率97.8%。新增养老床位150张，服务老年人5000人以上。完成文保点敬爱堂修缮布展工作，实施舜耕小学田径场改造工程。开展安全生产培训，发现并整改隐患317条,无重特大安全生产事故发生。组建特勤中队，安装监控视频探头672只。发挥老娘舅工作室作用，纠纷调解成功率100%。

启动《市域总体规划》《土地利用总体规划》修编,开展《低塘街道道路专项规划》编制,完成《低塘街道发展规划研究》《洞池湖西侧地块控规》和姆湖、郑巷等6个村的村庄规划评审和论证。历石公路竣工通车，后堰路一期、辉桥江北路、新堰东路延伸、工一路等道路工程进展顺利；完成新洋公路东段改造工程的前期准备工作。中江及延伸段加固加高工程、断头河打通、宁波市级农田水利基本建设示范项目和小农水项目等农业设施建设有序推进。低塘、黄清堰、姆湖、汤家闸4个村的“农房两改”项目基本完工。整治后的大古塘江获市“最美生态治理河道”称号。实施329国道、环镇东路等污水管网建设，推进黄清堰、西郑巷和低塘3个村3150户农户的生活污水集中治理。改造新增绿化面积10公顷，实现梁周线、九房路、环镇东路等主要道路、河道绿化5.6千米。

【易维空间众创园区建设】

易维空间众创园区一期坐落于胜周公路以西、新堰路以南，面积7000余平方米，由街道委托浙江工业大学电子商务学院进行概念和营运管理设计。年度已有韩夫人、志高等25家电商销售团队入驻，总销售6亿元，全年发单200万件。在园区一期运作的基础上，又启动二期前期工作，主要用作创客创业孵化基地及社会生活服务中心，打造创业体验、生活服务、创客集聚为一体的综合性创客中心。同时，将建筑面积4.5万平方米的原节能环保创意园规划建设为跨境电商产业园，主要开展电商培训，拓展境内外电商业务；物流仓储区也已开始前期洽谈和对接工作。

【严氏宗祠修缮工程竣工】

1月初，位于黄清堰村的严氏宗祠修缮工程竣工。此次工程主要是将早年损毁的宗祠首进建筑在原址上进行恢复重建，并在祠内布置严子陵生平事迹陈列展。总投入200余万元，修缮后宗祠总面积近500平方米。

【低塘中心卫生院体检中心投入使用】

4月初，低塘中心卫生院体检中心正式完工并投入使用。该体检中心是低塘街道2014年度重点建设项目之一，总投资100万元，配置彩超、心电图仪、肺功能仪、纯音电测听室及其他一些必要的医疗设备。院方抽调临床、医技等十余名医务人员组建专业体检团队，专业从事各类健康体检服务。

（低塘街道）

泗门镇

【概况】

2015年，泗门镇实现地区生产总值807亿元，增长7.5%。完成财政总收入7.8亿元，公共财政预算收入3.47亿元。城镇居民可支配收入41000元，增长105；农村居民人均纯收入31506元，增长10.2%。合同外资7500美元，实到外资3072.42万美元，余姚市外实到内资6.6亿元，宁波市外内资5亿元，到位浙商创业创新资金4.5亿元。

全年规模以上工业完成产值128亿元、销售122亿元、利润5.3亿元，分别增长3.5%、3.6%和5.5%。投资1.2亿元完成“机器换人”项目15个，申请发明专利160件。完成“个转企”14家，新增规模以上企业11家。第三产业占GDP比重达24%，提高6.5个百分点。琴岛国际完成四星级酒店复评,振兴路菜市场通过“省放心菜市场”验收，嘉悦城商业项目启动实施，科创新城、商会大厦等现代服务业项目进展顺利。建成宁波级粮食生产功能区标准化农田66.67公顷，农业综合服务中心投用使用。成功创建宁波级绿色生态农业技术示范点1个、宁波示范家庭农场3家、宁波示范专业合作社2家，新增国家级示范合作社3家，宁波级农业龙头企业1家。

全年实施重大项目127个，其中完工93个，已开工项目9个。完成固定资产投资44亿元，增长10.7%，其中工业投资28亿元，增长10.2%。投资3.5亿元的丰轩仓储物流项目（一期）在宁波市重大项目市县联动集中开工活动中开工；总投资1.8亿元的全民健身中心工程（暂名四海公园）启动实施。丰轩仓储物流项目（二期）签订4.5亿元投资协议，三期项目8亿元意向投资同时签约。全年处置“供而未用”工业土地12公顷，消化“批而未供”工业土地16公顷。

投资5900万元实施“五水共治”年度十大任务，先后完成小流域水环境治理、湖心江砌石及沟渠疏浚等项目；关停拆除市、镇河道两岸39家畜禽养殖场并通过市级验收，完成禁养区及宜养区畜牧场生态治理，镇病死动物收集点建成并启用。谢家路等3个村创建成为宁波市水环境示范村。在建成区实施污水纳管“末端工程”，一期纳管项目已竣工，完成城中村纳户387户，企事业单位污水纳管验收52家。12个农村生活污水治理项目开工建设。完成谢家路村和小路下村余姚精品村先行村建设项目，湖北村完成省级森林村庄创建，大庙周村通过省美丽宜居示范村验收。22家村级卫生室完成标准化建设，其中4家通过宁波级验收。

围绕宜居宜业精品小城建设，完成208.13公顷规划空间指标布局，启动泗门商贸新城“海绵城市”试点工作。总投资6170万元，先后完成329复线绿化二期、汝湖路东段绿化提升、城区滨江路人行道建设、临周江沿河绿化带一期、背街巷弄改造等城市路网拓展项目。工业园区纬四路中段、西段、栖欧路等工程完成建设，35千伏阳朗线入地改造、商贸新城电力配套、城乡污水收集管网、城区污水纳管等管线工程先后完工，自来水、弱电、天然气等管网新建、改造项目完成年度建设任务。实施并完成人行道改造、十字路口减速带安装、市政污水泛网及泵站修缮等市政设施项目，农村网络公路、桥梁改扩建工程、振兴南路东蒲段及相公潭直路路西维修工程等项目完成年度任务。

俯瞰汝湖路

围绕生态建设，推动黄标车淘汰及淘铜行业、发绿发黑酸洗加工行业整治，完成高污染燃料锅炉淘汰改造工作第一阶段任务，16家企业完成改造。开展“无证无照经营”百日整治行动，引导办证办照649户，规范登记事项21户，限期整改52户，自行关停34户，依法取缔10户，立案查处7户，成为全市首个完成“无证无照经营”整治的乡镇（街道）。全年拆除违建12.08万平方米，超额完成年度任务。

全年举办各类职业技能培训12次，培训505人次。提供就业岗位9700余个，城镇新增就业1570人，帮助困难人员实现再就业108人，实现长期失业人员动态清零。户籍城乡居民养老保险参保率达94.6%。全年发放各类救助资金1839.6万元，受惠8219人次，23户困难家庭享受廉租房补助，累计发放补助10.4万元。全年募集慈善款299.63万元，发放慈善救助款225.32万元，受惠2876人次。实现宁波市“慈善村庄”全覆盖。

镇二小于9月开学，实现省标准化中小学校全覆盖。完成无证幼儿园整治。启动成之庄、周氏老洋楼等古迹修缮，状元楼、谢氏祠堂年接待游客5000余人次。市四院与宁波李惠利医院开展医疗合作，成为宁波李惠利医院余姚分院，22家村卫生室完成标准化建设。全年受理刑事案件950起，下降4.9%，盗窃案件756件，发案率下降3.5%。

【泗门镇老年公寓启用】

1月6日，泗门镇老年公寓正式落成启用。该公寓是集老年人休养、医疗、教育、娱乐、休闲为一体的开放型养老服务机构，由泗门镇人民政府投资9000余万元建成。公寓占地面积7500平方米，共设床位276张，是目前全市设施条件最完善的老年公寓。

【泗门镇成功创建宁波市首个公共文化示范区】

2015 年，泗门镇成功创建宁波市首个公共文化示范区。此前，泗门镇已先后投入 6280 万元建设文化艺术中心，修缮状元楼、谢氏宗祠，还投资 1.8 亿元启动城市客厅建设。按照“五个有”标准建设文化设施村落，实现村落文化宫全覆盖。十余年来，坚持打造以“汝湖春晓”“汝湖金秋”为代表的文化品牌，“元宵灯会”曾在中央电视台《焦点访谈》栏目作为新闻视点播出。出台《泗门镇文化建设专项经费补助政策》，镇财政每年安排文化活动预算经费 250 万元（不包括购置文化设备、人员经费等）、非物质文化遗产保护基金 10 万元，人均文化建设费用达 25 元。全镇有文艺协会 17 个，会员 901 人；拥有业余文艺团队 198 支；示范文化中心户 93 户，其中省级示范户 12 户。

【余上县办事处旧址揭牌】

4 月 9 日，余上县办事处旧址揭牌典礼在成之庄举行。成之庄始建于清康熙年间，重建于同治二年（1863），是目前浙东地区面积最大、保存最完整的清代庄园，具有重要的历史价值。1944 年 4 月上旬，浙东敌后临时行政委员会决定在 3 北地区建立 3 个县级抗日民主政权。当月 12 日，余上县办事处在泗门成之庄成立。

（谢纯尧）

马渚镇

【概况】

2015 年，马渚镇实现工业生产总值 235 亿元，增长 9%。财政收入 5.28 亿元，与上年持平，其中税收收入 5.09 亿元，增长 9%。实现固定资产投资 16.42 亿元，增长 18.2%，其中工业投资 12.24 亿元，增长 25%。规模以上工业企业科技经费投入 2.3 亿元，增长 7%；实现工业增加值 12.5 亿元，增长 4%。实到内资 2.1 亿元，浙商创业创新实到资金 1.83 亿元。开展“机器换人”项目 11 个，申报发明专利 71 件。有 22 家企业列入小微企业运行监测平台，其中 8 家企业成长为规模以上企业。出台《马渚镇加快电子商务发展的若干政策意见》，打造镇电商孵化园区平台，有 50 家规模以上企业开展电子商务，斗门村获评“中国淘宝村”。全镇规模以上企业万元增加值能耗下降 5.5%。

出台《马渚镇农业发展扶持实施意见》，完成 613.33 公顷的农业综合开发粮食生产功能区高标准农田建设项目。引进推广早稻中早 39、甬籼 15 系列等新品种，良种覆盖率在 95% 以上。培育现代农业经营主体，引导农业合作社由松散管理型向紧密实体型发展，政策性农业保险参保率达到 100%。

完成镇新区控规及重点区块城市设计，编制镇老城区控规及核心区城市设计，完成全佳桥村、开元村的村庄规划，启动斗门村、菁江渡村的村庄规划。调整土地利用规划，启动城镇总体规划、土地利用规划、环境功能区规划三规合一工作。旧城改造项目正式启动，一期区块内共计 70 户住宅，拆迁面积近 2.1 万平方米。推进高夹线大修 B 标段、过五线拓宽改造等基建项目，完成枫林堰道口、西山路人行道、文昌路延伸等道路区域性改造，贯通渚山南路断点。基本完成高夹线大修 B 标段、食禄桥江拓宽整治、长安西路延伸、农副产品批发市场、第三中心粮库、马渚法庭和镇中心幼儿园等市镇工程的征地拆迁工作。开元村通过宁波市小康示范村创建验收。

全镇 174 条河道实现“责任河长”全覆盖，其中贺墅江获市“最美生态治理河道”称号。企事业单位截污纳管 35 家，工业功能区东区（斗门、菁江渡）污水主干管网进展顺利。启动“美丽家园”创建工作，基本完成沿山村等 4 个村的“美丽村庄”创建、824 户的“美丽庭院”创建、61 省道（马渚段）的“美丽公路”创建，以及市精艺塑业有限公司的“美丽单位”创建。清理各类垃圾堆积物 1 万余吨，整理废弃地 2 万余平方米，基本实现农村“四无”目标。开展“四边三化”“两路两侧”专项整治，拆除高铁、61 省道、萧甬线、G92 高速等道路两边乱搭乱建171处。投资4000万元的文体中心及休闲广场投入运行，新建欢乐大舞台、村文化礼堂各2家。

【马渚镇文体中心投入使用】

马渚镇文体中心于2009年11月开工建造，2015年2月竣工。占地面积1.61公顷，建筑面积6583平方米，分主体建筑和室外广场两部分，总投资近8000万元。主体建筑设置影剧院、图书（电子）阅览室、羽毛球馆、乒乓球馆等场馆，其中影剧院设500余个座位；室外广场设置文化广场、地掷球场、健身路径等活动场地，可举办大型文体活动。

【马渚镇中心小学智慧型校园建设】

9月1日，总投资8000万元的马渚镇中心小学新校舍投入使用。其中在智能化建设方面投入近400万元，通过学校数据中心实现自动化管理，实现语音、网络、监控、广播等数据在网络运行中的最优化，成为全市唯一入围宁波市首批“智慧校园”的学校。学校布设有500余个信息点，数十个专业室内外AP将150兆无线网络覆盖全校，可同时为1500个客户端提供网络连接；117个全数字监控系统和红外周界防御系统的启用，奠定校园智能化安保的基础；数字直播系统、基于图像跟踪的全自动录播教室、遍布各教室的电子白板，为各类学习资源的选择、呈现和交互提供必要条件。

【马渚镇棚改区一期（拆迁工程）启动】

2015年，马渚镇利用国家棚户区改造的政策机遇，推进旧城改造和城镇更新。项目内容以房屋征迁为主，分三期实施，总体拆迁面积11.2万平方米，拆迁户数867户，同时建设安置房4.33万平方米以及幼儿园等配建项目，投资概算10.5亿元。2月28日，成立马渚镇棚户区一期改造项目指挥部，通过入户调查摸底，核实一期拆迁区块为70户，拆迁总面积20497.15平方米。至年末，已签约57户（39户社员户、18户居民户），签约面积17567.51平方米。

（朱娜嘉）

陆埠镇

【概况】

2015年，陆埠镇实现工业总产值130亿元，增长6.07%。农业总产值2.97亿元，增长3.8%。完成全社会固定资产投资7.6亿元，增长13.3%，其中工业投入3.3亿元，增长13.4%。财政收入3.3亿元，增长10%。农村居民人均纯收入1.6万元，增长14%。

全年新增亿元次上企业3家，实施“机器换人”8家，市迈悦净水器工程（技术）中心、余姚鑫星汽车锁工程（技术）中心被认定为市企业工程（技术）中心。小微企业集聚区新出让土地4.37公顷，引进企业2家。实到外资510万美元，实到内资1.0065亿元，浙商创业创新资金到位1亿0685万元。省级现代渔业园区通过验收，被列入浙江省第二批创新农作制度重点乡镇建设推进项目。完成规模以上商贸企业销售1.97亿元，商贸投资1.6万元，自营进出口额1.51亿美元，古乍线（江南村段）北首加油站即将完工。

宁波市“多规融合”改革试点工作完成纲要编制并通过评审，干溪、兰山2个村的村级规划通过评审。陆丈线一期（杭甬高速陆埠互通）房屋拆迁、管线迁移基本完成。实施禁河疏浚工程，完成陆埠大街排水管网疏通、路面修复和车站路路口改造。陆上线一期路灯安装工程完工亮灯，洛青坑道路改造工程建成通车，网络公路新建2条，续建6条，总长12.4千米。启动供水主管网提升工程，完成江南村段、上横路段、古乍线段供水主管网建设。完成裘岙、翁岙村庄整治提升和石门、杜徐岙宁波特色村建设项目，实施“一事一议”、土地整理项目各2个，孔岙、石门、沿溪、蒋岙4个村的农民饮用水保障提升工程完工。

投资400余万元进行河道清淤和生态河改造，镇村两级河道河长制公示牌、重点河道宣传警示牌实现全覆盖，兰山村西岙大溪被评选为市“群众身边最美河道”。启动陆埠大溪整治一期3标段房屋拆迁政策处理，关停拆除畜禽养殖场19家，整治5家。开展不锈钢冷墩、淘铜和酸洗法兰“三大行业”专项环境整治行动，对软管振抛实行高压管控，完成黄标车排摸236辆。投资1500万元，启动环卫所新建，成功创建2个省级、2个宁波级和1个余姚级卫生村，“三改一拆”拆违17.6万平方米。完成姚江沿线6个排涝泵站改造提升，开展基层防汛防台体系规范化建设并通过省考核验收。

全镇社会参保覆盖率达到应参保群体的92%，完成农村劳动力培训1010人，发放各类救助资金1236万元。完成镇第二小学教学楼及运动场塑胶跑道改造、洪山小学运动场塑胶跑道改造等工程建设。启动契约式家庭医生制服务签约。完成撞钟山红色主题公园展馆改造，袁马村成立全市首家村级文化礼堂理事会，启动文保点修缮4处。省“体育强镇”通过复评。开展畜禽屠宰（肉制品安全）专项整治，成功创建食品安全达标乡镇。

【新婚夫妻捐出25万元婚礼贺金】

叶苗杰先生和许薇薇女士于2015年元旦完婚，共收到25万元礼金。两人在婚前就商定，要把收到的礼金都捐出去。其中20万元捐给浙江消防公益基金会，1月20日在宁波海曙区公安消防支队举行捐赠仪式。这是该基金收到的第一笔民间捐款，将专门用于慰问浙江省见义勇为消防官兵及其家属。还有5万元捐给家乡官路沿村。

【袁马村成立全市首个村文化礼堂理事会】

12月28日，袁马村成立全市首个村文化礼堂理事会。理事会由村企业家、文艺积极分子、热心公益人士等组成，今后将通过开展具有主流价值、贴近当地实际、符合群众需求的群众性文体活动，实现提升村民素质、繁荣乡村文化、促进乡村和谐、打造精神家园的目标。

袁马村文化礼堂理事会成立

（马　震）

梁弄镇

【概况】

2015年，梁弄镇实现农村经济总收入48.25亿元，增长3.05%。其中，一产总收入1.82亿元，增长5.20%；二产总收入34.12亿元，增长1.10%，其中工业总产值28.58亿元，增长0.21%，建筑业产值5.54亿元，增长5.93%；三产总收入12.31亿元，增长8.55%。财政一般预算收入1.33亿元，增长14.58%；农民人均纯收入15540元，增长10.12%；固定资产投资6.73亿元，增长17.86%；完成余姚市外内资7022万元，实到外资200万美元，分别增长55.69%和300%。全年接待游客148万人次，旅游总收入1.68亿元，分别增长12.12%和15.06%。

获评宁波市示范性家庭农场1家、宁波市无公害基地5家，百果园被评为首批浙江省果蔬采摘旅游基地。利用四明湖现代农业示范园科技引领作用，成立首个宁波市樱桃专业技术协会。沁绿瀑布仙茗入选全国名特优新农产品，7家家庭农场完成农产品质量安全追溯体系建设。通过举办樱桃节、杨梅节、蓝莓节等水果采摘活动及环四明湖徒步大会等活动，逐步建立“全年可游农业”发展格局。尤其是樱桃节期间，全镇接待游客22.5万人次，旅游收入和樱桃销售收入合计超4000万元。全年完成工业投资1.34亿元，其中企业技改投入6864万元。百岁山食品饮料有限公司年销售突破2.3亿元，纳税4500万元，纳税额占全镇工业企业纳税总额的一半以上。健峰培训城正式营业，省委党校四明山分校部分投入使用，浙东抗日根据地旧址群景区完成改造。

镇农民多层公寓一期160套安置房已全部交付并陆续入住，二期320套安置房完成建设。东溪鼎绿加油站建成，湖东工业园区扩容、正蒙街口小型商业中心等项目开始前期政策处理工作。镇北路一期改造工程完工，浒溪线（湖东至高南段）拓宽改造工程投入使用，浒溪线荷梁线路口拓宽改造竣工，梁弄公交首末站完成建设，集镇环境改造提升工程、集镇自来水改造工程均按计划推进；完成横坎头、甘宣、东山等村的农村供水保障提升工程，被评为宁波市农村饮用水管理工作先进集体，获宁波市第四届水利“大禹杯”竞赛先进乡镇三等奖。投资900万元，完成梁冯、五桂、东山3个村的村庄整治提升工程。投入资金600余万元，完成主要道路沿线绿化改造提升工程、农村道路改造工程等项目。

污水收集四期项目完工，工业园区完成污水纳管20余家。全年拆除违建3.14万平方米。开展“四边三化”和“两路两侧”环境专项整治，在完成省定21处整治任务基础上，又超额完成67处整治。按照“村集镇收”模式，在全镇设立11个建筑垃圾转运点。全年完成森林抚育133.33公顷、生态修复13.67公顷，全镇森林覆盖率达72%，新增生态公益林1040公顷，被评为宁波市森林消防先进单位。

全镇169只视频监控探头覆盖所有自然村和重点场所。全年受理各类案件总数下降26.2%，累计排查整改各类隐患800余条。完成“十万学生饮食安全工程”三年计划；完成镇卫生院住院部及手术室改造。完成东溪、雅贤2个居家养老服务照料中心和后陈等6个居家养老服务站建设。通过发展电商等途径促进群众创业增收，全镇家庭人均年收入6000元以下贫困现象全面消除。被评为“全国文明镇”，并在全国精神文明建设工作表彰暨学雷锋志愿服务大会上作典型发言。

【梁弄镇与浙大共建思政实践教育基地】

2月4日，梁弄镇与浙江大学马克思主义学院在镇电教室举行思政实践教育基地建设启动仪式，签订共建思政实践教学基地协议书。副市级领导、梁弄镇党委书记严忠苗和浙江大学党委宣传部副部长李金林共同为基地揭牌。双方将围绕“中国特色社会主义在梁弄”这一主题，坚持“求真务实合作共赢”的原则，在优势互补、共同发展的基础上形成资源共享与互动，实现浙江大学马克思主义学院的优势资源与梁弄镇经济社会发展需求的充分对接。

【“爱在梁弄”同心志愿者服务队成立】

2月4日，“爱在梁弄”同心志愿者服务队成立。下设便民服务、关爱助老、教育指导、文化宣传、网络文明传播、技能培训、法律宣传援助、绿色环保、文艺服务、文明倡导10个分队，旨在动员社会各界人士加入志愿者队伍，弘扬“奉献、友爱、互助、进步”的志愿精神，参与便民服务、文明交通、洁净家园、敬老爱老、爱心帮扶等志愿服务活动。

（梁弄镇）

“爱在梁弄”同心志愿者服务队成立仪式

牟山镇

【概况】

2015年，牟山镇实现工农业生产总值60亿元，增长9%；完成全社会固定资产投资9.37亿元，增长29.8%；实现总收入2.41亿元，其中财政总收入2.35亿元，增长14.6%；农民人均纯收入22800元，增长10%。

全年实现工业总产值45.9亿元、销售42.7亿元、利润3.04亿元，分别增长7.5%、7.2%和8.1%。其中规模以上企业实现产、销、利分别为24.56亿元、22.01亿元、2亿元，分别增长8.39%、9.79%和11.8%。固定资产投资项目26个（含牟山湖管委会4个），累计完成投资额9.37亿元，增长29.8%，完成全年目标的109.3%。其中，工业投资项目18个，累计完成投资3.9亿元，增长29.2%，完成全年目标的121.8%，已有13个项目竣工并投产。完成余姚市外实到内资15609.3万元，宁波市外实到内资15609.3万元，浙商创业创新实到资金7424万元。松原汽配、庆昌镒万、凯达橡塑、展通电信等7家企业建成投产“机器换人”项目，其中宁波蜗牛锻造有限公司自动化改造项目被列入宁波市级“机器换人”专项。

全年实现农业生产总值6.6亿元，增长8%。水稻种植1121.64公顷，其中早稻480.10公顷。继续实施市第三批中央财政小型农田水利工程，受益面积500公顷，新建、改建灌溉泵站45座，新建、维修排水沟2680米，新建渠道9830米。举办第十届西山白杨梅欢乐游活动和第十一届牟山湖大闸蟹休闲节活动，牟山湖垂钓中心被评为全国休闲渔业示范基地，渔绿园渔庄和华馨园农庄被评为省级休闲渔业精品基地、宁波市特色农家乐示范基地。

投资1800万元，完成临牟公路二期项目建设，完成镇东路跨铁路立交工程等一批主干道路的扫尾工程。投入229万元，启动振中路建设工程，相继开展振华路、文体路、肖西路、镇东路两旁绿化种植和西连接线与S319省道交界绿化工程。初步实现以镇域总体规划、土地利用总体规划、环境功能区划“三规融合”的规划体系，完成牟山镇总体规划编制和青港中心村规划编制。配合市第二自来水公司完成3610米牟山至临山自来水干管和1500米运河沿路自来水管网铺设任务，启动振中路、滨江东路自来水管网建设。

牟山湖开发拆迁砖瓦区块签约279户，签约率96.89%，拆除面积4.95万平方米，拆除率95.19%；新大园区块签约108户，拆除面积2.66万平方米，实现拆迁“清零”。牟山湖休闲度假区安置房一期工程主体结构告竣，配套及绿化工程完成过半，累计完成投资4.1亿元，完成进度的89%；安置房二期工程建设即将实施。水环境整治二期工程一标段逐渡江生态河道整治工程被评为市“最美河道”，并成为全市唯一省级河道生态建设示范工程。投入290万元，完成新东吴村宁波级农村水环境整治工程。投入资金225万元，关停河道两岸畜禽养殖场8家，关停面积12500平方米。对1家养殖场进行生态化改造提升，并通过市级农林部门验收。投资400万元，完成张房至孙家、王剡作至新东吴村委、魏家村委至镇政府的污水管网建设。投入1250万元，实施牟山村后店、桥头

全市首条省级生态河道逐渡江

桥和新东吴村东吴、西吴等村庄农村生活污水治理工程，受益农户1303户。完成23家企事业单位的污水纳管改造任务。全年拆除违建42处，面积60884平方米，完成市政府下达任务的115.3%。完成杭甬客运专线、萧甬铁路、G92杭甬高速公路等两侧1000米可视范围和桥下空间内的5处省定重点环境问题；开展宁波市定S319省道两侧154处环境整治工作，已完成82处。

投入80万元，完成青港小学停车场新建、综合楼屋顶维修，第一幼儿园中庭膜结构安装。投入250万元，对镇校教学楼内外墙及运动场地进行改造提升，全镇新一轮校园改造完成。先后举办第二届“金牛出水·魅力牟山”文化节、第二届全民运动会、第三届“醉美牟山”摄影大赛。制定《牟山镇村庄环境卫生长效保洁工作考核制度》，镇村两级共投入100余万元购置洁卫设备。集中开展农村环境卫生大整治，累计投工4000余人次，投入资金130万元，共清除垃圾3000吨，疏浚河道17000米，治理脏乱道路39690平方米。投入300万元，新增社会视频监控140只；组建牟山镇特勤中队，与各村治安巡逻队实现24小时治安巡逻全覆盖。开展参保人员入户调查工作，累计调查1784人次。全年办理城乡居保1200人，失地转基本养老保险416人，累计为1799人发放失地农民参保补贴359.8万元。征缴新农合8124人，报销资金526.29万元。全年开展劳动力培训9期，培训460人次，完成培训目标任务的135%。成功调解工资纠纷12起，涉及金额58.8万元；其他纠纷7起，涉及金额27.5万元。完成基层便民服务中心规范化创建试点工作。发放低保救助资金74.25万元，医疗救助39户、52.59万元，市级困难救助51户、3.39万元，低保及低保边缘家庭助学8户、5.2万元，镇慈善、村帮扶基金困难救助418户、33.5万元。困难家庭危旧房改造31户，补助金额20.9万元；落实低保户及低保边缘户助房5户，补助金额4.8万元。优抚救助8户，发放救助金1.95万元。全年完成各类招标项目30个，交易金额1824.9万元，节减资金135.9万元，节减率7.4%。全年公开招标的项目达86.7%。连续四年被评为宁波市、余姚市双拥工作先进单位。

【牟山湖畔最后一家砖瓦厂拆除】

5月27日，始建于20世纪70年代，高55米，底部直径8米的湖山村砖瓦厂烟囱被成功爆破拆除。砖瓦企业是牟山镇的传统企业，最多时，全镇共有13家砖瓦厂，为牟山的经济发展做出一定的贡献。但随着经济社会发展，传统的黏土砖瓦行业因存在生产工艺落后、土地资源消耗大、效益低等问题。从2005年起，牟山镇开始陆续关停、拆除砖瓦厂。

（牟山镇）

丈亭镇

【概况】

2015年，丈亭镇实现工农业总产值140.96亿元，其中工业总产值137.16亿元、农业总产值3.8亿元。公共财政预算收入3.43亿元，农民人均纯收入20617元。

全年规模以上企业完成总产值55.2亿元、利润3亿元，均与上年基本持平。实到外资1320万美元，协议外资5730万美元，宁波市外实到内资1.45亿元，余姚市外实到内资1.8亿元。完成固定资产投资11.98亿元，其中工业投资9.49亿元。实施工业投资项目28个，完成投资9.5亿元，其中工业投资9.49亿元。新增高新技术企业1家、余姚市级工程技术中心2家。全年实现浙商创业创新总额1.32亿元，完成市指标的219.23%。全年商贸规模企业销售3.5亿元，增长16.7%；新增商贸企业投资额1.38亿元，增长4.5%。

总投资600万元的宁波市农业综合开发粮食生产功能区高标准农田提升工程成功招标，293.33公顷的粮食生产功能区整体提升工程启动。总投资6500万元的三大浦塘建设工程基本建成，潺子浦、马家浦、朱家浦分别完成总工程量的90%、95%和

抗击“灿鸿”台风

80%。投资771万元的上钱家埠河、沙江头河两条断头河打通工程基本完成。总投资6498万元的集镇段姚江除险加固工程一期工程即将施工，二期工程方案上报国家文保部门得到初步批复，已开始考古勘探、工程设计方案修改等前期工作。完成梅湾、觉林寺、草籽岗等山塘水库排涝站改造建设。精选40家杨梅观光园，与长三角旅行社、腾讯、同程网等游客源进行对接。

汇头东吞高铁安置地块室外工程、人和路鲻山路路灯工程等项目竣工；完成凤东桥、柯家下穿立交、人和路污水管路面恢复工程的最终审计结算；完成有关网络公路申报及农村网络公路养护工程；组织实施台商桥、上市桥和油车桥建设，其中台商桥和上市桥主体工程已完工；完成长乐路至下齐塔公铁立交公路的挡墙砌筑工程，以及人和西路道路改造工程主体工程建设。

梅溪村成功创建宁波市级精品特色村。实施高铁沿线土地综合整治和凤东土地综合整治项目，新增有效耕地面积6.67公顷。环卫保洁实施市场化运作，2条网络公路列入市级计划。省定“两路两侧”“四边三化”第一批、第二批共计24个整治目标全部完成，宁波市定省道沿线整改项目88处完成90%。投资500余万元，完成寺慈线至丈亭污水厂的污水管网铺设工程，截污纳管企业22家，完成市指标的104.76%，同时完成11个村的农村生活污水治理工程和自来水“一户一表”改造工程的设计工作。

投资6500余万元的三江小学建成并投入使用，投资500余万元的镇中食堂宿舍综合改造工程、投资近100万元的镇中心小学校园综合改造工程全部完工。举办第三届网络杨梅文化节暨丈亭镇第29届“三江之声”杨梅文化旅游系列活动。寺前王村、梅溪村、三江社区完成文化礼堂建设任务。投入120万元修建改造卓新民烈士墓。

全年基本养老、基本医疗、失业、工伤和生育保险分别完成14108人、10497人、9000人、11318人和9427人。小微企业劳动合同签订率在98%以上，已建工会组织的企业集体合同签订率达到100%。调解各类工伤劳资纠纷65起，为企业员工追讨工资30余万元。投入400余万元，安置钦寸水库移民至丈亭、胡界两村计20户、58人，已完成建房工程。超额完成年度兵员征集任务，预备役连队和武装工作被评为省级先进集体。

全年受理各类信访件185起，其中来访26件，来信4件，来电95件，来邮60件；排查调处各类矛盾纠纷75起，调解成功率100%。未发生越级上访事件，实现各重要时段“零上访”。受理各类案件513起，下降28.8%，刑事案件发案率下降24.4%。6家企业通过安全生产标准化三级、四级创建工作。全年未发生重大伤亡的生产安全事故和重大火灾事故。

【宁波市第二届“十大名果”（杨梅）评比在丈亭镇举行】

6月23日，宁波市第二届“十大名果”（杨梅）评比结果在丈亭镇揭晓。省农业厅种植业管理局副局长徐云焕等省、市专家从宁波市12个品种61个样品中，评定金奖、银奖各10个。在10个金奖中，荸荠种系列入选的有丈亭镇梅溪杨梅专业合作社的“华标牌”、江北科迪杨梅专业合作社的“明良”牌等7个品牌，其他品牌中有余姚市牟山镇农经办选送的夏志红杨梅“西山水晶”等。

【卓新民烈士墓扩建工程竣工】

清明节前夕，位于寺前王村的市级爱国主义教育基地——卓新民烈士墓扩建工程竣工。纪念碑高10.23米，宽1.45米，墓地占地面积360平方米，墓碑高3.79米。扩建工程于2014年开工建设，总投入140万余元。

（李玉胜）

三七市镇

【概况】

2015年，三七市镇实现工农业总产值82.47亿元，增长10.73%，其中工业总产值73亿元、农业总产值9.47亿元，分别增长11.14%和7.6%。财政总收入1.97亿元，其中公共财政预算收入8879万元，分别增长8.7%和9.2%。农村居民人均纯收入23295元，增长13%。

全镇规模以上工业企业实现产值30.57亿元、销售29.04亿元、利润9500万元，分别增长8.37%、8%和15.91%。实施“机器换人”项目7个，涉及五金、家具、制动器等行业。申请发明专利25件，规模以上企业实现新产品产值11.26亿元，增长16.24%，技改投入5.65亿元，增长36.42%。实现自营进出口7600万美元，增长5.6%。“千人计划”产业园一期建设用地征用工作初步完成，部分落户企业已开工投产。

全年实现固定资产投资7.24亿元，增长17.24%；完成工业投资5.65亿元，增长36.42%，10个1000万元以上投资项目已按计划全部竣工；完成合同外资1000万美元，完成年度指标的142.86%；实到外资250万美元，完成年度指标的100%；实到内资2.02亿元，完成年度指标的130.19%，其中实到宁波市外内资1.69亿元，完成年度指标的120.57%；引进浙商创业创新资金1.27亿元，完成年度指标的219.46%。全镇规模以上商贸企业销售额4.02亿元，增长15.2%；商品市场成交额1.15亿元，增长9.64%。镇中山南路商业街被评为市级餐饮服务食品安全示范街。

连续五年实施标准农田地力提升工程，投资354万元建成333.33公顷杨梅产业示范基地，田螺山农机专业服务合作社被评为全国农民合作社示范社。完成祝家渡东俞至祝东、二六市余家至官桥、老甬余线至凤眼岙共3.91千米的村级网络公路建设；完成61省道LED路灯改造提升；制定出台镇自来水“一户一表”改造方案，启动魏家桥等4个村自来水主干管建设；基本完成集镇居住区电路改造；改造增设集镇停车泊位。完成市场南侧地块改造和市场周边环境整治；有3个行政村、979户村民、6家企事业单位、1条主要道路和1个建成区通过市级美丽家园系列创建。14项省定及163项宁波市定“两路两侧”整治任务全面完成；共拆除违建9.66万平方米；总投资8000余万元实施镇防洪排涝提升工程，关停拆除主干河道及饮用水源上游规定范围内畜禽养殖场85户计3万余平方米，完成“黑臭河”治理任务；完成23家企事业单位污水纳管任务；第一批农村生活污水治理工程建设启动实施；镇级污水总管金川路至61省道段开工铺设；淘汰燃煤锅炉6家、黄标车147辆，万元工业增加值能耗下降10%。

投资80余万元，完成二六市小学宿舍楼、胜利小学操场、镇成校的改造建设；17名初中毕业生考入余姚中学，重点中学入学率继续居全市同类学校前列，成功创建宁波市学前教育示范乡镇；三七市村“春泥计划”被评为宁波市“春泥计划”实施精品示范点。新建村文化礼堂2家，举办第十六届“姚东之音”系列文体活动。

全镇公共财政用于民生支出1.02亿元，占总支出77.3%，增长6.2%。试点建立幸福村、三七市村居家养老服务照料中心，在全市创新开展“邻里守望”居家养老照料服务模式；本地户籍人口参加养老保险率在92%以上，新增就业人员518人；发放优抚金、低保金等各类保障救助金560余万元，帮扶各类困难家庭350余户。全年受理各类案件和刑事案件分别下降14.4%和11.5%。连续六年获评市级信访工作先进集体。

【三七市镇中心幼儿园新园投入使用】

3月2日，三七市镇中心幼儿园新园投入使用。新园位于三七市镇金川东路，占地面积0.67公顷，建筑面积5100余平方米，总投资2000余万元。

【田螺山遗址发现国内最早人工种植茶树遗存】

6月30日，在杭州召开的田螺山遗址山茶属植物遗存研究成果发布会上，与会专家认定在余姚市田螺山遗址出土的距今约六千年的山茶属树根，为山茶属茶种植物的遗存，是迄今国内考古发现最早的人工种植茶树的遗存。此遗存的发现，将中国种植茶树的历史提前约三千年。

（楼锋聚）

河姆渡镇

【概况】

2015年，河姆渡镇实现工农业总产值94.55亿元，增长7.32%。财政总收入2.61亿元，增长5.16%，其中国税收入1.43亿元，下降3.22%，地

三七市镇居民小区一角

税收入 1.18 亿元，增长 17.59%。农民人均收入 24000 元，增长 17.4%。全社会固定资产投资 5.63 亿元，增长 26%。

全年实现农业总产值 6.3 亿元，增长 12.5%。其中，茭白主导产业产值 1.65 亿元，粮油产值 4314 万元，畜牧养殖业产值 9210 万元，渔业产值 4210 万元，名优茶、杨梅、春笋等林业特色产业产值 8399 万元。建成无公害农产品基地 9 个，333.3 公顷茭白示范区和 366.7 公顷粮食生产功能区建设项目基本完成。茭白产业与《品牌》杂志实施战略合作，推广"余茭 4 号"茭白新品种，茭白田套养甲鱼、泥鳅、蛋鸭等循环种养面积逾万亩，亩产值超万元，"四明十二雷"绿茶获第 8 届中国义乌国际森林产品博览会金奖。

全年实现工业总产值 86 亿元，增长 6.97%。其中规模以上企业实现工业产值 47.6 亿元、销售 45.3 亿元，分别增长 9.12% 和 9.7%。全年启动工业项目 13 个，完成工业投资 3.55 亿元，增长 22.8%。全年实到内资 1.88 亿元，增长 33.66%，其中宁波市外 1.57 亿元，浙商创业创新回归资金 5060 万元。实现合同外资 540 万美元，实到外资 230 万美元，实现自营进出口 8659 万美元。累计关停不锈钢熔炼企业 48 家，其中 46 家已通过宁波经信委验收。新增"小升规"企业和创新性初创企业各 6 家，完成发明专利申请 23 件，新增"机器换人"项目 5 个。宇华、新大、舜仕的"机器换人"项目和海锂子宁波首台套项目通过评审验收并投产。

全年实现第三产业产值 2.25 亿元，增长 7.14%。其中，旅游产业产值 0.7 亿元，增长 16.67%；规模以上商贸服务业销售 1.55 亿元，增长 3.33%；实现商贸服务业新增投资 6000 万元。结合余姚河姆渡—天下玉苑创建国家 AAAAA 级景区总体规划，挖掘车厩虹岭古道等观光项目。"太阳城"高端养老休闲项目正式入户，罗江加油站投入运营。

年内完成镇总体规划、集镇控详规划、土地利用规划和罗江中心村村庄规划。浪墅桥村被评为宁波市历史文化名村。启动集镇区域塘渣填筑工程，车厩大道北接线道路报批手续基本完成。全年实施重点民生项目 17 个，实现社会基础设施投资 1.7 亿元，增长 6.25%。车厩水库饮用水供水能力提升保障工程和部分村自来水管网改造两大民生工程基本完成。镇中心小学及文体中心建设工程竣工并于 9 月投入使用。翁方村污水处理世行项目基本完工，罗江村、东澄村污水处理工程开工建设，芦山寺、车厩、小泾浦等村完成招标和方案定稿，自来水"一户一表"改造工作启动。东澄、芦山寺、翁方等"农房两改"建成村完成 65% 的房屋分配，小泾浦、罗江、五联等在建村完成 70% 的工程量。白罗岙溪整治工程完工，江浦塘除险加固工程完成 85% 的工程量，车厩大溪、陶徐冯大溪整治工程完成 45% 的工程量。翁方村、东澄村"美丽村庄"、甬梁线"美丽公路"创建工作进入验收阶段。全年拆除河道两岸畜禽养殖场 26 家，面积逾万平方米。万元工业增加值能耗降低率 6%，14 家不锈钢企业完成除尘装置安装。

全年开展劳动力素质培训 6 期，计 339 人，帮助 11 名"4050"人员解决就业难题。完成养老保险参保 8021 人，失业保险 5962 人，工伤保险 6812 人，医疗保险 7053 人，生育保险 6110 人，城镇居民医保 4941 人，新增失地农民养老保障 409 人，完成失地农民转社保 1021 人。组织全镇 4000 余名退休人员免费体检。新农合参保率达 99.06%。累计发放最低生活保障金 123.91 万元，优抚社救款 61.85 万元，特困户临救款 10.26 万元，特困户大病医疗救助金 55.72 万元，残疾人基本生活保障金 124.18 万元，80 周岁以上高龄老人生活津贴 50.05 万元，60 周岁以上农村籍退役士兵补助款 17.2 万元。落实改造低保及低保边缘户家庭危房 6 户，基本完成 5 个村的钦寸水库移民建房工作，发放安置补偿补助款 659.68 万元。

发动社会各界为镇中心小学迁建工程募集资金 2000 余万元，总投资 8000 余万元。撤并江邨小学、利民小学，形成一所中学、三所小学的网点布局。新建村级垃圾中转站 4 个、村级公厕 2 个。先后举办第九届"书香河姆渡"全民读书月、第四届"古韵河姆渡"乡土文化节和第二届全民健身运动会等系列活动，五联村、芦山寺村农村文化礼堂如期建成，依托“欢乐大舞台”开展各类文体活动十余次，承办镇级大型活动4次。全年累计调处各类矛盾纠纷277起，其中村级调委会排查调处矛盾纠纷155起，新余姚人调委会调处81起，“老娘舅”联调室调处24起，镇调委会调处17起，调处成功率100%。全年未发生重大恶性刑事案件。

【翁方村民营企业主为老年村民发红包】

2015年春节前夕，翁方村的宋家、崔家埠、前房、后房4个自然村60岁以上的村民，每人收到由宋富定、陆志宏、方伦飞、方万国、方岳龙、方磊、周祖福、方伟君、方凤珠9名民营企业主共同出资发放的500元春节红包。

（施　韩）

小曹娥镇

【概况】

2015年末，小曹娥镇有户籍人口11360户28685人，耕地1784公顷。全镇实现工农业总产值155.56亿元，增长4.2%；财政总收入3.21亿元，其中一般公共预算收入1.38亿元，分别增长5.7%和12.3%；农民人均收入24036元，增长10.4%。

全镇实现工业总产值147.5亿元，增长4.1%；42家规模以上企业实现产值112.5亿元、销售98亿元、利润2.8亿元，分别增长4.2%、2%和5%；规模以上工业增加值12.5亿元，增长4.5%；产值超5000万元企业26家，其中产值超亿元企业15家。实施固定资产投资项目44个，完成固定资产投资11.5亿元，增长11.1%；其中工业投资项目29个，投资9.06亿元，增长12.5%。实到外资330.3万美元，宁波市外内资1.51亿元，浙商创业创新资金6600万元，服务外包额1430万美元，培育境外企业1家，实现“个转企”7家、“小升规”4家。全镇规模以上工业企业实现高新技术产值18.5亿元，占规模以上产值的16.4%；新产品产值36.3亿元，占规模以上产值的32.3%；科技经费投入6300万元，其中研发经费投入3600万元；实施机器换人项目6个；申请专利106件。全镇万元工业增加值能耗下降20%，淘汰燃煤锅炉企业9家，关闭淘铜生产线6条。全年新增商贸企业投资额8360万元，实现商贸规模企业销售1.18亿元，出口交货值6.05亿元。

全年实现农业总产值6.71亿元，增长5.8%。复种面积4800公顷次，复种指数达273%。新增土地流转面积14.33公顷。全镇11家榨菜企业实现产值3.6亿元，通过专业合作社、家庭农场、农民经纪人共销售农产品1.2万吨，销售额5100余万元。阿姚皇、久久红等菜类企业共计投入800余万元实施“机器换人”。投入797万元，实施区域洪涝北排工程。投入553万元，实施2015年小型农田水利重点县小曹娥镇建设项目。投入892万元，实施第二轮标准农田质量提升工程。投资450万元，推进余姚滨海现代农业先导区基础设施提升工程。

投资4000万元的一号公路（一期）工程基本完工，总投资717万元的东片环镇公路（一期）等4条农村网络公路新建工程顺利推进。启动文体公园（暂名）建设前期筹备工作。完成全省农村土地承包经营权确权登记试点工作任务和农村经济合作社股份制改革。调整充实全镇76条镇村河道的“河长”，对11条镇级河道设置河道警长。制定并实施方家路江等4条河道的水质提升方案。投资270万元完成畜禽养殖场综合治理工作，关停搬迁养殖场8家，同时完成17家生猪养殖场的环境治理工作，成为全市首个畜禽养殖生态化治理达标乡镇。总投资160万元，完成老众泰泵站改建工程，用于单独接纳电镀企业的生产废水。总投资440万元，推进海涂工业功能区北区生活污水纳管工程，有12家企业的生活污水纳入镇排污总管。

年度成功创建“宁波市幸福美丽新家园建设先进乡镇”。总投资1100万元的南新庵村“美丽乡村”精品村建设项目完工，南新庵村农民公寓竣工。如期完成总投资2000万元的南新庵等7个村农村土地综合整治项目。先后实施投资180万元的高夹线道路绿化提升工程、投资 90 万元的北园区绿化提升工程（一期）和投资 50 万元的朗建线道路绿化提升工程、投资 200 万元的新镇小周边生态环境提升工程。基本完成总投资 1.03 亿元的镇中心小学迁建工程，教育行政楼、图书实验楼、食堂体艺楼等主体工程已完工。镇第一幼儿园竣工并投用。完成国家级非遗项目“余姚土布展示馆”建设。镇男女拔河队在浙江省第二届海洋运动会沙滩拔河比赛中同获一等奖。

村民阮德耀的“一人乐队”

新型农村合作医疗覆盖率达 98.8%，报销医药费用 1212 万元，受惠群众 11.6 万人次。完成劳动技能培训 480 人，推荐就业 868 人，城镇新增就业 40 人。调处各类劳资纠纷 45 起，工伤认定 17 起。为 212 户发放低保金，发放残疾人基本生活保障 293 万元，提供临时生活补助 290 人次，大病医疗救助 94 户，扶助贫困学子 23 人，完成农村困难家庭危旧房改造 15 户，累计发放各类救助救济资金 1300 万元。完成朗海村、人和村 2 个农村居家养老服务照料中心建设。全年受理各类信访 86 件，回复率 100%；调处各类矛盾纠纷 184 件，调处成功率 98.9%。投资 300 万元新装视频监控 208 只，整体发案率与刑事案件发案率分别下降 5.9% 和 17.2%。投资 400 万元完成镇消防工作站和专职消防队组建。

【300 余万元“新春大礼包”情暖困难群众】

2015 年春节前夕，小曹娥镇、村两级共准备 300 余万元的“新春大礼包”，分赴全镇 8 个行政村的重点优抚对象、低保户、特困户、困难职工、残疾人等家中进行慰问，惠及困难群众 1500 余户、5000 余人。

【小曹娥镇百岁老人名录】

2015年，小曹娥镇有百岁老人4人。王阿连，女，1914 年 3 月出生，住滨海村 11 队；姚芹美，1915 年 8 月出生，住曹一村；施国林，男，1916 年 9 月出生，住滨海村 5 队；周调凤，女，1917 年 9 月出生，住滨海村。

（王迪佳）

临山镇

【概况】

2015 年，临山镇实现工农业生产总值 158.8 亿元，增长 4.6%。完成财政总收入 3.17 亿元，增长 11.6%，其中公共预算收入 1.37 亿元，增长 13.3%；完成社会固定资产投资 22.9 亿元，增长 190%。年末银行存款余额 24.37 亿，增长 10.27%；贷款余额 14.45 亿元。

全年实现工业产值 120 亿元，增长 5%。其中，规模以上工业企业产值 44.5 亿元，增长 10.7%；工业投资 13.1 亿元，增长 142%。有 7 个项目竣工投产，6 个项目正抓紧建设。其中，创润新材料高纯钛项目扩产并产生销售；高纯钼项目进入生产设备安装环节，新引进的宁波都金汇航空航天和太阳能用连接器项目完成土地出让。全年新增规模以上工业企业 5 家，总数达 67 家，规模以上工业企业实现产值 44 亿元、销售 42.5 亿元、利润 1.4 亿元，分别增长 9.2%、10.5% 和 22%。新增亿元企业 3 家，累计 13 家。实施市级“机器换人”项目 9 个，人均劳动生产率提高 43.16%。

全年实现农业产值 12.4 亿元，增长 9.2%。有 2 个农业重点项目列入市六大百亿元工程。一期投资 3 亿元的欧银公司运营基本走上正轨，已完成“新三板”上市前期准备；投资 2.68 亿元的宁波市甬丰现代农业科技示范项目完成综合服务中心主体建设；投资5000万元的国先蔬菜食品加工二期项目完成招拍挂工作。投资1亿元的花海景观项目完成落地对接工作，并签订土地租用协议。实施总投资516.8万元的农业综合开发粮食生产功能区高标准农田建设项目，253.33公顷建设任务全部完成。总投资426.2万元的大浦六桥重建工程竣工并投入使用。推进政策性农业保险，惠及农户11807户。累计拆除禁养区畜禽养殖场面积750余平方米。

全年实现第三产业产值26.4亿元，增长8.2%。以南塘路、迎凤路为主轴的集镇新区已集聚各类餐饮、商贸、服务等商铺100余家，全年商贸规模企业实现销售4.54亿元，增长23.7%，新增商贸企业投资额1.12亿元。味香园葡萄基地全年累计接待葡萄采摘游客12万人以上，经济效益近2亿元。戚海、江南2家农家乐成功创建省三星级农家乐和宁波市级农家乐休闲旅游示范点。

投资7500万元的临山到牟山连接线工程完工。分批投入300万元，完成范家丘中心路、六塘江至大浦江（二期）、库家桥至移民新村、大浦江至新庵村4条村级公路的建设。投资120万元，完成凤栖路、工业北区路灯安装。启动污水收集工程(二期)，26家单位完成污水纳管，农村生活污水处理全面铺开，已有2个村投入实施，受益农户2508户。投资4200万元的两江四岸重点整治工程主体建设基本完成。投资2200万的刺绕湾水环境整治工程完成项目立项和设计初稿。投资100万元的临山村蛇盘江水环境整治工程和湖心亭江砌石打通工程河网整治工程全部完工。临山江被评为市级最美原生态河道。

全镇养老、工伤、失业、医疗、生育五大保险人数分别为12433人、11997人、7368人、7578人和8660人。被征地人员参保人数达6877人。全年累计发放各类救助资金1000余万元。邵家丘、汝东2个村日间老年照料中心建设完工并投入运行。根据《临山卫历史文化古镇保护规划》，启动投资130余万元的南门岭公园整治工程，投资160万元的烈士陵园迁建工程完工。全年拆违48起，其中拆除涉及四大攻坚行动的违建11处；“两路两侧”专项整治中，在329国道沿线拆违17处。受理各类信访案件234件，下降36.41%。发展新党员40人，有3名村主要领导被评为全市“三十佳”村社区干部。

【临山至牟山连接线通车】

12月15日，临牟公路正式通车。该公路起点为329国道临山镇临南村，路线往南经小岭头、临南、丁牌头，在埡口处越华家岭进入牟山镇，再往南经陈家、璟月湾、毛杜，终点连接319省道余夫线，全长8.09千米，路幅宽12米。该项目经市政府批准，由临山、牟山两个乡镇共同代建，于2013年4月正式开工。

【邵家丘村筹建全省首家村级“道德馆”】

临山镇邵家丘村作为全市首个“道德银行”示范村，2015年投入50万元，筹建全省第一家村级“道德馆”。该馆以“固定展馆”“视频展播”“道德讲堂”等方式运作，其中“固定展馆”设“好家风”“好民风”“好村风”和“讲道德”“尊道德”“守道德”六个主题展区。

【临山镇革命烈士陵园完成重建】

3月，临山镇革命烈士陵园完成重建。陵园采用中轴对称的设计，中央为主要通道，通道顶端为方形广场，广场中心为高14.4米的革命烈士纪念碑，后有浮雕挡墙环绕，广场前方及通道两边集中安放临山镇在各历史时期牺牲的英烈50人。工程总投资160万元，占地面积0.4公顷。

【临山供销社入选全国基层标杆社】

2月，中华全国供销合作总社公布2014年全国百强县级社、基层标杆社入选单位名单，临山供销社为宁波市供销社系统唯一入选全国基层标杆社的基层社。临山供销社多年来坚持为农服务理念，在优质农资供应和农技知识推广应用等方面作出杰出贡献，受到农民群众好评。社主任胡国森在2014年被评为浙江省供销社系统先进个人。

（阮王剑）

黄家埠镇

【概况】

2015年，黄家埠镇实现工农业生产总值185亿元，其中工业总产值164亿元，农业产值8亿元，第三产业产值12.75亿元。实现公共财政预算收入2.77亿元，农民人均纯收入23744元。

全年新增规模以上工业企业5家，累计52家；新增亿元企业2家，累计15家。规模以上工业企业实现产值53.5亿、销售48.2亿元、利润2.1亿元，分别增长7.1%、5.6%和12.1%。规模以上商贸服务业实现销售1.05亿元，增长8%。自营出口2.6亿美元，增长2.5%。正欣消防、萌烨电器、德成塑业等7家企业正式投产。休闲用品、电子能源、汽配五金三大新兴产业中，规模以上总产值达31.5亿元，增长16%。消防、印染两大传统优势产业，则通过与大集团及高端品牌“联姻”扩产升级，提升竞争能力。全镇有20余家规模以上企业涉足电商市场，其中格莱特、备得福、欧伦泰等企业均在阿里巴巴、天猫等设立旗舰店。规模以上万元增加值综合能耗下降5.5%。科技投入达1.7亿元，增长5.7%。格莱特在美国设立研发中心，舜洁公司与海尔公司合作建立厨卫实验室，宁波巴颜喀拉电子有限公司项目被列入宁波市“智团创业”计划，欧伦泰成功申报为省工程技术中心。全年新增创新型初创企业6家，专利申请193件，专利授权168件，其中发明专利38件，实现新产品产值15亿元。

全年完成合同外资1573万美元、实到外资673万美元、实到内资2.8亿元、宁波市外资1.7亿元、浙江创业创新资金1.38亿元，分别完成年度目标任务的105%、102%、160%、106%和177%；中河路南侧8.67公顷地块已签约6家，协议总投资2.57亿元。“三号水库”地块一期完成路网、电网设计，进入招商阶段。完成城镇低效用地再开发1.5公顷。杏山湖旅游休闲区块一期投入1500万元，道路交通设施、生态护岸、游步道、绿化配套等工程正逐步推进。宁波杰立化妆品有限公司通过盘活周边房屋及土地，投资1.8亿元扩产项目一期厂房已结顶。实施“机器换人”项目7个，总投资超亿元。新增商贸投资项目2个，累计投资1.04亿元。

年内基本实现高标准农田和标准农田全覆盖。北部现代农业示范园宁波市农业先导区项目完成招标。明凤生态稻渔示范区创建为省级现代渔业园区；“备得福”获省年度最具影响力的农博品牌农产品。总投资444万元的加工蔬菜示范园区建设项目建成，实施面积233.33公顷，可带动500余农户年增收1200万元。总投资600万元的宁波市首家乡镇级现代农业综合服务中心正式投入使用，农资供应店面、农技服务大厅、技术培训教室、企业基地实时监控、农业检测实验室等设施俱全，农技推广服务中心、供销社、农民专业合作社等多部门合署办公，提供科技实验推广、农资采购供应、产品质量溯源、信贷保险服务等面向“三农”一站式综合服务。全年累计培训农民1000余人次，完成全镇1913.33公顷的粮食作物农业保险，流转土地33.33公顷。新增省级家庭农场1家、宁波级家庭农场1家。

完成镇域总体规划修编、新镇区控制性详细规划评审、土地利用总体规划中期调整，以及十六户、回龙、横塘、五车堰4个村的村庄规划编制。329国道与兰风大道高桥节点基本实现全线通车，329国道北侧实现通车，前冯公路建成并投入使用。集镇核心区内，第一个集超市购物、商务休闲、农贸市场于一体的26000平方米小型城镇CBD投入运营。第一个商住住宅区郡王府正式交付。基建投资概算2500万元的镇卫生院迁建工程，已完成征地0.86公顷。全年镇村两级共投入资金4776万元，用于农村基础设施建设。完成3条宁波市级网路公路建设，总长3.86千米。回龙村安置房建设项目140户安置房全部结顶。完成兰风公园、中河路局部段绿化工程，启动329国道北侧绿化，总投资3000余万元，成功创建省级“森林城镇”。全年拆除违建4.87万平方米，完成年度拆违任务。

全年帮助2000余人就业，同步解决周边企业的用工问题。完成全民参保登记调查及换领社会保障卡工作，累计参加城乡居保人数13674人，各类养老保险参保率达92.6%。实施失地农民补助101人，共计资金108.6万元，累计参加农民养老保障3601人。发放各项救助资金610余万元。回龙村、杏山村2个居家养老服务照料中心正式投入运转，十六户村入选宁波市十大长寿村。

制订全镇三年教育发展规划，成功创建宁波市学前教育示范乡镇。投资750万元的镇中食堂体艺楼竣工，投资100余万元的横塘小学附属楼投入使用。镇中有12名学生通过自主招生和中考被余姚中学录取，录取人数位居全市农村中学前列。新建上塘村文化礼堂（家园馆），“红色通道主题公园”暨余上革命史迹馆建成并对外开放。

全年安装村级监控探头200只，各类案件登记626件，发案率下降10.8%。共调处各类矛盾纠纷件86件，调解成功率100%。受理信访事项175件，办结率100%。回龙村、韩夏村创建为省级民主法治村。全年无重大安全事故发生。

【武侠小说家东方玉作品陈列室落成】

年初，港台著名武侠小说家东方玉作品陈列室在杏山村陈氏祖祠落成。东方玉（1924—2001年），本姓陈，名瑜，字汉山，祖籍黄家埠镇杏山村，曾任蒋经国机要秘书等职务。1962年弃政从文，以“东方玉”笔名撰写的武侠小说在港台各大报连载30年，作品50部，约8500万字，有武侠“常青树”之称。陈列室占地600余平方米，建筑面积200余平方米，共收集展示东方玉的武侠小说40余部、书法诗词作品20余件，还通过图文、音像资料的方式，展示东方玉的人生历程。

【前河头徐家局部修缮】

1月，市文保所会同黄家埠镇政府，联合投入36万余元，对市级文保点前河头徐家进行局部修缮，以恢复其原有面貌。该建筑位于回龙村，具有鲜明的姚西地方风格，亦是全市水乡环境中保存最完整的清代民居之一。

（马莹莹）

大隐镇

【概况】

2015年，大隐镇有常住人口14574人，其中户籍人口8871人。全镇实现工农业总产值20.8亿元，增长4.9%。农民人均纯收入19010元，增长7.6%。完成财政总收入10499万元，增长10.9%。其中公共财政预算收入3999万元，增长15.2%。实现工业总产值15.8亿元，增长3.6%，其中规模以上工业企业实现产值6亿元、销售5.9亿元、利润3899万元。农业总产值1.26亿元，增长2%。第三产业产值3.74亿元，增长12%。全社会固定资产投资11858万元，增长30.19%。其中工业投资7958万元，基础设施投资3950万元。实到内资1900万元，实到外资50万美元，完成浙商创业创新资金2050万元。全年增加值能耗下降6%，增加值电耗下降8%。旅游人数增加10%，旅游总收入4350万元，增加14.5%。

年内隐溪河两岸共搬迁、拆除养殖户8户，拆除房屋362.98平方米、棚舍3950平方米。累计投入5500余万元开展水利建设，其中云旱溪整治工程已完工，隐溪河整治工程基本完成“四桥七坝一闸”建设及4000余米的防洪挡墙建设，姚江江塘整治工程完成“三站两闸”及1000米左右的挡

白岩桥

墙建设。完成学士桥村金夹岙、西岙和章山周家塔、深溪等山塘水库除险加固工程。累计投入1415万元，完成公交站场改建、大隐镇污水泵站工程、镇卫生院综合楼建造、教育楼装修、上皇老窑厂地块综合整治及学士桥城山标准农田建设。按省、宁波市定整改清单，26处乱搭乱建、广告残留均整改完毕，成为全市率先完成整治任务的乡镇。

户籍人口中养老保险参保3250人，医疗保险2728人，失业保险2220人，工伤保险2876人，生育保险2327人。城乡居民社会养老保险新增11人，失地农民新增130人，被征地人员养老保障转基本养老保险486人。开展创业培训、中式餐饮培训等农村技能培训班6期，培训296人次，累计推荐就业481人。发放慈善救助、慰问困难群众弱势群体资金48万元，救助困难家庭147户。完成云旱村居家养老服务照料中心试点建设。

全年拆除各类违建19处，面积21730平方米。完成违法用地卫星遥感地块复耕、联建房等民生工程用地报批，以及危旧房屋大排查工作。全年调处各类矛盾和纠纷101件，调处成功率100%。累计受理劳动争议案件71件，涉及金额90余万元。未发生较大安全生产事故和食品安全事故。

【大隐镇妇女“触网”培训班】

5月18日，大隐镇妇联举办妇女“触网”工程培训班，来自全镇5个村的50名农村妇女参加培训。在培训课上，来自联尚公司的单老师为大家讲解电子商务的相关知识、购物比价的技巧及开设网店的流程等，让妇女群众了解、掌握基本的电子商务知识，以提高网络实际应用能力。

（帅师师）

大岚镇

【概况】

2015年，大岚镇实现工农业总产值9.18亿元，增长7.5%，其中工业产值5.9亿元，农业产值1.1亿元，第三产业收入2.18亿元。财政总收入3137万元，财政可用资金3354万元，农民人均收入15058元。

全年畜牧业产值1715万元。茶叶总产量930吨，产值2758万元。投入120万元修复生态林面积51.87公顷，四旁植树1.2万株，留养新竹30万株，竹笋产量400吨，产值100万元。全年接待游客72万余人次，实现直接经济收入3450万元，其中农家乐接待游客36万余人，收入1447万元，带动周边消费1679万元。投资700万元的“姚江源乡村客栈”管理服务指导中心完成建设，10月1日投入运营。全程30公里的大岚绿道—环集镇线，完成路面整理修缮及标识标牌设置。投资1500万元的大俞村四窗岩户外拓展项目完成80%。投资410万元，启动柿林村沿线景观提升和村停车库新建工程。

邀请上海同济大学规划建筑设计院对8个行政村进行村庄规划编制，并完成华山、黄家庄村庄整治提升工程，总投入710万元。投入750万元完成派出所新建，协调完成镇公交车站地块征地0.53公顷。投入90万元完成丹山路公园建造、浒溪线（集镇段）亮化美化工程。维修整治华山水库、王石坑水库及里四丰、中娘路湾、周家龙田等山塘，完成集镇水源改造提升和戴糜、南岚饮用水泵房建设，总投入936万元。投入142万元修复“灿鸿”台风水毁水利工程，投入67万元修复公路和资源路。投入950余万元，对后朱、大岚、黄家庄、华山4个行政村进行农村生活污水治理。投入10万元整修公厕，规范标准化标识标牌，发放分类垃圾桶600余只。投入资金30余万元，完成镇小食堂煤改电及电力系统改造提升。投入资金20余万元，新建资源教室、心理咨询室。新建南岚村、戴糜村文化礼堂，升级改造大路下村和南岚村村落文化宫。

全年报销农村合作医疗大病住院费用482.8万元，特殊病种门诊报销药费25.7万元，小病门诊报销药费126.2万元。开办劳动力技能培训7个班次，培训人员315人。总投资450余万元的镇老年人服务中心和残疾人托养中心投入使用，首个居家养老服务照料中心正式运营，完成居家养老服务站建设。累计发放抚恤、救济救灾、生活保障等各类资金428万余元，完成15户困难农户危房新建和改造。

以亮绩竞标方式选拔2名85后干部担任镇中层正职，29名机关干部结为师徒帮助成长，选派5名年轻机关干部担任村党支部副书记。公开选聘2名村级后备干部和3名大学生农村专职工作者。开展作风效能建设监督检查7次，谈话提醒11人。查办党员违纪案件，开除党籍4人，党内警告处分1人。完成送审工程项目79个，金额7185万元，有效核减资金340万元。全镇14个行政村非生产性开支下降53.7%。全年镇村两级调委会共调处各类民间纠纷83起，调处成功率100%，受理各类信访件71件，完成率98.6%，受理网上信访11件。

【柿林村入选2015年宁波市重点历史文化村落保护试点村】

在1月召开的宁波市重点历史文化村落保护试点工作要点讨论及经验交流会上，大岚镇柿林村入选2015年宁波市重点历史文化村落保护试点村，为余姚市唯一入选此项试点的行政村。按照有关政策，列入宁波市重点历史文化村落保护试点的村落，可享受宁波市级财政保护资金、新增建设用地指标等政策扶持，试点建设的周期为3年，通过整体保护、综合整治和有效利用，达到村庄特色塑造、景观品质提升、人居环境改善、历史文化彰显的效果，起到示范和引领作用。

【第十届“神奇大岚”茶文化旅游节】

4月8日至5月31日，大岚镇政府、市农林局、市文化广电新闻出版局（旅游局）、市茶文化促进会等合作举办第十届“神奇大岚”茶文化旅游节。活动分品茗篇、赏花篇和问道篇，共举办“品谷雨清茶·汇天下茶人”——天下茶人会，“四明茶韵”——紫砂、茶叶、书画主题展，闻着茶香游大岚——名茶文化体验，“人间四月天、浪漫樱花夜”高山露营大会，纵情山野“健康你我”——余姚市首届全民登山大会樱花之旅，“闻千年仙道传说，醉古村人道写照”问道第九洞天深度拓展之旅等10项活动。4月10日，中央电视台4套《远方的家》节目组专程到大岚姚江源头取景录制，介绍姚江正源及大岚万亩高山云雾茶。

【第十三届宁波四明山丹山赤水柿子节暨第九洞天道教养生文化节】

10月11日至11月2日，宁波丹山赤水旅游发展有限公司、大岚镇柿林村联合主办第十三届宁波四明山丹山赤水柿子节暨第九洞天道教养生文化节。分民俗文化篇、道教养生篇、宣传推介篇三大篇章，共开展“柿子节开幕活动”“柿子宝宝邀你一道来赶集”“老柿林营地”“道教文化及养生论坛”“山水雅集表演”“第九洞天养生静修活动”“大岚民宿经济推进会”“网民‘看看看’活动”8项活动。

【柿林村列入“中国最美休闲乡村”推介名单】

10月9日，农业部办公厅公布2015年中国最美休闲乡村推介结果，全国共有120个村入选。其中特色民居村33个，特色民俗村30个，现代新村38个，历史古村19个。大岚镇柿林村作为历史古村也列入推介名单。

【大岚烈士陵园重新对外开放】

经两年时间的修缮，市级爱国主义教育基地——大岚烈士陵园于3月25日正式对外开放。修缮后的大岚烈士陵园，总占地1000余平方米，安葬革命烈士30余人。

（大岚镇）

四明山镇

【概况】

2015年，四明山镇实现工农业生产总值7.18亿元，增长6.3%。其中，工业总产值4.7亿元，增长9.56%；农业总产值1.96亿元；第三产业总产值0.52亿元，增长12.8%。一般预算收入1784.56万元；农民人均收入16083元，增长15.85%；实现内资招商1100万元，引进外资50.65万美元，完成固定资产投资5640万元。

全年接待游客101万人次，增长12.2%，实现旅游收入5450万元。实施大山村仰天湖民宿综合提升工程和四明山地质公园景区配套设施项目，启动梨洲红枫谷景观提升项目，通过浙江省农家乐特色乡镇验收，规划编制《余姚市四明山镇总体规划（2014—2030）》，举办第十届中国四明山红枫樱花节。投资680万元，完成206.67公顷生态复绿工程。

全年拆除违建6121平方米。29条溪道全部建立“河长制”，并制定“一河一策”治理方案。投资1200万元，实施梨洲、芦田、平莲3个村的农村生活污水处理项目。完成茶培水库、下寺坑水库及大茅岙水库维修加固招投标工作和步梯岩水库除险加固工程，完成“灿鸿”“苏迪罗”2次台风水毁工程的初验。实施平莲村、茶培村、悬岩村、芦田村、杨湖村农民饮用水提升工程和溪山村、大山村、唐田村饮用水工程；溪棠公路修复工程通过验收；投资900万元资金用于芦田、平莲、溪山3个村的村庄整治。

全镇居民健康档案建档10476人，建档率93%。通过宁波市卫生应急示范乡镇复评，镇卫生院创建为宁波市“基层平安医院”和放射管理规范化医院，茶培村卫生室创建为甲级村卫生室。完成唐田、棠溪家园文化礼堂建设。开展“四明红”志愿旅游服务35期，累计服务游客4000余人次。农村合作医疗参保率96.58%，报销医药费33068人次。发放困难群众救助资金400万元，棠溪村居家养老照料中心成功试点。

联合镇土管所对全镇地质灾害隐患点巡查14次，对4处地质灾害点实行打包招投标工作，板坑、大竹山地质灾害点完成应急修复。成立镇巡防大队，完成镇消防工作站、专职消防队的组建工作。完成省“三星级”司法所创建，12个行政村民主法治示范村全部创建完毕。对5个村集体、镇属单位开展财务收支审计，完成镇村工程审计项目28个，送审工程金额1713万元，核减工程金额92万元，核减率5%。加强村级工程项目财务监管，退回不规范支出17笔，涉及金额18.4万元。

【四明山镇总体规划通过评审】

11月4日，四明山镇邀请市有关单位负责人及相关规划专家，就《余姚市四明山镇总体规划（2014—2030）》召开评审会。市规划局局长黄晓帆

第十届中国四明山红枫樱花节开幕式

主持会议，要求规划编制单位整理吸纳有关专家和领导的意见、建议，把四明山镇打造成“旅游繁荣、生态良好、乡村美丽、生活幸福的小城镇”。

（冯小雨）

香泉湾民宿

鹿亭乡

【概况】

2015年，鹿亭乡实现工农业生产总值15.19亿元；完成公共财政预算收入4192.59万元，增长0.24%；农民人均纯收入15630元，增长9.2%。

全年实现农业总产值1.11亿元，增长2.1%。全镇拥有铁皮石斛种植园区2个，总面积5.33公顷，其中香泉湾被认定为省野生铁皮种源地。东方鹿苑梅花鹿存栏250头，已陆续开发鹿血、鹿茸等特色养生产品。茅岗山农业综合园区完成土地流转26.67公顷。以“互联网+”为理念建设的中村农副产品展销点正式营业，同时对接市供销联社、大中型超市、互联网等平台，建设以农产品销售为主导的物流中心。

全年实现工业总产值11.96亿元，增长6%。固定资产投入4860万元，完成年度目标的118%，实到内资501万元，合同外资200万美元，实到外资50万美元，浙商创业创新实到资金200万元。“以企引企”1家，注册企业1家，工商“个转企”2家，均完成年度目标。

全年实现第三产业总产值2.12亿元，增长43%。香泉湾养生度假区加资2000万元进行二期投资，新增真人CS、夺宝奇兵等项目，开展影视基地和“海航浙东国防教育基地”建设；鹿鸣书院完成主体工程；东方鹿苑注册资金由1000万元增至5000万元，二期规划即将评审；东岗山追风部落生态农庄投资300万元，完成集装箱酒店土地整理；云河漂流由松乐继电器公司接手，拟投资2000万元进行景区改造升级。新增健身步道约10.6千米，同时开展环香泉湾自行车赛道论证及狮峰山观景平台方案设计。在香泉湾举办第二届旅游小姐金色使者大赛，完成电影《冥童》拍摄。鹿亭·四明山原生态休闲健身营地作为全市首个户外营地，获浙江省首批“最美生态休闲建设点”称号，同时鹿亭成为浙江省首届生态运动会宁波站两个赛点之一。连续5年开办全国户外登山协会户外指导员培训班，连续4年举办“快乐两轮、运动鹿亭”山地车赛，吸引省内近1000名山地自行车爱好者参赛。

各村总计投入120万元，开展环境卫生集中整治；完成山林生态修复20公顷；关停搬迁晓鹿大溪沿岸畜禽养殖场4家，对7家养殖场户进行污染整治。投入600万元，完成李家塔村、高岩村整治工作；完成头湾山塘治理工程和“灿鸿”台风水毁工程；投入450万元，实施上村、龙溪两座水库除险加固工程；投入750万元，启动晓鹿大溪晓云和上庄段小流域治理项目；实施晓鹿大溪原生态河道修复工作，被评为全市“最美生态河道”；加投536万元完成晓云—羊坑、穿山—钓鱼坑两条农村网络公路新建工程；投入1319万元，启动荷梁线中修养护工程；开展道路花草景观带建设，基本完成30个公交车站点个性化建设。投入300万元，完成石潭村污水处理工程，沿夹岙、中姚村、李家塔村、高岩村4个村均已完成招投标程序。引入大川投资有限公司对中村进行业态开发，预计投资1亿元，已开始项目规划选址；新增农家乐6家，在建及改建装修6家。完成四明山巡检司、郑永年书斋、艺术家创作中心方案设计，进入招投标程序。共拆除违建5173平方米，其中1190平方米进行土地整理复耕，625平方米改造为文化广场。

新增高岩村村级公益养老所，成为全市首个宁波市AAA级居家养老服务中心；投资1200万元，启动晓云村村级公益养老所建设，已完成方案论证。全年走访慰问低保、低收入及困难户485户，发放慰问金近60万元；发放临救及困难补助资金5万元，落实低保、低收入群众特殊病种大病医疗救助补助资金40万元，落实低保户住房救助8户。乡村两级慈善机构共募集慈善基金57万元。累计办理合作医疗大病住院医药费报销353人次，报销医药费255.9万元；门诊报销（小病受惠）人数513人次，报销医药费41.2万元。累计完成养老保险2790人、工伤保险1653人、失业保险1101人、生育保险1237人、医疗保险1601人。全年排查解决矛盾纠纷80余起，其中疑难纠纷5起，重大纠纷2起，涉及人数100余人，涉及金额40余万元。接待群众来信来访75起，处理上级转办件23件。全年监督检查生产经营单位43家次，整改安全隐患91个，培训企业主要负责人、各类安管员及职工1102人。

首轮同心实践基地建设结束，3年共启动项目62个，其中产业投资7100余万元，实体建设资金810余万元，扶贫帮困资金超220万元，受惠人数达6000余人次。第二轮同心基地建设于2015年9月11日正式启动，新一轮签约项目36个，其中民生实体类项目投资超200万元，产业项目总投资近9000万元。投入30万元，完成乡中心幼儿园专用校车的购置运行。完成扫盲工作三年行动计划，累计扫盲人数974人。投入140万元，完成卫生院门诊楼改造。为全乡参保农民免费体检，启动实施契约式家庭医生签约工作；通过宁波市“基层平安医院”验收和宁波市“数字化卫生院”验收。全年发放双农独女及独生子女费用14.91万元。中姚村文化礼堂完成建设，李家塔村欢乐大舞台投入使用。晓云后方医院成功创建宁波市级爱国主义教育基地。

【院线电影《冥童》在香泉湾开机】

7月3日，悬疑惊悚片《冥童》新闻发布会暨开机仪式在鹿亭乡香泉湾度假山庄举行。这部反映人间真情的悬疑惊悚片，由80后女导演钟萱执导，香港影视男演员温兆伦担任男一号，主要取景地点在香泉湾，由香泉湾度假山庄与北京星宇华夏国际影视文化传媒公司合作拍摄。

【鹿亭乡获’2015中国最美村镇“文明风尚奖”】

10月31日，在贵州贵阳举行的第三届’2015中国最美村镇《中国梦村镇梦》市长论坛暨颁奖典礼上，鹿亭乡获’2015中国最美村镇“文明风尚奖”，为宁波地区唯一获奖的村镇。评选活动于3月28日启动，由上海第一财经传媒发起，联合中央人民广播电台等68家媒体及中国营销学会、中国智慧产业发展研究院、春秋国旅、携程等共同举办。全国近200个村、镇参与角逐。

【’2015世界旅游小姐金色使者全国总决赛在鹿亭举行】

11月5日，’2015世界旅游小姐金色使者全国总决赛暨颁奖盛典在鹿亭香泉湾度假山庄举行。大赛由世界旅游小姐协会主办，市文化广电新闻出版局（旅游局）、鹿亭乡人民政府、浙江舜韵集团公司协办。共吸引全国各地2000余名选手报名，经层层筛选，共有33名选手参加全国总决赛。选手在进入中国总决赛的同时，也取得参加2016年2月在法国举办的世界旅游小姐中国金色使者巴黎表演赛的资格。

（张　晨）

文件选编

余姚市人民政府
关于鼓励民间资本投资社会事业的若干意见
（试行）

余政发〔2015〕1号
2015年1月15日

为贯彻落实党的十八届三中全会、省委十三届四次全会和宁波市委十二届六次全会精神，大力引导民间资本进入社会事业领域，建立健全社会事业多元化投入机制，促进我市教育、医疗、文化体育、养老等社会事业加快发展，更好地满足人民群众的多样化需求，根据《宁波市人民政府关于鼓励和引导民间资本投资社会事业的意见（试行）》（甬政发〔2014〕58号）等精神，结合我市实际，现提出如下意见。

一、强化规划统筹引领。坚持把发展民办社会事业纳入国民经济和社会发展规划，确保在发展目标、空间布局、投资安排、要素保障等方面给予民办与公办同等待遇。建立完善全市社会事业投资项目库，定期向社会公开发布项目信息。按照公共服务需求，及时优化调整社会事业空间布局，以常住人口为基数，按照一定的人均用地面积标准，分区分级规划设置社会事业服务设施。明确和规范公办服务机构的功能，明显超越基本公共服务范围的，应逐步减少并退出相应的服务。在已经满足基本公共服务需求的领域，应停止新建公办机构。调整和新增社会事业资源，优先保障民间资本进入。

二、放宽市场准入门槛。按照“非禁即入”原则，进一步加大社会事业领域对民间资本的开放力度，民办服务机构在设立条件、资质审查、审批程序上与公办服务机构执行相同规定。鼓励民间资本优先投向教育培训、医疗卫生、文化体育、养老服务等社会事业重点领域，引导民间资本通过独资、合作、合资等方式，举办普惠性幼儿园、老年护理院、二级甲等以上综合医院等民办服务机构。

三、加强土地用房保障。民间投资享有与政府投资同等的用地优惠政策，对于民办服务机构举办的教育、医疗、文化体育、养老等建设项目，非营利性民办服务机构建设项目，可以行政划拨的方式供地；营利性民办服务机构建设项目，采取招拍挂出让方式供地，出让底价可按照成本逼近法或收益还原法评估确定。民办服务机构通过招拍挂出让有偿取得的用地，确定为商业服务用地——其他商服用地（教育、医疗、养老机构用地），土地性质和用途不得转换和改变，不得分割转让（转租）。支持民办服务机构利用闲置厂房、学校、商业设施、农村集体房屋等存量土地和用房资源开展经营活动，在明确临时改变功能用途和期限的前提下，由规划部门出具同意临时改变功能的规划意见，办理用地手续。民办服务机构利用存量土地和用房，符合规划的，经批准可以增加地块容积率、建筑密度，按有关规定补缴土地出让金。

四、加大财政扶持力度。对符合条件的民办非营利性综合医院、中医医院和专科医院，按实际开放床位数给予每张2万元至4万元的一次性补助。民营医疗机构新通过二级甲等以上等级医院评审的，对综合医院和中医医院一次性给予500万元至2000万元不等的奖励，专科医院给予每张床位1万元至3万元不等的奖励；支持民营医疗机构加强学科建设，有关奖励补助政策与市公立医疗机构享受同等待遇。对符合条件的民办养老机构，按新增核定床位数给予每张床位1万元至2万元的补助。对普惠性民办幼儿园，按教师和学生人数给予一定补助。对承办市级以上艺术赛事、体育赛事的民办文体服务机构，给予1万元至10万元的补助。

五、建立政府购买服务制度。将各类符合条件的社会事业民办服务机构统筹纳入政府购买服务范围，市财政根据民办服务机构承担的公共服务性质、范围、数量，安排一定的专项资金用于支付购买服务费用。对民营医疗机构承担政府指令性的健康体检、孕产妇保健及分娩等公共卫生服务项目的，政府可通过“服务券、体检券”等方式购买服务；对承担政府下达的突发公共卫生事件救治任务和医疗卫生支农、支边、对口支援及急救绿色通道救治工作的民营医疗机构，按公立医疗机构同等待遇获得政府补偿。对非营利性民办养老服务机构收住本市户籍的重度失能、半失能老人的，按实际收住人数给予每人每月100元的日常运营补助。市财政安排一定资金，专门用于民办文化服务机构以竞争方式提供公益文艺演出的政府购买服务活动。

六、优化信贷融资服务。教育、医疗、文体、养老等民办服务机构有偿取得的土地、房产等固定资产符合法律规定的抵押资产条件的，可申请抵押贷款，土地、住建等部门应予办理抵押登记手续。鼓励开展知识产权质押贷款，允许民办服务机构知识产权经评估后作为质押物进行融资，积极探索民办学校、民营医疗机构、民办养老机构收费权质押办法。鼓励民办服务机构以股权融资、项目融资等方式筹集建设发展资金，支持符合条件的民办服务机构上市融资和发行债券。引导担保机构开展针对民办服务机构的信用担保业务，将民办服务机构贷款纳入融资性担保机构风险补偿资金补偿业务范围，具体按《余姚市人民政府办公室印发关于促进融资性担保行业健康发展若干意见的通知》（余政办发〔2014〕76号）执行。鼓励民办服务机构投保，引导保险公司开发推广针对民办服务机构的各类责任保险，其中对民办养老机构按托养老人安全责任保险费给予30%～50%的补助。

七、健全人才保障机制。公办服务机构事业在编人员经行政主管部门批准流动到民办服务机构的，应当解除（终止）聘用合同，与民办服务机构建立劳动关系，并报市编委办、市人力社保局备案。上述人员需重新流动到公办服务机构的，在同行业内按照“岗位空缺、专业对口”的原则，经用人单位及其行政主管部门同意和人力社保部门认定核准，按实名制管理规定办理流动手续。对在具有一定规模的民办学校、民营医院工作且符合专业技术职务任职条件的人员，可参照公办服务机构同类人员标准参加事业单位社会保险。鼓励具有中级及以上职称的医师在我市行政区域内规范开展多点执业。对非营利性民办养老机构中持有国家职业资格五级及以上职称的人员，给予每人每月100～250元的岗位津贴。各部门对民办服务机构聘用专业人员在注册考核、职称评审、课题申报、推荐评优等方面纳入统一管理，享受与公办服务机构同等待遇。支持民办服务机构开展高校毕业生实践基地建设，对被评为“余姚市大中专毕业生实践（见习）基地”的单位，每年给予1万元的工作经费补助，对接收实习生较多且工作成绩突出的，给予2万元奖励。

八、完善收费定价制度。放宽民办服务机构服务项目定价自主权，以成本核算为基础，以市场调节为原则，非营利性及公建民营机构在政府指导价下实行浮动收费，营利性机构自主定价，实行网上备案制。

九、保障投资者资产权益。非营利性民办服务机构实行有限产权，允许以奖励形式给予出资人合理回报，在核算机构运行成本、预留发展基金等费用后，经审计符合规定的，可从年经营结余中不高于30%且不超过原始投入5%提取收益并奖励给投资者；在保证不撤资、不影响法人财产稳定和不改变性质用途的前提下，出资人产（股）权份额经民办服务机构内部决策机构同意，可以转让、赠予；依法发生清算的，按规定优先保障相关主体合法权益后仍有资产剩余的，按民办服务机构类别，可给予出资人不超过资产增值部分（不含土地增值）40%的奖励。营利性机构出资人依法享有相关产权与经济收益，按市场机制获取利润。依法建立健全民办服务机构有序变更、转让和退出机制，营利性机构可按规定手续申请变更为非营利机构，准许非营利性机构在履行注销清算手续后变更为营利性机构。

十、完善服务管理机制。积极搭建社会事业民办服务机构政策咨询平台、政府购买服务资讯平台和资产交易管理平台，为民间资本投资社会事业提供全方位服务。全面清理整合涉及民间投资管理的行政审批事项，深化实施模拟审批、并联审批和竣工联合验收制度，不断提高行政服务效率。切实强化政府监管责任，将民间投资纳入行业监管范围，确保规范经营、有序竞争。建立民间投资后续评估制度，健全完善民办服务机构运行绩效评估体系和风险预警防范机制，促进民办社会事业稳定健康发展。

十一、有关说明。对特别重大民间投资项目，可实行“一事一议”。市教育局、市卫生局、市文广新闻出版局、市民政局应根据自身职责，会同市财政局、市发展改革局等相关部门制定具体实施办法。原有政策规定与本意见不一致的，以本意见为准。执行过程中如遇上级政策调整，本意见也作相应调整。

本意见自发文之日起30日后施行。

中共余姚市委办公室关于改进领导会议活动新闻报道的通知

余党办〔2015〕2号

2015年1月19日

各乡镇、街道党（工）委，市直各部门党组织：

根据宁波市委、市政府《贯彻落实中央关于改进工作作风密切联系群众有关规定的实施意见》（甬党发〔2013〕1号）和宁波市委办公厅《关于改进领导会议活动新闻报道的通知》（甬党办〔2014〕106号）精神，为进一步落实改进领导会议活动新闻报道要求，现通知如下。

一、总体要求

1．市领导出席会议活动，要根据工作需要、新闻价值、社会效果决定是否报道。

2．涉及重大工作部署、出台重要政策、处置重大突发事件、涉及全局工作或有重要导向和影响的会议活动，按照精简务实、注重效果的原则进行报道，压缩数量、字数和时长。

3．遵循新闻传播规律，以新闻事件的重要性确定报道编排处理。除具有全局性重大意义的会议和活动，一般不安排《余姚日报》一版头条和余姚人民广播电台《966新闻》、余姚电视台《余姚新闻》（以下简称广播、电视新闻）头条刊播会议活动的消息。

4．市委书记、市长、市人大常委会主任、市政协主席和市委副书记的会议活动报道，原则上安排在《余姚日报》一版，广播、电视新闻第一版块；其他市领导的报道一般安排在《余姚日报》第二版，广播、电视新闻次要版块。

5．市领导在报道中的职务称谓根据会议活动主题确定，不必报道其担任的全部职务。市长出席外事活动，不报道其“市委副书记”职务。多位市领导共同出席会议活动时，不一一写明职务，统称“市领导”。

6．市党代会、市“两会”的开幕会等会议活动可视情安排广播、电视、网络直播，其他会议活动一般不安排广播、电视、网络直播。特殊情况需要直播的，由相关部门商市委宣传部确定。

二、改进会议报道

1．市党代会和市“两会”，按照会前制定的新闻报道方案，由市级新闻媒体进行报道。其中，市党代会、市“两会”开幕会、闭幕会消息，《余姚日报》文字稿（以下简称文字稿）不超过2000字，广播、电视新闻播出时长不超过7分钟。

2．市委全会由市级新闻媒体作一次性报道，其中文字稿不超过1500字，广播、电视新闻播出时长不超过 3 分钟。

3．市人大常委会会议、市政府全体会议、市政协常委会会议、市纪委全会以及市委工作会议、全市经济工作会议，由市级新闻媒体作一次性报道，文字稿不超过 1000 字，广播、电视新闻播出时长不超过 2 分钟。

4．市委常委会议、市人大主任会议、市政府常务会议、市政协主席会议，可由市级新闻媒体作报道。报道时，文字稿不超过 800 字，广播、电视新闻播出时长不超过 2 分钟，电视新闻可不播出会场画面。

5．市委、市政府召开的其他全市性重要会议，由市委办公室、市政府办公室通知市级新闻媒体作一次性报道，文字稿不超过 800 字，广播、电视新闻播出时长不超过 1 分钟。

6．市人大常委会、市政协重要的履职活动和会议，可由市级新闻媒体作报道。

7．其他会议由新闻媒体视新闻价值作报道，报道中不出现领导职务姓名，电视报道不突出领导画面。

三、改进调研活动报道

1．市委书记、市长、市人大常委会主任、市政协主席和市委副书记到基层调研，《余姚日报》、余姚电台、余姚电视台安排记者随行报道。

2．市委书记、市长的调研活动报道，文字稿不超过 1000 字，广播、电视新闻播出时长不超过 2 分钟。市人大常委会主任、市政协主席和市委副书记的调研活动报道，文字稿不超过 800 字，广播、电视新闻播出时长不超过 1 分钟。

3．市委书记或市长赴基层连续几天围绕同一个主题开展调研活动，可合并作一次报道。

4．市委书记、市长或市委统一安排由市人大常委会主任、市政协主席率领的市党政代表团赴外地考察调研，文字稿不超过 800 字，广播、电视新闻播出时间不超过 1 分钟。

5．其他市领导单独到基层调研和赴外地学习考察，市级媒体一般不安排随行记者，不作报道。

四、改进外事活动报道

1．市委书记、市长、市人大常委会主任、市政协主席和市委副书记出访，报道规格参照出席市内重要活动报道确定，回国后不再作综合报道。其他市领导出访，一般不作报道。

2．市委书记、市长、市人大常委会主任、市政协主席和市委副书记在市内出席外事活动，文字稿不超过 400 字，广播、电视新闻播出时长不超过 1 分钟。其他市领导在市内出席外事活动，市级媒体发简讯。

3．多位市领导同日分别会见同一批外宾，市级媒体可发一条综合消息，不单独播发每场会见的消息。

4．市领导率团出访香港、澳门、台湾，或在市内接见香港、澳门、台湾客人的报道，参照上述外事活动相关条款执行。

五、改进其他活动报道

1．市委书记、市长或受市委、市政府委托的其他市领导指导抢险救灾、处理安全事故和突发事件等重大专项工作，在应急阶段，市级媒体要作突出报道，报道字数和时长不受上述有关条款的限制。

2．市领导参加全国、省、宁波党代会和“两会”，市级媒体要做好市领导作为代表、委员尽责履职、参政议政的报道，文字稿不超过 800 字，广播、电视新闻播出时长不超过 2 分钟。

3．市委书记、市长在元旦、春节等重大节日、纪念日，由市委办公室、市政府办公室根据需要，安排在《余姚日报》刊发署名文章，发表广播或电视讲话。

4．市领导拜会党和国家领导人、会见省（区、市）、地级市（副省级城市、计划单列市）和兄弟城市党政代表团等重要内宾活动，市级新闻媒体作报道，会见其他内宾一般不作报道。

5．多位市领导根据统一安排，在一段时间内分头下基层检查、慰问等，市级新闻媒体发一条综合消息，不作单独报道。

6．除经中央或省委、省政府，宁波市委、市政府，市委、市政府批准的重要展览和文艺演出活动外，市领导参观展览、观看一般性文艺演出、体育比赛以及出席其他文化活动，不作报道。

7．市领导给部门和地方的指示、批示等一般不作报道。市委书记、市长对抢险救灾、安全事故、突发事件等重大专项工作的指示、批示，如需报道，由市委办公室或市政府办公室会同市委宣传部通知市级新闻媒体。

8．市领导参加治丧活动和诞辰纪念活动的新闻报道，由市委组织部等商市委宣传部严格按有关规定执行。

六、创新领导会议活动报道

1．市级新闻媒体要高度重视做好市领导出席的会议活动报道，积极创新报道方式方法，善于挖掘会议活动中蕴含的新闻，把握主题，贴近民生，增加信息量，减少一般性报道。

2．报纸可运用简讯、标题新闻等形式简化一般性领导会议活动的报道。广播、电视报道可根据现场情况和广电媒体特点，对领导会议活动的新闻通稿进行摘播。

3．新闻媒体要积极尝试以多种形式报道领导会议活动，在媒体所属新闻网站、公众微信、手机报、新闻客户端等新媒体中及时简短播发，运用现代传播手段扩大信息传播。

七、加强统筹协调

1．市委宣传部负责统筹协调市领导的新闻报道工作，并督促指导市级新闻媒体落实有关报道规定。市领导所在单位和身边工作人员不得直接向新闻媒体就报道字数、时长、版面、画面等提出要求。

2．涉及市委、市人大常委会、市政府、市政协重大会议和活动的新闻报道，由市委宣传部商市委办公室、市人大常委会办公室、市政府办公室、市政协办公室统筹安排。

3．市委办公室、市人大常委会办公室、市政府办公室、市政协办公室要明确专人，分别负责对涉及市委书记、市长、市人大常委会主任、市政协主席会议活动稿件的审核。

4．注重发挥新闻宣传在推动实际工作、完善社会治理中的重要作用，提倡市领导多接受媒体采访，出席新闻通气会或新闻发布会等。

5．对于通知中未涉及的其他市领导会议活动报道事宜和把握不准的问题，有关部门和市级媒体应及时请示市委宣传部。

余姚市人民政府办公室
关于明确城镇低效用地再开发
妥善处理历史遗留用地有关事项的通知

余政办发〔2015〕2号

2015年1月13日

各乡镇人民政府、街道办事处，市直各部门：

根据浙江省人民政府《关于全面推进城镇低效用地再开发工作的意见》（浙政发〔2014〕20号）和浙江省国土资源厅《关于明确城镇低效用地再开发用地报批有关事项的通知》（浙土资发〔2014〕23号）精神，为加快推进我市城镇低效用地再开发工作进程，经市政府研究，现就妥善处理历史遗留用地有关事项通知如下。

一、明确历史遗留用地范围

历史遗留用地是用地行为发生在1987年1月1日至2009年12月31日（含2009年12月31日），没有合法手续且已使用的建设用地（不包括用于商品住宅和农民个人建房的建设用地），并要符合土地利用总体规划和城乡规划、纳入城镇低效用地再开发专项规划和数据库、未列入拆迁计划。

用地行为发生在1986年12月31日（含1986年12月31日）之前的和用地行为发生在2010年1月1日以后的建设用地，按照浙政发〔2014〕20号文件精神处理。

二、规划套合对接

对符合土地利用总体规划和城乡规划、产业规划的历史遗留用地，按照浙土资发〔2014〕23号文件精神开展用地报批工作。对部分只符合土地利用总体规划或城乡规划的历史遗留用地，由市国土资源局、市规划局视条件作出规划局部调整，并办理用地报批手续。

三、违法用地处理

1. 对历史遗留用地地上建（构）筑物已拆除到位的，不再作出违法用地处罚。

2. 符合土地利用总体规划的历史遗留用地，对以前已作出违法用地行政处罚且罚款已交清的，不再重复进行处罚；未进行过处罚的，按现行地类依法作出行政处罚，罚款标准一律按每平方米25元处罚；对已作出处罚，但罚款尚未执行的，追缴罚款，暂缓收缴滞纳金。

3. 对历史遗留用地地上建（构）筑物依法作出没收处理的，可由原土地使用者回购，由乡镇政府、街道办事处、经济开发区管委会负责收取，并上交国库。

4．违法用地确认，由市国土资源局负责查处土地违法案件，并报宁波市国土资源局确认。

四、土地使用权出让价格

为加快推进我市历史遗留用地报批工作进度，进一步提高用地单位的积极性，实行激励机制。对2015年12月31日前接受违法用地处理并回购地上建（构）筑物，且用地报批资料上报市国土资源局的，土地出让价格按照所在地段基准地价执行；2016年1月1日以后办理报批手续的历史遗留用地，土地出让价格按照市场评估价格执行。

五、有关工作要求

（一）加强组织领导。各地各部门要统一思想、通力合作，高度重视我市历史遗留用地处理工作。各乡镇政府、街道办事处、经济开发区管委会要建立领导小组，组织相关人员成立专门工作班子，逐个排摸辖区内的历史遗留用地，督促用地单位及早办理用地报批手续。市级有关部门要进一步解放思想、创新工作方式方法，为妥善处理历史遗留用地提供更好服务。

（二）加强部门配合。市级有关部门要为历史遗留用地地上建（构）筑物补办房产证开通绿色通道，尽可能简化手续、优化程序，为用地单位提供方便，尽力解决历史遗留问题。

（三）加强联合执法。对2015年年底前未主动申请办理用地报批手续的历史遗留用地，各乡镇政府、街道办事处、经济开发区管委会要将地块列入“三改一拆”范围，限期拆除违章建筑；有关部门要加强联合执法，采取必要行政强制措施。

本文件自发文之日起30日后实施。

余姚市人民政府办公室
余姚市农村宅基地管理办法

余政办发〔2015〕1号

2015年1月12日

第一章　总　则

第一条　为贯彻落实省政府办公厅《关于规范农村宅基地管理切实破解农民建房难的意见》（浙政办发〔2014〕46号）精神，进一步加强和规范农村宅基地管理，节约集约利用土地，科学规划村庄布局，推进美丽乡村建设，依照《中华人民共和国土地管理法》《中华人民共和国城乡规划法》等有关法律法规和相关政策，结合本市实际，制定本办法。

第二条　本市行政区域内的农村宅基地管理，适用本办法。

第三条　农村宅基地管理，必须严格实行“一户一宅、拆旧建新、法定面积”的原则。城镇规划区内，停止新建独立式住宅。城镇规划区外，推行建设村民集中居住小区。

第四条　农村村民建房必须符合土地利用总体规划和城乡规划，切实保护耕地、节约集约利用土地，确需占用农用地的，应依法办理农用地转用审批手续。

第五条　乡镇（街道）会同村委会要先行编制村庄建设规划和农村村民建房实施方案。深入调查摸底，全面掌握本辖区内无房户、危房户和困难户的真实情况，建立台账，按照优先保障无房户、危房户的原则，每年编制农村村民建房实施方案，明确建房名单、规划选址、用地规模、时序安排以及实施方案的保障措施，有计划有步骤地保障农村村民合理的建房需求。

第六条　优先保障农村村民建房用地规划空间。农村村民建房符合村庄和集镇规划，涉及土地利用规划用途调整的，乡镇（街道）于每年6月底前上报土地利用总体规划局部调整方案。农民建房地块确需安排在限制建设区的，允许使用本乡镇（街道）土地利用总体规划预留指标进行安排，将建房地块纳入允许建设区；建房地块位于有条件建设区的，可使用本乡镇（街道）规划预留指标，或在本乡镇（街道）范围内的允许建设区等面积置换，进行规划修改。

第七条　实行农村村民建房用地指标专项管理。市政府根据上级下达的年度用地计划，每年安排不低于10%的计划指标，重点用于解决无房户和危房户。同时，统筹用好地质灾害搬迁、下山脱贫异地搬迁等新增建设用地专项指标。积极盘活存量建设用地，引导村民建房占用非耕地，少占或不占耕地。大力推进农村土地综合整治，充分运用城乡建设用地增减挂钩政策，获得的增减挂钩指标，要重点保障村民建房用地需求。

第八条　改革农村村民宅基地审批制度。按照“农户申请、村级审查、乡镇（街道）审批，市管转用”的审批模式，简政放权，提速增效。市政府委托乡镇人民政府、街道办事处负责本辖区内农村宅基地审批，并向市国土资源局备案。

第九条　建立农村宅基地共同监管责任机制。乡镇人民政府、街道办事处对本辖区内宅基地管理负总责；国土部门负责审核土地利用总体规划、农用地转用和宅基地审批备案工作；规划部门负责审核城乡规划。发改、民政、公安、城管等相关部门要依据各自职责，积极配合乡镇（街道）做好村民建房的相关工作。

第十条　建立农村宅基地管理长效制度。总结推广农村宅基地村级民主管理制度，通过“村规民约”民主协商等多种形式，充分发挥村委会和村民在宅基地管理中的积极性、主动性和创造性。建立村民建房用地审批与前三年农民建房供地率、违法用地、一户多宅处置相挂钩的奖惩制度。加强农村宅基地管理工作考核力度，把农村宅基地管理纳入乡镇街道年度目标责任考核体系。

第二章　建房条件

第十一条　具备下列情形之一的农村村民，可以申请宅基地。

（一）因国家建设，地质灾害移民、灾毁等需要搬迁的；

（二）实施村镇规划或旧村改造，必须调整搬迁的；

（三）常住人口中已领取结婚证书且原有的宅基地面积低于分户后可达到规定面积 90% 的；

（四）法律法规、规章规定可以申请建房的其他情形；

申请农村村民集中居住小区住宅的，应符合上述规定。

第十二条　有下列情形之一的，不得再申请宅基地：

（一）已有宅基地并达到规定面积标准 90% 以上（含 90%）的；

（二）出租、出卖或者以其他形式非法转让宅基地及地上建筑物，或将住宅改作他用的；

（三）以所有家庭人员作为一户申请并被批准后，不具备分户条件的；

（四）原住宅拆迁中已以货币或调产安置形式予以补偿安置的，或已享受过住房困难家庭安置政策的、下山移民政策的、已申请并入住集中居住小区的；

（五）其他不符合申请建房条件的；

第十三条　乡镇人民政府、街道办事处在审批新建宅基地时，应当同时办理原宅基地使用权收回手续，收回原宅基地土地权利证书；当事人在申请办理新宅基地登记手续时，同步办理原宅基地注销登记手续。因旧房文物保护、拆除将危及其他住宅安全等原因不能拆除的，村民应与村委会签订旧房处置相关协议，原住宅用地的土地使用权由村委会收回；经村委会同意，可以将旧宅基地调剂给符合宅基地申请条件的其他村民，调剂协议签署后，必须办理房屋所有权和土地使用权变更登记手续。

第三章　建房标准

第十四条　符合建房条件的农户，分小、中、大户，其建房占地面积标准为：小户 1 ～ 3 人，耕地不超过 75 平方米，非耕地不超过 90 平方米；中户 4 ～ 5 人，耕地不超过 110 平方米，非耕地不超过 120 平方米；大户 6 人以上（含 6 人），耕地不超过 125 平方米，非耕地不超过 140 平方米。

批准安置农村村民集中居住小区多层公寓的，人均建筑面积应控制在 60 平方米以内。

第十五条　农村村民的建房人口计算标准，按照家庭常住农业人口数确定，有下列情形的，可计入建房人口：

（一）已婚尚未有子女或已领取独生子女证的，可增加一个建房人口；

（二）回乡落户的职工、军人和其他人员，持有原所在单位或者原户口所在地乡（镇）人民政府出具的无住房证明材料的；

（三）原户籍在本村，1998 年 1 月 1 日后在大中专院校毕业、结业、肄业且本人户口已迁回本市的；

（四）法律法规规定的其他人员。

第四章　审批程序

第十六条　农村村民申请建房按以下程序进行：

（一）申请受理。农村村民应向户口所在地村委会提出书面建房申请。村委会对建房申请进行集体讨论，认为符合申请建房条件的，即在村公示栏内进行公示，公示内容包括申请建房的申请人姓名、户籍在册人口、现有住房情况及其处置方式，申请建房地点、建房用地面积等。公示期满无异议的，村委会签署意见后报所在地乡镇人民政府、街道办事处审查。

（二）现场踏勘。乡镇人民政府、街道办事处收到村委会上报的建房申请材料后，应在 5 个工作日内对申报材料的真实性和完整性进行审查。对符合建房条件的建房户，召集相关人员现场踏勘调查，并出具现场踏勘调查意见。对不符合建房条件的建房户，一次性告知申请人。

（三）批前公示。对符合建房条件的建房户，乡镇人民政府、街道办事处应将拟审批对象、规划选址、用地面积、旧房处理等情况在乡镇人民政府、街道办事处及所在村范围内公示，接受群众监督。

（四）审核审批。经公示无异议后，对符合建房条件的建房户，乡镇人民政府、街道办事处应在 5 个工作日内下发农村村民建房用地批准文件，同时向市国土资源局备案。

农民多层公寓集中居住小区（住房）建设，按现有农房“两改”相关规定办理。

第五章　建设管理

第十七条　农村村民建房实行“四公开”“四到场”制度。即：“审批程序公开、申请条件公开、建房名单公开、审批结果公开”和“定桩放样到场，墙基验线到场，施工过程到场，竣工验收到场”。乡镇（街道）应建立到场检查签字制度，有关责任人员须到场签字。在通过建筑验线后，农村村民方可开工建设，并严格按照批准的位置、建房占地面积、建筑面积、层数和高度等要求进行建设。

第十八条　农村村民建房应当在批准之日起一年内竣工，因特殊原因无法按期竣工的，报经乡镇人民政府、街道办事处同意，可延长竣工日期，但最长不得超过一年。

第十九条　农村村民住宅竣工后，由乡镇人民政府、街道办事处负责竣工规划核实。农村村民持用地批准书、乡村建设规划许可证等资料向乡镇（街道）提出申请，乡镇人民政府、街道办事处组织相关人员实地核定村民住宅建设是否符合批准要求。

第二十条　乡镇人民政府、街道办事处、相关执法部门及村委会应当加强对村民建房全过程的巡查和监管，发现违法建房，应当及时制止，依法查处。

第六章　法律责任

第二十一条　农村村民未经批准或者采取欺骗手段，骗取批准占用土地建房的，由相关行政执法部门会同乡镇人民政府、街道办事处责令其退还非法占用的土地，限期拆除在非法占用的土地上新建的建筑物和其他设施，逾期不拆除的，依法强制执行。

超过批准的建房用地标准，多占的土地以非法占用土地论处，由乡镇（街道）、有关执法部门责令停止建设，限期改正。

第二十二条　严禁城镇居民在农村购置宅基地，严禁农村宅基地自由买卖，严禁为城镇居民在农村购买和违法建造的住宅发放房产权证和土地使用权证。

第二十三条　开展农村宅基地专项整治，依法依规清理“一户多宅”问题，集约节约，提高农村宅基地使用效率，坚决贯彻“一户一宅”的法律规定。

第二十四条　国家工作人员在建房申请审查、审核和审批过程中玩忽职守、滥用职权、徇私舞弊的，按照干部管理权限依法依规给予行政处分；构成犯罪的，移送司法机关依法追究刑事责任。

第二十五条　单位或个人以仿造户口、隐瞒旧房、提供虚假审批资料等方式帮助村民骗取批准建房的，依法追究相关责任。

第七章　附　则

第二十六条　本市其他有关农村村民宅基地管理规定，如与本办法有抵触的，以本办法为准。今后法律法规对农村村民宅基地管理有新的规定的，从其规定。

第二十七条　本办法自2015年3月1日起执行。

余姚市人民政府办公室
余姚市业主委员会建设指导规则

2015年2月25日

第一章　总　则

第一条　根据《中华人民共和国物权法》《物业管理条例》《浙江省物业管理条例》《宁波市住宅小区物业管理条例》和《业主、业主大会和业主委员会指导规则》等有关规定，结合我市实际，制定本规则。

第二条　本市行政区域内实施物业管理的小区选举成立业主委员会及其依法行使职责，适用本规则。

业主自行管理或委托其他管理人管理物业，成立业主委员会的，可参照本规则。

第三条　一个物业管理区域内只能成立一个业主大会和一个业主委员会，业主委员会由业主大会选举产生。

第四条　决定产生业主委员会、业主大会议事规则、业主管理规约等重大事项的，必须通过业主大会。业主大会可以是全体业主参加；也可以幢、单元、楼层（非住宅类）为单位推选代表参加，推选代表的必须有代表区域内业主的书面授权；还可以采取书面征求意见或表决的形式。

无论以何种形式召开业主大会，作出决定时同意的业主都必须达到法定人数和票数。

第五条　业主委员会依法在业主大会议事规则、业主管理规约框架下行使合法权利，并履行相应义务；业主大会还可以授权业主委员会行使其他权利。

业主委员会的决定，对全体业主具有约束力。

第六条　本规则所称业主，是指房屋产权人及与房屋产权人共同居住且有直系亲属关系、婚姻关系的家庭其他成员。

业主行使权利时一般应以购房人或第一购房人出面。

第二章　业主委员会的成立

第七条　符合下列条件之一的，应当召开首次业主大会会议，并选举产生业主委员会。

（一）房屋出售并交付使用的建筑面积达到物业总建筑面积60%以上的；

（二）首套房屋出售并交付使用已满两年，且房屋出售并交付使用的建筑面积达到物业总建筑面积30%以上的。

符合首次业主大会会议召开条件的，建设单位或社区应组织10名以上业主书面向物业所在地街道办事处（乡镇人民政府）申请成立业主大会。

第八条　街道办事处（乡镇人民政府）应当自接到成立业主大会申请之日起60日内，组织成立首次业主大会筹备组。

首次业主大会筹备组由建设单位、街道办事处（乡镇人民政府）、辖区派出所、社区居民委员会派员与业主代表共同组成，筹备组成员人数为11人，其中业主代表人数一般应不少于筹备组总人数的一半，筹备组组长由街道办事处（乡镇人民政府）代表担任。

筹备组应当自组成之日起90个工作日内完成筹备工作，组织召开首次业主大会会议。

第九条　业主委员会候选人由业主推荐或自荐，经筹备组审核并按规定公示后确定。同一户家庭的业主一般只能有一人作为候选人。

业主有下列情形之一的，不得成为业主委员会委员候选人：

（一）无民事行为能力人或限制行为能力人；

（二）不履行交纳物业服务费及其他相关费用的；

（三）有违法违规装修、搭建、改变物业使用功能以及违法违规占用公共设施、设备、场地等行为的；

（四）业主本人、配偶及其近亲属在本区域内物业服务企业工作的；

（五）存在其他违反有关法律、法规、规章规定行为的。

第十条　无论以何种形式召开业主大会，业主委员会委员得票数必须超过业主总人数的1/2，且同意部分业主物业建筑面积超过物业区域总建筑面积的1/2。

第十一条　业主委员会委员人数为5人至11人，每届任期3年至5年。业委员会应当自选举产生之后3日内召开首次业主委员会会议，推选产生业主委员会主任1人，副主任1人至2人，并明确小区秩序、卫生、维修、内勤等方面的专职委员。

第十二条　业主委员会应当在选举产生之日起30日内，向属地街道办事处（乡镇人民政府）和市住房和城乡建设主管部门备案。

业主委员会持备案证明向公安机关申请刻制业主大会和业主委员会印章，并依法使用印章。

第三章　业主委员会的运作

第十三条　业主委员会应有相应的工作经费，用于保障日常工作的开展。

业主委员会工作经费由全体业主承担，可以在物业管理区域内共用部位、共用设施设备、物业管理经营用房的收益中列支，也可以在全体业主中筹集。

业主委员会工作经费主要用于日常工作的开支和聘请专职工作人员的工资、业主委员会成员的适当补贴及其他开支。但所有经费开支，必须在业主大会或业主代表大会决议中进行规定。

业主委员会应当在每年3月底前在物业管理区域内公布上一年度业主委员会工作经费的使用情况，接受全体业主、街道办事处（乡镇人民政府）、社区居民委员会的监督，公布时间不少于7天。

第十四条　业主委员会可以根据需要从全体业主中聘请专职工作人员，负责处理业主委员会的日常事务，聘请专职工作人员后10日内，应向街道办事处（乡镇人民政府）备案。

第十五条　业主委员会应有相应的办公场所，物业管理区域内已按规定配置物业管理用房和社区用房的，业主委员会办公场所应不少于20平方米；未配置的，应创造条件，落实办公场所。

第十六条　业主委员会应当建立定期例会制度和临时会议制度，决定和解决日常工作和业主大会决议中规定的事项，以及业主大会授权的事项。

但以下事项必须向全体业主征求意见，并符合相关规定要求，方可作出决定：

（一）要求物业服务企业退管的；

（二）对物业服务收费标准进行调整的；

（三）对小区停车位、绿化、管线设施等计划进行改造的；

（四）动用大额专项维修资金，且维修内容并非应急范围的。

第十七条　业主委员会会议由主任召集并主持，主任因故不能履行职责的，可以委托副主任召集。

业主委员会会议应当有过半数委员出席，委员不能委托代理人参加会议。

业主委员会会议应当制作书面记录，由参会委员签字后存档。

第十八条　业主委员会作出的决定必须经超过半数的委员同意；需要作出重大决策的，应当于会议召开前7日，在物业管理区域内公告会议的内容和议程，听取业主建议和意见（每届业主委员会的首次会议除外），并在作出决定之日起3日内，将会议情况以及决定事项在物业管理区域内书面公告。

第十九条　业主委员会应当建立工作档案，工作档案应当包括以下内容：

（一）公用部位的图纸、房屋坐落；

（二）开发单位的各类资料；

（三）物业服务合同；

（四）业主大会会议、业主委员会会议的记录；

（五）业主大会、业主委员会的决定；

（六）业主大会议事规则、管理规约、物业服务合同；

（七）业主委员会选举及备案资料；

（八）物业专项维修资金筹集及使用相关资料；

（九）业主及通信号码；

（十）业主意见及建议；

（十一）政府相关部门下发的文件；

（十二）其他需要保存的资料。

第二十条　业主委员会委员有下列情形之一的，其委员资格自行终止：

（一）因物业转让、灭失等原因不再是本物业管理区域内业主的；

（二）无故缺席业主委员会会议连续三次以上的；

（三）因疾病或者其他原因丧失民事行为能力，无法履行职责的；

（四）因犯罪被限制人身自由的；

（五）在竞选业主代表、业主委员会委员期间有利益诱惑或作出侵害他人合法权益的承诺等违规行为被查实的；

（六）在换届过程中无理由不移交所保管的印章、资料、账册等业主委员会物品的；

（七）法律、法规以及管理规约规定的其他情形。

第二十一条　业主委员会委员有下列情形之一的，业主委员会应当召开会议，决定是否终止其委员资格：

（一）以书面形式向业主大会或者业主委员会提出辞职的；

（二）不履行业主委员会委员职责和业主义务，违反管理规约的；

（三）收受物业服务企业、利害关系业主提供的利益或者报酬，谋取私利的；

（四）向物业服务企业销售商品、承揽业务的；

（五）牟取可能妨碍公正履行职务的其他利益的；

（六）其他侵害业主合法权益的行为；

（七）满1年以上不缴纳物业服务相关费用的；

（八）鼓动或煽动其他业主不缴纳物业服务相关费用的；

（九）其他原因不宜担任业主委员会委员的。

第二十二条　业主委员会委员资格变动的，应当以书面形式在物业管理区域内公告7日。

第二十三条　业主委员会委员资格终止的，应当移交相关资料，做好交接手续。

被终止资格的业主委员会委员，拒不做好交接手续的，物业所在地公安机关应当做好协助移交工作。

第二十四条　业主委员会不符合规定人数时，

应当及时做好增补工作。

业主委员会届满时，应及时做好换届选举工作。

第四章　指导和监督

第二十五条　市住房和城乡建设主管部门负责业主委员会建设相关政策的制订，会同属地街道办事处（乡镇人民政府）做好业主大会和业主委员会建设相关工作；负责业主委员会备案工作；负责督促物业服务企业配合业主委员会正确履行物业服务合同；负责物业管理政策法规的宣传教育活动和对业主委员会的培训工作。

第二十六条　街道办事处（乡镇人民政府）负责组织协调本辖区业主大会成立和业主委员会换届工作，规范业委会运作；协调社区居委会、业委会和物业服务企业之间的关系；指导社区居委会和业委会正确使用物业专项维修资金。

第二十七条　社区居民委员会协助街道办事处（乡镇人民政府）指导和监督业主委员会依法开展业主自治，重点对制定和修改业主大会议事规则、业主管理规约、共有部位经营收益分配，解聘、选聘物业服务企业，使用专项维修资金等有关事务应依法提出建议和意见，指导业主委员会按议事规则建立工作例会制度；主动参与日常小区矛盾纠纷的调解工作，建立社区居委会、业主委员会、物业服务企业联席会议机制；做好对业主委员会考评的初评工作；在规定情形下代替业主委员会行使业主委员会职责。

第二十八条　各相关职能部门应积极支持业主委员会工作，及时查处违法违规行为。

第二十九条　本规则自发布之日起实施。

余姚市人民政府办公室
余姚市推广运用政府和社会资本合作项目管理办法（试行）

余政办发〔2015〕12号

2015年2月15日

为加快转变政府职能，深化财税体制改革，防范政府性债务风险，鼓励社会资本参与有一定收益的公益性项目投资和运营，规范项目管理，特制定本办法。

一、项目特点和基本要求

（一）政府和社会资本合作模式（以下简称“PPP”模式）是指政府通过特许经营权、合理定价、财政补贴等事先约定的收益规则，使投资者有长期稳定的收益。通常模式是由社会资本承担建设、运营、融资和偿债等大部分责任，并通过“使用者付费”及必要的“政府付费”获得合理的投资回报；政府负责基础设施和公共服务的价格和质量监管，以保证公共利益最大化。

（二）采用“PPP”合作的项目应当符合我市经济和社会发展规划。具体适用于供水、供气、公共交通、污水处理、垃圾处理、医疗卫生、教育、文化体育、养老等有一定收益的项目。部分项目采用“政府购买服务”，给予一定固定回报，到期清算回购。

（三）合作项目应能建立清晰的风险分担机制。原则上，项目的建设、财务、运营维护责任由社会资本承担，政策和法律变更、最低需求责任、政府付费由政府承担。

（四）采用“PPP”合作的项目应当遵循公开公平原则，项目合作方案批准后，应以适当的形式向社会公开。选择投资合作方应符合政府采购法和招标投标法相关规定。

二、项目审批管理

（五）采用“PPP”合作的项目应由项目主管部门拟定合作初步方案，及前期招商谈判。方案应包括但不限于以下内容：项目投资估（概）算、运行成本估算、项目主要建设内容（或设计标准）和后续运营应达到的基本要求、相关收费（或营运收入）的收取标准、未来项目运营需求量和收入的测算、财政补贴标准及确定的依据、投资方和政府的主要责任、招投标方案、前期招商成果和意向投资方介绍以及其他需要特别说明事项。

（六）主管部门拟定初步合作方案后，应会同发改、财政、审计、招投标等相关部门进行初审，初审通过后报市政府批准实施。

（七）合作项目应能产生稳定的现金流（包括政府付费部分），合作期限不少于5年。

（八）合作项目确需财政补助（政府付费）的，财政补助标准应尽量根据提供服务量确定，避免按项目规模直接补助项目。财政补助总额大于项目投资规模和运行成本的项目，不宜采用“PPP”合作模式。

（八）合作协议签订后，涉及项目投资规模、运营标准、政府出资额、收费标准和财政补助标准等协议重要内容变更的，需按原程序重新审批。

（九）合作投资方应当诚实守信，并具备一定的经营实力。社会资本投资方在项目中的占股比例应占控股地位。

三、项目实施及后续管理

（十）项目投资方不得将合作项目整体转让（包）给其他单位经营。

（十一）采用“PPP”合作的项目在建设过程应遵循我市政府投资项目基本建设管理程序。

（十二）行业主管部门应对项目运营情况进行监督和管理，确保公共利益不受损害。对项目的绩效目标实现程度、运行管理、公共服务质量、公众满意度等方面进行绩效评价。同时，要根据评价结果依照合同约定对价格或补贴等进行调整。

（十三）合作项目涉及财政补助的，其补助资金应由主管部门列入年度预算。

（十四）政府及所属部门、事业单位不得为合作项目提供融资担保，更不得为项目融资承担偿还责任。

附件：余姚市政府和社会资本合作项目操作细则（略）

中共余姚市委　余姚市人民政府关于加快推进四明山区域生态发展的实施意见

余党发〔2015〕10号

2015年3月3日

为贯彻落实宁波市委、市政府《关于加快推进四明山区域生态发展的实施意见》（甬党发〔2015〕8号）精神，结合我市实际，经市委、市政府研究，现就加快推进我市四明山区域生态发展，促进区域生态环境与经济社会协调发展提出如下意见。

一、指导思想

以党的十八大和十八届三中、四中全会精神为指导，围绕宁波市委、市政府关于建设"美丽宁波"的决策部署，树立"生态经济化、经济生态化"理念的要求，结合区域的资源禀赋、现实基础和发展潜力，以绿色发展、特色发展、联动发展、统筹发展、内生发展为原则，坚持多管齐下、多措并举，着力改善区域生态环境，着力拓展农民增收致富渠道，着力提升城乡统筹水平，实现区域生态环境保护与经济发展、群众生活水平提高有机统一，努力把四明山区域打造成为宁波乃至全省领先的生态保护示范区、休闲旅游集聚区、绿色经济先行区、美丽乡村展示区和老区小康样板区。

二、区域范围及主要目标

1. 我市四明山区域范围：包括梁弄镇、大岚镇、四明山镇、鹿亭乡，以及姚江以南以西的梨洲街道茭湖、黄明、燕窝片的8个行政村、陆埠镇洪山片的9个行政村、兰山片的3个行政村、大隐镇的芝林和云旱2个行政村，共计77个行政村，区域面积498.33平方千米，户籍人口11.1万人。

2. 主要目标：到2016年，四明山区域生态环境显著改善，生态体系更加健全，绿色可持续产业基本建立，公共基础设施进一步完善，基本公共服务水平持续提高，使四明山区域农民人均收入达到15000元以上，完成内聚外迁1200户以上，完成禁止开发区生态修复6600亩，生态公益林覆盖面达到43.13%，水土流失面积减少20%以上，主要饮用水水源水质保持在Ⅱ类标准以上，使四明山区域初步形成生态系统稳定、产业布局合理、人与自然和谐统一的区域发展新格局。

到2020年，区域生态系统更加稳定，人居和生态环境进一步改善，村庄布局优化定型，通景公路更加快速便捷。资源节约型、环境友好型产业体系全面构建，城乡一体化体制机制更加健全，居民收入差距进一步缩小。完成禁止开发区生态修复12110亩，区域内森林覆盖率达到73%，完成内聚外迁2000户，缩减自然村20%以上，区域游客接待量达到500万人次、旅游总收入达到35亿元左右，农民人均年纯收入达到25000元左右。

三、工作措施

（一）坚持规划导向，强化规划引领

1. 深入实施“1+5”规划。坚持规划的综合调控和统筹引领作用，进一步推进实施“1+5”规划，着力完成各项规划目标任务。根据新一轮四明山区域生态发展相关规划的专题研究结果，适时适当修编完善我市四明山区域的各类规划内容，确保规划内容的合理性和目标的可实现性。

（责任单位：市规划局）

2. 专题研究四明山区域的体制机制。为科学把握四明山区域生态发展的新常态，根据我市四明山区域的功能定位、资源优势和产业特色等特点，认真做好四明山区域行政区划前期调研，适时启动四明山区域行政区划调整研究。

（责任单位：市民政局、市决策咨询委员会）

（二）加强生态保护与修复，提高区域生态承载能力

1. 进一步明确三类区域范围。继续明确区域内禁止开发区、限制开发区和产业提升区三类区域，因地制宜，科学划定区域生态保护红线，突出重点，明确生态环境保护红线区。严守生态红线，加大区域毁林开垦整治和水源地治理保护力度，对乱砍滥伐、盗挖偷采、毁林种植和违规排放污水、破坏水源地等违法违规行为，坚决追究法律责任。

（责任单位：市农林局）

2. 深入开展农业面源污染治理。加强农业面源污染综合防治，大力推广测土配方、病虫害绿色防治、水肥一体化等技术，严格控制化肥、农药施用量，禁止使用高毒高残留农药；根据《余姚市畜禽养殖禁养区划分方案》（余政发〔2014〕29号）要求，全面推进四明山区域畜禽养殖污染治理，加快区域内的饮用水源保护区等畜禽禁养区内养殖场关停和限养区内的养殖整治提升工作，大力实施禁限养区外的养殖场整治提升和生态化改造，逐步引导水源一级保护区内的畜禽养殖企业（场）外迁。

（责任单位：市农林局、市环保局、市供销联社）

3. 进一步推进生态修复工程。严厉打击毁林开垦违法行为，积极引导农户种植红豆杉、香榧、银杏、油茶等经济树种，加快实施花木走出去和“退花还林、退耕还林”步伐。对在生态公益林区、天然林区、国省道干线公路和旅游公路两侧第一山脊以内、坡度25度以上林地已种植花木的要做好生态复绿工作，逐步提高生态公益林补助标准，生态公益林补偿在原基础上宁波、余姚两级财政每亩再增加100元，并逐步将水源地周边的水稻田纳为生态补偿对象。提高水资源涵养费补助标准，加大生态公益林抚育力度，保护森林植被和生物多样性，不断提高水源涵养能力。大力推进“五水共治”，加强山塘水库整治、生态清洁型小流域治理、河道综合治理、水库群联网联调工作，提高保障供水、防御洪水和预防地质灾害的能力。

（责任单位：市农林局、市水利局）

（三）深化美丽乡村建设，提升区域宜居水平

1. 抓好村庄整治提升。以规划为依据，深入实施相对欠发达地区村庄整治建设提档升级“十大行动计划”。在市级财政与宁波1∶1配套的基础上，积极整合各职能部门项目资金，优先将民生项目和污水处理安排在整治村，做到整治一个、提升一个，力争使四明山区域人居环境得到根本改观。

（责任单位：市老区办）

2. 深化美丽乡村精品村建设。把美丽乡村建设作为提升四明山区域面貌、增强可持续发展能力的重要抓手。以美丽乡村精品村为切入点和突破口，突出山区特色，保护好山区的古村落、古建筑、古民居，挖掘好、传承好富有特色的民风民俗，运用好生态资源和红色资源，做好“一村一规、一村一品、一村一景、一村一韵”等文章，充分展现浙东山区传统乡村的风貌。建立市领导联系美丽乡村精品村制度，协调解决建设过程遇到的问题和困难。积极探索精品村建设与招商引资旅游开发同步推进模式。

（责任单位：市农办、市文化广电新闻出版局〈旅游局〉）

3．加强农村生活点源污染治理。加快农村生活污水处理设施建设，逐步扩大管网覆盖范围，有条件的村要全面实施截污纳管处理。管网未覆盖的规划保留村，全面开展分散式生态化农村生活污水处理设施建设。探索农家乐发展标准化管理模式，改造提升农家乐经营水平，扩大农家乐生活污水生态处理覆盖面，确保污水控制及达标排放。健全农村生态环境保洁常态化工作机制，进一步推进农村生态环境保洁工作，改善农村环境卫生面貌，市财政对区域内每个行政村生态保护和运行补偿费在宁波市级财政每年补助10万元的基础上进行1∶1配套。

（责任单位：市农办、市环保局、市老区办）

（四）推进内聚外迁，加快区域人口梯度转移

1．稳步推进内聚外迁。积极实施下山移民五年规划，加快人口内聚外迁转移步伐，减少人口在山区的活动强度。坚持政府引导与群众自愿、政策扶持与市场运作、整村拆并与连片拆迁、整体规划与分步推进相结合的原则，确保四明山区域内每年转移400户1000人以上，逐步减少自然村。

（责任单位：市老区办）

2．范围和补助标准。补助范围由原来的山区四乡镇扩大到四明山区域和周边的山区村。进一步提高下山移民补助标准，在宁波补助和原政策补助的基础上，市财政再每户增加1万元。

（责任单位：市老区办）

3．鼓励山区群众加快迁居城镇。积极鼓励农户自行购房落户城区，探索建立下山移民在养老、医疗、公租房等方面与城镇居民享有同等待遇的保障机制。移民拆迁的自然村宅基地，在留足旅游及公共项目建设的前提下，市国土资源局要做好立项整理复垦工作，对下山移民宅基地整理土地要进行足额收购，各乡镇、村要把整理所得资金向移民户倾斜，用于对移民户的补助。

（责任单位：市住建局、市国土资源局）

4．推进农村土地制度改革。坚持农村土地集体所有和家庭承包经营基本制度，有序推进区域农村土地经营权和林权流转。在保障农户宅基地用益物权的前提下，选择有条件的乡镇、村尝试推进宅基地置换和有偿退出。

（责任单位：市农林局）

5．创新就业培训机制。开展职业技能、就业观念、创业理念以及农村实用人才和新型职业农民等方面培训，增强下山移民的就业创业致富能力，确保下山移民移得下、留得住、富得起。

（责任单位：市人力资源和社会保障局）

（五）联动发展三次产业，促进绿色转型

1．大力发展生态高效农业。利用高山生态优势，支持无土栽培、无土销售、赴外种植等花木产业发展模式，引导花农发展白茶、蓝莓、铁皮石斛、樱桃等生态高效种植业，实现群众致富与生态保护相协调；加大土地承包经营权流转力度，推动规模化经营和集聚化发展，并辐射带动周边农户。加大引资引技力度，鼓励农技专业人员和农技类大学生到山区开发试种优良水果、蔬菜等新品种，引进工商资本以组建农业专业合作社等形式，参与发展高山生态种养殖业。

（责任单位：市农林局）

2．集聚发展生态工业。加快推动茶叶、竹笋等传统特色产业改造升级，重点加强毛竹资源的深度开发，进一步提升产业发展层次和竞争力。禁止污染项目准入，完善四明山区域的生态环境联合执法机制。加快关停和搬迁水库上游存在环境安全隐患企业。在陆埠、梁弄等工业集聚区，汽配元器件、灯具和农产品精深加工等行业的发展必须符合生态环保要求，鼓励有环境隐患的企业加快向地处非生态敏感区的，基础设施完善的工业功能区整体转移，逐步消除对四明山生态涵养区域的环境影响。

（责任单位：市经信局、市环保局）

3．积极发展健康养生养老产业。加大投入力度，推进乡镇、街道敬老院建设。进一步加强养老服务设施建设，在试点的基础上，逐步推行集中养老服务模式。对具备条件的地方，可以探索以行政村为单位，协调整合市、镇、村三级财力和吸收

民间资本，开展集中养老设施建设，创新养老模式，实现老有善养。

（责任单位：市民政局）

（六）大力发展生态休闲旅游，促进产业升级

1．提升建设旅游门户区。进一步提升四明山旅游服务中心功能，谋划建设集集散换乘、信息咨询、营销服务、品牌推广和投诉受理等功能于一体的旅游集散中心，完善客运站场、停车场、观景平台等配套设施建设，构建一体化的区域旅游服务网络，推动四明山旅游由“一日游”“观光游”向“多日游”“度假游”跨越。市财政要加大四明山区域旅游硬件设施建设的支持力度。

（责任单位：市交通运输局、市文化广电新闻出版局〈旅游局〉）

2．改造提升景区品质。依托丹山赤水、四明山森林公园等重点景区，加大区域内旅游资源整合力度，避免同质，实施错位发展，串点连线成面，加快景区和旅游重点村基础设施建设，提升景区品质。积极做好东岗山等项目的包装、招商工作和浙东抗日根据地旧址群等景区的改造提升，以梁弄红色旅游、四明山避暑休闲旅游为重点，打造旅游精品。同时，按照“产品优势互补、宣传促销联动、线路组合互利、客源组织共享”的思路，积极与周边兄弟县市区开展无障碍区域旅游合作，力争形成整体联动、优势互补、互利共赢的旅游网络系统。

（责任单位：市文化广电新闻出版局〈旅游局〉）

3．培育慢游慢生活业态。积极打造四明山镇的避暑休闲、鹿亭乡中村村的户外运动、四明湖区域等慢生活休闲旅游基地。提质发展乡村旅游，依托四明山空气清新、环境优美、夏季气温低等优势，结合历史文化古村落保护和山区自然村搬迁，改造提升空闲农房，建设生态农家客栈，大力发展低8度民宿经济。

（责任单位：市文化广电新闻出版局〈旅游局〉）

（七）完善区域基础设施建设，促进城乡一体

1．加快基础设施完善。进一步完善区域内骨干路网，抓好农村联网公路规划实施，改善四明山区域交通运输和出行条件。全面加快区域电网改造步伐，合理配置高中压输电线路，提升山区供电保障能力。进一步加快农村饮用水、农村垃圾收集等基础设施建设，继续实施四明山片区供水保障能力提升工程，强化城乡基础设施有效连接，推动区域水、电、路等基础设施城乡联网共享。

（责任单位：市交通运输局、市水利局、市供电公司）

2．提升公共服务设施建设。加大财政投入的倾斜力度，着力完善公共服务体系，全力满足区域内群众就医、养老等方面的需求。针对区域内就学人数逐步减少，进一步整合区域教育资源，推进中小学教育布局调整优化，继续实施推进九年一贯制；加快乡镇中心幼儿园建设，鼓励优秀教师到山区支教，使区域内的办学条件和教学质量得到进一步提升。加大对区域内医疗机构的经费保障力度，大力推进村卫生室标准化建设，所有村卫生室实施基本药物制度，新农合门诊实时结报，并由乡镇卫生院进行一体化管理。同时，开展招聘医学类高校毕业生到山区医疗机构工作，确保大村配有卫生室和村医，小的村庄可以由就近几个小村，联合设立卫生室和配备村医，解决区域内看病难问题。继续实施市级医院结对帮扶、“流动医院”进村、联村医疗、巡回医疗等一系列有效措施，努力保障区域群众基本医疗卫生服务需求，切实解决周边山区百姓就医困难。

（责任单位：市教育局、市卫生和计划生育局）

四．强化四明山区域生态发展的组织领导

1．强化组织领导。为加快推进四明山区域各项事业发展，成立市四明山区域生态发展工作领导小组，全面负责区域生态发展工作。各有关部门要协作推进各项具体工作，要根据本通知精神，整合已经在实施的各类政策资源，在一个月内提出具体实施细则。区域内各乡镇、街道要建立“一把手”负总责、分管领导具体抓的工作机制，做到任务明确、责任到人。

2．完善督查考核办法。从功能定位、区位优

势、资源禀赋、产业特色等出发，进一步完善乡镇、街道综合考核评价制度。加强部门服务区域乡镇的督查考核，根据区域乡镇发展的现实需要适时调整联系部门，并将部门服务区域乡镇的情况列入年度目标责任制考核。

3．强化要素保障。统筹协调解决区域建设用地指标，重点落实下山移民安置点等民生类项目建设用地指标。进一步加大财政投入，整合区域各专项资金，重点用于生态补偿、生态治理修复、产业发展、村镇建设、村庄整治、下山移民和基础设施等方面建设。切实提高区域的医疗、文化、教育、卫生等基本公共服务均等水平。按人口落实山区行政村运转保障经费，统筹解决村级组织运转、村干部（大学生“村官”）工资报酬、公共服务、环境保护和公共安全等刚性支出。

4．加强宣传引导。充分发挥电视、报纸、网络等媒介平台作用，多途径、多形式大力宣传生态文明理念与四明山区域保护和建设的重要意义，切实增强全市人民的生态环境保护意识，营造全社会关心、支持、参与四明山区域保护和建设的良好社会氛围。

附件：市四明山区域生态发展工作领导小组名单（略）

余姚市人民政府办公室
关于开展部门志、专业志及乡镇（街道）志、
行政村志编纂工作的通知

余政办发〔2015〕30号

2015年4月13日

各乡镇人民政府、街道办事处，市直各部门：

根据《宁波市地方志事业发展规划纲要（2015—2020）》中提出的“争取至2020年实现50%的乡镇（街道）修有综合志，远期实现50%的村修有村志”的任务要求，结合我市修志工作实际，现就进一步加强全市部门志、专业志及乡镇（街道）志、行政村志编纂工作提出如下意见：

一、修志简况

作为文献名邦和历史文化名城，我市素有修志传统。20世纪80年代的一轮修志期间，我市编纂出版的部门志和专业志有《余姚市地名志》《姚江志》《余姚市乡镇企业志》《余姚市教育志》《余姚市水利志》《余姚市土地志》《余姚市公安志》《余姚市交通志》《余姚市电力工业志》《余姚市粮食志》《余姚法院志》《余姚市物价志》《余姚市邮电志》《余姚市人民代表大会志》等，镇志有《余姚镇志》，还有数种未冠以志书之名的地情书籍。当前，按照全国二轮修志工作的要求，以及宁波市争取在2016年全面完成各县（市、区）二轮修志工作的精神，我市的二轮修志已接近尾声，《余姚市志（1988—2010）》将于今年内出版发行。二轮修志期间，先后有《泗门镇志》《最良村志》《永丰村志》和《磨刀桥村志》等镇村志正式出版，这些镇村志书为我市推广乡镇（街道）及行政村志书编纂起到较好的示范作用。部门志和专业志方面，已编修出版的有《余姚财税志》《余姚贸易志》《余姚军事志》《余姚水利志（1988—2009）》《余姚交通志（1991—2010）》《余姚工商行政管理志》《余姚农林志》等。正在编修的有《余姚教育志》《余姚公安志》《余姚地名志》《余姚广电志》《余姚体育志》等。此外，还有未冠以志书之名的资料长编《余姚统战》《余姚城乡建设二十三年（1988—2010）》《余姚商业》等。

二、修志目标

1．总体目标：实现四个有。有规划：在全面调查各乡镇（街道）、有关部门修编志书情况和编纂意向的基础上，制定实施全市部门志、专业志、乡镇（街道）和行政村志编纂五年规划；有组织：各地各部门都要明确分管领导，建立编纂机构和队伍；有经费：加强编修经费投入和工作支持，确保志书修编顺利进行；有成果：实现《宁波市地方

志事业发展规划纲要（2015—2020）》提出的“争取至2020年实现50%的乡镇（街道）修有综合志，远期实现50%的村修有村志”的目标要求，使全市地方志工作再上新台阶。

2．近期目标：2015年，在中心镇和中心村、历史文化名镇名村、省级以上全面小康镇村、文明镇村、美丽乡村试点村的镇村中，启动2个乡镇（街道）和2～3个行政村的修志工作。在有编纂意向的部门中，选定2～3家单位启动修志。2016年，力争启动修志的乡镇（街道）达5个左右、行政村达20个左右、部门达10个左右。

三、修志要求

1．加强组织领导。各地、各部门要按照修志工作的要求，明确分管领导，组建编写班子，保障工作经费，夯实基础环节，切实把修志工作抓实抓好。各乡镇政府、街道办事处要积极做好所辖村、社区的修志动员，并做好督促指导工作。

2．落实工作责任。各地、各部门要本着对历史高度负责的态度，合理确定本地、本部门修志时间安排和工作步骤，拟订详细编修计划，尽快启动和完成修志工作。市史志办要加强对各乡镇（街道）、行政村和有关部门的业务指导和督促、评审，力求志书统一开本、版式、名称和刊号，形成余姚志书编纂品牌。

3．做好调查登记。由各乡镇政府（街道办事处）、部门分管地方志工作的领导牵头组织开展编纂调查工作，已启动编写的，要做好登记确认工作（详见附件1）；还未开始启动的，要做好志书编纂本单位编纂时间、计划步骤以及人员安排等情况登记工作（详见附件2）。各乡镇政府（街道办事处）和有关部门于2015年4月20日前将附件1、2填写好后发送至市电子政务外网史志办应雪琴个人工作联系单内。

联系人：应雪琴，联系方式：62851258、135867644798（667105）

附件1．部门志、专业志及乡镇（街道）志、行政村志编纂情况登记表（略）

2．部门志、专业志及乡镇（街道）志、行政村志编纂意向调查表（略）

余姚市人民政府
余姚市国有土地上
房屋征收补偿、补助、奖励规定

余政发〔2015〕28号

2015年5月29日

为规范我市国有土地上房屋征收补偿行为，保障被征收人的合法权益，根据《宁波市国有土地上房屋征收与补偿办法》（宁波市人民政府令第219号）、《宁波市国有土地上房屋征收补偿、补助、奖励规定》（甬政发〔2015〕28号）等精神，结合我市实际，特制定本规定。

一、房屋征收补偿

（一）被征收房屋价值

对被征收房屋价值的补偿，不得低于房屋征收决定公告之日被征收房屋类似房地产的市场价格。被征收房屋的价值，由具有相应资质的房地产价格评估机构按照房屋征收评估办法评估确定。

（二）住宅房屋一次性补偿搬迁费

按被征收房屋建筑面积每平方米300元计算，其中不足1万元的，按1万元补偿。

（三）住宅房屋临时安置费

中心城区范围内按被征收房屋建筑面积每月每平方米15元计算，其中每月不足1000元的，按1000元补偿；中心城区范围外按被征收房屋建筑面积每月每平方米10元计算，其中每月不足800元的，按800元补偿。

（四）住宅房屋产权调换换算面积

住宅房屋产权调换换算面积，按被征收住宅房屋补偿价值（不包括装修、附属物等）与产权调换住宅房屋评估比准价格之比进行换算。

（五）住宅房屋产权调换增加面积

被征收人、承租人选择产权调换的，按被征收房屋建筑面积的10%增加产权调换面积，其中增加面积不足5平方米的，按5平方米计算。

（六）非住宅房屋一次性搬迁和临时安置费

1．商业、办公用房按被征收房屋评估价值（不包括装修、附属物等）的1%补偿；选择产权调换的被征收人过渡期限超过12个月的，自超过之月起每月按被征收房屋评估价值（不包括装修、附属物等）的1‰增加补偿。

2．工业、仓储用房按被征收房屋评估价值（不包括装修、附属物等）的3%补偿；选择产权调换的被征收人过渡期限超过12个月的，自超过之月起每月按被征收房屋评估价值（不包括装修、附属物等）的3‰增加补偿。

（七）非住宅房屋停产停业损失补偿费

1．商业用房，按被征收房屋评估价值（不包括装修、附属物等）的5%，或者按被征收房屋建筑面积每平方米400元计算，从高给予补偿。

2．办公、工业、仓储用房，按被征收房屋评估价值（不包括装修、附属物等）的5%，或者按被征收房屋建筑面积或者按标准容积率计算的建筑面积每平方米200元计算，从高给予补偿。办公用房的标准容积率为1.3，工业、仓储用房的标准容积率为1.0。

二、房屋征收补助

（一）货币补偿补助

被征收人、承租人选择货币补偿方式的，按被征收房屋评估价值（不包括装修、附属物等）的一定比例给予货币补偿补助：住宅房屋为15%，非住宅房屋为18%。

纳入棚户区改造的成片危旧住宅区（包括非成套房片区）改造项目的被征收人、承租人，不给予前款货币补偿补助，但在征收补偿协议生效之日起24个月内，用货币补偿资金购买本市行政区域内房屋作为产权调换房屋，并完成交易登记手续的，按被征收房屋评估价值（不包括装修、附属物等；实际购房资金少于被征收房屋评估价值的，按契税证记载的购房资金金额）10%的比例给予购房补助。

（二）住宅房屋产权调换面积补助

住宅房屋被征收人、承租人，在向最接近产权调换住宅房屋建筑面积的套型上靠前，按被征收住宅房屋补偿价值（不包括装修、附属物等）与产权调换住宅房屋评估比准价格换算面积的8%给予产权调换面积补助。补助面积部分不支付房款。

纳入棚户区改造的成片危旧住宅区（包括非成套房片区）改造项目的被征收人、承租人，不给予前款规定的补助。

（三）住宅房屋产权调换差价结算补助

住宅房屋被征收人、承租人，对其产权调换住宅房屋的增加建筑面积部分，按该部分房屋评估价值的8%给予差价结算补助，在差价结算时直接核减。

纳入棚户区改造的成片危旧住宅区（包括非成套房片区）改造项目的被征收人、承租人，不给予前款规定的补助。

住宅房屋被征收人、承租人，对其产权调换住宅房屋附属普通架空层，按评估价值的50%给予差价结算补助，作车库架空层、车位按评估价值的20%给予差价结算补助，在差价结算时直接核减。

（四）住宅房屋产权调换公摊面积补助

产权调换住宅房屋为高层建筑的，在向最接近产权调换住宅房屋建筑面积的套型上靠前给予公摊面积补助：每单元设置一部电梯的，补助建筑面积3平方米；每单元设置二部及以上电梯的，补助建筑面积10平方米。补助面积部分不支付房款。

（五）改变用途房屋营业补助

《中华人民共和国城市规划法》1990年4月1日施行前已改变用途，并按改变后的用途延续使用的房屋，按改变后的用途认定。其中改变为商业用途的，应当取得合法有效的营业执照。

1990年4月1日以后，未经城乡规划、国土资源行政主管部门同意擅自改变房屋用途的，按原房屋用途认定。其中，在《浙江省城乡规划条例》2010年10月1日施行前，住宅房屋实际改为商业用途并以改变后的用途延续使用，且持有合法有效营业执照和税务登记证的，可根据其营业年限和营业面积给予营业补助。改变用途房屋营业补助计算方式为:（按商业房屋评估价值－按住宅房屋评估价值）×50%× 营业年限 /10。营业年限不足 1 年的按 1 年计算，超过 10 年的按 10 年计算。营业面积以市场监督管理或税务行政主管部门登记资料记载为准，市场监督管理或税务行政主管部门登记资料未记载营业面积或者记载面积与实际营业面积不一致的，按实际营业面积核定。

三、房屋征收奖励

被征收人、承租人在签约期限内签订补偿协议并在搬迁期限内完成搬迁的，住宅房屋按被征收房屋评估价值（不包括装修、附属物等）的 10% 给予签约搬迁奖励，每户低于 2 万元的，按 2 万元奖励；非住宅房屋按被征收房屋评估价值（不包括装修、附属物等）的 5% 给予签约搬迁奖励。纳入棚户区改造的成片危旧住宅区（包括非成套房片区）改造项目被征收人、承租人不适用该奖励规定。

纳入棚户区改造的成片危旧住宅区（包括非成套房片区）改造项目被征收人、承租人在签约期限内签订补偿协议并在协议生效后规定时间内搬迁的，在不超过被征收房屋评估价值（不包括装修、附属物等）10% 的比例范围内，根据不同的签约比例给予相应比例的签约搬迁奖励，最低不低于被征收房屋评估价值（不包括装修、附属物等）的 5%。

四、其他事项

本规定自 2015 年 6 月 29 日起施行。《余姚市国有土地上房屋征收与补偿实施办法》（余政发〔2013〕66 号）、《余姚市国有土地上房屋征收补偿安置相关标准》（余政办发〔2013〕64 号）、《余姚市征收公有和换约续租住宅用房补偿安置规定》（余政办发〔2013〕65 号）同时废止。本规定施行前已依法作出房屋征收决定的，仍按原规定执行。

余姚市人民政府
余姚市“两路两侧”“四边三化”
专项整治实施方案

余政发〔2015〕39号
2015年8月10日

为着力破解制约城乡环境的突出难题，按时保质保量完成我市干线公路和铁路两侧（以下简称“两路两侧”）的环境专项整治任务，实现公路边、铁路边、河边、山边等区域的洁化、绿化和美化（以下简称“四边三化”），特制订本方案。

一、指导思想和工作目标

认真贯彻落实省委、省政府和宁波市委、市政府关于“两路两侧”“四边三化”专项整治推进会议精神，紧密结合“五水共治”、“三改一拆”、“美丽家园”建设等重点专项工作，坚持多方联动、全面推进，集中整治、务求实效，切实抓好“两路两侧”环境问题的整改落实，不断深化“四边区域”环境综合治理，切实改善城乡环境面貌，不断提升群众生活品质。

二、整治范围和类型

（一）整治范围

1．省定的重点任务范围。以省“两路两侧”“四边三化”专项整治问题清单为基础，全力开展高速公路干线和铁路（高铁）干线两侧1000米可视范围内环境问题的整治工作。重点是抓好杭甬客专（高铁）、萧甬铁路、G92杭甬高速公路等“两侧”1000米可视范围和桥下空间内的环境问题。

2．宁波市定的重点任务范围。以宁波市“两路两侧”“四边三化”环境问题排查为基础，全力开展国省道公路干线两侧1000米可视范围内环境问题的整治工作。重点是抓好329国道、甬余线、浒溪线、甬梁线等道路“两侧”1000米可视范围和桥下空间内的环境问题。

3．我市定的重点任务范围。以我市“两路两侧”“四边三化”环境问题自查为基础，全力做好县道主要公路两侧，及河边、山边、景区、城区和村庄等区域环境问题的整治工作。对于我市定的重点任务，在全面排查、摸清底数后，参照省定和宁波市定的重点任务有关要求进行全面整治。

（二）整治类型

重点整治“两路两侧”和“四边区域”的乱搭乱建、乱采乱挖、乱堆乱放、广告牌、非公路标识牌、废旧物资收购点、路边交易市场、养殖场、砂场及露天石子加工场、采石场、建筑工地、黑臭河及垃圾河、青山白化、违法“宗教场所”、绿化缺失、维修养护管理缺失、企业违法排污等问题。

三、职责分工

“两路两侧”“四边三化”专项整治工作要按照属地管理原则，由沿线各乡镇（街道、余姚经济开发区）作为责任主体，制定“一点一策”整治方案，明确整治措施、责任人和时间表，负责具体实施。市级有关部门作为执法（职能）主体，负责具体执法监督工作，执法（职能）主体涉及多个部门的，由排序第一的部门作为牵头单位。

（一）整治“两路两侧”可视范围内的乱搭乱建问题，拆除各类违法建筑、彩钢棚、简易房、围墙和其它摊棚。[责任主体：沿线各乡镇政府、街道办事处、余姚经济开发区管委会；执法（职能）主体：市“三改一拆”办、市国土资源局、市城管执法局、市交通运输局]

（二）拆除（消除）“两路两侧”的各类广告牌（高炮广告、墙体广告、其他广告牌及残留的广告设施等）。[责任主体：沿线各乡镇政府、街道办事处、余姚经济开发区管委会；执法（职能）主体：市城管执法局、市交通运输局、市规划局、市市场监管局、市国土资源局]

（三）拆除公路用地范围内的非公路标识牌。（责任主体：市交通运输局；沿线各乡镇政府、街道办事处、余姚经济开发区管委会配合）

（四）整治脏乱差问题，清除各类垃圾、堆积物和堆放物，消除各类脏乱差现象，建立健全环卫保洁制度。[责任主体：沿线各乡镇政府、街道办事处、余姚经济开发区管委会；执法（职能）主体：市城管执法局]

（五）整治规范各类养殖场。[责任主体：沿线各乡镇政府、街道办事处、余姚经济开发区管委会；执法（职能）主体：市农林局、市“五水共治”办、市国土资源局、市环保局]

（六）整治废旧物资收购点，取缔各类路边交易市场（马路市场）。[责任主体：沿线各乡镇政府、街道办事处、余姚经济开发区管委会；执法（职能）主体：市市场监管局、市城管执法局、市商务局、市供销联社]

（七）整治黑臭河和垃圾河。[责任主体：沿线各乡镇政府、街道办事处、余姚经济开发区管委会；执法（职能）主体：市“五水共治”办、市水利局、市农办、市住建局、余姚城投集团有限公司、市农林局、市环保局]

（八）整治砂场和露天石子加工场等问题。[责任主体：沿线各乡镇政府、街道办事处、余姚经济开发区管委会；执法（职能）主体：市国土资源局、市市场监管局、市供电公司]

（九）整治建筑工地脏乱差问题。[责任主体：市住建局、市城管执法局；沿线各乡镇政府、街道办事处、余姚经济开发区管委会配合]

（十）整治涉及宗教场所的违章建筑。[责任主体：沿线各乡镇政府、街道办事处、余姚经济开发区管委会；执法（职能）主体：市民族宗教局、市“三改一拆”办]

（十一）整治采石场。[责任主体：沿线各乡镇政府、街道办事处、余姚经济开发区管委会；执法（职能）主体：市国土资源局、市公安局、市安监局]

（十二）整治公墓等青山白化问题。[责任主体：沿线各乡镇政府、街道办事处、余姚经济开发区管委会；执法（职能）主体：市民政局、市国土资源局、市农林局]

（十三）绿化补缺和维修养护管理。（责任主体：土地产权单位或管理单位）

（十四）全面发动各级宣传部门及报刊、电视、广播、网络等新闻媒体加大“两路两侧”“四边三化”专项整治宣传教育力度，并指导各地各有关部门的专项整治宣传工作，努力营造良好的舆论氛围。（责任主体：市委宣传部）

四、进度安排

1．动员部署阶段（2015年8月15日前）。市交通运输局、市国土资源局、市民族宗教局、市民政局、市住建局、市农林局、市市场监管局、市商务局、市城管执法局、市“三改一拆办”、市“五水共治”办等部门要抓紧对“两路两侧”1000米可视范围内存在的环境问题进行“地毯式”全面排查摸底，做到“问题点有台账、现场实物有照片”，确保整治不留死角、责任不留盲区，并及时将排摸结果报送市“两路两侧”“四边三化”专项整治工作领导小组办公室；各地要根据排摸出的问题清单，在2015年8月15日前制订相应的“一点一策”整治方案，切实做到“区域清、底数清、职责清”。

2．全面推进阶段（2015年8月～2015年11月）。各地要根据各自实际，结合“三改一拆”、“五水共治”、“美丽家园”建设等专项工作，组织力量全面开展“两路两侧”“四边三化”环境问题的整改工作。

（1）列入省“两路两侧”“四边三化”专项整治任务清单的杭甬客专（高铁）、萧甬铁路和G92杭甬高速公路两侧环境问题，必须在2015年9月底前全面完成整治任务。

（2）列入宁波市“两路两侧”“四边三化”专项整治任务清单的国省道干线公路两侧环境问题，在2015年9月中旬前基本完成整治任务；其中，违法建筑处置、绿化缺失等问题，在2015年11月底前完成；青山白化、矿山复绿等问题必须明确整治方案和进度表，加大推进力度。

（3）列入余姚市“两路两侧”“四边三化”专项整治任务清单的县道干线公路两侧环境问题，在2015年12月底前完成50%的整治任务，在2016年12月底前全面完成各项整治工作。

（4）对涉宗违章建筑的整治点问题，按照全市宗教场所专项整治工作时间节点和进度要求完成。

3．总结检查阶段（2015年12月）。各地各有关部门要及时做好“两路两侧”“四边三化”整改工作的自查和总结工作。市政府将组织开展整改工作落实情况的专项督查，督促专项整治任务加快整改落实。

4．长效提升阶段（2015年12月以后）。各地各有关部门要围绕专项整治工作，建立健全长效管理机制，制定落实“路长制”“段长制”等制度，完善网格化巡查工作机制，动员行政村（社区）等基层力量，加强定期和不定期巡查，巩固整治成果，防止出现反弹。要落实人员和资金保障，建立健全专业化、市场化的保洁、绿化等长效管护制度，确保专项整治工作成效。

五、保障措施

（一）加强组织领导。成立由市长任组长，分管副市长任副组长，市委宣传部、市环保局、市国土资源局、市安监局、市城管执法局、市交通运输局、市民族宗教局、市水利局、市农办、市市场监管局、市商务局、市供销联社、市农林局、市民政局、市住建局、余姚城投集团有限公司、市公安局、市规划局、市供电公司、杭甬铁路客专余姚段指挥部、宁波车务段余姚站、市“三改一拆”办、市“五水共治”办、市政府督查室等部门为成员单位的市“两路两侧”“四边三化”专项工作领导小组，领导小组下设办公室，办公室设在市生态办。各地也要成立相应的组织机构，明确工作职责，落实整治任务；市级有关部门要明确专项整治工作分管负责人和联络员，各牵头单位要负责问题排查清单的审核把关、各专项整治方案制定及督促落实工作。

（二）严格落实责任。各乡镇政府、街道办事处、余姚经济开发区管委会作为专项整治工作的责任主体，要制定具体整治方案，动员基层各方面力量推进专项整治工作，在规定期限内完成“两路两侧”“四边三化”环境问题的整改任务。市级有关部门是执法（职能）主体，要按照职责分工，加强联动协作，加大执法力度，为各地开展整治提供强有力的保障。各地各有关部门要建立健全联络员制度，加强工作联络和信息沟通。

（三）强化督查考核。要将“两路两侧”“四边三化”环境问题整改工作纳入政府年度工作目标责任考核，形成层层分解、层层落实的工作推进机制。各地要将各自的整治情况以“一周一报”的形式及时报送市“两路两侧”“四边三化”专项整治工作领导小组办公室。市政府督查室要会同市生态办开展定期或不定期的专项督查，确保责任没有盲区、整改不留死角。要加强责任追究，对未按时完成“两路两侧”“四边三化”环境问题整改的单位，原则上取消当年相关考核评优资格。

（四）营造舆论氛围。各地各有关部门要积极动员行政村（社区）和基层党员干部的力量，发挥民间环保组织和环保志愿者的作用，引导广大群众积极参与“两路两侧”“四边三化”环境问题的整改工作。各级宣传部门和新闻媒体要加大舆论宣传力度，努力营造全社会共同关注、积极支持、主动参与“两路两侧”“四边三化”专项整治工作的氛围。

附件：余姚市“两路两侧”“四边三化”专项整治工作领导小组（略）

余姚市人民政府
关于进一步完善城乡居民
基本养老保险制度的实施意见

余政发〔2015〕36 号

2015 年 8 月 7 日

各乡镇人民政府、街道办事处，市直各部门：

根据《宁波市人民政府关于进一步完善城乡居民基本养老保险制度的实施意见》（甬政发〔2015〕1 号）精神，现将我市“城乡居民社会养老保险”更名为“城乡居民基本养老保险”，并就进一步完善城乡居民基本养老保险制度提出如下实施意见：

一、范围对象

具有本市户籍，年满 16 周岁（不含在校学生），非国家机关、事业单位、社会团体工作人员，未参加职工基本养老保险（含低标准养老保险）的城乡居民，可以在户籍地参加城乡居民基本养老保险。

二、基金筹集

城乡居民基本养老保险基金由个人缴费、集体补助、其他社会经济组织、公益慈善组织、个人（以下简称“其他组织和个人”）与政府补贴构成。

（一）个人缴费。参加城乡居民基本养老保险的人员应按规定缴纳养老保险费。缴费标准目前设定为每年 100 元、300 元、500 元、800 元、1100 元、1400 元、1700 元、2000 元，共八档。市政府依据城乡居民收入增长等情况适时调整缴费档次。参保人自主选择档次缴费，多缴多得。

（二）集体补助。有条件的村集体经济组织应当对参保人缴费给予补助，补助标准由村民委员会召开村民会议或村民代表会议民主确定，鼓励有条件的社区将集体补助纳入社区公益事业资金筹集范围。鼓励其他组织和个人为参保人缴费提供资助。补助、资助金额不超过最高缴费档次标准。

（三）政府补贴。社会统筹基金由财政提供，主要用于支付基础养老金、参保人个人缴费补贴、缴费年限养老金和丧葬补助费等。

参保人员按规定缴费后，政府给予缴费补贴，缴费标准为 100 元或 300 元的，每人每年补贴 60 元；缴费标准为 500 元、800 元或 1100 元的，每人每年补贴 200 元；缴费标准为 1400 元、1700 元和 2000 元的，每人每年补贴 300 元。重度残疾人和低保户家庭人员按每人每年 300 元的标准补助，轻中度残疾人按每人每年 100 元的标准补助。补贴、补助所需资金按原规定的渠道列支。

三、个人账户

社会保险经办机构为参保人员建立养老保险个人账户。个人缴费、集体补助及其他组织和个人对参保人的缴费资助、政府对参保人的缴费补贴全部记入个人账户。个人账户储存额按国家和省有关规定计息。参保人死亡，个人账户中个人缴费、集体补助、其他组织和个人资助、实际缴费年限财政缴费补贴资金余额及其利息可依法继承。

四、待遇标准和领取条件

（一）待遇标准。城乡居民基本养老保险待遇由基础养老金、个人账户养老金和缴费年限养老金三部分组成，支付终身。

基础养老金标准目前定为每人每月 160 元，市政府根据经济社会发展等情况适时作出调整。

个人账户养老金月计发标准为个人账户全部储存额除以 139（与现行职工基本养老保险个人账户养老金计发月数相同）。

缴费年限养老金月计发标准根据长缴多得的原则，按缴费年限分段累加计发：缴费年限为 15 年的，其月缴费年限养老金为 30 元；缴费年限为 16 年以上的，其月缴费年限养老金在 30 元的基础上，从第 16 年起，缴费年限每增加 1 年，增发 5 元。

城乡居民基本养老保险参保人员，死亡时可享受一次性丧葬补助费。一次性丧葬补助费标准为参保人死亡当月的基础养老金标准的 20 个月金额。

参加城乡居民基本养老保险的复员退伍军人养老金计发办法按原规定执行。

（二）领取条件。具有本市户籍，年满 60 周岁、累计缴费满 15 年，未享受国家机关、事业单位、社会团体离休、退休、退职待遇和职工基本养老保险（含低标准养老保险）待遇的城乡居民基本养老保险参保人员，可以按月领取养老待遇。

我市城乡居民社会养老保险制度实施时，已年满 60 周岁、未享受国家机关、事业单位、社会团体离休、退休、退职待遇和职工基本养老保险待遇的本市户籍城乡居民，不用缴费，可以继续按月领取城乡居民基本养老保险基础养老金；距领取年龄不足 15 年的，应逐年缴费，也允许补缴，累计缴费年限不超过 15 年；距领取年龄 15 年以上的，应按年缴费，累计缴费不少于 15 年。从 2016 年起，补缴部分政府不给予缴费补贴。

为妥善处理新老政策之间的平稳衔接，对 2009 年我市城乡居民社会养老保险制度实施后未逐年缴费的人员以及预计到达 60 周岁缴费不足 15 年的人员，在 2015 年年底前办理补缴的，仍可按原规定的标准给予政府补贴。

本意见下发前，已参加城乡居民社会养老保险的人员，其待遇领取可按我市原规定执行。

城乡居民基本养老保险待遇领取人员死亡，从次月起停止支付其养老金。社会保险经办机构应每年对城乡居民基本养老保险待遇领取人员进行核对，并与职工基本养老保险待遇等领取记录进行比对，确保不重、不漏、不错。村民委员会（社区居委会）要协助社会保险经办机构开展工作。

五、转移接续与制度衔接

（一）转移接续。城乡居民基本养老保险的参保人，在参保缴费期间因户籍迁移需要跨统筹地区转移养老保险关系的，可在迁入地申请转移养老保险关系，一次性转移个人账户全部储存额，并按迁入地规定继续参保缴费，缴费年限累计计算；已按规定领取养老待遇的，无论户籍是否迁移，其养老保险关系不转移。

（二）与职工基本养老保险制度的衔接。城乡居民基本养老保险与职工基本养老保险的衔接按国家和省相关规定执行。其中本市户籍两项制度参保人员达到职工基本养老保险法定退休年龄，因职工基本养老保险缴费年限不足 15 年申请延长缴费，在延长缴费期间年满 60 周岁的，可按月享受城乡居民基本养老保险基础养老金，待其延长缴费至满 15 年，按规定领取职工基本养老保险待遇，不再享受城乡居民基本养老保险基础养老金。

（三）与原农村社会养老保险制度的衔接。我市城乡居民社会养老保险制度实施时，凡已参加了原农村社会养老保险（以下简称老农保）、年满 60 周岁且已领取老农保养老金的城乡居民基本养老保险参保人，其老农保养老金和城乡居民基本养老保险基础养老金合并享受，老农保个人账户余额并入城乡居民基本养老保险个人账户，待遇不再重新计算；对已参加老农保、未满60周岁且未领取养老金的城乡居民基本养老保险参保人，应将老农保个人账户储存额按我市城乡居民社会养老保险制度实施当年的平均缴费额折算缴费年限（折算的最长缴费年限不超过15年）并继续参保缴费，其老农保个人账户全部储存额并入城乡居民基本养老保险个人账户，并按城乡居民基本养老保险规定计发待遇。

（四）与其他保障待遇的衔接。符合享受城乡居民基本养老保险待遇条件的人员，如符合被征地人员养老保障、水库移民后期扶持政策和精减职工、遗属生活补助等待遇条件，可同时叠加享受；与最低生活保障、计划生育家庭奖励扶助、社会优抚、农村“五保”和城镇“三无”人员供养的待遇衔接按相关规定执行。城乡居民基本养老保险参保人员如同时符合享受其他丧葬待遇条件的，其丧葬待遇按就高不就低的原则确定，不重复享受。

六、基金管理和监督

城乡居民基本养老保险费的征收和养老待遇的发放由市社会保险经办机构负责，养老保险费可委托有关机构征收。进一步完善城乡居民基本养老保险基金财务会计制度。城乡居民基本养老保险基金纳入市社会保障基金财政专户，实行收支两条线管理，单独记账、核算，专款专用，任何单位和个人均不得挤占挪用、虚报冒领。加强城乡居民基本养老保险基金保值增值工作，优化银行存款结构，提高基金收益水平。

人力社保部门要会同有关部门认真履行监管职责，进一步健全内控制度和基金稽核监督制度，对基金的筹集、上解、划拨、发放、存储、管理等进行监控和检查，并按规定披露信息，接受社会监督。财政、监察、审计部门按各自职责，对基金的收支、管理和投资运营情况实施监督。对虚报冒领、挤占挪用、贪污浪费等违法违纪行为，有关部门按国家有关法律法规予以严肃处理。积极探索有村（居）民代表参加的社会监督的有效方式，做到基金公开透明，制度在阳光下运行。

七、经办管理服务与信息化建设

各乡镇政府（街道办事处、经济开发区管委会）、人力社保等部门要切实加强城乡居民基本养老保险经办能力建设，进一步整合现有公共服务资源和社会保险经办管理资源，充实加强基层经办力量，做到精确管理，便捷服务。要注重运用现代管理方式和政府购买服务方式，降低行政成本，提高工作效率。要加强城乡居民基本养老保险工作人员专业培训，不断提高公共服务水平。社会保险经办机构要认真记录参保人缴费和领取待遇情况，建立参保档案，按规定长期妥善保存。要加强社会保险经办机构建设，确保工作场所、设施设备、经费到位。乡镇、街道和经济开发区劳动保障综合服务中心要配备专职人员，村、社区要落实经办人员，着力构建规范高效的经办服务体系。城乡居民基本养老保险工作经费纳入同级财政预算，不得从城乡居民基本养老保险基金中开支。

要进一步完善城乡居民基本养老保险信息系统，纳入“金保工程”建设，并与其他公民信息管理系统实现信息资源共享；要将信息网络向基层延伸，实现市、乡镇（街道、经济开发区）、行政村（社区）实时联网。

八、组织领导

各地、各部门要充分认识进一步完善城乡居民基本养老保险制度的重要性，将其列入当地经济社会发展规划和年度目标管理考核体系，切实加强组织领导；要优化财政支出结构，加大财政投入，为城乡居民基本养老保险制度建设提供必要的财力保障。人力社保部门要切实履行主管部门职责，会同有关部门做好城乡居民基本养老保险工作的统筹规划和政策制订、统一管理、综合协调、监督检查工作。

各地、各有关部门要认真做好城乡居民基本养老保险政策宣传工作，全面准确地宣传解读政策，正确把握舆论导向，深入行政村、社区开展宣传活动，引导城乡居民踊跃参保、持续缴费、增加积累。

九、其他

（一）城乡居民基本养老保险与低标准养老保险的衔接按照与职工基本养老保险的衔接办法执行。

（二）本实施意见自 2015 年 1 月 1 日起实施，本市原规定与本实施意见不一致的，按本实施意见执行。

（三）市人力资源和社会保障局可根据本实施意见明确实施中的有关问题。

余姚市人民政府办公室
余姚市第二轮学前教育提升行动计划

余政办发〔2015〕42号
2015年9月30日

根据《教育部国家发展改革委财政部关于实施第二期学前教育三年行动计划的意见》（教基二〔2014〕9号）、《浙江省发展学前教育第二轮三年行动计划(2014—2016年)》(浙政办发〔2014〕116号)、《宁波市第二轮学前教育提升行动计划》（甬政办发〔2015〕14号）等要求，结合我市实际，特制定本计划。

一、指导思想

坚持学前教育的公益性和普惠性，坚持“政府主导、社会参与、公办民办并举”的发展策略，坚持改革创新，促进学前教育事业科学发展，推动我市学前教育发展再上新台阶。

二、总体目标

进一步优化学前教育发展结构，加强规范管理，提升发展内涵，到2016年，基本建成覆盖城乡、布局合理、公益普惠、质量保证、监管完备的学前教育公共服务体系，进一步满足适龄儿童就近入公办幼儿园和普惠性民办幼儿园需求。

（一）优化发展结构，扩大普惠性学前教育资源。建立以公办幼儿园和普惠性民办幼儿园为主体的学前教育服务网络。积极发展公办幼儿园，鼓励发展一类普惠性民办幼儿园（指由村委会、事业单位、社会团体等社会组织举办的幼儿园），扶持和规范二类普惠性民办幼儿园（指由个人举办的幼儿园）。到2016年年底，每个乡镇（街道）建有1所以上公办幼儿园，公办幼儿园和一类普惠性民办幼儿园招生覆盖率争取达到30%，公办幼儿园和普惠性民办幼儿园招生覆盖率达到75%以上。

（二）提高监管水平，推进学前教育规范发展。落实监管责任，完善管理制度，健全学前教育监管体系。取缔无证园，改造提升薄弱园，着力推进规范办园。

（三）提升发展内涵，推动学前教育优质均衡发展。全市星级幼儿园招生覆盖率达到92%，三星级以上幼儿园招生覆盖率达到55%以上；幼儿园园长及专任教师大专以上学历达到90%以上，园长和专任教师专业技术职称比例达到60%以上，园长和专任教师持有教师资格证比例达到92%以上，园长持上岗证比例达到100%。2014年到2016年，增加事业编制幼儿园教师150名。

（四）保障财政投入，促进学前教育可持续发展。初步建立学前教育成本分担机制和运行保障机制，市财政性学前教育经费占同级财政性教育经费的比例巩固在8％以上。

三、主要任务

（一）强化政府责任，完善学前教育投入保障体系

1．完善学前教育统筹规划。2015年，市教育局会同市规划局，修订完善全市学前教育布局专项规划，并报市人民政府批准。城乡居住小区配套幼儿园建设，要纳入城乡公共设施配套建设规划，切实做到小区配套幼儿园与住宅小区同步规划、同步建设、同步验收、同步交付。制定《余姚市城乡住宅小区配套幼儿园规划建设和使用管理办法》，住宅小区配套建设的幼儿园要按规定用于举办公办幼儿园或普惠性民办幼儿园。各相关部门要统筹规划辖区幼儿园布局，按照《宁波市人民政府关于鼓励和引导民间资本投资社会事业的意见（试行）》（甬政发〔2014〕58号）要求，将民间资本投资建设幼儿园项目纳入土地利用总体规划和年度土地利用计划，并进一步健全土地和用房保障制度。

2．加强学前教育财政保障。学前教育经费要列入各地政府财政预算，并保证每年全市财政性学前教育经费占财政性教育经费的比例达到规定标准。市政府设立学前教育专项经费4500万元，主要用于保障非在编教师待遇、推进乡镇（街道）发展公办幼儿园和一类普惠性民办幼儿园、规范二类普惠性民办幼儿园、各类达标创优奖励、辅导工作经费、保教工作研究经费、保教人员培训经费等。审计部门要加强对学前教育经费的审计，确保经费使用效益。

3．建立学前教育成本分担机制。市财政局会同市教育局，确定公办幼儿园生均培养成本分担比例，制定和完善公办幼儿园生均公用经费标准和普惠性民办幼儿园奖补办法。物价部门会同财政、教育部门定期监测公办幼儿园和普惠性民办幼儿园生均培养成本，按照公办幼儿园生均财政分担比例，建立科学合理的公办幼儿园收费标准动态调节机制；按照普惠性民办幼儿园生均财政奖补额度，确定普惠性民办幼儿园收费指导价，逐步实现公办幼儿园和普惠性民办幼儿园同质同价。

（二）优化发展结构，完善学前教育公共服务体系

1．积极发展保基本的公办幼儿园。积极发展保教质量优、教师队伍稳、财政保基本的公办幼儿园，合理确定公办幼儿园布局，逐年安排新（改、扩）建一批公办幼儿园，逐步做到“广覆盖、保基本”。确保每个乡镇（街道）至少有一所三星级标准以上的公办幼儿园，鼓励公办中心幼儿园举办分园或教学点，进行集团化办园探索。对社会力量办学有困难而确有必要设置的幼儿园网点，乡镇（街道）要通过设置公办中心园分园或教学点，实现区域合格幼儿园全覆盖。不得用财政投入建设超标准的幼儿园。对新建公办幼儿园，教育部门要及时提出申请，编制部门及时予以审核，并按规定标准核定编制数。

2．加强对普惠性民办幼儿园的扶持和管理。鼓励村委会、事业单位和社会团体举办一类普惠性民办幼儿园，出台一类普惠性民办幼儿园鼓励和扶持政策。一类普惠性民办幼儿园参照公办幼儿园管理，自收自支，自主发展，财务纳入会计核算中心，其建设用地按公办幼儿园用地政策予以保障，教育部门优先向一类普惠性民办幼儿园派遣事业编制教师。完善现有普惠性民办幼儿园管理制度和扶持政策。

3．支持优质幼儿园发展。着眼于满足社会多样化的学前教育需求，适度发展民办高标准幼儿园。鼓励优质幼儿园以多种形式组建学前教育集团，创建“自主发展、内涵优质、服务面广、群众认可”的学前教育品牌。

4．深化早期教育工作。加强部门协作，建立和完善由教育、卫生与计生、妇联等相关部门协

同配合的0—3岁早期教育管理体制。完善市早教指导中心、早教指导站、早期教育点组成的早期教育网络，加强业务指导，扩大覆盖面。

（三）提升发展内涵，进一步加强保教队伍建设

1．继续加强事业编制教师配置工作。认真贯彻落实《宁波市公办幼儿园教职工编制标准指导意见》（甬编办发〔2013〕30号），落实幼儿教师招聘指标，2014年到2016年，增加事业编制幼儿教师150名左右，不断优化教师队伍结构。继续做好向三星级以上民办幼儿园派驻事业编制教师工作，加大对优质园、普惠性民办幼儿园的师资支持力度。

2．优化幼儿教师培养培训机制。完善幼儿教师培训体系，开展新入职教师培训和新任园长任职资格培训，建立幼儿园在职教师（园长）五年一轮360学时培训的专业发展机制。切实加强园本研修工作，扎实开展各种层次和范围的教研活动和业务竞赛。通过名师带徒、组织研修班等途径抓好骨干园长和骨干教师培养培训。完善幼儿教师（园长）业务能力考核机制，以考促训。加强幼儿教师师德建设，建设一支师德高尚、热爱儿童、业务精湛、结构合理的幼儿教师队伍。

3．保障幼儿教师地位和待遇。非在编教师是幼儿园教师队伍的主体，要逐步提高非在编教师工资待遇，具有教师专业技术职务的非在编教师，其人均年收入应达到当地社会平均工资的1.5倍以上，符合条件的幼儿园非在编教师可享有事业养老、医疗等社会保障。

4．加强幼儿园保健工作。加强保健人员配备，幼儿园应当按照相关文件要求，配备保健人员，公办幼儿园和普惠性民办幼儿园应至少配备一名卫技专业背景的专职保健人员。编制部门按标准核定公办幼儿园专职保健人员编制，逐年增加公办幼儿园事业编制保健人员比例。加强保健人员培训和考核，建立三年一轮的保健人员培训和考核制度。重视保育员培训，市妇幼保健机构负责组织开展幼儿园保育员上岗培训和年度培训工作，教育部门在等级（星级）幼儿园评定和普惠性民办幼儿园认定中进一步明确保育员配备、工资待遇等方面的要求，提升队伍整体水平。市妇幼保健机构按规定定期对幼儿园卫生保健工作进行监督和指导，并进行年度卫生保健工作评估。

5．提升幼儿园保教质量。以《3～6岁儿童学习与发展指南》为指导，强化“幼儿园一日活动皆课程”意识，优化幼儿园一日活动各环节的组织，引领广大幼儿园建立既富有特色，又符合幼儿身心发展规律的课程。进一步提升园长和教师课程执行力，完善区域教研和园本教研制度，促进幼儿身心健康成长。结合幼儿园等级评定制度，探索幼儿园质量监督机制，健全保教质量评估体系，规范幼儿园办园行为，防止和纠正“小学化”倾向。完善幼儿园家校合作平台建设。

（四）健全管理队伍，完善学前教育监督管理体系

1．加强学前教育管理和教研队伍建设。加强专职学前教育干部和教研员配备，进一步落实乡镇（街道）学前教育管理干部配备，较大的乡镇（街道）中心幼儿园专门配备一名副园长负责辖区内幼儿园的辅导工作，完善学前教育管理和辅导网络。

2．加大无证幼儿园治理力度。建立无证幼儿园排查和整治机制，明确乡镇（街道）辖区责任，明确年度整治目标。无证幼儿园治理纳入平安乡镇（街道）考核。

3．加大薄弱幼儿园改造提升力度。对照《浙江省幼儿园准办标准（试行）》（浙教基〔2008〕70号），对准办幼儿园和个别办学水平明显下降的三级幼儿园进行全面排查，逐园明确问题，逐园制定改造提升计划，落实改造提升任务。建立薄弱幼儿园改造提升常态化工作机制，每年开展薄弱园排查工作，今后，新办幼儿园二年内办学水平未达标的、薄弱园连续两年未按计划完成改造提升任务的，严格按《中华人民共和国民办教育促进法》的有关规定处理，直至吊销办学许可证。

4．强化幼儿园安全管理。按有关规定建立全覆盖的幼儿园安全防护体系，加强幼儿园环境安全、卫生和食品安全，开展幼儿应急救助培训、灾害应急演练、幼儿防诱拐等安全教育。加强对幼儿园安全工作的监督和检查。对薄弱园当中普遍存在的膳食管理问题，探索建立统一管理制度。

5．健全学前教育监督管理机制。进一步明确乡镇（街道）辖区责任。根据《国务院关于当前发展学前教育的若干意见》（国发〔2010〕41号）和《浙江省幼儿园申办审批办法（试行）》（浙教基〔2008〕70号）要求，进一步加强幼儿园准入管理，完善幼儿园申办审批办法。进一步完善幼儿园等级评定机制，按等级对幼儿园进行分类管理。

四、工作要求

（一）强化发展学前教育的责任意识。各地要把发展学前教育当作重要的民生工程来抓，按照地方负责、分级管理和市直有关部门分工负责的管理体制要求，切实履行学前教育发展中政府“保基本”的工作责任，切实履行“统筹规划、投入保障、公共服务、监督规范”的政府职能，认真抓好落实。

（二）加强对学前教育的规划和投入。要把本计划纳入市和乡镇（街道）经济和社会发展规划，纳入有关部门的工作计划。乡镇（街道）要综合考虑无证园整治、薄弱园改造提升和新园设置等因素，进一步明确和完善本行政区域幼儿园网点布局方案。要明确推进工作的具体措施和时间表，确保计划的各项要求落到实处。市和乡镇（街道）要按照本计划提出的目标加大对学前教育的投入，确保达到规定的财政投入指标。

（三）建立学前教育发展考核和激励机制。继续动员和支持乡镇（街道）创建宁波市学前教育示范乡镇（街道）。加强对乡镇（街道）学前教育工作的考核和督查，建立乡镇（街道）学前教育事业发展水平年度公告制度。

（四）加强学前教育宣传和引导力度。宣传《宁波市学前教育促进条例》及相关法律法规、政策措施，宣传《3～6岁儿童学习与发展指南》，宣传学前教育发展各类先进典型和成功经验，引导全社会形成共同关心支持学前教育事业发展的良好氛围。

余姚市人民政府
关于推行契约式家庭医生制服务的实施意见

余政发〔2015〕45号

2015年10月16日

各乡镇人民政府、街道办事处，市直各部门：

为进一步建立健全家庭医生制服务模式，加快构建科学合理的分级诊疗制度，根据《浙江省人民政府办公厅关于推进责任医生签约服务工作的指导意见》（浙政办发〔2015〕65号）和《宁波市人民政府关于推行契约式家庭医生制服务的实施意见》（甬政发〔2014〕101号）精神，结合我市实际，特制定本实施意见。

一、工作目标

通过建立契约式家庭医生服务制度，切实发挥家庭医生的居民健康“守门人”的作用，形成基层首诊、分级诊疗、双向转诊的就医格局，不断提高医疗资源配置效率，缓解“看病难、看病贵”问题。

2015年起，在我市基层医疗机构推行契约式家庭医生制服务，通过以全科医生为主体、服务团队为依托、社区卫生服务中心（乡镇卫生院）为平台、医疗卫生机构协作为支撑、部门与乡镇政府（街道办事处）协同为保障，在辖区内以居民需求为导向，提供连续、综合、便捷、个性化的健康管理服务。到2016年，全市基本建立起目标明确、制度完善、服务规范、政策配套、机制顺畅的契约式家庭医生制服务。具体目标包括：

（一）社区卫生服务中心（乡镇卫生院）家庭医生制服务机构实施率达到100%；户籍家庭慢性病人、老年人、0～6岁儿童、孕产妇、残疾人等重点人群签约服务率达到70%以上。

（二）建立服务经费多渠道筹集机制，服务费由医保（含职工医保、居民医保、新农合，下同）基金、基本公共卫生服务经费和签约居民个人分担，现暂定年人均150元。

（三）完善基本医保制度，建立签约与非签约居民医保差别化支付机制，引导居民形成以家庭医生首诊为基础的有序就医格局。

二、工作内容

（一）团队组建。家庭医生制服务以组建团队方式提供，服务团队成员以全科医生为主体，公共卫生医生和社区护士为骨干，选择配备若干健康管理师、康复治疗师、心理咨询师、医学营养师、社（义）工等共同参与。团队组建采取双向选择、竞争组合方式，鼓励将多点执业的医生编入家庭医生服务团队。原则上每位家庭医生签约人数一般不超过1000个居民。

（二）签约方式。居民自主选择家庭医生服务团队并与之签约，每位居民同期只能选择1个服务团队。签约对象应以慢性病人、老年人、0～6岁儿童、孕产妇、残疾人等重点人群为主。签约双方自愿，凭有效证件签订服务协议，确定双方应承担的责任、权利、义务及其他有关事项等。签约周期为1年，期满后需续约或另选服务团队的应在规定时间内办妥相关手续。

（三）服务内容。制定全市统一的家庭医生基本服务规范和基本服务包，明确对签约居民提供基本医疗、基本公共卫生和个性化健康管理等服务，具体由卫生计生、人力社保等部门制定。

1. 提供基本医疗服务。社区卫生服务中心（乡镇卫生院）应设置家庭医生工作室，签约居民可通过预约方式优先获得家庭医生门诊或出诊服务。因病情确需转诊的签约患者可通过绿色转诊通道优先转诊至综合（专科）医院，并可预约专家门诊、大型仪器设备检查等。对经家庭医生评估符合条件或由综合（专科）医院下转需要康复的签约患者优先提供家庭病床以及住院康复病床服务。

2. 提供基本公共卫生服务。按照基本公共卫生服务项目要求，对签约的人群提供基本公共卫生服务项目和定期随访等服务。对符合条件且确有需求的签约患者提供上门服务。家庭医生利用所在单位的健康咨询热线、云医院和网络平台、手机及电视终端等多种途径，为签约居民提供便捷的健康咨询互动服务。

3. 提供个性化健康管理服务。家庭医生对签约居民的健康状况进行体检和评估，针对其重要生命阶段和职业特点，实施健康监测并制定针对性的管理方案，定期跟踪评价。对签约居民开放个人健康档案，供其完善个人基本信息以及自主查阅诊疗、体检等相关信息。鼓励和协助签约居民参与社区自我健康管理团体活动，开展自我健康管理。

三、保障机制

（一）建立各部门协同推进机制。建立卫生计生与人力社保、财政、发改、民政、残联、乡镇（街道）共同推进的工作协调机制。卫生计生部门负责家庭医生制服务的组织实施、业务指导管理、制定工作规范、开展绩效评估等工作；人力社保部门负责制定完善支持家庭医生制服务及在基层首诊、分级诊疗、双向转诊等相关医保政策；财政部门负责完善支持家庭医生制服务经费保障等相关政策；发改部门负责制定家庭医生制服务收费价格标准等相关政策；民政、残联等部门分别负责完善对居家养老、居家康复等人群的家庭医生制服务相关政策；乡镇政府（街道办事处）负责家庭医生制服务相关政策宣传和发动工作。

（二）建立服务经费多渠道筹集机制。家庭医生服务按签约年度付费。服务费由医保基金、签约居民和基本公共卫生服务经费三个渠道组成，各承担50元。签约居民中的医保参保人员个人账户历年资金有余额的，其个人支付部分可从余额中支取，每年度不超过一次；其他人员个人支付部分由个人承担，其中："三无、五保"、低保对象及持《重度残疾人救助证》的贫困残疾人等困难群体个人承担部分由市财政在医疗救助专项资金中列支。服务费收入纳入单位业务收入统一核算。

（三）完善差别化支付机制。全市三级医院职工医保和居民医保住院起付线调整为1200元；签约居民在家庭医生处就诊免收一般诊疗费；城乡居民医保（尚未实施城乡居民医保之前，仅指城镇居民医保，下同）参保人员中的老年居民和非从业人员在基层医疗机构住院，其医保基金支付比例在原有基础上提高5个百分点；城乡居民医保参保人员中的老年居民和非从业人员在基层医疗机构经家庭医生转诊到综合（专科）医院住院的（特殊病种住院除外），其医保基金支付比例在原有基础上提高3个百分点，转诊患者采用累计起付线政策。病情稳定、依从性较好的慢性病签约对象在家庭医生处就诊可享受医保目录内药品种类、数量等优待政策，具体由人力社保、卫生计生等部门制定。

（四）完善价格形成机制。加强社区卫生服务价格规范化管理，体现医务人员技术劳务价值。科学合理调整社区卫生服务及基层医疗机构收费价格标准，探索建立特需服务价格机制，建立完善支持家庭医生制服务的收费价格体系，具体由发改、卫生计生等部门制定。

（五）健全纵向协作机制。市级综合（专科）医院的专家门诊、大型仪器设备检查及住院床位等优质资源，尤其是建立医疗机构联合体的上级医疗机构应优先向基层医疗机构的家庭医生开放。发挥区域内影像、心电、检验等共享中心作用，为家庭医生服务提供技术支撑，利用宁波云医院网络平台，发挥家庭医生在线上、线下的服务作用，让居民利用信息化手段与家庭医生实现签约、咨询及诊疗等便捷服务。

（六）深化培养培训机制。加快以全科医生为重点的家庭医生队伍建设，着力提升家庭医生数量和质量。以现代医学技术发展中的新知识和新技能为主要内容，开展家庭医生经常性、针对性和实用性的继续教育，强化健康管理、心理咨询、康复治疗、医学营养等重点领域的知识技能培训。

（七）建立绩效考评分配机制。完善家庭医生岗位激励机制，建立家庭医生服务综合评价体系，具体考评办法由卫生计生部门制定。重点考核评价家庭医生的签约数量与构成、诊疗服务数量与质量、首诊与转诊比例、签约居民需求反应、重要健康指标改善、居民满意度等因素。考评结果与单位、团队和个人绩效分配直接挂钩，不纳入单位绩效工资总量。

本实施意见自2015年10月30日起实施。

荣誉（部分）

余姚市获得的省部级以上集体荣誉

蝉联全国文明城市提名城市

全国农村区域化团建优秀示范县

全国农村“三资”（资源、资金、资产）规范化管理示范县（市）

全国农村生活污水治理示范县（市）

全国第二批水土保持监督管理能力建设县

中国电商百佳县第14位

连续第九年浙江省平安县（市、区）

浙江省美丽乡村建设先进县（市）

2014年度全省推进“五好”服务型乡镇（街道）建设先进县（市、区）

2014年度全省人才工作目标责任制考核优秀县（市、区）

2014年度全省发展外向型农业工作单项考核优秀市

2015年省级农产品质量安全放心示范县

全省农村文化礼堂建设工作先进县（市、区）

市级机关部门获得的省部级以上集体荣誉

国家国防教育示范基地：浙东（四明山）抗日根据地旧址群

全国政务服务大厅“百优”：市行政服务中心

民进全国先进基层组织：民进余姚市基层委员会

农工党全国先进基层组织：农工党余姚市基层委员会

全国妇女宣传舆论阵地建设先进单位：市妇联

全国青少年校外教育示范项目优秀奖：任祖伊劳模事迹陈列室

全国检察宣传先进单位：市人民检察院

2014年度全国“安康杯”竞赛优胜单位：国网余姚市供电公司、电力设备修造厂

2015年度全国电力行业实施卓越绩效模式先进企业：国网余姚市供电公司

中国优秀市场管理机构：中国塑料城

中国优秀示范市场：中国塑料城

全国转型升级示范市场：中国塑料城

全国百强品牌市场：中国塑料城

全国网上网下融合市场二十强：浙江塑料城网上交易市场

中国大宗商品现代流通诚信市场：浙江网塑电子商务股份有限公司

第九届全国商品市场百强：中国塑料城、浙江塑料城网上交易市场

中国电子商务百强行业门户：中塑在线

全国电子商务示范市场：浙江网塑电子商务股份有限公司

中国银行业文明规范服务千佳示范单位：工商银行余姚支行

中国五星级银行网点：工商银行余姚支行

中国建设银行总行级模范职工之家：建行余姚支行工会

2015年中国银行业文明规范三星级营业网点：余姚农村商业银行城东支行营业部

全国保险系统先进集体：太保余姚支公司

纪念抗战胜利七十周年全国媒体优秀版面评选突出贡献奖：余姚日报社

全国巾帼建功先进集体：市妇幼保健所

全国群众满意的十佳计生服务机构：市计生指导站

2013—2014年度浙江省政研会工作奖：市思想政治工作研究会

全省最美春泥团队：市阳光少年成长志愿服务队

全省宣传信息工作和社会舆情信息工作先进：市委宣传部

全省侨联系统先进集体：市侨联

2013—2014年省级扶贫结对帮扶工作先进单位：市老区办

农工党浙江省先进基层组织：农工党余姚市基层委员会

2015年度九三学社浙江省社会服务工作先进集体：九三学社余姚市基层委员会

2015年度浙江省工商联系统先进单位：市工商联

浙江省创建和谐劳动关系暨双爱活动先进组织：市总工会

浙江省优秀少工委：团市委

浙江省青年企业家协会工作先进集体：团市委

浙江省共青团信息工作先进集体：团市委

2014年度浙江省科协工作先进单位：市科协

2015年浙江省全国科普日活动优秀组织单位：市科协

浙江省征兵工作先进单位：市人武部

2014—2015年度浙江省社会治安综合治理先进集体：市综治办

2014年浙江省掌纹暨重特大案件掌纹比中案件成绩突出县（市、区）级单位：市公安局刑侦大队

2013—2014年度浙江省防范处理邪教工作先进集体：市公安局国保大队

全省公安出入境“亮窗工程”建设成绩突出窗口：市公安局出入境管理大队

全省公安信访考核县级优秀单位：市公安局

全省吸毒人员动态管控工作先进集体：市公安局禁毒大队

2014年全省公安机关打防侵财犯罪专项工作成绩突出集体：市公安局

浙江省集体二等功：市公安局国保大队

2014年度浙江省执法质量考评优秀单位：市公安局

全省阳光司法优秀法院：市人民法院

浙江省2014年度二等功法院：市人民法院

全省优秀法院：市人民法院

全省法院信息工作二等奖：市人民法院

浙江省海洋与渔业系统先进集体：市渔政站

浙江省工会示范职工书屋：国网余姚市供电公司

2015年度先进省级开发区：浙江省余姚经济开发区

2015年度浙江省粮食收购工作先进单位：市商务局（粮食局）

浙江省文明单位：市公共交通有限公司

全省春运工作先进单位：市城乡公共交通有限公司

浙江省城市公交行业信息通联工作先进单位：市城乡公共交通有限公司

第十届浙江省消费者信得过单位：中国移动余姚分公司

省级巾帼文明岗：移动江南支局、余姚农村商业银行总行营业部、市城管局特勤岗

浙江省工人先锋号：市国税局泗门税务分局

浙江省创建和谐劳动关系先进企业：工商银行余姚支行

2015年度浙江农信系统一级行社：余姚农村商业银行

2015年度浙江农信系统文明规范服务示范单位：余姚农村商业银行牟山支行

第四轮全省银行业金融机构安全评估工作成绩突出集体：宁波银行余姚支行

浙江省财政系统先进集体：市财政局国库支付中心

2015年度全省审计机关考核优秀单位：省审计局

2015年度全省内部审计业务指导和监督工作优胜单位：省审计局

“深化廉洁监管，严防两个风险”专项活动省级先进单位：市市场监管局

创建放心市场及提升商品市场发展专项工作省级优胜单位：市市场监管局

浙江省城市道路照明行业先进单位：市路灯管理处

浙江省白蚁防治先进单位：市白蚁防治所

浙江省古籍普查先进单位：市文保所

2014年度浙江省严重精神障碍患者管理治疗工作先进奖：市精神卫生中心

2014年度浙江省麻风病防治工作先进集体：市疾病预防控制中心

2015年度浙江省防治艾滋病性病爱心企事业单位：市疾病预防控制中心

2014年度浙江省发展改革工作优秀单位：市发改局

浙江省线上线下结合十强专业市场：浙江塑料城网上交易市场

乡镇、街道及行政村等获得的省部级以上集体荣誉

全国文明镇：梁弄镇

2014年全国基层标杆社：临山供销社

全国“3·15”质量服务客户满意诚信单位：临山镇“味香园”

全国乡村旅游四星级示范园区：临山镇“味香园”农业高新技术园、采摘园和精品果园

全国特色景观旅游名镇名村示范单位：大岚镇柿林村

2015年中国最美休闲乡村（历史古村类）：大岚镇柿林村

全国学习型乡镇：牟山镇

2012—2014年度国家电网公司“电网先锋党支部”：梁弄供电所党支部

2014—2015年度中国最美供电所（优质服务奖）：梁弄供电所

全国模范职工小家：梁弄供电所工会小组

全国民主法治示范村（社区）：梨洲街道明伟村

首批国家级知识产权优势企业：浙江大丰实业有限公司、宁波唯尔电器有限公司

全国五金制品行业突出贡献企业：宁波长城精工实业有限公司

2014年中国民营企业制造业500强：舜宇集团（第414位）

中国质量诚信企业：宁波长城精工实业、富佳实业、富达电子

中国十大特色农庄：东超双尾渔庄

全国综合减灾示范社区：兰江街道舜南社区

全国计生协（乡镇）级先进单位：泗门镇教文卫办

2014—2015年度全国“群众满意的乡镇卫生院”：马渚中心卫生院、丈亭中心卫生院、临山中心卫生院、陆埠中心卫生院、梁弄中心卫生院

全国社区教育示范乡镇：丈亭镇

’2015中国最美村镇：鹿亭乡

2014年度浙江省放心农贸市场示范单位：富巷菜市场、凤山菜市场、文山路菜市场、低塘菜市场

浙江省“温暖警营”：阳明派出所

全省公安机关执法示范单位：低塘派出所

2015年省级青年文明号：三七市邮政支局、移动小曹娥支局

浙江省首批最美生态休闲健身点：鹿亭乡四明山原生态休闲健身营地

全省侨联系统最美“侨之家”：阳明街道长安社区侨联

浙江省2014年度省级“民主法治村（社区）”：河姆渡镇罗江村、泗门镇相公潭村、低塘街道黄湖村、小曹娥镇朗海村

浙江省现代化体育街道：兰江街道

浙江省体育特色街道：兰江街道

浙江省气象防灾减灾标准化村（社区）：陆埠镇袁马村，兰江街道舜南社区、四明社区

第七批省级生态街道：朗霞街道

省级特色小镇：余姚模客小镇（朗霞街道）

省级小康体育示范村：朗霞街道赵家村

省级模范职工之家：泗门镇总工会

浙江省精品渔业园区：市鼎绿生态农庄有限公司

2014年浙江省卫生村：陆埠镇杜徐岙村、兰山村

浙江省森林城镇：梁弄镇、黄家埠镇

浙江省无邪教乡镇：梁弄镇

浙江省先进团委：梁弄镇团委

浙江省老年体育特色项目之乡（飞镖之乡）：梁弄镇

浙江省森林村庄：梁弄镇明湖村、小曹娥镇朗海村、大隐镇芝林村

省级现代农业综合区：梁弄镇小水果示范区、四明湖果蔬精品园

省级示范性家庭农场：余姚舜南休闲农庄

浙江省三星级规范化司法所：三七市镇司法所

2015年度浙江省卫生监督协管服务示范点：临山中心卫生院

2015年度浙江省课外阅读先进学校：临山镇中心小学

2015年度省先进乡镇农业公共服务中心：黄家埠镇现代农业服务中心

受省部级以上表彰的先进个人

全国农村优秀人才：何华均（浙江神龙牧业股份有限公司）

全国优秀农民工：朱迎春（市圆缘工艺礼品有限公司）、张海滨（市鹁宇废旧金属回收公司）

全国优秀共青团干部：张宁（团市委）

全国志愿助残阳光使者：陈国昌（市国昌电器有限公司）

公安部禁毒成绩突出个人：胡冬林（市公安局指挥中心）

全国电力用户满意杰出管理者：郘宏伟（市供电公司）

全国优秀工会工作者：李建明（市供电公司）

国家电网公司技术能手：钟磊磊（市供电公司）

全国无偿献血奉献银奖：陈纪军（市供电公司）

全国机械劳动模范：严华锋（浙江大丰公司）

全国五金制品行业终身成就奖：朱文江（宁波长城精工实业）

全国模范司法所长：周荣江（梁弄镇）

全国安全生产监管监察先进个人：施水标（小曹娥镇）

浙江省农业农村十大新闻人物：奕永庆（市水利局）

首届“十大杰出新香港青年”：徐祖力

第三届世界浙商大会创业创新奖：姚力军、张坚

全省侨界“十杰”：姚力军（宁波江丰电子材料股份有限公司）

全省归侨侨眷先进个人：沈燕燕（市侨联）

九三学社2015年度浙江省优秀社员：陈杰

九三学社2015年度浙江省优秀社务工作者：梁红霞

浙江省三八红旗手：李群（余姚农村合作银行陆埠支行）

2013—2014全省禁毒工作先进个人：王芳敏（市公安局禁毒大队）

全省公安机关“网上打假”专项行动成绩突出个人：陈谢炜（市公安局经侦大队）

浙江省卷烟打假工作成绩突出个人：方寿钱、陆丰、许岳军（市公安局治安大队）

浙江省公安厅个人二等功：叶圣、戚梁炀、楼旭东（市公安局）

浙江省群众满意人口服务管理协管员：谢兴友（临山派出所）

全省法院政工信息工作先进个人：王楚楚（市人民法院）

全省优秀法院院长：应启明（市人民法院）

全省法院优秀司法警察：马建国（市人民法院）

全省法院信息工作先进个人：胡兴汇（市人民法院）

2015年度浙江省重点建设立功竞赛先进个人：金宁（市交通局）

浙江省城市公交行业信息工作先进个人：刘舫（市交通局）

2013—2014年度浙江农信系统思想政治工作先进工作者：张剑虹（余姚农村商业银行）

浙江省城市道路照明行业先进个人：邹浩军（市路灯管理处）

浙江省住房城乡建设系统政务办理窗口“服务明星”：张铁军（市住建局）

浙江省建设系统污水处理设施运行管理及污染减排工作先进个人：戴天瑛（市住建局）

浙江省城镇保障新安居工程建设实绩突出个人：应柏锋（市住建局）

浙江省社区矫正工作先进个人：韩柏根（兰江街道）

浙江省“千名好支书”：郑丽娟（兰江街道）

浙江好人：姜文革（陆埠镇）

浙江省征兵工作先进个人：郑焕根（丈亭镇）

浙江省“最美家庭”：苗新桥家庭（小曹娥镇）

名　录

2015年余姚市党政机关、人民团体主要负责人

市　委

中共余姚市委

书　　记：毛宏芳
副 书 记：奚　明　诸晓蓓
市委常委：韩永丰（11月止）　潘银浩　杜　瑾
　　　　　赖根法　叶枝利　谢勇毅　李森苗
　　　　　傅沧海　赵　炆（6月止）　陈长锋
　　　　　张丽娜（6月始）　韩柏顺（兼，11月始）

市委办公室

主　　任：俞剑清
副 主 任：黄少波　方黄军　王明江　俞斌权
　　　　　宋小根（兼）　茅建刚（兼）
　　　　　罗旭光（兼）　陈江龙（兼）
　　　　　毛柏生（兼）
办公会议成员：徐文华　黄　洋
政研室主任：方黄军
政研室副主任：黄科威　王利锋
督查考核办主任：倪金伟
机要局局长：徐文华
保密技术中心主任：李美芳

市人大常委会

主　　任：孙钜昌
副 主 任：王祥林（12月止）　魏利民　宋建勋
　　　　　沈相国　胡　青　姚桂珍

人大常委会党组

党组书记：孙钜昌
党组副书记：王祥林（12月止）　韩永丰（12月始）
党组成员：宋建勋　沈相国　胡　青　李国建

人大常委会办公室

主　　任：李国建

副 主 任：吕银淼　吴旭翡　吴　宁（12 月始）

法制工作委员会

主　　任：闻　学

财政经济工作委员会

主　　任：陈吉锋
副 主 任：李　明（12 月始）

城建环保工作委员会

主　　任：赵银海

教科文卫工作委员会

主　　任：郑先锋

代表工作委员会

主　　任：汪忠宝

农业和农村工作委员会

主　　任：张建荣
副 主 任：顾素君

人大常委会机关党组

党组书记：李国建
党组成员：吕银淼　吴旭翡　闻　学　陈吉锋
　　　　　郑先锋　汪忠宝　张建荣

市政府

市　　长：奚　明
副 市 长：潘银浩　陈为能　郑桂春　卢建国
　　　　　范焕平　韩柏顺（11 月止）
　　　　　毛丕显（11 月始）赵　妩（7 月止）
　　　　　蒋璟璟（3 月止）　赵丽群（7 月止）
　　　　　于　雪（5 月始）张丽娜（7 月始）
　　　　　林　海（7 月始）谢雅贞（11 月始）
　　　　　郑传统（赴松阳挂职）
市长助理：黄祖军（11 月止）熊寿宏（11 月始）

市政府办公室

主　　任：黄和庆
副 主 任：陈立山　茅建刚（3 月止）沈继忠
　　　　　黄建军　冯彦增　洪　波　鲁海滨
　　　　　沈小坤　岑建航（兼）
　　　　　史建军（3 月止）
党组成员：何　良　龚共军
法制办主任：阮伯均（7 月止）
法制办副主任：李吉达
发展研究中心主任：杜晓东
发展研究中心副主任：劳永定　刘颖苗
应急办主任：鲁海滨（3 月始）
应急办副主任：王根福
流管办主任：洪　波
流管办副主任：韩德余
接待办主任：赵　婕
外事办主任：孙雪丹
督查室主任：诸仲玖
金融办主任：马民龙
电子政务办主任：周少亥

市政协

主　　席：陈建泰
副 主 席：孙蝶双（12 月止）吴　展（12 月止）
　　　　　陈洪逵　叶文龙　周银燕　徐栋芳
秘 书 长：张建乔

政协办公室

主　　任：徐嘉雄
副 主 任：唐亚明　黄　方

提案委员会

主　　任：朱初雷

经济科技和城建资源环境委员会

主　　任：徐　峰
副 主 任：洪吉良（12月止） 徐泉华（12月始）

教文卫体和文史委员会

主　　任：李臻颖

社会法制和港澳台侨委员会

主　　任：陈孟娇
副 主 任：黄克勤

委员工作委员会

主　　任：王卫锋
副 主 任：孙亚君

市纪委（监察局）

书　　记：杜　瑾
副 书 记：朱卫东　诸跃波
常　　委：孟剑锋　叶立峰（9月止） 丁素兰
　　　　　严建根（6月止） 余炯炯（6月始）
　　　　　宓贤通（9月始）
办公室主任：韩　哲
信访室主任：周　涛
纪检一室主任：余炯炯（2月始，原纪检监察室主任）
纪检二室主任：叶立峰（2月始，9月止）
纪检三室主任：苏朝阳（2月始，原执法监督室主任）
案审室主任：陈巧儿
案管室主任：丁素兰（2月始）
党风政风监督室主任：万名杰（2月始，原党风廉政建设办公室主任）
宣教室主任：沈小悱（2月止）
　　　　　　赵钧鑫（2月始，原纠风室主任）
干部室主任：沈小悱（2月始）
巡查工作领导小组办公室副主任：
　　　　　　方晓英（12月始）

监察局

局　　长：朱卫东
副 局 长：阮岳军　叶立峰（10月止）
　　　　　宓贤通（10月始）

市检察院、法院、人武部

市人民检察院

检 察 长：毛纪华（11月止）
党组书记、代检察长：吴　超（11月始）
副检察长：王金夫　陈吉明　凤　丹
党组成员、政治处主任：胡建勇
党组成员、纪检组组长：胡妙芬（7月止）
　　　　　　　　　　　蒋晓波（7月始）
反贪局局长：方建军
反渎局局长：俞东瑾
检委会专职委员：诸伟峰　宋方平（7月止）
泗门检察室主任：沈叶钏

市人民法院

党组书记、院长：应启明
党组副书记、常务副院长：姜慧军
党组副书记：姚明泉
副 院 长：余国英　韩利荣
党组成员、政治处主任：杨瑶娜
党组成员、纪检组组长：徐和庆
审判委员会专职委员：夏　洁　俞永慧
执行局局长：张建军
泗门法庭庭长：徐鸿星
丈亭法庭庭长：干闻宇

陆埠法庭庭长：朱浩梁
马渚法庭庭长：施佰军
梁弄法庭庭长：徐鸣捷
低塘法庭庭长：王永军

市人武部

部　　长：傅沧海
政　　委：姜保收（9月止）　毛　波（11月始）
副 部 长：钱旭勇（3月止）　余卫兵（3月始）
党委委员：刘　飞（3月止）　郝结来（3月止）
　　　　　曹　睿（3月始）　丁向坡（3月始）

党群各部门

市委组织部

部　　长：叶枝利
副 部 长：余　烽　黄红珍　韩夏芬（兼）
　　　　　周　坚（兼，8月止）　方斌全（兼）
　　　　　陈为梁（兼，8月始）
人才办副主任：夏向明
“两新”组织党工委副书记：阮坚定（6月止）
部务会议成员：严建根（12月始）　吴微勋
　　　　　　　金　军　王　钢

市委宣传部

部　　长：陈长锋
副 部 长：李　军　陈为梁（7月止）
　　　　　柳　科（12月始）　范立书（7月止）
　　　　　周　斌（9月始）
部务会议成员：张　红　严春晖　张　伟
　　　　　　　杨　波　陈　励
外宣办副主任：张　伟　柳　科（12月止）
文明办副主任：马金浩

市委统战部

部　　长：李森苗
副 部 长：周松庆（9月始）　顾赛波（兼）
　　　　　黄孟丹（兼）　柳万兴（9月止）
　　　　　杨荷锋（9月始，兼）　胡建波（兼）
部务会议成员：劳达峰（12月始）　姚云飞

市台办（台联会）

主　　任：顾赛波
副 主 任：胡晓霞

市侨办（侨联）

主　　任（主席）：黄孟丹
副主任（副主席）：周姚平

市民族宗教事务局

局　　长：柳万兴（10月止）　杨荷锋（10月始）
副 局 长：沈学键

市工商联（总商会）

主　　席（会长）：戎伟军
党组书记、副主席（副会长）：胡建波
副主席（副会长）：何　明　朱彩虹

市委政法委（综治办、维稳办）

书　　记：韩永丰（12月止）
　　　　　诸晓蓓（兼，12月始）
副 书 记：张银龙　姚劭明　葛柏明（7月止）
委　　员：许建生（12月始）　许林康　汪新华
　　　　　应立清

市农办

主　　任：陈江龙
副 主 任：孙建平　周丽芳

市编委办

主　　任：方斌全
副 主 任：胡洪杰　陈纪平

市直机关党工委

书　　记：罗旭光
副 书 记：诸永刚　李文娟
纪工委书记：戚莉莉
党工委委员：朱卫东（兼）　黄红珍（兼）
　　　　　项桂铨（兼）　陈思红（兼）
　　　　　任庆标

市委老干部局

局　　长：韩夏芬
副 局 长：李真龙（12月止）　严　芸

市史志办公室（市委党史研究室）

主　　任：黄桂树
副 主 任：徐泉华（12月止）　罗　捷

市委党校（行政学院、社会主义学院、社科院、社科联）

党委书记、常务副校长、社科院（联）院长（主席）：
　　　　徐耀华
社会主义学院副院长：罗利行（10月止）
社科院（联）副院长（副主席）：杨鹏飞
副 校 长：毛建忠　赵瑞林
党委委员：赵奇伟（12月始）

市档案局

局　　长：孙启明
副 局 长：陈水华　邵亚辉　陈伟根

市总工会

主　　席：沈相国
党组书记：周红霞（10月止）　杨玉红（10月始）
副 主 席：周红霞（10月止）　杨玉红（10月始）
　　　　严定汉　杨万里
党组成员：马文文

共青团余姚市委（青联）

书　　记：马颖颖
副 书 记：赵科伟　王罕杰

市妇女联合会

主　　席：张丽红（10月止）　周红霞（10月始）
副 主 席：杜红卫　沈李利

市科学技术协会

主　　席：胡百钦
副 主 席：于丽萍（7月止）　鲁劲松　孙河军

市文学艺术界联合会

主　　席：严文龙
副 主 席：干亚群　俞文胜　吕余龙（兼，11月止）
　　　　王建军（兼，11月始）
　　　　寿建立（兼，11月止）
　　　　徐渭明（兼，11月始）

市残疾人联合会

理 事 长：杨荷锋（9月止）　陈思红（10月始）
副理事长：杨吉年（5月止）　孙建惠　叶伟松

市慈善总会

会　　长：郑孝华
副 会 长：柳贵芳　杨智枫　谢建明

市关心下一代工作委员会

主　　任：诸晓蓓（兼）
常务副主任：余家其
专职副主任：刘正学

市红十字会

专职副会长：魏晓萍

余姚上海建设促进会

常务副会长：干凤苗

市革命老区开发建设促进会

常务副会长：王林君

政府各部门

市发展和改革局

局　　长：郑利刚
副 局 长：叶文权　陈茂多　朱明富　鲁夏芬
　　　　　周　峰
党委委员：孙文氢（6月始，12月止）
　　　　　蒋晓波（6月止）郑静波

市经济和信息化局

局　　长：胡建立（12月止）黄红珍（12月始）
副 局 长：魏　明　陆军华　胡巍峰　洪安祥
纪检组组长：俞姚红
总经济师：潘文卿

市科技局

局　　长：王文辉（9月止）沈纾丹（9月始）
副 局 长：姚登峰　吴春莉　谢悦敏
纪检组组长：施德明

市公安局

局长、党委书记：赖根法
政委、党委副书记：余爱忠
副书记、常务副局长：章国庆
副 局 长：郭　磊　郑国耀　陈　见　钟后毅
　　　　　周海江　孙　峰
副政委、纪委书记：李向国
党委委员、政治处主任：胡国南
党委委员、交警大队大队长：陈冠民
指挥中心主任：方永尧
警务督察大队大队长：姚建新
警务督察大队教导员：鲁国万
治安大队大队长：杨立华
治安大队教导员：赵　坚
刑侦大队大队长：张永康
刑侦大队教导员：陈光初
国保大队大队长：俞如康
国保大队教导员：马学良
网警大队大队长：余坚强
网警大队教导员：陈　彪
禁毒大队大队长：徐升高
禁毒大队教导员：谢利良
经侦大队大队长：张伟奇
经侦大队教导员：吕晓伟
监管大队大队长：赵宁桥
监管大队教导员：谢建仕
交警大队教导员：陈光辉
巡特警大队大队长：符勇武
巡特警大队教导员：胡　波
法制大队大队长：倪剑江
法制大队教导员：金飞岳
出入境管理大队大队长：谢群芳
出入境管理大队教导员：卢孟君
协辅警管理大队大队长：金文芸
协辅警管理大队教导员：杨卫丰
消防大队大队长：张雪峰
消防大队教导员：陆金明

市司法局

局　　长：张志红（10月止）顾天祥（10月始）
副 局 长：唐裕康　戚国芳　鲍燮壮　俞永健
党组成员：倪志丹

市信访局

局　　长：毛柏生
副 局 长：黄其君　庄振午　顾春雷

市民政局

局　　长：顾天祥（9月止）王文辉（9月始）
副局长、党组副书记：方元文

副 局 长：柳万兴（10月始）　朱月娟　姚　坚
　　　　　宓贤通（10月止）　朱建梁
党组成员：徐海国（7月止）　黄雪芬

市老龄办

主　　任：徐海国（7月止）

市财政局（地税局）

局　　长：施建苗
副 局 长：施钧旻　宋建忠　韩胜余　罗怀乾
　　　　　周益忠（2月始）
总经济师：郑　科
党委委员：韩士其　缪伯鸿（6月始）

市审计局

局　　长：何吉忠
党组副书记、纪检组组长：严建根（6月始）
副 局 长：张焕昌　沈悦华　车成友
党组成员：鲁　君
审计分局局长、政府投资项目审计中心主任：
　　　　　黄琼筱
农村集体经济审计中心主任：张碧珍
经济责任审计工作联席会议办公室主任：
　　　　　韩玉仙（12月始）

市人力资源和社会保障局

局　　长：周　坚（7月止）　陈为梁（7月始）
副 局 长：徐小军　褚贵炎　沈建平　金利明
　　　　　毛立波
党委委员：单时芬　何琪均

市安全生产监督管理局

局　　长：高　权（9月止）　张志红（9月始）
副 局 长：劳达峰（12月止）　唐仕辉　戚建华
　　　　　唐永根　谢林权（10月始）

市统计局

局　　长：陈亚南
副 局 长：史刁先　郑　杰　茅定威
总统计师：刘国锋
农村社会经济调查队副队长：熊建明

市住房和城乡建设局

局　　长：缪正刚
党委书记：陈明明
副 局 长：陈明明　周烈钢　周佰勤　俞永民
　　　　　宋文钦　林啸鹏（9月始）
总工程师：翁洪波
纪检组组长：张宵飞
党委委员：褚泉良

市公共项目建设管理中心

主　　任：缪正刚

市环境保护局

局　　长：周成伟
副 局 长：马　骎　邵剑波　吴建军
纪检组组长：杜建红
总工程师：陈启昂
党组成员：李　鹏

市交通运输局

局　　长：蔡柏灿
副 局 长：熊剑锋　丁长生　张建立　茅立明
　　　　　褚校军
党委委员：叶立川
总工程师：王建永

市规划局（市人防办、市测绘与地理信息局）

局　　长：黄晓帆
副 局 长：李利定　沈　权（10月止）　杨文鸽
　　　　　冯江川
党组成员：毛金坤（市人防办副主任）
　　　　　石运通
纪检组组长：王岳良
总工程师：周先平

市城管执法局（城管局）

局　　长：茅建刚
副 局 长：陈四清　范建祥　闻雪芬　陈攀峰
党委委员：施天军　孙建芬（12月始）
　　　　　高　巍（12月止）徐利明（12月止）

市动迁办

主　　任：马丽萍
副 主 任：周宏刚　劳剑锋　史红科

市互联网经济促进中心（9月成立）

主　　任：宋越敏
副 主 任：郑　平　马安平

市国土资源局

局　　长：项立秋
副 局 长：方文辉　任春波　干　华　翁松涛
　　　　　陈海滨
纪委书记：徐小平
党委委员：沈永苗

市农林局

局　　长：张建培
副 局 长：柯勤夫　俞安辉　徐利奎　金武昌
　　　　　傅珏瑛（6月止）
党委委员：袁惠萍（12月始）张焕钦（12月止）
　　　　　王乃祝（6月止）
总农艺师：俞永裕

市水利局

局　　长：姚俊杰
党委书记：孙文氢（7月止）朱　刚（7月始）
副 局 长：孙文氢（7月止）朱　刚（7月始）
　　　　　毛根良　毛洪翔　黄金芳　沈培荣
党委委员：袁惠萍（12月止）汪湖江
　　　　　吴劭辉　杨国军（12月始）
　　　　　黄于波（12月始）

总工程师：金文辉

市农机局

局　　长：方茂道
副 局 长：魏园园　施立明　郑　业

市老区办

主　　任：傅仲尧
副 主 任：韩庆良　汪长海

市商务局（粮食局）

局　　长：刘国钧
副 局 长：邹钧孟　杨宇光　郑　平（7月止）
　　　　　陆要真　潘　彪
党委委员：马建萍（12月止）徐银江（10月止）
　　　　　胡晓勇

市招商局

局　　长：岑　杰
副 局 长：武　彦　顾伟卫　邵建立　金黎君

市工业国有资产经营公司

经　　理：陈建华
副 经 理：任　跃　顾志峰

市供销联社

主　　任：诸建立
副 主 任：金黎明　邵黎明　赵忠尧　胡　云

市教育局

局　　长：熊培军
副 局 长：朱小国　丁维钧　吴　文
党委委员：方晓英　张文表　孙青苗

市文化广电新闻出版局（体育局）（3月止）

党委书记、局长：李岳定
党委副书记、副局长：姚核军
副 局 长：徐松炎　王建军　朱月芬

纪检组组长：徐和庆

市旅游局（3月止）

局　　长：成立海
副 局 长：吴清波王国滨　何建军　高李生
党组成员：王永江

市文化广电新闻出版局（旅游局）（3月始）

局　　长：李岳定
副 局 长：成立海（7月止）姚核军　吴清波
　　　　　徐松炎　王国滨　王建军　何建军
　　　　　朱月芬　高李生
纪检组组长：徐和庆
党委委员：王永江

市广播电视台

台　　长：万科达
副 台 长：姚文昌　丁坚强　陈妙意　叶逢春
纪检组组长：杜浙霞

余姚日报社

社长、总编辑：龚　宁
副总编辑：倪久芳　徐渭明　徐　千　杨华平

市卫生局（3月止）

局长、书记：陈永润
副局长、副书记：王小华（2月止）
副 局 长：鲁建忠　吴建荣　张柏锋
党委委员：陆可可　韩永庆　黄胜利　袁海鸿
　　　　　魏晓萍

市人口和计划生育局（3月止）

局　　长：许亚芬
副 局 长：余银虎　叶　文　陈映青

市卫生和计划生育局（3月始）

局长、书记：陈永润
副局长、副书记：许亚芬（7月止）余银虎
副 局 长：鲁建忠　叶　文　吴建荣　张柏锋
　　　　　陈映青
党委委员：陆可可　韩永庆　黄胜利　魏晓萍
　　　　　袁海鸿

市行政审批管理办

主　　任：孙伟强
副 主 任：沈　丹　韩立波　单世农　徐迪红
党组成员：谢荣华

市招投标管理办

主　　任：史建军（9月止）叶立峰（9月始）
副 主 任：黄越明　程尧洪　邱伟平
　　　　　王建华（7月止）叶初江

宁波市住房公积金管理中心余姚分中心

主　　任：缪伯鸿（6月止）许亚芬（7月始）
副 主 任：张　萌　陆哲学

市机关事务管理局

局　　长：钱泽
副 局 长：施海霞
党组成员：沈向阳

余姚经济开发区管委会

主　　任：韩柏顺
副 主 任：孙雪波　周　强　张汝军（7月止）
　　　　　邹云乔　戚红军（9月止）李永飞
　　　　　励成亮
党工委委员：张树钢　李　舰　方　臻（7月止）
　　　　　　郑启波

浙江千人计划余姚产业园管理中心

主　　任：韩柏顺
副 主 任：方　臻（7月止）李　舰
　　　　　励成亮（挂职）罗浩杰（挂职）

中国塑料城管委会

主　　任：董朝晖
副 主 任：王海强　马立红　鲁树峰
　　　　翁文涵（6 月止）　陆　峰

杭甬铁路客专余姚段指挥部

副总指挥：陈国军　楼科挺（10 月始，贵州望谟挂职）

市牟山湖休闲度假区管委会

主　　任：范焕平（兼）
党组书记、常务副主任：杨国元
副 主 任：周　斌（兼，10 月止）
　　　　万建龙（兼，10 月始）周能君
　　　　谢海东

市四明山旅游开发建设办公室

主　　任：卢建国（兼）
第一副主任：成立海（兼）
专职副主任：高李生（10 月止）王永江（10 月始）

市城西开发建设指挥部

总 指 挥：陈仰富
副总指挥：陈剑芸　吴迪华

余姚城投集团有限公司

董事长、总经理、党委书记：吴志林
副总经理：章意锋
党委委员：董国明　赵漫可（7 月始）

宁波市直属管理单位

市国税局

局　　长：卢姚华（6 月止）
副 局 长：王建新　施焕明　俞传传
纪检组组长：励松杰

余姚市市场监督管理局

局　　长：蒋狄波
副 局 长：陈晓明　郑少军　罗以军　孙建莹
　　　　沈立群　林国红　唐孟立　李　敏
　　　　周煜铭　马　斌　杨文峻
纪检组组长：叶志千
党委委员：周建芳（12 月止）朱剑钟

余姚出入境检验检疫局

局　　长：杜华宏（11 月止）陈明良（11 月始）
副 局 长：袁荣胜　刘宁

宁波海关驻余姚办事处

主　　任：章江桥
副 主 任：汪　诚　徐祥民

海事余姚办事处

主　　任：项孝婷

市气象局

局　　长：万宁姚（3 月止）刘建勇（3 月始）
副 局 长：龚涛峰　邬立辉（2 月始）

市盐务管理局

局　　长：陆志明
副 局 长：姜　岚

市烟草局

局长（经理）：杨道贵
副 局 长：陶传坤
副 经 理：许豪杰

市供电局

总经理、党委副书记：邬宏伟
党委书记、副总经理：陈高辉
党委副书记、纪委书记：孙亦敏

副总经理：方能助　潘杰锋　卓　东
工会主席：李建明

中国邮政余姚市分公司

副局长：吴水军（主持工作）　范力源

中国电信余姚分公司

总 经 理：陈焕明
党委书记：徐　钧
副总经理：徐　钧　李　玲　周荣根
党委委员：陈焕明　沈吉芳　李　玲

中国移动余姚分公司

总 经 理：张　永
副总经理：陈俭健　屠　骏

中国联通余姚分公司

总 经 理：张正明
副总经理：戚红霞

金融保险机构

中国人民银行余姚市支行

行　　长：龚柏新
副 行 长：王道丁　黄金世

宁波银监局余姚监管办

主　　任：包学彪
副 主 任：史剑波

工商银行余姚支行

行　　长：张伟明
副 行 长：胡　炫　管大纲　成银芬
高级经理（副处级）：胡菊青

中国银行余姚分行

行　　长：赵　敏（4月止）郑　波（4月始）
副 行 长：袁卫勇　吴晓锋　胡　巍

建设银行余姚支行

行　　长：周红绩
副 行 长：朱百奇　邹　文　董　全（9月止）

农业银行余姚市支行

行　　长：王仲辉
副 行 长：黄丽娟（4月止）鲁百定（9月止）
　　　　　张　冉　顾忠强　潘达整（10月始）

余姚农村商业银行

董 事 长：沈红波（1月止）万克俭（1月始）
行　　长：万克俭（1月止）谢宇辉（1月始）
监 事 长：周冠毅
副 行 长：谢宇辉（1月止）孙继峰　郑元杰（1月始）

交通银行余姚支行

行　　长：宋春海
副 行 长：韩　勇　周文伟　闻人永勇

浦发银行余姚支行

行　　长：戴建东
书　　记：袁志红
副 行 长：杨建刚（2月止）沈树波　王　武
　　　　　燕　燕

农业发展银行余姚支行

副 行 长：劳向东（主持工作）劳科尖

宁波银行余姚支行

行　　长：周　军
副 行 长：黄燕燕　华君波　陈彦浩

人保余姚中心支公司

总 经 理：吴小荣

副总经理：张永海　黄海峰　王　凌

中国人寿余姚支公司

总 经 理：沈　勇

太保余姚支公司

总 经 理：胡静波

副总经理：劳建国

2015年各街道、镇乡主要负责人

凤山街道

党工委书记：吕军云
党工委副书记：鲁建灵　蔡亚红（11月止）
　　朱建梁（1月止）　茅文杰（1月始）
　　张　伟（挂职，3月始）
党工委委员：徐晓飞　帅琪峰　周建红　罗　平
　　徐龙淼
人大工委主任：方祖伟
人大工委副主任：张伯炎
办事处主任：鲁建灵
办事处副主任：茅文杰（1月止）　章　勇（1月始）
　　章　敏　施利森　周吉炎　周伯海
纪工委书记：蔡亚红（2月止）　帅琪峰（2月始）
纪工委副书记：帅琪峰（2月止）
政协联络委主任：周建红

阳明街道

党工委书记：毛丕显
副书记：邵金耀（11月止）　孙启春（11月始）
　　陈　辉　周海江（11月始）
　　何　良（挂职）
党工委委员：吴东共　唐飞琴　徐　毅
　　周海江（11月止）　陈山君（11月始）
人大工委主任：毛丕显（11月止）
　　邵金耀（11月始）
副主任：屠柏荣　沈林虎（11月止）
办事处主任：邵金耀（11月止）　孙启春（11月始）
副主任：俞建立　陆仁祥　钱　瑛　赵建永
纪工委书记：陈　辉（11月止）　唐琴飞（11月始）
副书记：唐琴飞（11月止）
政协联络委主任：徐　毅

梨洲街道

党工委书记：朱　刚（6月止）　李　斌（6月始）
党工委副书记：李　斌（6月止）　阮坚定（6月始）
　　翁贤权　姜学东
党工委委员：史晓红　蒋柏松　钱彩芬　王建忠
　　严佯泓　张剑波
人大工委主任：丁金康
人大工委副主任：叶永宁（12月止）

赵佳铭（12月始）
办事处主任：李　斌（6月止）阮坚定（6月始）
办事处副主任：何前明　赵佳铭（12月止）
陈　杰（12月始）邵华荣
杨建苗
纪工委书记：翁贤权（2月止）钱彩芬（2月始）
纪工委副书记：钱彩芬（2月止）
政协联络委主任：黄银龙

兰江街道

党工委书记：王文权
党工委副书记：诸剑军　韩光成
余张新（12月止）
吴微勋（挂职，3月始）
党工委委员：方鑫淼　陈哲明　孙惠清　丁义伟
刘学伟
人大工委主任：诸春富（12月止）
余张新（12月始）
人大工委副主任：厉海表　谢建英
办事处主任：诸剑军
办事处副主任：姚泉高　郑银权　周罗建　罗旺文
纪工委书记：韩光成（2月止）方鑫淼（2月始）
纪工委副书记：方鑫淼（2月止）
政协联络委主任：孙惠清

朗霞街道（余姚工业园区管委会）

党工委书记：徐栋芳（9月止）陈岳阳（9月始）
党工委副书记：陈岳阳（9月止）沈　权（9月始）
俞炳洪　吴建传　周煜铭（3月始）
党工委委员：沈　权（9月始）俞炳洪
徐莹峰　梁成纪（7月止）张叶飞
黄冠龙　张海文
人大工委主任：王茂政
办事处主任：陈岳阳（10月止）沈　权（10月始）
办事处副主任：孙建强　马荣丰　沈国平　熊建苗
董利群（3月始）
纪工委书记：俞炳洪（3月止）徐莹峰（3月始）
纪工委副书记：徐莹峰（3月止）
政协联络委主任：劳建标

低塘街道

党工委书记：潘帅轶
党工委副书记：杨玉红（9月止）张丽红（9月始）
毛绍炯　徐世海
党工委委员：岑　斌　孙　恒　黄佳娜　苏岳明
魏　达
人大工委主任：朱开方
人大工委副主任：王恩惠
办事处主任：杨玉红（9月止）张丽红（9月始）
办事处副主任：陆建波　何　明　吴琴芬　宋叶忠
纪工委书记：毛绍炯（2月止）孙　恒（2月始）
纪工委副书记：孙恒（2月止）
政协联络委主任：夏永祥

泗门镇

党委书记：谢勇毅（6月止）徐康林（6月始）
党委副书记：徐康林（6月止）成立海（6月始）
吴一柱　姚惠平
党委委员：韩杭城　施建尧　谢丽庆　骆高峰
孙　峰　钱建康
人大主席：王秀荣
人大副主席：马安平（1月始，7月止）
镇　　长：徐康林（7月止）成立海（7月始）
副 镇 长：杨钱波　杜海军（11月始）梁红霞
徐亚红
纪委书记：吴一柱（2月止）施建尧（2月始）
纪委副书记：施建尧（2月止）
政协联络委主任：谢丽庆（兼）

组 织 员：宋　烈

马渚镇

党委书记：杨文祥（10 月止）赵明明（10 月始）
党委副书记：赵明明（10 月止）蔡亚红（10 月始）
毛建良　许建生（12 月止）
党委委员：胡文书　袁文庆　李渭清　周建虎
胡嘉良
人大主席：李春贤
人大副主席：韩　健
镇　　长：赵明明（10 月止）
副 镇 长：黄于波（12 月止）姚黎明　李　宽
郑　祯
纪委书记：毛建良（2 月止）　胡文书（2 月始）
纪委副书记：胡文书（2 月止）
政协联络委主任：王丽丽
组 织 员：董秋明

陆埠镇

党委书记：马建利（9 月止）高　权（9 月始）
党委副书记：褚立军　金苏红　周松岳
党委委员：严浩迪　姜春良　叶旭彬　袁荷满
张金龙
人大主席：黄万灿
人大副主席：余国荣
镇　　长：褚立军
副 镇 长：张信钿　袁树连　魏建永　邹小华
纪委书记：金苏红
纪委副书记：姜春良
政协联络委主任：张伟斌

梁弄镇

党委书记：严忠苗（9 月止）王燎民（10 月始）
党委副书记：王燎民（9 月止）何张辉　马伟军
党委委员：黄建友　倪永淼　周　优　胡鹤云
鲍永良
人大主席：万小平
人大副主席：鲁才定
镇　　长：王燎民（9 月止）何张辉（10 月始）
副 镇 长：王沛然　黄银强　谢东海（12 月止）
曹　丹（12 月始）
纪委书记：马伟军（2 月止）黄建友（3 月始）
纪委副书记：黄建友（2 月止）

牟山镇

党委书记：杨国元
副 书 记：周　斌（10 月止）万建龙
王欢亮（12 月止）钱　瑛（12 月始）
党委委员：卢　杰　孙百荣　严鸿炳　周　晋
人大主席：杨国元
人大副主席：谷迪川
镇　　长：周　斌（10 月止）万建龙（10 月始）
副 镇 长：孙百荣　郑其龙　谷棋明　张立东
纪委书记：王欢亮（2 月止）　卢　杰（2 月始）
纪委副书记：卢　杰（2 月止）

丈亭镇

党委书记：沈纾丹（9 月止）黄佰坚（9 月始）
党委副书记：黄佰坚（9 月止）戚红军（9 月始）
陈映东　徐周康
党委委员：叶吉松　钱夏珍　陈红国　郑焕根
魏柏腾

人大主席：符娟娣
镇　　长：黄佰坚（9月止）　戚红军（9月始）
副 镇 长：罗浩杰（12月止）　张　忠（12月始）
　　　　　祝永权　韩茂洪　郑东明
纪委书记：陈映东（2月止）　钱夏珍（2月始）
纪委副书记：钱夏珍（2月止）

三七市镇

党委书记：金浩明
党委副书记：史勇军　马军辉　张四海
党委委员：陆　超（1月止）　周丽培　卢素芬
　　　　　吕幼萍　王伟波　姚永尧
人大主席：俞国军
人大副主席：毛善龙（1月始）
镇　　长：史勇军
副 镇 长：沈建峰　阮吉章　张文培
　　　　　陆　超（1月始）　鲍文建（1月止）
纪委书记：马军辉（2月止）　卢素芬（2月起）
纪委副书记：卢素芬（2月止）

河姆渡镇

党委书记：岑忠良
党委副书记：严文渊　柳雅敏　胡坚强
党委委员：施渭桥　卢国君　周夏琴　徐　存
人大主席：鲁海滨
镇　　长：严文渊
副 镇 长：章　勇（1月止）　陈鲁峰（1月始）
　　　　　经仰贤　吕　伟　张国东
纪委书记：柳雅敏（2月止）　周夏琴（2月始）
纪委副书记：周夏琴（2月止）

小曹娥镇

党委书记：丁建军
党委副书记：梅百烽　沈　飞　鲁岳彪
　　　　　　方娟芬（1月止）
党委委员：朱佳齐　董　斌　徐展豪　张剑耀
　　　　　钱建平
人大主席：陈江龙（1月止）　方娟芬（1月始）
人大副主席：周力平（12月止）
镇　　长：丁建军（1月止）　梅百烽（1月始）
副 镇 长：钱　军（1月始）　胡　建（1月始）
　　　　　陈忠华　鲁定峰　董　斌（1月止）
　　　　　杨剑波（1月止）
纪委书记：沈　飞（2月止）　朱佳齐（2月始）
纪委副书记：朱佳齐（2月止）

临山镇

党委书记：郑铭钧
党委副书记：周建铭　陶建民　江振华
党委委员：黄苏洲　张小利　徐　楠　刘　峰
　　　　　袁利平
人大主席：孙保定
人大副主席：缪俊杰（12月止）
镇　　长：周建铭
副 镇 长：杨国军（12月止）　缪俊杰（12月始）
　　　　　胡铁钧　赵建梁　罗　洁
纪委书记：陶建民（2月止）　黄苏洲（2月始）
纪委副书记：黄苏洲（2月止）

黄家埠镇

党委书记：谢　高
党委副书记：王华威　陈　斌　张国安

党委委员：俞素珍　杭检桥　毛黎明　施建森
人大主席：胡伟龙
人大副主席：杨剑波
镇　　长：王华威（7月始）
副 镇 长：孙　萍　陈　杰　马水娟　姚国锋
纪委书记：杭检桥

大隐镇

党委书记：周松庆（9月止）沈　红（9月始）
党委副书记：沈　红（9月止）陈　辉（9月始）
　　朱汉明
党委委员：沈维军（2月止）　张焕军　茅豪杰
　　谢龙华
人大主席：周松庆（9月止）　沈　红（9月始）
人大副主席：汪文安
镇　　长：沈　红（9月止）　陈　辉（9月始）
副 镇 长：茅豪杰　干肖彦　黄文建　施建军
纪委书记：朱汉明（2月止）　沈维军（2月始）
纪委副书记：沈维军（2月止）

大岚镇

党委书记：潘剑波
党委副书记：肖鹤峰　黄　强
党委委员：蒋伟儿　李基坚　徐志军　谢超炯
人大主席：俞国强
镇　　长：肖鹤峰
副 镇 长：沈巍伟　郑文杰　曹　丹（12月止）
　　李基坚（1月始）
纪委书记：黄　强（2月止）蒋伟儿（2月始）
纪委副书记：蒋伟儿（2月止）

四明山镇

党委书记：周林杰
党委副书记：谢向前　唐成波
党委委员：赵永良　符志英　韩银裕
人大主席：李义建
镇　　长：谢向前
副 镇 长：符志英　孙　治　丁东青（1月始）
纪委书记：赵永良

鹿亭乡

党委书记：赵阳军
党委副书记：谢林权（10月止）陈晓珍
　　黄伯忠（12月始）
党委委员：黄国锋　林　宇
　　黄伯忠（12月止）陈福明
人大主席：赵阳军
人大副主席：马友明
乡　　长：谢林权（10月止）陈晓珍（10月始）
副 乡 长：林　宇　孙建芬　谢　晨
纪委书记：陈晓珍（2月止）　黄国锋（2月始）
纪委副书记：黄国锋（2月止）

索 引

说明：

一、本索引按主题词首字汉语拼音字母顺序排列。

二、索引名称后面的数字表示主题所在的页码。

N

Q

R

S

T

W

X

Y

Z